Ingeborg Weber-Kellermann
Frauenleben
im 19. Jahrhundert

Ingeborg Weber-Kellermann

# Frauenleben
## im 19. Jahrhundert

*Empire und Romantik,
Biedermeier, Gründerzeit*

Verlag C.H. Beck

CIP-Kurztitelaufnahme der Deutschen Bibliothek

**Weber-Kellermann, Ingeborg:**
Frauenleben im 19. Jahrhundert : Empire und Romantik,
Biedermeier, Gründerzeit / Ingeborg Weber-Kellermann. –
München: Beck, 1983.
ISBN 3 406 08516 4


Mit 265 Abbildungen, davon 16 in Farbe

ISBN 3 406 08516 4

© C. H. Beck'sche Verlagsbuchhandlung (Oscar Beck),
München 1983
Einband und Gestaltung:
Bruno Schachtner, Dachau
Reproduktion der Abbildungen:
Brend'amour, Simhart GmbH & Co., München
Satz und Druck:
Passavia Druckerei GmbH, Passau
Printed in Germany

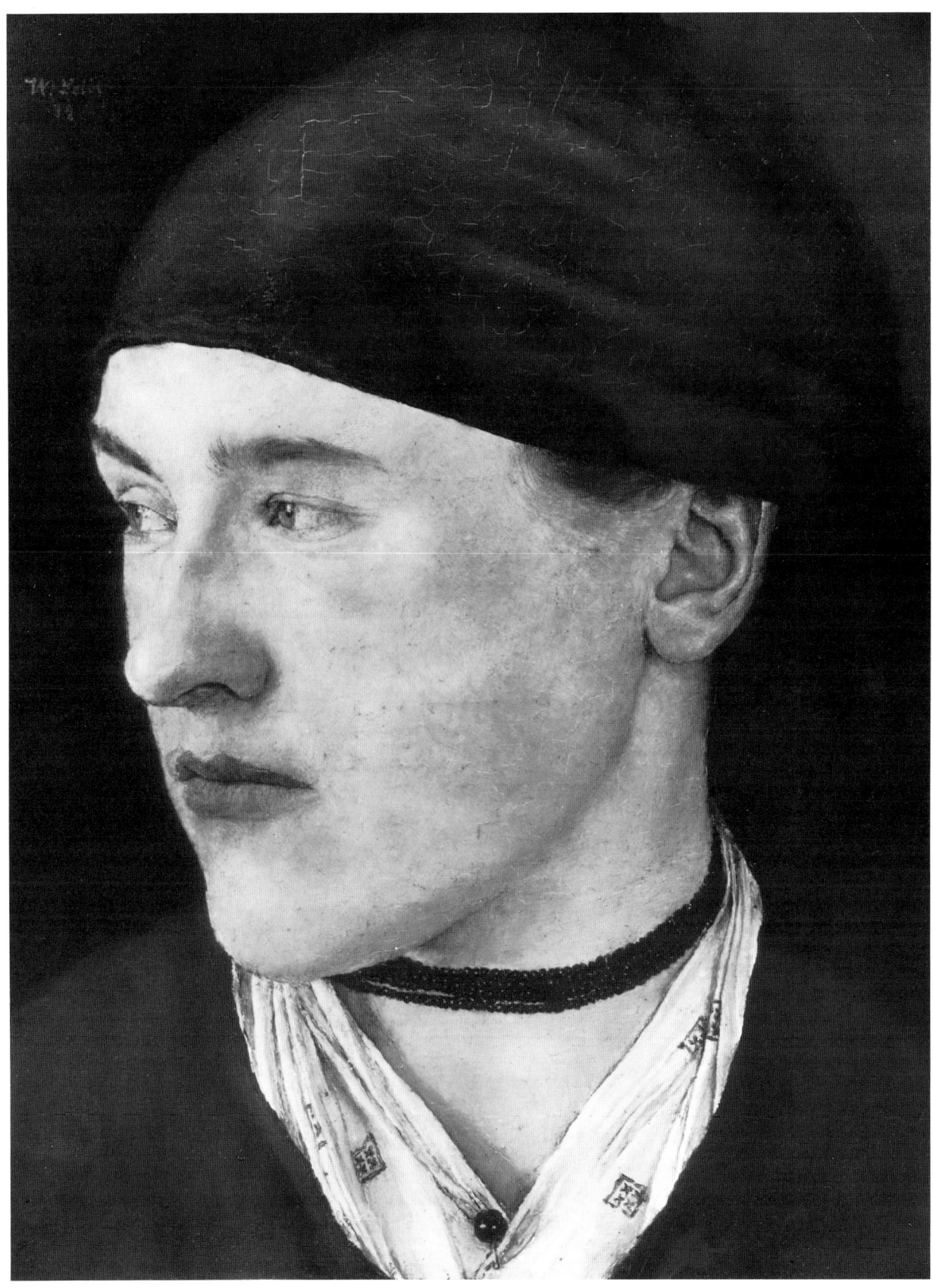

*Mädchenkopf*
(Wilhelm Leibl, 1844–1900)

# Inhalt

Einleitung 9

## I. Empire und Romantik

### A. Die führenden Damen der Aristokratie 16

Das Porträt 16
Adlige Hochzeit 19
Familienleben 20
Kindererziehung 21
Soziale Beziehungen 23
Wohnen und Gastlichkeit 26
Küche und Nahrungsgewohnheiten 26
Kunst 26
Mode 27
Arbeit 29
Die alleinstehende Frau 29

### B. Das aufsteigende Bürgertum 30

Das Porträt 30
Ehe und Familie 30
Kindererziehung 32
Bildung, Arbeit und Beruf 34

### C. Dienstboten, Handwerker und Arbeitsleute 38

### D. Die Frauen vom Land 41

## II. Biedermeier

### A. Aristokratinnenporträt 47

### B. Die gute Hausfrau des Biedermeier 48

Das Porträt 48
Ehe und Familie 49
Mädchenerziehung, Partnerwahl und Hochzeit 52
Wohnen und Gastlichkeit 57
Arbeit und Beruf 61
Kleidung und Mode 62
Die alleinstehende Frau 63

### C. Dienstmädchen und Arbeiterinnen 66

### D. Die Frauen auf dem Lande 75

Eheeinleitung: Spinnstube und Mädchentracht 76
Hochzeit 79
Die Rolle der Frau in der Familie und bei der Arbeit 84
Hexenwesen und Hebammenverfemung 84
Die Bauernmägde 87

## III. Gründerzeit

### A. Aristokratie, Geldadel, Bildungsbürgertum – und deren Dienstmädchen 96

Das Porträt 97
Hochzeit, Ehe und Familie 103
Erziehung zur Weiblichkeit 108
Soziale Beziehungen und Regeln für das
    Miteinander 116
Wohnen und Gastlichkeit 118
Küche und Dienstmädchen 122
Mode und Kleiderluxus 135
Bildung und Beruf –
    die bürgerliche Frauenbewegung 139
Das Alter 147

### B. Mittelstandsfrau und Kleinbürgerin 148

Das Porträt 148
Arbeit und Beruf 149
Einleitung der Ehe und Hochzeit 149
Eheleben und Geselligkeit 155
Kindererziehung 155
Wohnweise 157
Die Nähmaschine 157
Die Wohnküche 159
Kleidung und Lebensweise 160

### C. Arbeiterin und Proletarische Frauenbewegung 162

Allgemeine Lebensbedingungen 162
Tageslauf 165
Die Proletarische Frauenbewegung 166
Heirat und Ehe 168
Die Sozialisation der Kinder 179
Die Wohnwelt und Ernährung 184
Die Kleidung 192
Die Alten 197
Abschließende Fragen 200

## IV. Ausblick auf den Ersten Weltkrieg

Jugendstil und erotische Bewegung 204
Berufstätige Bürgertöchter 206
Liebe, Verlobung und Hochzeit in Adels- und
    Großbürgerkreisen 209
Die Hausfrau in den Mittel- und Oberschichten 214
Die Kleidermoden 216
Politisches Bewußtsein und Nationalismus 219
Arbeiterinnen 223

## V. Beschluß 228

Anmerkungen 232
Literaturverzeichnis 238
Bildquellenverzeichnis 242
Personenregister 242
Sachregister 244

*Kind in Weiß*
*(C. W. Eckersberg, 1783–1853)*

# Einleitung

*Bei der Geburt eines Sohnes pflegt der Vater einen Baum zu pflanzen, an manchen Orten den langsam wachsenden Lebensbaum thuia occident. (Vgl. unsere Edda S. 61 Anm. und Kopenh. Edda II, S. 59 Anm.) – In Schaffhausen, wenn ein Sohn geboren ist, trägt die Magd, die ihn den Verwandten ansagt, eine weiße Schürze und zwei Sträuße, einen vor der Brust, einen andern in der Hand; wenn es ein Mädchen ist, aber nur einen.*[1]

Dieses Grimm-Zitat belegt mit aller philologisch-naiven Genauigkeit die feststehenden Normen und Werte der Geschlechterrollen, wie sie durch Jahrhunderte hindurch Geltung besaßen. Daß hier keine Herabsetzung des weiblichen Geschlechts beabsichtigt war, braucht bei der humanen und demokratischen Gesinnung des Brüderpaars nicht betont zu werden. Sie zitierten vielmehr das schöne Zeichen eines ihnen selbstverständlichen Rechtsbrauches.

Ein solches Beispiel ist nicht nur charakteristisch für die Denkweisen des hier in Frage stehenden Jahrhunderts – es beweist zugleich die Ambivalenz der zeitgenössischen Aussagen, die im folgenden in so reichem Maße zitiert werden. Wollte ich den Grimmschen Beleg vom heutigen Standpunkt her ausschließlich emotional beklagen, so spräche ich sicher im Geiste zahlreicher Menschen meiner Gegenwart, die der Höherbewertung einer Sohnesgeburt verständnislos und ablehnend gegenüberstehen. Doch würde ich damit meinerseits den Zeitgeist der Grimms übersehen, in dem für die aristokratische, bürgerliche und bäuerliche Gesellschaft die männliche Erbfolge von hervorragender rechtlicher Bedeutung war. In der Logik ihres Denksystems ist also dieser Beleg stimmig und recht. So wird ersichtlich, daß das von den Grimms angesprochene Phänomen nur eines von vielen ist, ein Teil aus einer Reihe von systembildenden Elementen mit eigener sozialethischer Dynamik. Das Bündel solcher Normen und Werte mit ihren kulturellen Zeichen war immer gut verschnürt, ihre Anhäufung nicht in Einzelstücken abbaubar, sondern nur durch die Veränderung des gesamten gesellschaftlichen Systems.

Die gegenwärtige Reflektion über Frauen und der Kampf gegen traditionelle Rollenzuweisungen bedarf der historischen Rückverfolgung zu den Quellen und zu den Entwicklungsstufen dieser Traditionsmuster. In meinem Buch beleuchte ich eine dieser Stufen in ihrer ganzen sozialen Breite: das 19. Jahrhundert, und ich versuche, damit einen Beitrag zur Geschichte des Frauenlebens zu liefern. Das geschieht im Collagen-Prinzip, d.h., die zeitgenössischen Bild- und Text-Dokumente werden unter sozialgeschichtlichen Gesichtspunkten nebeneinandergestellt. Die Quellen für die Farbgebung dieses bunten kulturellen Bildes sind vielfältig: Memoiren als vornehmlich weibliche Selbstzeugnisse, Romane als Filter der Wirklichkeit, Bilder und Fotos als Zeichen der Zeit, Archivalien als historische Dokumente und dazu eine Unmenge von Wiedergaben direkter Zeugen des alltäglichen sichtbaren, häufig aber auch verschwiegenen fraulichen Daseins.

Moderne volkskundliche Forschung hat es ja vornehmlich mit Zeichen zu tun, die es zu deuten gilt: Hochzeit und Aussteuer, Kleider und Frisuren, Mimik und Gestik, Wohninterieur und Gastlichkeit, Arbeit und Arbeitsgeräte, Kommunikationsprozesse und Verhaltensweisen jeder Art – das alles gibt Auskunft über das Frauenleben im 19. Jahrhundert –, über das, was in dieser Zeit als «weiblich» galt und von den Frauen der verschiedenen Schichten als ihnen zugehörig empfunden wurde, zuweilen auch als schmerzhaft aufgezwungen.

In vier Epochen wird das Jahrhundert beschrieben und gegliedert, zudem in die verschiedenen sozial voneinander abgesetzten Gruppen:
Die Damen des Adels und Großbürgertums
Die bürgerlichen Hausfrauen
Dienstmägde und Arbeiterinnen
Die Landfrauen

In jeder der Epochen heben Darstellungen und Selbstzeugnisse möglichst *die* soziale Gruppe besonders hervor, die jeweils bedeutend und bestimmend war, die handelnd oder leidend eine besonders große Rolle spielte: im Empire die Aristokratin, im Biedermeier die Bürgerfrau, in der Gründerzeit die Arbeiterin, während der Landfrau ein eigener Abschnitt gewidmet ist. Auch in solchen Akzenten zeigt sich der Prozeßcharakter gesellschaftlicher Entwicklungen.

Im allgemeinen möchte dieses Buch also mehr die Bilder des weiblichen Alltags- und Durchschnittslebens vermitteln, als mit berühmten Namen verbundene Anekdoten und Lebenshöhepunkte mit ihrem Glanz präsentieren. Das Thema ist daher weniger die Darstellung des individuell Charakteristischen als die des gesellschaftlich Repräsentativen. In diachroner Abfolge, aber innerhalb der historischen Epochen in synchroner Parallelität, werden frauliche Lebenssituationen sichtbar und zwar vornehmlich durch ihre konkreten Zeugnisse: in den Bildnissen der Maler, den Aufstellungs-Standards der Fotografen, den Aussprüchen der Dichter und Memoirenschreiberinnen, den Daten der Statistiker. All diese Zeichen sprechen auf ihre Weise die Wahrheit aus über Glück und Unglück, Unfreiheit und Ungleichheit der Frauen, die sie trotz manchen äußeren Glanzes und zumeist unreflektiert erlebt und erlitten haben. Für das weite Feld einer Sozial- und Kulturgeschichte des Frauenlebens wird hier ein bescheidener Beitrag geliefert, der die Rolle der Frauen beleuchtet und Einblicke in ihr Bewußtsein vermittelt.

Historisch streift das vorliegende Buch noch das Zeitalter des Rokoko und der Aufklärung. Die Darstellung beginnt also mit einem entscheidenden Wendepunkt der Sozialgeschichte, ihrer allmählichen äußeren Abkehr von einem patriarchal verfaßten System, in dem in vielfältiger Abstufung Menschen über Menschen herrschten, und ihrer Hinwendung zu einer modernen Welt der technisch-wirtschaftlichen und politisch-sozialen Beziehungen, in der sich alle Menschen jeglicher Schicht oder Tätigkeit beiderlei Geschlechts zur «Menschheit» assoziieren sollten.[2] Zumindest waren die Weichen für einen solchen Wandel gestellt: von einem vorgeblich statischen Gesellschaftsbild der ständisch gegliederten Ordnung zum bewegten Zusammenhang einer komplexen Gesellschaft. Dem personal verfaßten Gefüge «der selbständigen Herren (Hausväter) vom Monarchen über Adel und Patriziat bis zum städtischen Zunftmeister und – eingeschränkt, da Freiheit und Rechtsstellung beschränkt waren – der Hofbauern als Dorfgenossen»[3] wollte sich nun eine ständedurchbrechende Gesellschaft prinzipieller Gleichheit entgegenstemmen.

Die vorrevolutionäre Tradition der Societas civilis umfaßte mit ihren Ordnungen ja nicht nur den ständischen Aufbau des Staates, sondern durchdrang alle seine Formationen mit ihrem patriarchalischen Abhängigkeitssystem: das Hofleben in den Residenzen ebenso wie in den Gutswirtschaften, die Zunftordnungen der verschiedenen Gewerbe ebenso wie die einzelnen Handwerksbetriebe, die Hanse ebenso wie das individuelle Kaufmanns- und Fuhrunternehmen. Immer war eine mehrschichtige Struktur von Abhängigen einer «väterlichen» Führungsperson unterstellt, die ihrerseits diese Gruppe verantwortlich dem Staat und der Öffentlichkeit gegenüber vertrat. So sah zumindest das äußere Bild der Gesellschaft bis ins 18. Jahrhundert aus, das sich bis in den inneren Aufbau und die Gehorsamkeitsnormen der Familie fortsetzte. Hier war die Sozialform der Haushaltsfamilie vorherrschend, d. h. eines familiären Zusammenhangs von nicht nur blutsverwandten Personen, die ein bestimmtes Produktionsmittel: Bauernhof, Handwerksbetrieb, Kaufmannskontor, Fuhrunternehmen, auch kleinere Geschäfte und Dienstleistungen verwaltete, bearbeitete und davon lebte – und zwar unter einem Dach.[4]

Wie stark diese rechtswirksamen Leitformen des sozialen Lebens das Dasein der Frauen bestimmten, läßt sich leicht denken, und wie solche Zusammenhänge im einzelnen aussahen, soll im folgenden dargestellt werden. *Die Ursprünglichkeit und Abgeschlossenheit der Familie und des Hauses gegenüber dem Volke und dem Staate hatte im Rechte des Mittelalters ihren vollen Ausdruck erhalten. In seinem Hause, hieß es, ist der Mann gesessen in stiller, nützlicher, geruhiger Gewehr und Gewalt länger denn Landrecht und Gewohnheit ist. Die Türe, welche das Haus von der Gemeinde und vom Staate scheidet, war ein unantastbares Heiligtum. In seinem Hause, darinnen er wohnte, sollte jeder Frieden haben, so daß ihm binnen seiner vier Pfähle kein Urteil schaden könnte. Die Ehefrau, die Hausehre in der Sprache der Zeit genannt, war wie der Haussohn und die Haustochter dem öffentlichen Leben nur durch den Hausherrn bekannt, und hat jemand, sagte das alte Recht, an Knecht und Magd, die des Mannes Hausgewalt heißen, Unfuges begangen, so mag der Mann wohl klagen, weil man seiner nicht geschont hat an seinem Gesinde und hat den Frieden an ihm gebrochen. Keine Familie hatte im Mittelalter eine andere Gewalt als die ihres Hauptes gekannt, aber der Mann, durch den das Haus zum Hause ward, wäre kein freier Mann gewesen, wenn er nicht größeren oder kleineren Kreisen des öffentlichen Lebens angehört und für sie gewirkt und geduldet hätte.*[5]

In diesem Zitat ist vieles deutlich ausgesagt: über die Rechtsnorm des Mittelalters und der Jahrhunderte bis nach dem 30jährigen Krieg und zugleich Bestimmtes über den Kreis derer, die mit dem «ganzen Hause» verbunden waren, d. h. die Familienangehörigen und alle im Hause Arbeitenden. Es war ein soziales Modell der Besitzenden. Tagelöhnerfamilien in Dorf und Stadt partizipierten an diesem gemeindlichen Ordnungssystem, wenn sie auch nicht volle Bürgerrechte genossen. Ähnlich stand es mit den nicht zünftlerischen Dorfhandwerkern und auch mit Schulmeistern und evangelischen Pfarrern, die also im ökonomischen Sinne nur mittelbar dem patriarchalischen Gefüge eingebunden waren. Der Geschlossenheit nach innen entsprach eine Abgrenzung nach außen, die freilich für verschiedene Randgruppen bewußt Lücken offenließ (Fahrende Leute, Bettler, Musikanten, aber auch Schäfer, Abdecker, Türmer u. a.).[6]

Wie war nun die Lage der Frauen in dieser ständisch-patriarchal organisierten Welt? Welche Rollen füllten sie aus, und an welcher Stelle befanden sie sich in den Wertsystemen ihrer Gruppen? Auf diese Fragen soll hier nur verkürzt in der Absicht geantwortet werden, einen Kontrast erkennbar zu machen für die Zeit, die dann dieses Buch behandelt: das 19. Jahrhundert. Es werden also nur Tendenzen ins Bild gerückt, ohne Einzelheiten auszuführen.

*Lesendes Mädchen (Angelika Kauffmann, 1741–1807)*

Wie die ganze Gesellschaft, so sind auch die Frauenschicksale ständisch voneinander abgesondert; obwohl sie in einem autoritär-patriarchalischen Familienmodell jeweils ähnlich gelagert waren, lebten die Frauen der verschiedenen Stände doch ihrer sozialen Situation entsprechend bewußt voneinander getrennt.

Als Beispiel für die Frauen der aristokratischen Schicht folgen Einblicke in das Leben der Markgräfin Wilhelmine von Bayreuth (1709–1758), der ältesten Schwester Friedrich II., von ihr selbst erzählt als ein typischer Lebenslauf in der höfischen Gesellschaft.[7]

Die Perspektive der Verfasserin ist eine weibliche und zwar weniger im Sinne des Unemanzipierten als vielmehr im Geiste ihrer Zeit und ihrer sozialen Schicht. Ihre Memoiren öffnen also einen Durchblick auf das aristokratische Frauenleben des 18. Jahrhunderts. Damit wird die Lebensbeschreibung der ältesten Schwester Friedrichs des Großen zu einem Muster für die weiblichen Abhängigkeiten und Freiheiten, die Werte und Normen in der hocharistokratischen Gesellschaft jener Epoche.

Die beherrschende Figur dieses Lebensromans ist der Vater, Friedrich Wilhelm I., zuweilen bieder gutmütig, aber viel öfter beängstigend und bedrohlich in jedem nur möglichen Sinne. Die Beziehung zu Frau und Kindern wurde geprägt durch seine Forderung nach absolutem Gehorsam. Im königlichen Ehestreit um die Rollen von England oder Österreich als Heiratspartner für Wilhelmine und Friedrich kommt diese väterliche Gehorsamkeitsforderung immer wieder zum Ausdruck bis hin zu demütigenden körperlichen Züchtigungen an den erwachsenen Kindern. Dabei wird mehrfach die Vorbildqualität der königlichen Familie hervorgehoben: wenn der Landesvater in seiner eigenen Familie nicht ein Muster an Subordination vorführen könne, wie solle es dann bei den Untertanen bestellt sein, sowohl im Hinblick auf die Ordnungen in deren eigenen Familien wie auf den Respekt und den Gehorsam der Landeskinder gegenüber ihrem Landesvater!

Die Unterordnung, die dieses Patriarchentum verlangte, ging bis zum Äußersten. Gattinnen- und Kindesliebe waren bedingungslos geforderte Selbstverständlichkeiten und jeder Wunsch des Vaters ein Befehl.

So zeigte sich das höfische Frauenleben dieser Epoche unentrinnbar gefesselt an Etiketten[8] und unwürdige oder schmerzhafte Intrigen – eine entwicklungsunfähige, dem Untergang geweihte Lebensform. Wilhelmine mag diese Morbidität ihrer Epoche und ihrer Gesellschaftsschicht zuweilen gespürt haben.

Ganz anders stellte sich das Leben der Bürgerfrauen dar. Wohl herrschte auch hier das autoritär-patriarchale Gesellschafts- und Familienmodell vor.[9] Die Frau war meist Gehilfin des Mannes im familialen Produktionsbetrieb,[10] und der Familienbegriff entsprach der gemeinsamen Haushaltswirtschaft. Wenn auch der Hausvater die Familie in der Öffentlichkeit vertrat, so besaß doch auch die Frau wichtige Wirtschaftsfunktionen, wie Verkauf der Ware im Handwerksbetrieb, Erziehung und Versorgung der jungen Lehrlinge, und auch in den Zünften spielte sie eine gewisse, wenn auch untergeordnete Rolle. Damit soll keineswegs die Lage der Frauen beschönigt, ihre weitgehende Rechtlosigkeit überspielt werden. Aber sie waren doch, wenn auch in strenger Rollenverteilung, zu einer ernsten Mitarbeit aufgerufen. Die Männer sprachen mit ihren Frauen über die Fragen und Probleme des Geschäftes, und die Frauen kannten die Hintergründe und Schwierigkeiten des Arbeitslebens, stammten sie doch oft aus dem gleichen Handwerk und hatten z.B. als Meistertöchter den Gesellen geheiratet. Die Frauen trugen bei zur «Handwerksehre», und ein unehelich Geborener durfte nicht hoffen, überhaupt in eine Zunft aufgenommen zu werden.

Diese rigiden Vorschriften konnten zu den größten Konflikten führen. So geschah es 1785 einem Handwerksgesellen, der mit der Schenkerin einer Gastwirtschaft ein Liebesverhältnis hatte. Als sie ein Kind erwarteten, wollten sie heiraten, und zwar «vor ihrer Niederkunft, damit das Kind, wenn es ein Sohn wäre, zunftfähig würde». Aber vom Konsistorium aus gab es «Weitschweifigkeiten», und so zögerte sich die Hochzeit immer weiter hinaus. Als es endlich so weit war, kam die Braut am selben Morgen in Kindsnöte. «Der Bräutigam ... will sie dessenungeachtet auf einem Schlitten in die nächste

*Bürgerliche Wohnstube im Rokoko*
*(Daniel Chodowiecki, 1726–1801)*

Kirche schleppen, damit nur ja das Kind zunftfähig bleibe.» Würde aber ein Prediger ins Haus zur Trauung geholt, so kostete das 10 Rtl. Strafe! Auch diese Hürde wurde noch durch die Freigiebigkeit einer Freundin genommen, und das Kind kam ehelich und damit zunftfähig zur Welt.[11]

Die Zunft sah also fast strenger als die Kirche auf «Anständigkeit» und «Sittlichkeit» in der Familie, womit das zünftige Handwerk seinen Charakter als breiter Mittelstand der nachmittelalterlichen Stadt, als ihr wichtigster Bevölkerungsanteil, festigte. Die strengen Forderungen nach untadeligem Lebenswandel bildeten zugleich eine Grenze um den Handwerkerstand als Ganzem; sie waren ein Teil seiner Identität, und dieser zu entsprechen galt wiederum als besondere Aufgabe der Frauen. Daß damit auch viel Spießbürgerliches, ja Engherziges, entstand und vorprogrammiert wurde, darf nicht verschwiegen werden.

Das zünftige Handwerk betrachtete sich als Wahrer der Ehrlichkeit und Reinheit. Reinlichkeit aber ist stets als Sache der Frauen angesehen und dann im Handwerkshaushalt als eine Tugend des gesamten Betriebes gepriesen worden. Die Frau Meisterin hielt das Geld zusammen. Ihr oblag nicht nur in vielen Werkstätten der Verkauf der fertigen Waren, sondern auch oft der Ankauf des Rohmaterials. Sie mußte daher etwas verstehen von Qualität und Marktgesetzen. Ohne also ein allzu strahlendes Bild vom Leben der bürgerlichen Handwerks- und Kaufmannsfrau in der vorrevolutionären Zeit malen zu wollen: sie war doch in beschränktem Maße eine Partnerin ihres Mannes und konnte ihre Fähigkeiten im Interesse von produktiver Arbeit und gut organisiertem Haushalt voll entfalten. Arbeit ist hier nicht im Sinne von Ausbeutung gemeint, sondern im Sinne einer Integration in den Produktionsbereich von Familie und Gesellschaft.[12] Die endgültige Aufspaltung des bürgerlich familiären Lebens in einen privaten und einen öffentlichen Bereich blieb dem folgenden 19. Jahrhundert vorbehalten.

Die allmähliche Beseitigung der feudalen, d.h. der herrschaftsständisch orientierten Produktionsverhältnisse, das starke Bevölkerungswachstum am Ende des 18. Jahrhunderts, die aus England kommenden technischen Errungenschaften: das alles bewirkte nun auch in Deutschland den Beginn der Industrialisierung. Technik, Wirtschaft und Gesellschaft unterlagen einer länger andauernden, voneinander untrennbaren Umwälzung.

Die neue Produktionsweise erforderte eine neue Arbeitsorganisation in Fabriken und Werkhallen. Das führte allmählich zu einer Trennung von Arbeitsplatz und Wohnstätte, die als die entscheidende gesellschaftliche Veränderung innerhalb der sog. Industriellen Revolution zu betrachten ist. Sie betraf fast alle Kreise der Beschäftigten: Unternehmer und Manager, Verwalter und Funktionäre, technische und kaufmännische Angestellte, Staatsbeamte und Beamte des öffentlichen Dienstes, Handwerker und Angehörige von Dienstleistungsberufen und in besonderem Maße den ständig wachsenden Kreis der Fabrikarbeiter. Damit vollzog sich die Auflösung des «ganzen Hauses» als Produktionsstätte einer gemeinsam wirtschaftenden Haushaltsfamilie. Für die Bürgerfrau bedeutete das den Rückzug auf Haushalt und Kindererziehung und einen großen Verlust an Selbständigkeit.

Nach unten grenzte sich der bürgerliche Mittelstand zum Kleinbürgertum ab, und diese Gruppe wiederum schottete sich ängstlich ab von dem neu entstehenden 4. Stand, den «freien» Lohnarbeitern, den Proletariern, die nichts einzubringen hatten als das Angebot ihrer billigen Arbeitskraft. Die Mitarbeit von Frauen und Kindern wurde in dieser Gruppe im Zeitalter des Pauperismus eine unreflektierte Selbstverständlichkeit um der bloßen Existenz willen. In den Manufakturen und ersten Fabriken, den großen Konkurrenten des Handwerks, waren Frauen und Kinder als ungelernte, besonders billige Arbeitskräfte «begehrte Lückenbüßer auf einem bis zum Ende des 18. Jahrhunderts vor allem im Textilgewerbe unterbesetzten und unterentwickelten Arbeitsmarkt».[13]

Der Augenblick, in dem die nicht-besitzende Frau, die Lohnarbeiterin, in das Licht der Geschichte tritt, bestimmte von vornherein ihr Bewußtsein als das eines unterdrückten, abhängigen Menschen ohne eigene Entscheidungsmöglichkeiten. Stets wurden die Frauen schlechter bezahlt als die Männer, und die übermäßig lange Arbeitszeit von 12–14 Stunden am Tag ließ ihnen kaum einen Freiraum, um als umsichtige Hausfrau der Familie eine lebenswürdige Existenz zu schaffen. Wenn sie auch finanziell zum Haushaltsbudget beitrug, so gewann sie damit keineswegs eine Eigenständigkeit, denn sie half ja nur, das nackte Dasein zu sichern. «Vielleicht am schlimmsten war die Degradierung der Frau innerhalb der Familie. Zwar war der Mann, war die Familie auf den Verdienst der Frau angewiesen. Aber die alte Angewiesenheit in der Arbeit selbst war verschwunden.»[14]

In der unterbäuerlichen Schicht auf dem Lande sahen die Verhältnisse ähnlich aus. Erschwerend wirkte der starke Bevölkerungszuwachs, der gerade von hier ausging und zwischen 1800–1850 in Deutschland einen Anstieg von mehr als 10 Millionen hervorrief, von 24,5 auf 35,4 Millionen Einwohner, d.h., um mehr als 40%. Für die Frauen in den Schichten der Kleinbesitzer und Tagelöhner, vor allem aber der Landarbeiter, bedeutete das zusätzliche fremdabhängige Arbeit, Hoftage, Pflichtarbeit bei der Ernte u.ä.[15] Ihre Integration in einen selbstgestalteten häuslichen Arbeitsablauf war daher von vornherein kaum möglich und auf die mühsame Bewirtschaftung von Gartenland und Kleinvieh reduziert. Die Entwicklung der Großgüter zu landwirtschaftlichen Unternehmen drängte gerade diese Gruppe mehr und mehr in die Rolle der abhängigen Lohnarbeiter.

In anderer Situation befand sich die Bauersfrau – zumindest in den Regionen mit freier Bauernschaft. Hier bewahrte sich – übrigens bis weit in die Gegenwart – die Struktur des «ganzen Hauses», der gemeinsam wirtschaftenden Haushaltsfamilie, bei der die Arbeitsteilung zwischen den Geschlechtern noch weit mehr Voraussetzung für das Gedeihen der ganzen Wirtschaft war als im städtischen Handwerksbetrieb. Die Hausväterliteratur berichtet ausführlich über die Organisation groß- und mittelbäuerlicher Unternehmen unter der Leitung von Hausvater und Hausmutter.[16]

Auch hier waren die Frauen voll verantwortlich in den ländlichen Produktionsbetrieb integriert. Sie hatten ihre eigenen Arbeitsbereiche (Haus und Garten, Flachs, Spinnstube, Milchverarbeitung, Meierei, Markthandel usw.) mit eigenen Dienstboten, Geräten und Räumlichkeiten. Dennoch darf man nicht übersehen, daß sie weder im Hause noch in der Gemeinde dem Manne gleichberechtigt waren. Die Hausmutter stand über dem Gesinde, aber unter dem Hausvater, nicht neben ihm, und ihre Beziehung zur Öffentlichkeit war weit weniger entwickelt als die der Frau Meisterin in der Stadt. Ihre Funktion als Hausherrin führte sie nur aus «in Erfüllung ihres natürlichen Berufes».[17] Was das sei, wurde als allgemein bekannt vorausgesetzt und zumindest klargelegt, daß der Mann die Oberaufsicht über das Ganze habe, also auch über sie und ihre Geschäfte.

Dieses patriarchalische Gesellschaftssystem verliert mit der Epoche der Revolutionen zunehmend an ökonomischer Berechtigung. Damit hätte auch die Ideologie und Hierarchie des Besitzes aus dem Bewußtsein der Gesellschaft verschwinden können. Aber das geschah nicht. Wie sehr gerade die Frauen zu Objekten verformt waren, spricht Erich Fromm in bitteren Formulierungen aus: «In der patriarchalischen Gesellschaft war selbst der ärmste Mann noch Eigentümer seiner Frau, seiner Kinder und seines Viehs, als deren absoluter Herr er sich fühlen durfte. Viele Nachkommen zu zeugen, war die einzige Möglichkeit, zu Menschenbesitz zu kommen und eine Kapitalanlage vorzunehmen, ohne dafür arbeiten zu müssen. Wenn man bedenkt, daß die Frau die ganze Last zu tragen hat, ist kaum zu leugnen, daß die Erzeugung von Nachkommenschaft im Patriarchat ein Vorgang rücksichtsloser Ausbeutung der Frauen ist. Die Mütter ihrerseits schwingen sich zu Eigentümern ihrer Kinder auf, solange diese klein sind. Das ist ein endloser Teufelskreis: die ausgebeutete Frau beutet die kleinen Kinder aus, die Halbwüchsigen tun sich mit ihren Vätern zusammen, um die Frauen auszubeuten.»[18]

Daß diese Worte noch heute, nachdem doch die patriarchalische Gesellschaft alten Stils der Vergangenheit angehört, ganz direkt berühren, zeugt für die Langlebigkeit ihrer sozialen Struktur, zumindest als Schema.

Das 19. Jahrhundert als zeitlicher Rahmen meines Buches gibt ihm die historische Dimension. Ob in dieser Epoche die alten Muster tragfähig geblieben sind, oder ob die wissenschaftlich-technisch-sozialen Prozesse im gleichen Maße das Bewußtsein der Gesellschaft, der Männer und Frauen, veränderten, soll aus detaillierten authentischen Zeugnissen erkennbar werden – Zeugnisse, die erstaunen und auch erschrecken lassen. Die Frauen der verschiedenen Schichten und Klassen kommen zu Wort und präsentieren sich in Bildern und Zeichen ihrer Kultur. So entsteht ein nuancenreiches Gemälde des Alltags- und Durchschnittslebens, der Normen und Werte und ihres Funktionszusammenhanges. Zwänge, Träume und Sehnsüchte werden sichtbar, die viele heutige Erscheinungen erst verständlich machen.

Einige Worte des Dankes möchte ich an dieser Stelle anschließen. Zunächst gilt mein Dank Dr. Ernst-Peter Wieckenberg, der mich zu diesem Buch ermutigte, und Peter Schünemann und Bruno Schachtner, die seine Gestaltung so tatkräftig in die Hände nahmen. Ich danke Dr. Marianne Schuller für viele gute und hilfreiche Gespräche und meinen Hörerinnen und Hörern für ein Wintersemester 1982/83 voller Anregungen und erfreuender Diskussionen. Und nicht zuletzt danke ich Christiane Koch, Jürgen Volkmann und vor allem meiner lieben Mitarbeiterin Dorothea Zeh für unermüdliche Unterstützung.

*Textile Frauenarbeiten*
*(Daniel Chodowiecki, 1726–1801)*

# I. Empire und Romantik

## Aristokratin

*Auch in Zeiten größeren geselligen Lebens blieb mein sonst so freundlich für mein Vergnügen bedachter Mann doch darin fest, daß ich mich dem eigentlichen Treiben nicht hingeben durfte. Es war ihm wichtig, daß mir der Sinn blieb für Häuslichkeit und einsame Beschäftigung.*

Elise von Bernstorff (1789–1867):
Aufzeichnungen.
Berlin 1897, Bd. 1, S. 136

## Bürgerfrau

*Im Hause meines Prinzipals (Apotheker) hatte sich unterdessen eine der älteren Töchter an einen Kaufmann verheiratet. Wenn ich und mein Kollege an den Winterabenden nach alter Sitte in dem Zimmer, wo auch gespeist wurde, uns mit Räucherkerzchen- und Kapselmachen beschäftigten, nahmen mitunter auch die drei anderen Töchter ihrer Geschäfte halber an dem gemeinschaftlichen Tische Platz, wobei es nicht an einer munteren Unterhaltung mangelte. Es war sonach kein Wunder, daß sich ... zwischen mir und einem der Mädchen ein Verhältnis entwickelte ...*
*Unsere Neigung wurde aber von uns sehr strenge bewacht.*

Ernst Wilhelm Martius (1756–1849):
Erinnerungen aus meinem neunzigjährigen Leben.
Leipzig 1847, S. 40

*Vornehmes ABC (Nürnberg bei C. Riedel, 1788–1859)*

*Junge Bürgerfrau
(Johann Friedrich August Tischbein, 1750–1812)*

## Dienstmädchen

*Wenn die Bauernmägde eine Stellung in der Stadt annahmen, mußten sie nach den Gesindeordnungen ihre Tracht beibehalten, damit die Standesunterschiede zwischen Bürgern und Bauern sichtbar gewahrt blieben: «Denn sollen die Bauren-Mägd bey ihrer Landeskleidung bleiben und sich nicht nach Stadtart kleiden lassen, bey obiger Buß.»*

Kleiderordnung der Stadt Bern
seit 1766

## Landfrau

*Der gemeine Mann bezeichnet das Weib gerne geschlechtslos als «das Mensch» ..., wenn ihm das Treue, Geduldige, Entsagende der weiblichen Natur vorschwebt. Also: ein treues, ehrliches, fleißiges Mensch. Er ahnt noch nicht die tiefe Herabsetzung, welche darin liegt, wenn man eine Person als geschlechtslos bezeichnet.*

Wilhelm Heinrich Riehl:
Die Familie.
Stuttgart 1855, S. 30

*Bauerntochter in der Tracht eines städtischen Dienstmädchens aus Bern (Josef Reinhart, 1749–1829)*

*Sitzende Bäuerin (Fritz Boehle, 1837–1916)*

# A. Die führenden Damen der Aristokratie

## Das Porträt

Von dem klassizistisch-empfindsamen Maler Josef Grassi (1758–1838) stammt das Porträt der knapp dreißigjährigen Königin Luise von Preußen (1776–1810). Es zeigt eine elegante schöne Dame dieser Zeit. Das weitausgeschnittene, hochgegürtete, raffiniert einfache Hemdkleid wirkt natürlich und schlicht und erotisch zugleich. Ihr dunkelblondes Haar ist glatt frisiert mit kindlich gelösten Löckchen. Der Schmuck, ein goldenes Diadem und ein Armband mit hoch gefaßten großen Steinen, dazu eine ovale Schulterspange, ähnelt dem Besitz einer fränkischen germanischen Fürstin. Das Porträt ist 1804 gemalt, in der Zeit der Romantik und rückgewendeten Sehnsucht nach den «urdeutschen» Kulturgütern des Mittelalters und der Frühzeit, der deutschen «Antike» – aber auch 15 Jahre nach der Französischen Revolution.

Diese anmutige liebenswürdige Frau entsprach dem weiblichen Ideal der Zeit zwischen Adelsgeist und Bürgersinn. Zehn Kinder hat sie ihrem Mann, Friedrich Wilhelm III., geboren, die Entbehrungen der französischen Besatzungszeit mit dem Volke geteilt, sich um die Armen gekümmert: eine echte «Landesmutter». Sie war die volkstümlichste Königin, die Preußen besessen hat, politisch vermittelnd und auf der Seite der Reformer, im griechischen Chemisenkleid der nachrevolutionären Mode, als die Männer ihrer Sozialschicht noch seidene Culottes oder Uniformen trugen.

Ihr früher Tod umgab ihre Gestalt mit einer Legende, wozu ihr erfolgloser Opfergang zum Sieger Napoléon noch beigetragen haben mag. Am 6. Juli 1807 schrieb sie ihm von Königsberg: «Sire, ich bin Gattin und Mutter, und diese beiden Eigenschaften lassen mich Ihnen das Schicksal Preußens empfehlen, eines Landes, an das so viele Bande mich fesseln und wo man uns rührende Beweise der Anhänglichkeit gibt. Ich wende mich an ihr edles Herz, das heißt, ich erwarte das Glück von Eurer Majestät.»[1]

Dieser naive Brief entsprach dem Frauenideal von Mütterlichkeit und gleichzeitig mädchenhafter Unschuld, einem Leben ganz im Schatten des Mannes, in der Geborgenheit und Enge der Familie.

Die rührende Verehrung ihrer schönen Landesmutter bewies die Königsberger Bürgerschaft mit zwei kostbaren Geschenken, von denen Bertuchs «Journal des Luxus und der Moden», das damalig führende Familienblatt, im Mai 1808 angelegentlich berichtet:

*Königsberg am 23. Febr. 1808.*
*Die Schrecknisse des Krieges haben das Band der Liebe zwischen unserem guten Könige und seinen treuen Unterthanen nur noch fester geknüpft. Einen schönen Beweis davon gab unter andern nur neuerlich die hiesige Bürgerschaft. Als sie erfuhr, daß unsere allgemein verehrte Landesmutter ihre Entbindung in Königsberg abwarten würde – daß diese am 1sten Februar wirklich erfolgt ist, wissen die Leser bereits aus den öffentlichen Zeitungsblättern – so hatte sie keinen angelegentlicheren Wunsch, als irgend etwas auszusinnen, womit sie die geliebte Königin erfreuen könnte. Die Wahl fiel auf ein Ruhebett und eine Wiege, und man wird eingestehen, daß die Gabe eben so glücklich für den Zweck, als für das Zartgefühl der Königin berechnet war. Die Geschenke wurden unter der Aufsicht des hiesigen königl. Oberbau-Directors, Herrn Kriegs- und Domainen-Raths Müller – der nach seinem Plane ausgeführte Bau des hiesigen neuen Schauspielhauses bewährt seine Kenntnisse, wie seinen Geschmack – nach einer von ihm entworfenen Zeichnung, angefertigt. Das Ruhebett besteht in einem Sopha von Mahagonyholz mit vergoldeter Bronze verziert und mit grünem Sammet beschlagen, der reich mit goldenen Franzen und Quasten besetzt ist. Form und Einrichtung sind äußerst geschmackvoll. Die Wiege ist nach einer von Hrn. Mueller neu erfundenen, und von dem königl. Leibarzt Herrn Geheimerath Hufeland für sehr zweckmäßig erkannten Einrichtung gebaut.*

*Königliche Wiege als Geschenk der Königsberger Bürgerschaft (Journal des Luxus und der Moden 1808)*

Die führenden Damen der Aristokratie 17

*Königin Luise*
*(Josef Grassi, 1758–1838)*

Das Kind erhält darin die sanfte schaukelnde Bewegung, die es, auf dem Arme getragen, bekommt. Es ist vor Zugwind und Umwerfen gesichert. Um dem Leser die Einrichtung zu versinnlichen, sind hier zwei Zeichnungen beigefügt. Fig. 2 zeigt die Wiege ohne Verzierung mit dem Grundrisse, a ist die schmale Seite des Korbes, der einen breiten aufstehenden Rand hat, welcher, so wie die ganze Wiege, inwendig wattirt und mit Atlas gefüttert ist. Die beiden Bügel b, die mit grünem Atlas bezogen sind, können wie bei einem Halbwagen zurückgelegt werden, wenn das Band, welches sie vermittelst einer in der Mitte angebrachten kleinen Schleife verbindet, aus einander gehakt wird. Diese Einrichtung gewährt den Vortheil, daß das Innere der Wiege um so bequemer arrangirt werden kann. Der Korb hat einen Brettboden, an welchem am Kopf- und Fußende herabgebogene, mit Haken versehene Federn c angeschraubet sind. Die Federn ruhen auf vier stählernen Stangen mit gefütterten Oesen, welche letztere, nämlich die Stangen, an den in den Rollen befindlichen Haken aufgehängt sind. In der Mitte der einen Feder befindet sich ein Knopf d, an welchem ein Riemen k befestigt ist, der über die Rolle f geht – in Fig. 1, wo die Wiege völlig verziert erscheint, zeigt die punctirte Linie die Lage des Riemens – und dort wiederum an dem Tritt h in e befestigt ist. Sobald der Tritt berührt wird, beginnt die schaukelnde Bewegung der Wiege, und da er durch die auf dem Boden angebrachte Spiralfeder g wieder gehoben wird, so kann dadurch das Schaukeln ununterbrochen fortgesetzt werden. Wenn der Riemen k abgeknüpft wird, so kann man vermittelst der ebenfalls am Knopf d befestigten Schnur i, auch in einiger Entfernung wiegen. Hebt man die Wiege aus den Stangen, so dienen die Federn als Füße, und man kann den Korb als ein kleines Bett gebrauchen. Das Gestell ist von Mahagonyholz, reich mit vergoldeter Bronze verziert, hat Schubladen, und steht auf vier Stollfüßen. Um in der Mitte näher herantreten zu können und um beim Herumgehen keiner scharfen Ecke zu begegnen, hat das Gestell eine geschweifte Form erhalten. Der Korb ist, wie Fig. 1. zeigt, mit grünem Atlas und goldenen Franzen drappirt und über das Ganze hängt eine klare weiße, brodirte, mit Kanten besetzte Decke, die nach Gefallen zurückgeschlagen werden kann. Welchen Eindruck die mit Liebe dargebotenen Geschenke auf das reine zarte Gemüth unserer geliebten Königin machten, und daß den Gebern herzlicher Dank, dem Erfinder aber der schmeichelhafteste Beifall zu Theil wurde, bedarf wohl kaum einer Erwähnung (s. Abb. S. 16).

*Die Königin als Wohltäterin (Woldemar Friedrich, 1846–1910)*

## Adlige Hochzeit

Hochzeiten in Adelskreisen verliefen im allgemeinen wohl nach traditionellem Muster; was jedoch bei der folgenden Schilderung auffällt, das ist ein freier und kreativer Geist der Freundschaft mit reizenden belebenden Festideen als Zeichen der Zusammengehörigkeit ...

*Als mein Hochzeitstag heranrückte, den meine Eltern auf den 25. des schönsten Monats, des Mai, festgesetzt, wünschte ich, daß meine wertern Jugendfreunde daran teilnehmen und mich an diesem Tage umgeben sollten. Fräulein Ravenet bat ich, meine Kranzjungfrau zu werden, ihr Pflegevater, der Regierungsrat von Heß, wurde zu meinem einen Zeugen oder Beistand erwählt, und mein lieber Dürfeld, dem ich es kaum zuzumuten wagte, ein Jahr nach seinem unendlichen Verlust bei meiner Hochzeit gegenwärtig zu sein, übernahm doch aus freundschaftlicher Güte für mich die Stelle des zweiten. Pichlers Beistände waren der damalige Hofrat von Sonnenfels, dessen Name in Österreich in dankbarem Andenken lebt, und ein junger Baron von Lederer ...*

*Empiredame im Brautschmuck (Modekupfer 1810)*

*Dieser 25. Mai 1796, ein Mittwoch, war von dem herrlichsten Frühlingswetter begünstigt und in unserm Hause vom frühen Morgen an ein geschäftiges Treiben und Drängen, das mich in innerer und äußerer Unruhe und Spannung erhielt. Gegen Abend erschienen die Hochzeitsgäste und unsere nächsten Freunde und Bekannten, denn wir beide, Pichler und ich, wünschten kein rauschendes Fest, und es sollte doch eines werden! Meines Mannes Bruder, der würdige Pfarrer, traute uns, und mit tiefbewegter Seele kam ich von der Trauung zurück, wo ich zwar nicht geweint, aber desto mehr gezittert hatte.*

*Wir waren also nach Hause gekommen, ein sehr elegantes Gouter war eingenommen, und es fing an zu dunkeln, da bemerkten einige von der Gesellschaft, die zufälligerweise an ein Fenster, welches in den Garten sah, getreten waren, daß es im Garten von Menschen wimmle und in der Entfernung der Schein von Lichtern zu sehen sei. Meine Mutter lächelte bei dieser Bemerkung ganz geheimnisvoll; aber sie schwieg, denn sie allein wußte von der Überraschung, welche liebe Freunde uns bereitet hatten, nämlich das Fräulein von Paradis, deren unglücklicher Blindheit und ihres seltsamen Geschicks schon erwähnt worden ist. Ihr Vater war ein vieljähriger Bekannter und Freund des meinigen, Fräulein Therese, obwohl viel älter als ich, trug von jeher eine lebhafte Neigung zu mir, die ich herzlich erwiderte, und die Musik, welche sie, mit so vielem Glück als Freude, als den vorzüglichsten Trost in ihrer Lage, trieb, wurde zu einem neuen Band zwischen uns. ...*

*Gleich nachdem jene Bewegungen im Garten bemerkt worden waren, ertönte Musik, die sich immer mehr näherte; es kam die Treppe herauf, und ein Zug ländlich gekleideter Gestalten trat, einen Chor singend, den Instrumente begleiteten, in den Vorsaal. – Alles eilte ihnen entgegen, und mit lebhaftem Vergnügen erkannte ich in den Bauern und Bäuerinnen des Zuges meine Schauspiel- und Operngefährten aus dem Paradisschen Hause. Ein Paar nach dem andern trat nun vor Pichler und mich hin und überreichte uns in kleinen Körbchen niedliche Spielsachen, die in verkleinertem Maßstabe eine ganze Hauseinrichtung vorstellten, und sangen eine Strophe des Chors, der also begann:*

> *Wir kommen mit Gaben und Steuer,*
> *Zu ehren die ehliche Feier,*
> *Die heute das glücklichste Pärchen vereint;*
> *Und scheinen gering auch die Gaben,*
> *Die wir zum Geschenke hier haben,*
> *So denkt nur, wir haben es redlich gemeint, usw.*

*Als alle vier Paare ihre Körbchen, jedes mit andern, auf den Inhalt des Korbes bezüglichen Versen übergeben hatten, wurden wir gebeten, dem Zuge in den Garten zu folgen. Hier standen am Fuße der Treppe vier weißgekleidete Mädchen, die einen Baldachin von Zweigen und Blumen hielten, unter den der Bräutigam treten und sich von ihnen führen lassen mußte. Ebenso erwarteten mich vier junge Herren mit ihrem grünen Dache, und nun strömte die ganze zahlreiche Gesellschaft uns nach durch die langen Alleen bis zu dem Platze, wo eine Art von*

natürlichem Theater aus lebendigen Hecken und Spalieren gebildet, ein passendes Lokal für einen Altar des häuslichen Glückes bot, an welchem Fräulein Therese v. Paradis als Priesterin der Freundschaft stand, noch andere Mitspielende in verschiedenen Attituden umher gruppiert waren (das Ganze von unzähligen Lampen geschmackvoll erleuchtet) und uns mit einem Chorgesange empfingen.
*Es war ein schönes und rührendes Fest herzlicher Freundschaft, das mich damals ungemein erfreute, die Bande wechselseitiger Zuneigung zwischen uns und der Paradisschen Familie fester zuzog, und wofür ich noch jetzt, nach langen Jahren, den Manen der längstvorangegangenen Freunde einen Zoll dankbarer Erinnerung entrichte.*[2]

Ist diese Hochzeit anmutig durch die Körbchengeschenke und den überraschenden musikalischen Einfall der freundlichen Verwandten, so zeigt auch das den Übergang von den Etiketten der höfischen Gesellschaft zum freieren Empfinden einer neuen Zeit. Bei dem eingeübten Spiel im bäurischen Kostüm bedient man sich lächelnd der Muster, die auf den Gütern zwischen Bauern und Gutsherrn beim Erntefest praktiziert wurden, ohne deren innerlichen Ernst zu erkennen.[3]

In Adelskreisen wie im Bauernstand hat sich am längsten der Charakter der Eheschließung als der eines Kaufvertrages zwischen den beiden Familien erhalten, wobei die Braut nichts anderes als der zu verkaufende Gegenstand war – ohne eigene Meinung.[4] Das Bett als Repräsentationsmöbel und der fast öffentliche Beischlaf spielten eine entscheidende Rolle.[5] An die Empfindungen der jungen Braut in Scham und Demütigung wurde kein Gedanke verschwendet und als selbstverständlich angenommen, daß sie «glücklich» werden, d.h. sich ihrer neuen Lebenssituation geduldig anpassen würde.

*Mein Großvater war 42 Jahre alt geworden, ehe er sich verheiratete mit der Tochter aus einem adeligen Hause der Umgegend. Die Ehe war nach den conventionellen Gewohnheiten der Zeit und wohl nicht aus Neigung geschlossen. Nachdem Erkundigungen eingezogen waren, ob der Stammbaum keine Fehler nachweise – denn das war notwendig, sollten die Söhne des Hauses nicht die einträgliche Berechtigung auf die Domstifte, die Töchter die Anwartschaft auf die Fräuleinstifte verlieren –, erging die Anfrage durch gemeinsame Freunde zuerst an die Eltern der Braut, die selbst kaum gefragt wurde, jedenfalls nicht gewagt hätte, dem Befehl ihrer Familie entgegen zu antworten. Dann wurde eine flüchtige Bekanntschaft vermittelt, die kaum den Charakter des Zufälligen trug. Gewöhnlich wurden dazu die Jahrmärkte in irgend einem Städtchen der Provinz benutzt, wo die adeligen Familien der fernen Umgegend zusammenzukommen pflegten. Der Bewerber brachte gleich die üblichen Brautgeschenke mit. Die Überreichung derselben war der Antrag, der eine weitere Neigungserklärung unnötig machte, die Annahme war die Form der Verlobung.*

*Mein Großvater kam mit seiner nachmaligen Gattin auf dem Markt in Putlitz zusammen, der Muff und Pelzkragen aus Zobel wurde überreicht und acceptiert. Dann sahen sich die Verlobten nicht wieder bis zur Hochzeit, die im Kreise der Verwandtschaft und Nachbarschaft begangen wurde. – Die Ehe wurde aber eine glückliche. Dank der Vortrefflichkeit meiner Großmutter, die durch Pflichttreue, Selbstlosigkeit und Verstand sich der schroffen Eigenartigkeit des an Geist und Bildung überlegenen, gelehrten Gatten unterordnete, mit praktischem Sinn das Haus führte und zu der strengen Kindererziehung des Vaters die liebende Milde fügte.*[6]

### Familienleben

In lässiger Haltung und ebenso lässig wie elegant gekleidet und frisiert sitzt die junge Mutter auf der Schloßterrasse inmitten ihrer Kinder. Wie eine lebendige Girlande verbinden die gepflegten Arme von Mutter und Kindern das liebliche Familienidyll in rhythmischer Bewegtheit. Während die Mutter, geliebter Mittelpunkt der Szene, träumerisch beseelt in die Ferne schaut, sind die 3 Kinder in munterer Aktion. Der Knabe trägt den Skeleton, kindgemäße Mode aus England seit 1780, ein loser Anzug mit offenem Kragen à la Matelot und langen Höschen zu einer Zeit, als die Herren der Gesellschaft noch sehr auf

*Aristokratische Mutter-Kinder-Szene (Johann Friedrich August Tischbein, 1750–1812)*

seidene Kniehosen bedacht waren.[7] Nur die breite Seidenschärpe weist den Jungen als einen Aristokraten aus. Die beiden Mädchen sind ganz in locker fließende leichte Kindermode gekleidet, die mit der Empirezeit endlich eine Befreiung von den Fischbeinkorsetts des Rokoko brachte. Aus einer empfindsamen Familienszene sehen die beiden größeren Kinder den Betrachter glücklich an. Die Herzogin ist nicht à la parure gekleidet, sondern in ein loses Negligée gehüllt. Bei aller Ungezwungenheit hat sie Haltung, Contenance, und der etwas schwimmende verinnerlichte Blick verrät eine gewisse Entferntheit von den Realitäten des Augenblicks. Gerade die adligen Frauen mögen es in dieser Zeit des Umbruchs alter Normen und des drohenden Verlusts ererbter Werte schwer gehabt haben, aus ihrer Erziehung heraus den Anbruch einer neuen Zeit zu verstehen.

Malvida von Meysenbug (1816–1903) war eine dieser klugen und mutigen Frauen aus hochadligem Geschlecht, die ohne Rücksicht auf die schützende Hülle einer vornehmen Familie ihren eigenen dornigen Lebensweg als Erzieherin und Schriftstellerin ging. In Opposition zu ihrer Familie schloß sie sich den demokratischen Bewegungen an, die zur 1848er Revolution führten, und wurde 1852 aus Berlin verwiesen. – In ihrer Jugend hat ihr das Unverständnis ihrer aristokratisch denkenden Mutter, deren Probleme sie selbst sehr gut verstand, viel zu schaffen gemacht.

*Meine Mutter war in einer der alten aristokratischen Familien erzogen, die zur Zeit des deutschen Reichs Niemand über sich erkannten als allein den Kaiser. Eine Würde des deutschen Reichs war erblich in der Familie. Sie übte fürstliche Rechte aus in dem Städtchen, welches zu dem Schloß ihrer Vorfahren gehörte. Die Mitglieder der Familie, die das Schloß bewohnten, als meine Mutter noch ein Kind war, konnten sich eines Stammbaums ohne Flecken rühmen. Alle hatten die vornehme Bildung und Eleganz der Aristokratie des vorigen Jahrhunderts. Es gab reizende Frauen darunter, die selbst am Hofe Marie Antoinettens bewundert worden waren. Sie umgaben ihr Leben im alten Schloß mit der Eleganz und dem Luxus, welche das ausschließliche Privilegium der Aristokratie gewesen waren bis zu der Zeit, wo die Fanfaren der großen französischen Revolution dieselbe vor das Tribunal der menschlichen Gerechtigkeit riefen, um sich zu verantworten für den Mißbrauch, den sie von ihrer Stellung gemacht hatte. Diese Typen einer Welt, welche im Untergehen begriffen war, hatten sich im Geiste meiner Mutter mit den Bildern einer Welt, die im Werden war, vermischt.*[8]

### Kindererziehung

Die schulische Erziehung der Kinder, besonders der Knaben, aber auch vielfach der Mädchen, wurde in den adligen Häusern ausschließlich Hofmeistern oder Erzieherinnen und Gouvernanten übertragen. Bei den Hauslehrern handelte es sich meist um junge Theologen, und hier wiederum bevorzugte der deutsche Adel Absolventen der Universität Halle mit einer zuverlässigen pietistischen Ausbildung[9] und dementsprechend bescheidenen materiellen Ansprüchen, denn das Salär der Hauslehrer war zumeist sprichwörtlich karg bemessen. Mit den Gouvernanten, die häufig keine anderen Qualitäten hatten als die, aus gutem, aber verarmtem Hause zu sein, stand es oft noch schlechter, und entsprechend war auch die Bildung der Töchter aus vornehmem Haus. Meist genügte die elementarste Wissensvermittlung. In einem zeitgenössischen Buch von Hensel über das «System der weiblichen Erziehung» liest man:

*Wenn es gut ist, lernen die Töchter mittleren und höheren Standes außer deutsch lesen und schreiben französisch schreiben, wenn auch nicht orthographisch, auch wohl nach einem Briefsteller oder nach einem französischen Muster einen Brief zusammenstoppeln.... Andere Wissenschaften kommen nicht vor, außer die höchst wichtige Mythologie, allenfalls soviel Geographie, daß sie doch eben wissen, daß Amsterdam noch in Europa liegt. Von Künsten lernen sie meist Musik. Damit sie aber dem Kinde nicht zu schwer werde, darf es sich nicht bequemen, einen richtigen Anschlag und Vortrag auf dem Klavier zu lernen, sondern ... es bekommt ein Fortepiano oder wohl gar einen Flügel unter die Hand, welches sie dann gleich in der Anlage verdirbt.*

(Hier ist also noch das alte Spinett gemeint, während das Klavier als neues Soloinstrument in der Guten Stube erst allmählich mehr und mehr an Beliebtheit gewann, bis es gegen Ende des 19. Jahrhunderts zum Statussymbol auch der Bürgerfamilie wurde.[10])

*Junge Mädchen in Weiß (Jens Juel, 1745–1802)*

*Damit das Kind Lust bekommen soll ..., muß der Klaviermeister lauter Menuette oder Anglösen geben, die etwann in der letzten Tanzstunde vorkamen ..., oder ein süßes Liedchen von Liebe und Mondschein, das dann wohl auch singen gelernt wird. Daß noch Tanzen und vielleicht etwas Zeichnen gelernt wird, versteht sich. Etwas Putzmachen kommt noch dazu, und wenn das vierzehnte Jahr herangeht, geht das Töchterchen zu einem Prediger und läßt sich etwas Religion vorsagen, lernt ein paar Sprüche auswendig, um sie wieder zu vergessen, und der gute Prediger, der es schon so genau nicht nehmen darf, konfirmiert sie. Nun kommt sie in die Gesellschaft der Mama, in die große Welt, lernt Kartenspielen, sich rengorgieren [= sich brüsten] und den Kopf stolz herumwerfen, wenn sie es nicht schon kann, lernt sich nach Herzenslust putzen.*[11]

Wenn der Verfasser auch den niedrigen weiblichen Bildungsstand in den gehobenen Ständen übertreibend ironisiert, so stellt er doch im großen und ganzen den Standard dar.

Von einem 1798 geborenen Mädchen aus guter Familie heißt es:

*Seit dem vierzehnten Jahre völlig erwachsen, kam die Tochter nun auch in alle Gesellschaften, welche die Mutter zu besuchen pflegte, und fast niemals wurde die eine ohne die andere gesehen. Es ist ein großes Glück für Auguste gewesen, daß sie in ihrer Jugend vor aller schädlichen Lektüre bewahrt und ihre reine Seele niemals vom Schmutz der Romane belastet worden ist. Das Lesen solcher Bücher wurde überhaupt in der Familie als nachteilig und unschicklich für Mädchen betrachtet.*[12]

1715 war bereits ein «Frauenzimmer Lexikon» erschienen,[13] das ganz ähnliche Bildungsideale unter dem Etikett anpries, «nutzbar, galant und curiös» zu sein, d.h. es bringt eine Unmenge anwendbarer Anleitungen für Küche und Eßtisch, es teilt die Geheimnisse der Mode und Kosmetik mit und vermittelt das für eine charmante Plauderei nötige Wissen in Mythologie, Geschichte und Geographie. Damit ist das Desiderat erfüllt, daß ein Frauenzimmer sehr viel, aber nichts so recht gründlich wissen müsse, um für einen Mann höheren Standes eine gute Partie zu sein.

Daß es überhaupt ein solches «Frauenzimmer Lexikon» gab, war schon viel und sicher ein Erfolg der Aufklärungsepoche. Aber der gewünschte Bildungsstand blieb eindeutig von männlicher Seite bestimmt, um zur Erhöhung der gesellschaftlichen Reputation des Gatten zu dienen. Mit Emanzipation hatte das nichts zu tun.

*Besuch beim Großvater*
*(Louis-Leopold Boilly, 1761–1818)*

## Soziale Beziehungen

Die Regeln eines standesgemäßen Verhaltens wurden vom obersten Stand, der Aristokratie, besonders streng eingehalten, bedeuteten sie doch soviel wie eine Art von Wertmarke dieser Schicht und ein Mittel zu deren Stabilisation. Zur Etikette gehörte strengste Verschwiegenheit über alle innerfamiliären Angelegenheiten, besonders über eheliche Unzuträglichkeiten. Dazu gibt Freiherr von Knigge (1751–1796) ausführliche Anweisungen und rät, Uneinigkeiten möglichst zu verbergen und sein Unglück nicht ruchbar werden zu lassen. Seinem langen einfühlsamen Kapitel «Von dem Umgange unter Eheleuten» fügt er jedoch einen erstaunlichen Absatz an:

*Allein alle diese Vorschriften sind wohl nur besonders anwendbar auf Personen im mittlern Stande. Die sehr vornehmen und sehr reichen Leute haben selten Sinn für häusliche Glückseligkeit, fühlen keine Seelenbedürfnisse, leben mehrenteils auf einem sehr fremden Fuß mit ihren Ehegatten und bedürfen also keiner andern Regeln als solcher, die eine feine Erziehung vorschreibt. Und da sie auch eine eigne Moral zu haben pflegen, so werden sie wohl in diesem Kapitel wenig finden, das für sie tauglich wäre.*[14]

*Abrechnung im Wirtschaftsbuch*
*(Daniel Chodowiecki, 1726–1801)*

Der freiherrliche Autor, der so scharfsinnig den Umgang mit Menschen beobachtete, wußte wohl, wovon er sprach, meinte er doch seine eigene soziale Schicht, deren Verhalten er also in einen scharfen Gegensatz zum Bürgertum stellte.

Wie schwer es für einen jungen naiven Menschen war, sich in dieser hocharistokratischen Moral zurechtzufinden, hat Elisa von der Recke (1754–1833) in ihren Aufzeichnungen und Briefen überliefert. Als Tochter eines berühmten baltischen Adelshauses wurde sie mit 15 Jahren, fast noch ein Kind, dem sehr viel älteren Gutsherrn von der Recke vermählt, der aus seiner junkerlichen Moral heraus nicht das geringste Verständnis für seine junge schwärmerische und bildungsbeflissene Frau entwickelte. Das wird kein Einzelfall gewesen sein, aber Elisa von der Recke verbarg ihr Unglück nicht vor der Welt und paßte sich nicht an. Sie verweigerte sich und verlangte, daß ihr Mann sich ändern müsse, wenn die Ehe fortgesetzt werden sollte. Als statt dessen die Zerrüttung fortschritt, ließ sie sich scheiden und verließ mit ihrer kleinen Tochter das Reckesche Gut, um eine eigene Lebensform als Schriftstellerin und auf ausgedehnten Bildungsreisen zu entwickeln. In ihren Memoiren und Briefen spricht sie offen über ihr Unglück und die Suche nach einem Ausweg, schildert sie die Gründe, warum ihr das Zusammenleben mit ihrem Mann so unerträglich sei. Sie schreibt an ihre Freundin nach der Rückkehr von einem Besuch im väterlichen Hause:[15]

*Frohe und trübe Stunden wechseln für mich. Die seligen Tage der Freude, die ich in Altautz hatte, verwechselten sich bei unsrer Rückkunft in so manche Mißvergnügen. – Recke hat die gute alte Gampern, die seine Wärterin war, verabschiedet, weil die gute, alte Frau in ihrer vierteljährigen Hausrechnung nicht anzugeben wußte, wo zwei Schinken und 8 ℔ Feingarn geblieben sind. Auch mit mir war Recke unzufrieden, daß ich dem Hauswesen nicht besser vorstünde und viel zu flüchtig und unaufmerksam wäre. Ich kann dir es garnicht sagen, meine Liebe, wie mich die Verabschiedung der guten alten Frau schmerzte; sie bat Gott, daß es ihrem lieben Herrn, den sie aufgezogen hat, gut gehen möge, wenn sie auch nicht mehr sein Brot ißt. Mich bat sie, froh und heiter zu sein, den gnädigen Herrn zu lieben, auch wenn er bisweilen verdrießlich ist.*

*Du hast die gute, alte Frau nicht gekannt! aber, bei Gott, es war hart von meinem Mann, daß er die Pflegerin seiner Kindheit verstieß. Ich bat, er möge sie behalten, und wurde darüber bitter angefahren, hörte Spöttereien über meinen Hang zum Lesen, und da ging es wieder über Mama her, daß sie mich zur gezierten Närrin, nicht aber zur Wirtin erzogen habe. Großmama und Tante Kleist hätten sehr Recht gehabt, da sie ihn gewarnt hätten, sich nicht bloß in eine schöne Larve zu vergaffen; ein kurländischer Edelmann brauche eine gute Wirtin, nicht aber eine Bücherfreundin zur Frau. Diese Reden zerrissen zwar mein Herz, aber daß er die alte Gampern abschaffte, dies kränkte mich noch tiefer. Doch verbarg ich meine Tränen und sagte mit aller Sanftmut, daß ich mir ein Vergnügen daraus machen würde, mich ganz nach seinem Willen zu bequemen, daß ich mit der Zeit mehr wirtschaftliche Kenntnisse einzusammeln hoffe; bis dahin möge er Geduld mit mir haben und mich belehren. Doch müsse er es mir auch zu gute halten, wenn ich einige Stunden des Tages zur Ausbildung meiner Seele verwende, weil ich selbst dadurch geschickter würde, eine gute Gattin und Hausfrau zu werden. Ach, Liebe, so böse, als Recke da wurde, habe ich ihn noch nicht gesehn, mir wurde recht angst; ich schwieg still; als er aber sagte, er wünsche, daß ich mir nicht so viel Verstand aus den Büchern holte, daß ich Versuche machte, Herr im Hause zu werden, denn dies könne üble Folgen haben, da konnte ich mich denn nicht enthalten, ihm mit Tränen zu sagen, daß ich meinem Herzen und Verstande gewiß die Richtung geben würde, still dulden zu lernen und in der strengsten Erfüllung aller Pflichten meine Zufriedenheit zu suchen. Recke sagte sehr bitter, die erste Pflicht eines Weibes sei die, nach dem Beifalle ihres Mannes zu streben. Ich drückte seine Hand an mein Herz und sagte: «Lieber Mann, dies glückt oft bei dem besten Willen nicht, und dann, dann muß man sich mit dem Beifalle seines Gottes und seines Gewissens begnügen.» Er lachte bitter und sagte wie im Scherz: «Sie sollten wirklich künftig die Kanzel besteigen.»*

Elisa sah ihre Vorstellungen von anständigen zwischenmenschlichen Beziehungen mit Abhängigen tief enttäuscht, obgleich in der Moral dieser adligen Oberschicht das Verhalten Reckes kaum außergewöhnlich gewesen sein dürfte. Das gleiche gilt für seine Mätressenwirtschaft, die für das 18. Jahrhundert in diesen Kreisen etwas ganz Normales war. Das verstand offenbar auch die junge Elisa und könnte es dann tolerieren, wenn sie als eigene Persönlichkeit nicht dauernd wissentlich gekränkt würde:

*Das einzige, was meine Eltern und meine Großmutter bisweilen gegen ihn erbittert, das sind seine Mätressen. Für das, was mich kränkt, da haben sie alle keinen Sinn.*

Ihr Vater sagt ihr:

*Deine Gleichgültigkeit über die Mätressen deines Mannes kränkt mich und wird ihn bitter kränken, wenn du sie ihm äußerst. Ein Mann sieht seine Frau lieber über seine Untreue aufgebracht als mit dieser zufrieden.*

*... Was sind die Männer für sonderbare Geschöpfe, wenn Papa in dem, was er sagt, Recht hat! – Bei Gott! ich könnte keinen Mann lieben, der etwas tut, das er will, das mich ärgern soll. Und wie können Männer so sonderbar sein, daß sie Liebe fordern, wenn sie nicht zu lieben wissen? – Ist denn die Ehe bloß zur Plage für die Weiber ein Gesetz? – Wenn alle Männer so sind und alle Weiber wie ich dächten, dann würde die Welt bald aussterben. Ach, liebe Teure, wie erschrecke ich vor dem Gedanken, daß man jetzt, schon auf den Fall einer Scheidung, an eine zweite Heirat denken kann! Gott! – Gott! was soll ich von Mama denken! – ach, unsere Grundsätze stimmen gar nicht überein. Das traurige Bild meiner Ehe ist zu tief in meiner Seele gegründet, als daß ich ohne Entsetzen an eine zweite Heirat denken könnte. So sehr ich meine Eltern liebe, so würden sie mich doch nie zu einer zweiten Heirat bereden können.*[16]

Als die Scheidung näherrückt und Elisa immer noch an die Möglichkeiten eines friedlichen Nebeneinanderlebens glaubt, setzt ihr ein Advokat die Sachlage auseinander:

*Gestern kam Andree; dieser vortreffliche Mann tat meinem Herzen dadurch wehe, daß er mir ganz trocken sagte, daß die Ideen, die ich hätte, in der praktischen Welt nicht tunlich sind. Es wäre nach Reckes Charakter gar nicht zu erwarten, daß er sich meinen Vorschlag gefallen ließe. Widerstand reize die Männer, und Widerstand einer Frau, die man als sein Eigentum betrachte, ließe im Manne einen Unwillen zurücke, der nicht sogleich verschmerzt werden könnte: ich müßte mich also zur Scheidung entschließen, und auf diesen Fall müßte an einem heimlichen Vergleich gearbeitet werden, denn wenn die Sache vor den Richter käme, so würden wir bloß ein neugieriges Publikum beschäftigen, das sich mit allerlei Anekdötchen herumtragen würde, die meine Delikatesse beleidigen müßten. Denn ich sollte es bedenken, daß das Publikum mehr aus rohen, als feinfühligen Seelen bestünde. – Falls ich mich aber dazu entschließen könnte, mich mit Recke zu vergleichen, so wäre dies das Beste, und da könnte für mich so gesorgt werden, daß Recke verpflichtet würde, mir gut zu begegnen, und ich könnte gewiß drauf rechnen, daß meine Ehe glücklich sein würde, falls ich Recke keinen Widerwillen zeigte. Andree sprach wirklich väterlich mit mir, aber er tat meinem Herzen wehe! Ich sagte ihm nicht ohne innigste Bewegung meiner Seele, wie es möglich sei, sich die Annäherung eines Mannes ohne schauderhaften Unwillen gefallen zu lassen, der sich Kränkungen mannigfaltiger Art gegen mich erlaubt. Andree fühlte es ganz, wie meines Herrn Betragen auf mich gewirkt haben müsse, er war bisweilen bis zu Tränen gerührt. Aber er nahm mir alle Hoffnung und erklärte es geradezu, daß es moralisch unmöglich sei, daß Recke mich als seine Frau und doch nicht Frau im Hause dulden würde. Hierzu könne ihn kein Richter zwingen! – was wird mir noch alles bevorstehn!*[17]

Nach allem gehörte ein beträchtlicher Mut dazu, die Scheidung durchzusetzen. Erst seit 1794 gab es in Preußen eine gesetzliche Ehescheidung, was mit der Berufung auf das Naturrecht, mit dem Charakter der eheschließenden Personen als geschäfts- und vertragsfähige Individuen zusammenhängt. Bis dahin war die Frau auch rechtlich fast wie ein Gegenstand lediglich aus der Verantwortung (munt) des Vaters in die des Ehemannes übergegangen. Doch ist es freilich auffallend, daß das neue Instrument der Ehescheidung vornehmlich in den höheren Ständen benutzt wurde – und hier gerade von Frauen:

*Noch sehr jung traf mich, wie überhaupt alle meine Geschwister, ein hartes Unglück, ein unersetzlicher Verlust, welcher fast die Blüte vom Kinderleben streift und auf die ganze Richtung eines Menschen den entschiedensten Einfluß hat. Meine Mutter ließ sich von meinem Vater scheiden und verließ nicht allein unser Haus, sondern bald auch die Stadt.*

Mein Vater hatte meiner Mutter gerechte Ursache zur Klage gegeben; denn aufgewachsen in den lockern Grundsätzen des vorigen Jahrhunderts und seines Standes, dabei egoistisch, tyrannisch und sinnlich, legte er sich in seinen ungeordneten Neigungen keinen Zwang an und beleidigte die Mutter fortwährend durch seine Intrigen mit lockern Frauenzimmern jeder Art. In ihrer weiblichen Würde verletzt, aufgehetzt durch eine geschäftige Verwandte, noch jung und nach einer glücklicheren Existenz verlangend, vergaß meine Mutter die Rücksicht gegen ihre Kinder und entschloß sich zur gerichtlichen Scheidung. Mein Vater wurde gezwungen, ihr einen Jahrgehalt auszusetzen, selbst wenn sie sich wieder verheiraten sollte. Mein Vater, der meine Mutter nach seiner Weise liebte, bot alles Mögliche auf, sie zur Rückkehr zu bewegen. Er versprach ihr, wieder den Grafentitel anzunehmen, den unsere Familie in Preußen nicht gebrauchte.

Alles vergebens; meine Mutter blieb fest, obwohl sie keineswegs in Feindschaft von dem Vater ihrer Kinder schied. Was eigentlich über uns Kinder festgesetzt wurde, weiß ich nicht; wir blieben jedoch vorläufig im elterlichen Hause.

Ich erinnere mich noch sehr wohl des Tages, an welchem die Mutter auszog. Für mich war es ein Fest, und ich schleppte mit Stolz ihre Guitarre in ihre neue Wohnung. Als «Nesthäkchen» war ich, wie gewöhnlich, der Liebling der Mutter und hing auch an ihr mit großer Liebe. Daraus folgte dann natürlich, daß ich beständig unterwegs und bald ein paar Tage bei der Mutter, bald wieder beim Vater war. Die Mutter nahm mich in ihr Bett und herzte und küßte mich, und nichts ging über das Glück, mich an ihre Brust zu schmiegen. Wenn ich eine Rose rieche, denke ich an meine Mutter, denn es war ihr Lieblingsparfüm, und ihr Bett und alle ihre Kleider rochen danach. Im väterlichen Hause war aber mehr Unterhaltung; da waren Pferde, Hunde, meine Spielkameraden

*Berliner Wohnzimmer um 1816*
*(Karl Friedrich Zimmermann, 1793–1820)*

*und vor Allem meine gute Amme. Oft ließ mich der Vater der Mutter förmlich stehlen, wahrscheinlich in der Hoffnung, daß die Sehnsucht nach mir sie zurückführen werde.*[18]

## Wohnen und Gastlichkeit

Das Schwankende dieser Zeit zwischen Konventionen und moderner Freiheit zeichnet Malvida von Meysenbug (1816–1903) im Bild ihrer Mutter und deren selbständiger Gastlichkeit:

*Es würde schwer sein, inmitten einer größeren Stadt ein besser gelegenes Haus zu finden als das war, in welchem ich geboren wurde und die ersten Tage der Kindheit verlebte. Es gehörte zu einer Reihe von Häusern, die eine Straße begrenzten, der man mit Recht den Namen Bellevue gegeben hatte, denn an der gegenüberliegenden Seite waren keine Häuser, sondern man genoß der herrlichen Aussicht auf schöne Gärten und Parkanlagen, die terrassenförmig in eine fruchtbare Ebene, durch welche einer der größeren Flüsse Deutschlands hinzieht, hinabstiegen. Ich war die Vorjüngste von zehn Kindern, die alle gesund und geistig begabt waren. Meine Eltern waren noch jung, als ich auf die Welt kam. Sie lebten in jener glücklichen Mitte zwischen dem Überflüssigen und dem Notwendigen, in welcher sich die meisten Bedingungen für häusliches Glück finden. Ich habe aus den ersten Kindheitstagen wie einen lichten Schein unendlicher Heiterkeit zurückbehalten. Nur drei bestimmtere Erinnerungen lösen sich von diesem hellen Hintergrunde ab.*
*Die erste dieser Erinnerungen ist das Wohnzimmer meiner Mutter, mit gemalten Tapeten, welche Landschaften mit Palmen, hohem Schilfrohr und Gebäuden von fremdartiger Architektur enthielten. Meine kindliche Phantasie hatte Freude an dieser phantastischen Welt. Dazu kam, daß ein Freund des Hauses mir Märchen dabei erzählte; z.B. daß eines dieser wunderbaren Häuschen die Wohnung eines Zauberers sei, der Blumenbach heiße und dem die ganze Natur gehorsam sei. Bei dem Häuschen stand ein großer Storch auf seinen langen, steifen Beinen, den Kopf mit dem langen Schnabel auf die Brust gesenkt. Das sei Blumenbachs Diener, sagte mein Freund; er stehe da immer und warte der Befehle seines Herrn ...*

In diesem schönen Zimmer nun wohnte die Mutter der Erzählerin, deren unabhängige Natur sich besonders in der Wahl ihrer Gäste zeigte:

*Anstatt sie ausschließlich aus den Reihen der Aristokratie zu nehmen, wählte sie dieselben vielmehr nach den Eigenschaften des Geistes und Herzens, unbekümmert darum, welcher Schicht der Gesellschaft sie angehörten. Besonders gern zog sie die ausgezeichnetsten Mitglieder des Theaters herbei, deren Leistungen ihr Entzücken und Genuß gewährten, und die sie ihren übrigen Gästen vollkommen gleich stellte. Das war damals noch eine große Kühnheit, denn man sah die Theatermitglieder noch wie eine ausgeschlossene Kaste, eine Art Parias an, höchstens gut genug, den anderen Sterblichen die Langeweile zu vertreiben, aber durchaus nicht berechtigt, sich ihresgleichen zu wähnen.*[19]

## Küche und Nahrungsgewohnheiten

Küchenarbeit zu leisten war eindeutig Sache der Dienstboten. Die Damen der Aristokratie besprachen mit der Köchin den Mittagstisch und standen dann unter Anwendung mancher Zeremonien der Tafel vor.

*Den Abend waren über 40 Personen bei Großmama. Recke mußte bei ihr sitzen, und mich stellte sie an die erste Suppenschale, ich mußte vorlegen. Dies ist ein Zeichen der Güte, wem Großmama dies Geschäft gibt. Meine Lisette mußte sich an die zweite Suppenschale stellen, weil Großmama die beiden Herzensfreundinnen als ihre Hofdamen sehen wollte. Ich war sehr vergnügt, und ich hatte die Freude zu sehn, daß alle meine Bekannten sich meiner freuten; die alte Bohlschwingen, die alte Francken und die alte Schöppingen sagten alle an Recke, daß er zu beneiden sei, ein solches Weib zu haben; da waren auch viele junge Herren, aber mit diesen sprach ich nur so viel, als die Höflichkeit erforderte. Ich hielt mich bloß an die Frauenzimmer, an [den] alten Baron Taube und an [den] alten Grafen Keyserlingk. Was mich freute, war, daß mein Betragen mir jetzt keine Mühe machte und daß mein Herz nicht so ängstlich schlug als voriges Jahr, wenn einige mir süße Sachen sagten.*[20]

## Kunst

Von der mangelhaften Bildung der Töchter aus adligem Hause wurde schon gesprochen. Wie dennoch so manche sich einen Zugang zur Kunst gewann, begünstigt durch bedeutenden Umgang in der Verwandtschaft, schildert Helmina von Chezy (1783–1856):

*Meine gute liebe Muhme Karoline von Wedelstedt brachte mir Farben und Malergerät, die ihr Bruder Karl bei seiner Abreise zurückgelassen. Meine Mutter war froh über meine Freude, sie ließ mich gern mit den Farben schalten, ich ging damit um wie Könige mit ihren Untertanen. Musterbilder besaß ich nicht, ich nahm Blumen vor, ich malte Medaillons, damit die Mutter ihre Gedichte hineinschriebe; glaubte auch, man könne sie verkaufen. Als etwa zwölf beisammen waren, ging meine Mutter zu Chodowiecki und nahm sie mit. Ich glaubte, der große Mann würde in Bewunderung darüber ausbrechen, allein sie kam beschämt und verdrießlich nach Hause, legte die Medaillons auf den Tisch und erzählte: Chodowiecki habe ein jedes vor sich hingelegt und gesagt: «und das ist das, und das ist das!» sonstiges sei aus ihm nicht herauszubringen gewesen. Ach, da lagen die Luftschlösser wie Scherben am Boden. Wir trösteten uns damit, daß Chodowiecki gesagt hatte, die Mutter solle ihm die Kleine bringen.*
*Er empfing mich freundlich, väterlich; sein Arbeitszimmer entzückte mich auf den ersten Blick, es war mit Kunstwerken angefüllt, viele darunter von des Meisters Hand.*
*... vor allem zwei, vorstellend die Witwe von Jean Calas, seine drei Töchter, seinen jüngsten Sohn, und die junge Magistratsperson, die diesen Unglücklichen das Schreiben der Freisprechung und Unschuldserklärung des Hingemordeten überreicht. Zwei schöne Pastellgemälde der*

*Rosalba fesselten mich gleichfalls durch ihren Farbenzauber und ihre eigentümliche Lieblichkeit. Chodowiecki gab mir Nasen und Ohren zu zeichnen, ich aber hätte gleich gern mit schönen Sachen angefangen. Die kamen so schlimm weg, daß der Meister Mitleid mit mir fühlte und mir auf mein Flehen Köpfchen gab, die auch nicht besser gerieten. An zwei regelmäßigen, aber kalten griechischen Profilen arbeitete ich mich fruchtlos halbtod. Chodowiecki sah endlich wohl ein, daß keine Zeichnerin aus mir werden würde, und er ließ es sich gefallen, daß ich mehr an seine Bücherbretter als an das Reißbrett ging. Er war auch überhaupt viel zu beschäftigt, um eine Schülerin anzunehmen; nur aus Liebe, zum Andenken meiner Großmutter, hatte er gestattet, zu ihm kommen zu dürfen, und später Gefallen an meinem phantastischen Treiben gefunden. Ich traf bei ihm alle Bücher an, zu welchen er Kupfer gestochen hatte, dies gab ihm Anlaß, mich zu belehren; denn von allem, was ich sah, verlangte ich Erklärung, die er mir gern gab. Nun war mir eine neue Welt aufgegangen.*[21]

Nur allzu deutlich tritt in dieser Anekdote das ganz oberflächliche Kunstinteresse der jungen Helmina zutage, die für eine gründliche Lehre bei Chodowiecki viel zu ungeduldig ist und deren geringe Begabung der Meister mit dem Kopieren von Köpfchen befriedigt. Kopieren war wohl überhaupt das Kernstück künstlerischer Übungen, denn auf diese Weise ließen sich am ehesten eindrucksvolle Erfolge erzielen. Doch war das wohl mehr als gebildete Beschäftigung denn als künstlerische Betätigung zu qualifizieren.

## Mode

Die Französische Revolution mit ihrer Forderung nach sozialer Gleichheit hat sich in keinem kulturellen Phänomen so deutlich ausgedrückt wie in der Mode. In der männlichen Mode war die Signalwirkung eine direkte: die Zöpfe und «Culottes» der Aristokratie verschwanden vor den «Sansculottes» der neuen Bürger, und fortan wurde diese Kleidungsbezeichnung ein Ehrenname für die Demokraten, zumindest in Frankreich.

Bei der Damenmode fand, wie schon erwähnt, eine physische Befreiung statt von den Zwängen des Schnürleibs und der Krinoline. War die Gesellschaftskleidung des 18. Jahrhunderts zudem, den Forderungen der Etikette entsprechend, streng nach der Rangordnung gestaffelt gewesen, so folgte nun mit der Natürlichkeit der locker fallenden Chemisenkleider zum ersten Mal seit langer Zeit eine Kleidung, die mit gewissen Abweichungen die Frauen aller Stände tragen konnten. Ob dieser neue demokratische Modecharakter allerdings auch so von den Damen der hohen Gesellschaft verstanden wurde, bleibt zu bezweifeln, hätten sie doch damit ihrer Absetzung als herrschender Schicht zugestimmt.

Die damalige führende deutsche Modezeitschrift, das «Journal des Luxus und der Moden», gab seit 1786 der Verleger Friedrich Justin Bertuch (1747–1822) in Weimar heraus, der in Beziehung zum Weimarer Hof und zum Goethekreis stand und gleichzeitig dort die erste Kunstblumenfabrik ins Leben rief.[22] (Hier arbeitete übrigens Goethes spätere Frau Christiane Vulpius.) Sein Journal verstand Bertuch nicht nur als eine Zeitschrift für Kleiderfragen, sondern er gab damit einen Überblick über den gesamten modischen Geschmack der Epoche. So hatte er einen Korrespondenten in Paris, der lebhaft über die Vorgänge am Ort der Revolution berichtete:

*Zeichenschule für Damen*
*(Justus Krauskopf, 1787–1869)*

*Paris den 29sten Julius 1789. Bei den stürmischen und blutigen Auftritten, die wir hier seit 14 Tagen erlebt haben, ruht alles, was Geist der Mode heißt. Die Gewölbe im Palais-Royal fangen erst heute wieder an, den einen Laden zu öffnen, und lassen ihre Herrlichkeiten nur halb sehen. Die Bijouteiers und Marchands-Tailleurs trauen sich noch nicht recht, weil sie zu fürchten scheinen, daß sich die Patrioten, die zum Teil weder Rock noch Schnallen haben, aus ihren Gewölben mit dem Nötigen versehen möchten.*[23]

Zunächst spielte die Kokarde die Hauptrolle als neuer Dekor, während sich an der Mode noch nichts Grundsätzliches geändert hatte. Schon im nächsten Jahr berichtet der Pariser Korrespondent von den Beziehungen zwischen Politik und Mode, zwischen Revolution und Wirtschaftsnationalismus im Hinblick auf die französische Stoff-Fabrikation:

*Selbst diejenigen, die durch die Bande einer guten Pension an den König geknüpft sind und einbüßen werden, wenn die rotblaue Kokarde wie sicher durchdringt, tragen dennoch eine solche, und selbst der Erzbischof trug sie, als er im Gefolge des Königs nach Paris kam. Alle Abbé's tragen sie, und mithin alle Damen, die das Herz oder Gewissen mit ihnen in Verbindung setzt. Indessen erscheinen doch allmählich die schwarzen Kleider wieder, vielleicht nach einer Bemerkung Merciers: daß man hie und da die andern Kleider versetzt, um Trauer tragen zu können. Die Männer gehen noch ganz so, wie ich es Ihnen in meinem letztern Berichte angegeben habe, und die Frauenzimmer haben auch noch ihre Chapeaux und Bonnets à la Savoyarde ohne die geringste Veränderung, die zur Mode geworden wäre, wenn auch Geschmack und Laune mit Fältchen und Dekoupüren, und mit der Art, sie zu setzen, gespielt habe.*[24]

Es ist nach 200 Jahren sehr interessant, gewissermaßen aus der Feder eines zeitgenössischen Korrespondenten und nicht eines reflektierenden Historikers, über den Eindruck informiert zu werden, den die Pariser Ereignisse bei ihm erweckten – das zu erfahren, was er für mitteilenswert an sein deutsches gutbürgerliches und aristokratisches, vor allem weibliches Lesepublikum hielt. Denn das Journal war eine Familienzeitschrift für die gehobenen Stände und wegen seines exklusiven Modeteils besonders bei den Damen dieser Stände sehr beliebt. Dabei fällt zuerst auf, daß der Pariser Korrespondent die Abschaffung des erblichen Adels positiv als eine Öffnung der erstarrten Ständegesellschaft zu allen möglichen Ämtern und neuen Wirkungskreisen einordnet. Überlegungen, die politische Konsequenzen für Deutschland betreffen, werden überhaupt nicht angestellt und nur die günstigen Auswirkungen auf die inländische Seidenfabrikation erwähnt.

*Zeitgenössische Modekupfer*

*Putzsucht (Modekupfer)*

Obgleich also das beliebte Modeblatt durchaus nicht revolutionsfeindlich berichtete und sogar einen ausführlichen Notenabdruck der Marseillaise brachte, wurde die Bedeutung der Pariser Ereignisse mehr durch die Brille des Gesellschaftskorrespondenten gesehen. Wie sehr die politischen Abläufe die Mode beeinflußten, hat er mit scharfem Blick erkannt und in seinen Berichten dokumentiert, daß Kleidung eine soziale Zeichensetzung bedeutet.

## Arbeit

Welche Beziehung hatten die aristokratischen Frauen dieser Epoche zur Kategorie der körperlichen Arbeit? Die Beantwortung dieser Frage ist schwer zu fassen. Auf der einen Seite waren sie an ständige Bedienung bei allen Handhabungen gewöhnt, angefangen vom Aufstehen bis zur Herrichtung einer jeglichen Mahlzeit. Von der Organisation einer Hauswirtschaft oder gar dem Wirtschaftsleben auf einem Rittergut hatten die jungen Mädchen vor ihrer Verheiratung meist keine Ahnung. Elisa von der Recke beschreibt lebhaft die Konflikte, die ihr aus ihrer naiven Unwissenheit erwuchsen, freilich mit einer deutlichen Überschätzung ihrer literarischen Kenntnisse:

*Wir standen von der Tafel auf, und Recke fragte mich, ob ich nicht mit ihm zum Viehstall gehen und das Vieh dort überzählen wolle, dies wäre besser, als mich unter einen schattigen Baum zu setzen und da Wielands Sympathien zu lesen. Ich sagte ganz freundlich, daß ich sogleich folgen würde, nur wollte ich Hut und Flor aufsetzen, um mich gegen die Sonne zu schützen. Er sagte sehr ernsthaft, daß er solche Affektation nicht mag; ich sagte ganz freundlich zu ihm: ‹Wenn Sie ein braunes, von der Sonne verbranntes Gesicht mehr als eine zarte Farbe lieben, so will ich Hut und Flor nicht mehr tragen.› Und so ging ich mit ihm zum Viehstall, die Sonne brannte heiß, aber ich folgte. Doch bald wurde Recke wieder mißvergnügt. Sie wissen, ich bin nicht zur Wirtschaft angehalten, ich tat einige Querfragen, und da ging es wieder über Mama her; ich mußte hören, daß er nichts als eine Mode- und Tanzpuppe an den Hals bekommen hätte, die vielleicht noch obendrein solch eine gelehrte Närrin als die Stiefmama werden würde. Ich konnte mich kaum der Tränen enthalten und sagte nur: ‹Sie wußten es ja, daß ich nichts von der Wirtschaft verstehe; ich kann Ihnen, liebster Recke, jetzt bloß meinen guten Willen zeigen, Sie müssen Geduld haben, bis ich mehr Erfahrungen einsammle. Ach! warum warteten Sie nicht noch fünf Jahre mit der Hochzeit?› Er sah mich wieder mit seinen großen Augen so an, daß mir angst und bange wurde, und sagte: ‹Wo haben Sie all die Tränen her, die Sie in Neuenburg schon geweint haben?› Ich sagte zitternd: ‹Aus meinem Herzen, welches jedesmal ängstlich zusammengepreßt wird, wenn es Sie mit mir unzufrieden sieht.› – ‹Sie haben die Romanensprache recht gut studiert, und ich Buschklepper muß Ihrem fein gebildeten Herzen wohl sehr plump vorkommen.› Ach, ich wußte nicht, wo ich mich lassen sollte; in der Angst schlang ich meine Arme fest um ihn, drückte mein Gesicht an sein Herz und weinte: er hob mein Gesichte mit seiner Hand auf; sah mich scharf an, ich hatte seinen Blick nicht zu scheuen, ich sah ihn auch an, er küßte mich; ich küsse ihn nicht gern, aber weil Mama sagt, daß Männer es gerne haben, daß man sie küssen soll, so küßte ich ihn auch; da drückte er mich an sein Herz und küßte mich länger. Ach! mir wurde so bange, aber ich ließ es ihn nicht merken und tat recht freundlich gegen ihn.*
*Dann führte er mich auf die Wirtschaftszimmer, wo Leinwand, Flachs, Strümpfe und allerlei Sachen stehn. Das übergab er mir alles, ich bat ihn, mit mir Geduld zu haben, bis ich mehr von der Wirtschaft verstünde, und so ritt er doch nach diesem mir sauren Tage gegen 5 Uhr abends recht freundlich spazieren.*[25]

Eine Berührung mit körperlicher Arbeit fand vor allem über die Ausübenden dieser Arbeiten statt: das Gesinde, die Bauern, die Handwerker, die zum weiteren Milieu der Aristokraten gehörten. Wie fragwürdig diese Begegnungen zwischen den sozialen Schichten sein konnten, beschreibt Karl Gutzkow (1811–1878) bei der Schilderung einer Kinder-Einladung auf ein märkisches Gut durch die hocharistokratische Herrin, die alles einlud, was jung und frisch war, besonders die Dorfkinder von Schönhausen und sie mit den eigenen Söhnen und Töchtern auf einige Stunden Kameradschaft schließen ließ.

*Die Lakaien putzten natürlich erst den Bauernjungen die Nasen, und die Kammerjungfern untersuchten die Mädchen, ob sie ordentlich gewaschen und gekämmt waren. Dann durfte der ganze Troß mit den größeren und kleineren Hoheiten an langgedeckten Tischen frischgestrichene Buttersemmeln schmausen, Milch trinken oder Kirschen und Birnen essen. Arme Täuschung einer gewiß wohlgemeinten Absicht! In dieser Form kann allerdings die künftige vornehme Herablassung angebahnt werden, aber ob auch die wahre Demut und Bescheidenheit der Großen? Es wurde gespielt zwischen Arm und Reich, Gering und Vornehm. Aber nur der wilde Necksinn und Haschegeist tobt sich doch wohl allein da bei dem vornehmen Blute aus. Es wird ihm die erste Gelegenheit geboten, seine Kraft, sein Vorrecht zu üben.*[26]

## Die alleinstehende Frau

Wie lebten alleinstehende, unverheiratete oder verwitwete Frauen der Aristokratie in jener Zeit? Ihre Integration in die Häuser ihrer Kinder oder anderer Verwandter war, zumindest bei den Unverheirateten, nicht so selbstverständlich wie gleichzeitig in bürgerlichen oder bäuerlichen Familien. Oft fanden sie in Nonnenklöstern oder evangelischen Damenstiften ein standesgemäßes Unterkommen, war doch zuweilen die Stiftsfähigkeit an den Nachweis von 32 adligen Ahnen gebunden.

Sophie La Roche (1731–1807) schildert in ihrer «Geschichte des Fräuleins von Sternheim», dem ersten deutschen Frauenroman, mit dem Sieg der Tugend über das Laster eine solche Stiftsdame als hochgebildete und gütige Persönlichkeit:

*O fände ich nur in jeder großen Gesellschaft oder unter den Freunden unsers Hauses in D. eine Person wie die*

*Stiftsdame zu\*\*, man würde den Ton meines Kopfs und Herzens nicht mehr mürrisch gestimmt finden! Diese edelmütige Dame lernte mich zu G. kennen, ihre erste Bewegung für mich war Achtung, mich als eine Fremde etwas mehr als gezwungene Höflichkeit genießen zu lassen. Ich hatte das Glück, ihr zu gefallen, und erhielt dadurch den Vorteil, den liebenswürdigen Charakter ihres Geistes und Herzens ganz kennenzulernen. Niemals habe ich die Fähigkeiten des einen und die Empfindungen des andern in einem so gleichen Maß fein, edel und stark gefunden als in dieser Dame. Ihr Geist und die angenehme Laune, die ihren Witz charakterisiert, machen sie zu der angenehmsten Gesellschafterin, die ich jemals gesehen habe; ...*

*Nur um dieser Dame willen habe ich mir zum ersten Male alte Ahnen gewünscht, damit ich Ansprüche auf einen Platz in ihrem Stifte machen und alle Tage meines Lebens mit ihr hinbringen könnte. Die Beschwerlichkeiten der Präbende würden mir an ihrer Seite sehr leichte werden.*[27]

Obgleich es sich hier um ein Romanzitat handelt, ist anzunehmen, daß die Verfasserin eine reale Persönlichkeit und Situation im Sinne hatte.

*Porträt einer älteren Dame*
*(Chr. Ahrbeck nach Constantin Hansen, 1804–1880)*

# B. Das aufsteigende Bürgertum

## Das Porträt

*Gute Miniaturbilder dieser Großeltern hingen in unserem Wohnzimmer. Die Großmutter war eine bleiche Frau mit ruhigem klugen Blick, ganz weiß gekleidet, ein Spitzentuch um Brust und Hals gebunden, einen tiefgehenden Aufsatz mit weißen Spitzen auf dem Kopfe, der kein Haar hervorscheinen ließ und sich fest an Stirn und Schläfen anlegte. Sie trug auf dem Bilde schöne große Perlen in den Ohrgehängen und eben solche Perlen um den Hals. Der Großvater hatte ein sehr feines Gesicht mit hellblauen Augen, eine kleine gepuderte Perrücke, einen blauen Rock mit großen Knöpfen, und die alten Leute sahen Beide wie Bilder der behaglichsten Sauberkeit und Ruhe aus. Sie hatten etwas Feierliches in ihren Physiognomien, das mir immer einen großen Eindruck machte, wenn ich sie ins Auge faßte.*[1]

*Die Großeltern (etwa 1810)*

## Ehe und Familie

Auf einem hochmodernen, schon den Übergang zum Biedermeier anzeigenden Kanapee ist die Familie versammelt: die Mädchen in fließenden Chemisenkleidern, mit Sandalen und kurzgeschnittenem Tituskopf – die Mutter im lockeren Negligé mit griechischer Bordüre, leichtem Fichu und Schuten-förmiger Haube. Der Vater, der ohne Dank die Teeschale von seiner ältesten Tochter entgegennimmt, ist mit großer weißer Kinnkrawatte als «Incroyable» gekleidet (Abb. S. 31).

Eine Familie im neuen Stil, im neuen Selbstbewußtsein einer führenden Schicht! Nach der Französischen Revolution war es gerade das intelligente Bürgertum und der aufgeschlossene Teil des Adels, die die neuen Zeichen gesellschaftlichen Wandels aus Frankreich freudig begrüßten.

Die Naturrechtsphilosophie schien auch den Frauen als selbständigen Individuen endlich eine freiere Welt zu eröffnen. In einem gesellschaftskritischen leidenschaftlichen Plädoyer setzte sich der Jurist und Junggeselle Theodor Gottlieb von Hippel (1741–1796) in seiner 1793 erschienenen Schrift für die bürgerlichen Rechte der Frauen ein, – zu einem Zeitpunkt also, da die bürgerlichen Frauen selbst noch nicht gebildet genug für solche Aktivitäten waren.

*Soll es denn aber immer mit dem andern Geschlechte so bleiben, wie es war und ist? Sollen ihm die Menschenrechte, die man ihm so schnöde entrissen hat, sollen ihm die Bürgerrechte, die ihm so ungebührlich vorenthalten werden, auf ewig verloren sein? Soll es im Staat und für den Staat nie einen absoluten Wert erhalten und immerdar beim relativen bleiben? Soll es nie an der Staatsgründung und Erhaltung einen unmittelbaren Anteil behaupten? Soll es nie für sich und durch sich denken und handeln?*

*Und Männer, ihr wollt glauben, eine halbe Welt wäre zu eurem bon plaisir, zu eurem eigentlichen Willen, das ist verdolmetscht: zu eurem Eigenwillen da? Tiere wirken; Menschen handeln. – Warum soll das Weib nicht Ich aussprechen können? Wahrlich ein sanftes Wort denen, welche die neidlose Natur verstehen. – Wer die Kunst versteht, ist neidisch und verrät den Meister nicht. – Ist es nicht der größte Menschenvorzug, sich selbst zu kennen? Unser Wert ist unsere Sache; unsere Würde ist die Sache Gottes und gerechter Menschen. Hat Gott bei dem anderen Geschlecht etwas versehen? Oder sind es die Männer, die sich an diesem Geschlechte wider den Willen des Schöpfers versündigen? Warum sollen die Weiber keine Person sein? warum nicht wissen: das ist mir gut, und das ist gut, oder das ist vorteilhaft, und das ist recht?*[2]

Wie allerdings solche hochgestimmten Einschätzungen auf die Frauen und Mädchen des bürgerlichen Durchschnitts selbst wirkten, ist schwer zu dokumentieren. Im allgemeinen werden sie die alten anerzogenen Denknormen und Verhaltensweisen beibehalten haben, ohne viel darüber nachzudenken. So plaudert Johanna Schopenhauer (1766–1838), die Mutter des Philosophen, über eine merkwürdige Begebenheit aus ihrer Danziger Jugendzeit, durch die wir neben anderem erfahren, wie eine vermögende Braut des ausgehenden 18. Jahrhunderts gekleidet war:

*Meine Mutter erzählte von einer ihrer Jugendgespielinnen, die zu großer Verwunderung ihrer Familie an einem Samstagabend mit einer neugewaschenen leinenen Schürze erschien; an einem Samstage, obendrein spät abends, es war unerhört! Das Mädchen wollte nicht ge-*

*Großbürgerliches Familienporträt (Josef Reinhart, 1749–1829)*

*stehen, was es dazu bewogen; am folgenden Morgen aber klärte alles von selbst sich auf. Die neugewaschene Schürze hatte sie umgetan, um sich mit ihrem Herzliebsten bei dem nur wenige Häuser entfernt wohnenden Offizial in aller Geschwindigkeit trauen zu lassen.*
*Die moralische Nutzanwendung dieser Geschichte erfolgte in der weitläufigen Auseinandersetzung des wenigen Segens, der auf dieser späterhin sehr unglücklichen Ehe geruht habe; ich hörte kaum darauf, ich überlegte in meinem zehnjährigen Kopfe, wie es möglich sei, lieber in einer weißleinenen Schürze als in einem prächtigen Brautkleide von großblumigem Seidenstoffe, wie das noch immer viel bewunderte meiner Mutter war, Hochzeit zu machen.*[3]

Auch über die unveränderte patriarchalische Familienszene informieren Johanna Schopenhauers Jugenderinnerungen; das Bild ihres zornigen Vaters erschreckt weniger als die «unmerkliche Besänftigung» durch die Mutter und das gleichzeitige Hervorheben einer «altfränkischen» oder vielmehr französischen Galanterie gegenüber Frau und Töchtern. Die Grobheit des Familienoberhaupts, stillschweigend von den Frauen akzeptiert wie ein Naturereignis, wird ebensowenig hinterfragt wie zu anderer Stunde die Höflichkeitsformeln des Vaters. In dieser Verhaltensstrategie kommen die Frauen, ganz ohne es zu merken, entschieden zu kurz.

*Über alle diese lobenswerten Eigenschaften warf indessen eine nicht zu zähmende Heftigkeit des Charakters zuweilen ihren sie verdunkelnden Schatten, welche denen, die ihn nicht genau kannten, den Umgang mit ihm verleidete. Gerade wenn man es am wenigsten erwartet hatte, konnte die unbedeutendste Veranlassung zu wildestem, freilich sich schnell wieder legendem Zorn ihn aufbringen. Dann erbebte vor seiner Donnerstimme das ganze Haus; wir Kinder waren ohnehin gewöhnt, uns still zu verhalten, wenn es hieß: «der Vater kommt», doch alle anderen Hausgenossen, bis auf Hund und Katze, liefen ihm dann voll Angst aus dem Wege.*

*Nur meine liebe sanfte Mutter ließ durch ein solches häusliches Ungewitter sich nicht aus der Fassung bringen; sie wartete in großer Gelassenheit, bis ihr Alter ausgetobt hatte. Sie predigte ihm nicht, sie schmeichelte ihm nicht, sie redete ihm sogar nicht zu; aber sie verstand es, ihn ganz unmerklich zu besänftigen und ihren grimmigen Löwen dahin zu bringen, daß er fromm wie ein Lamm seiner Übereilung sich innerlich schämte. Uns, jung wie wir waren, entging dies nicht, und wir hatten ihn deshalb nur um so lieber, denn ein Kindergemüt weiß jedes rein menschliche Gefühl gleich anzuerkennen.*

*Eine gewisse altfränkische Galanterie gegen unser Geschlecht hielt übrigens meinen Vater stets ab, sich gegen unsere Mutter merklich zu vergessen. Während seines langen Aufenthalts in Frankreich hatte er sie sich wahrscheinlich angeeignet, und sie war zur zweiten Natur ihm geworden, ohne jedoch ins Lächerliche zu fallen. Jetzt ist diese alte Sitte dermaßen aus der Mode gekommen, daß meine Leser kaum verstehen werden, was damit eigentlich gemeint ist; sogar uns Töchtern kam diese mildere Sitte zugute. In einer ruhigen Stimmung konnten wir als ganz kleine Mädchen vom Vater alles erhalten, was wir wünschten; sobald wir nur nicht zudringlich ungeschickt oder in unserem Verlangen gar zu unverständig uns bezeigten.*[4]

### Kindererziehung

In der Lebensgeschichte der Fanny Lewald (1811–1889), Tochter einer wohlhabenden jüdischen Königsberger Kaufmannsfamilie, wird der anmutige Reiz beschrieben, den eine Art Hausbuch des Vaters auf die Kinder ausübte:

*Die Schachtel war nichts als eine kleine Seitenschieblade aus dem Sekretair meines Vaters, und sie enthielt Nichts als einige Andenken, welche er darin aufbewahrte. Es lag darin ein rotes Maroquinbuch, in dem unsere Geburtstage, unsere Krankheiten, der Anfang unseres Schulbesuchs – mit einem Worte die Hauschronik verzeichnet war. Es lagen darin in goldenen Kapseln die Bilder meiner Eltern als Brautleute gemalt, ein Hochzeitscarmen meiner Eltern, ein grünseidener, mit einer Inschrift versehener Vorhang, der unser Bild verhüllt hatte, als die Mutter es dem Vater zum Geburtstag geschenkt. Es lagen darin einer jener silbernen Becher, die zum Andenken der Schlacht von Kunersdorf aus Rubeln gefertigt worden waren; es lagen darin Gedichte, welche August Lewald bei meinem ersten Geburtstage an die Eltern gerichtet, desgleichen Brieftaschen, Börsen, Uhrbänder, welche Schwestern und Bekannte meinem Vater gehäkelt und gestickt und die er nie getragen hatte, – kurz es lagen Kleinigkeiten darin, wie jede nur einigermaßen bemittelte Familie deren ähnliche besitzt, es lag ein Schatz darin, den jede Familie sich für ihre Kinder ansammeln kann, wenn sie den Sinn hat, ihren Kindern auf die leichteste Weise unvergeßliche Freuden zu bereiten.*
*Unsere ganze kleine Vergangenheit wurde uns von den Eltern vor dieser Schieblade unwillkürlich rekapituliert. Wir hörten es mit Entzücken, an welchem Tage und in welcher Stunde wir geboren worden waren. Wir amüsierten uns damit, wie schlecht wir noch im vorigen Jahre die Gratulationsgedichte zu der Eltern Geburtstagen geschrieben, wir lernten die Jugendfreunde und Bekannten der Eltern an den kleinen Angedenken kennen, und was mehr als dies Alles war: wenn wir die ersten Bratäpfel verzehrten, hatten wir das Bewußtsein, ein großes Fest gefeiert zu haben und fingen in aller Stille an, uns schon wieder auf den ersten Schnee des nächsten Jahres zu getrösten.*[5]

Die Intimität familiärer Erziehung, in der den Kindern bereits eine Art von persönlichem Geschichtsbewußtsein vermittelt wird, findet hier lebendigen Ausdruck. Die Memoirenschreiberin, die doch später genug um ihre Emanzipation zu kämpfen hatte, betrachtet hier «Familie» als die natürliche Gegebenheit, zeichenhaft beschlossen in der Schublade des väterlichen Sekretärs.

Eine schulische Erziehung der besseren Bürgermädchen war, wenn auch auf weibliche Tugenden wie «sinnigen Ernst» und spezifische Kenntnisse ausgerichtet, doch nur in Grenzen gründlich:

Das aufsteigende Bürgertum 33

*Die Eherollen*
*(Johann Baptist Seele, 1774–1814)*

A. war sieben Jahre alt, als sie, schon etwas von der Mutter unterrichtet, in die Mädchenschule der Madame Rogier kam. Diese Schule, damals eine der besten, wo nicht die allerbeste in Berlin, besuchte sie bis in ihr vierzehntes Jahr. Es wurde da ein guter Unterricht in der deutschen und französischen Sprache erteilt und manche andere Kenntnis und Fertigkeit, auch in weiblichen Arbeiten, erworben. Der Weg war nicht angenehm, daher die Kleine gewöhnlich von einer Magd hingebracht und abgeholt, oft auch des Morgens von dem Vater, der in sein Amt ging, begleitet wurde. Bisher war sie immer ein gutes, folgsames Kind gewesen und, in ihrem Umgange fast nur auf die Eltern und Brüder beschränkt, in der Welt so schüchtern wie ein junges Reh. Dieses kindlich bescheidene, ja furchtsame Wesen mochte schon damals, wie noch oft in späteren Jahren, die Ursache sein, daß Auguste von Vielen übersehen und ihre Vorzüge, weit weniger als sie es verdienten, bemerkt und anerkannt wurden. Dazu kam ein stiller, sinniger Ernst, der besonders in Gegenwart fremder Personen sie fast niemals verließ und ein sehr anspruchsloses Äußere. Sie vermochte nicht in der gewöhnlichen Gesellschaft sich geltend zu machen oder auch nur in höherem Grade Aufmerksamkeit zu erregen. In der Schule aber mußte sich bald zeigen, wes Geistes Kind sie war; nach kurzer Zeit wurde sie für die vorzüglichste Schülerin erklärt, und diesen Rang hat sie bis zum Austritt aus der Anstalt behauptet. ... Unter allen Beschäftigungen gefiel ihr das geistlose Stricken am wenigsten, und dennoch erfüllte sie diese lästige Aufgabe gewöhnlich am schnellsten, um nur bald zu einer anderen überzugehen oder ein Buch zur Hand nehmen zu können.[6]*

Häufig diente diese Bildung dem Berufsziel Gouvernante:

*Die erwähnte Tante, später die zweite Frau meines Onkels Jacobs in Gotha, war meine Lieblingstante. Neben der Großmutter war sie es besonders, die mir den Ernst des Lebens vor Augen stellte, indem sie mir immer einschärfte: daß ich wegen Mangels an Vermögen danach streben müsse, durch Erwerbung vielseitiger Kenntnisse mir ein unabhängiges Dasein zu gründen. Sehr sorgfältig war deshalb auch der Unterricht, welchen ich erhielt. Wie im Zeichnen, so hatte ich auch in der Musik die tüchtigsten Lehrer; beliebte Weisen von Dittersdorf, Schweitzer, Hiller, Sonaten von Haydn und Clementi gab ich bald geläufig genug wieder. Oft mußte ich meiner Großmama vorspielen – so auch in deren letzter Krankheit. Als sie ihr Ende nahen fühlte, verlangte sie ihre Lieblingsstücke auf dem Piano zu hören; unter den Klängen der Melodien, welche ich weinenden Auges den Tasten entlockte, hauchte die teure Greisin ihren Geist aus. Ihr Tod brachte insofern eine Änderung in den für mich entworfenen Lebensplan, als beschlossen wurde, mich behufs meiner Ausbildung zur Erzieherin nach Gotha in das Pensionat der Doktorin Stieler zu schicken. Ich wurde daher während des Winters 1799 auf 1800 im Christentum unterwiesen und dann, noch nicht vierzehn Jahre alt, konfirmiert.[7]*

Das Bild eines jungen Mädchens (die Tochter des Malers Friedrich C. Gröger, 1766–1838) könnte zu dem dargestellten Schicksal passen. Der schlichte dunkle Scheitel, der an die mittelalterliche Kröse erinnernde Spitzenkragen am hochgeschlossenen Kleid – das scheint die bürgerliche Variante zur lockeren Eleganz der Aristokratendamen gewesen zu sein.

## Bildung, Arbeit und Beruf

Das Besondere und Neue im Leben der Frauen aus gehobenen Schichten in dieser Epoche war eine gewisse Unabhängigkeit und Frische, ein Mut zum Unkonventionellen, wenn es um die Verwirklichung der eigenen Lebensideale ging. Die Umwelt nahm davon im allgemeinen nur mit kritischem Erstaunen Kenntnis, denn zu fest war die männliche und weibliche Rollenverteilung in den Vorstellungen der Gesellschaft noch verankert. So heißt es von der Frau des Historikers Wächter:

*Unmöglich kann man übrigens von ihm sprechen, ohne seiner ersten Frau, einer Tochter des Historikers und nachmaligen Ministers Spittler, zu gedenken, so vorherrschend war sie, so unbedingt bestimmend für ihn. Sie war in der Tat ein Phänomen an scharfem Verstande, an Kunst und Menschenbehandlung, an kecker Entschlossenheit. Sie machte die Pläne für ihres Mannes Laufbahn, sie gab die Mittel dazu, sie erwarb die dazu nötige Gunst. Und letzteres war ihr nicht eben leicht gemacht: von der Natur von Jugend auf an Skrofeln leidend, war sie in einem Grade unschön, daß es Überwindung kostete, sich*

*Ein junges Mädchen (Friedrich C. Gröger, 1766–1838)*

*ihr zu nähern; allein sie wußte dies vergessen zu machen durch Liebenswürdigkeit, Witz, Schmeichelei. Jede Rolle spielte sie meisterhaft: die der naiven jungen Frau, der sorgsamen Hausmutter, der besorgten Gattin des hart arbeitenden Gelehrten, der Kokette, der Dame von Welt; am besten wohl letztere. Nur den Fehler beging sie, daß sie ihre Überlegenheit im Hause nicht verbarg, natürlich nicht zu ihres Mannes Gewinn. So hieß es denn bald nur: der ‹Lili›Wächter oder kurzweg der ‹Lili›; und als er den Titel eines Freiherrn von Wächter-Spittler annahm, fand dies jedermann nur ganz in der Ordnung.*[8]

Das war also eine Frau, die ihren Mann «aufbaute», wie man heute sagen würde, doch ohne dabei völlig im Hintergrund zu bleiben – die einzige Rolle, die einer intelligenten Frau zu spielen erlaubt gewesen wäre.

Wenn im folgenden von Frauen die Rede ist, die auch in die Literaturgeschichte eingegangen sind, so weniger wegen ihrer literarischen Bedeutung, als vielmehr darum, weil an ihrem Schicksal Typisches für diese Epoche sichtbar wird – modern ausgedrückt: so etwas wie eine alternative Lebenseinstellung.

Da ist zunächst Bettina von Arnim, geb. Brentano (1785–1859), Schwester des Clemens und Tochter der von Goethe hoch verehrten und jung verstorbenen Maximiliane, geb. La Roche. Unbekümmert und unerschrocken begegnete sie dem Leben, artikulierte sie als junges Mädchen ihre leidenschaftliche Zuneigung zu der 6 Jahre älteren Karoline von Günderode (1780–1806), deren Freitod ihre Gesellschaft wie ein Wertherschicksal erschütterte. Später irritierte Bettina die gleiche Gesellschaft durch ihre offen zur Schau getragene und bis zu Takt- und Geschmacklosigkeiten gesteigerte Verehrung für Goethe, der sie mit ihrem Buch «Goethes Briefwechsel mit einem Kinde» (1835) nach dem Tode des Dichters ein Denkmal setzen wollte – übrigens auch nach dem Tode ihres Gatten. Goethe konnte mit ihrer fordernden Art nichts anfangen, und so ist die «Affäre Bettina» meist in einem für diese peinlichen Sinne eingeordnet worden. Doch hatte die öffentliche Meinung Unrecht: ihre Verehrung war eine ideale Liebe, dem Genius Goethe gewidmet, und die glühende Sprache der Briefe entsprang nicht weiblicher Leidenschaft, worauf Herman Grimm in seinem Vorwort zu dem Briefwechsel hinweist.[9] Aber es stand ihr keine andere Artikulation als die übliche sentimentalische der Frauen ihrer Zeit zur Verfügung und der Gesellschaft keine andere Deutung als die übliche erotische. So blieb ihr emanzipatorischer Aufschwung, ihre leidenschaftliche Würdigung eines Genies, zunächst unverstanden – wohl auch weitgehend ihr selbst nicht klar. Später hat sie dann in Berlin ihr starkes soziales Gewissen, ihre revolutionäre Gesinnung aktiv zum Ausdruck gebracht (s. S. 73).

Ein anderes schwankendes Frauenschicksal der Zeit ist das der Caroline Schlegel (1763–1809). Als Tochter des Göttinger Orientalisten Michaelis gut erzogen und gebildet, heiratete sie mit 20 Jahren den Bergmedicus Böhmer und kehrte nach vier Jahren als Witwe mit drei Kindern nach Göttingen zurück. Nun erwachte ihr Bedürfnis nach Bewegungsfreiheit und Selbstbestimmung. Von den Kindern blieb nur eine Tochter am Leben, mit der sie 1792 allein in das von den Franzosen besetzte Mainz ging und in enger Behausung ein Leben auf eigene Hand führte. In einer schwärmerischen Vorstellung von Freiheit schlug sie die Werbung eines älteren Superintendenten aus und gab sich einem jungen französischen Offizier hin, von dem sie bald ein Kind erwartete. Aber vorher verließ sie Mainz, wurde in Frankfurt am Main von den Preußen gefangengenommen, gelangte schließlich unter dem Schutz der beiden Brüder Schlegel nach Leipzig und bekam in aller Verschwiegenheit in Lucka bei Leipzig 1793 einen Sohn. Sie mußte ihn in Pflege geben, und er starb bereits nach 1½ Jahren. Als Gattin August Schlegels ging sie mit ihrer Tochter nach Jena, wohin nach einigen Jahren auch Friedrich mit seiner Freundin und späteren Frau Dorothea kam. Die gesellschaftlichen Ächtungen und Verdächtigungen dieser Liaison à quatre sind bekannt, auch Carolines schließlich glückliche Bindung an den 12 Jahre jüngeren Friedrich Wilhelm Schelling, den sie 1803 nach einer diskreten Scheidung von Schlegel heiratete.

*Caroline Schlegel*
*(Johann Friedrich August Tischbein, 1750–1812)*

Caroline hat außer vielen Briefen und Tagebüchern nichts geschrieben. Über Dorothea Schlözer, die ihr Vater promovieren ließ, sagte sie, daß «man ein Frauenzimmer nur nach dem schätzt, was sie als Frauenzimmer ist».[10] Darin drückt sich die ganze Unsicherheit der gebildeten Frauen dieser Zeit aus. Auf der einen Seite beseelte sie der Wunsch, die durch die Französische Revolution geöffneten Freiheitstore zu durchschreiten; auf der anderen Seite hemmte sie die öffentliche Meinung, und Caroline verbarg ihr uneheliches Kind so geschickt vor der Welt wie eine höhere Tochter der Gründerzeit. Kein Gretchenschicksal, denn sie hat es nicht ermordet, sondern nur «in Pflege gegeben», was nicht viel besser war.

Ein ganzer Mensch zu sein mit seinem Widerspruch – dieses Ziel erreichten auch die bedeutenden Frauen der Romantik nur in sehr beschränktem Maße, denn es stand ihnen dazu noch keine absolute Unabhängigkeit und keine Sprache in Worten und Zeichen zur Verfügung.

Am ehesten gelang die Emanzipation in einer Großstadt wie Berlin. Hier waren es vor allem die jüdischen Kaufmannstöchter Rahel Levin, spätere Varnhagen von Ense (1771–1833), und Henriette Herz (1764–1847), deren Salons zum Mittelpunkt des geistigen Berliner Lebens wurden. Dort ging es weder elegant noch üppig zu; wichtig war allein die Unterhaltung:

*Die hohen Zimmer zeigten eine wahrhaft überraschende Einfachheit, einen Mangel an jeder Eleganz und dem gewöhnlichen Komfort, wie man ihn in jeder einigermaßen wohlhabenden Bürgerfamilie zu finden pflegt, imponierten aber trotzdem durch die Erinnerung an den hier waltenden Geist. Mit blaugrauer und grünlicher Farbe gestrichene Wände, hohe Bücherschränke, alte Möbel von Fichtenholz, verschossene Überzüge verrieten nicht die geringste Spur von Luxus. Den einzigen Zimmerschmuck bildeten einige Kupferstiche, darunter das Porträt Mirabeaus, das Reliefbild Rahels in Bronze von dem Bildhauer Tieck und eine Gipsstatue Kants, ein Geschenk des berühmten Rauch. In diesen Räumen empfingen Rahel und Varnhagen ihre Gäste: hohe Staatsmänner und Offiziere, Gelehrte und Künstler, Fürsten und Grafen, die Aristokratie des Geistes und der Geburt.... Wenn der unvorhergesehenen Gäste einmal so viele wurden, daß das Wohnzimmer wie ein gefüllter Bienenkorb schwärmte – für die Bewirtung mit Tee, Butterbrot und kalter Küche reichte der häusliche Herd immer noch aus. Niemand kam um eines Soupers willen, sondern um unter liebenswürdigen Menschen ein paar Stunden lang plaudernd und scherzend sich's wohl sein zu lassen.*[11]

*Lesekränzchen in Kassel, 1827*
*(Ludwig Emil Grimm, 1790–1863)*

Weil die reale Revolution Deutschland versagt blieb, flüchteten sich Weltbürgertum und revolutionäre Gesinnungen auch in die Salons, und die Frauen besetzten die Rolle, die die Geschichte ihnen zuspielte. Freilich brachten ihnen solche Aktivitäten nicht nur Beifall ein. Parallel zu frühen antisemitischen Äußerungen gegen die «alles zerstörende, von Juden entfachte Vernunft» in diesen Salons kamen Gegenströmungen auch aus der patriotischen Ecke, wo die 1811 gegründete «Christlich-deutsche Tischgesellschaft» führend agierte. Hier formulierte Clemens Brentano (1778–1842) in seiner Eröffnungsrede über die Juden: jeder könne «diese von den ägyptischen Plagen übriggebliebenen Fliegen in seiner Kammer mit alten Kleidern, an seinem Teetisch mit Theaterzetteln und ästhetischem Geschwätz, auf der Börse mit Pfandbriefen und überall mit Ekel und Humanität und Aufklärung, Hasenpelzen und Weißfischen genugsam einfangen».[12]

Das waren freilich andere Töne mit dem unerträglichen Klang nach neidischer bürgerlicher Mißgunst.

Jahrzehnte später hat Fanny Lewald (1811–1881) die Bedeutung dieser Salons noch einmal gewürdigt. Sie erzählt in ihren Erinnerungen von einer alten geistreichen und wohltätigen Dame in Berlin, bei der sie regelmäßig zu einem Essen jener altgewordenen Salonbesucher eingeladen war:

*Das Originellste aber waren jene Mittagsbrode, bei denen man sich, wenn man wie ich und andre von ihr eingeladene Personen, nur dreißig Jahre zählte, immer wie ein Kind erschien, denn die Mehrzahl der Gäste waren Greise. Ich vergesse den ersten Eindruck dieser Tischgesellschaft nicht. Frau Levy zählte damals siebenundsiebzig, die Hofrätin Herz, ihr zur Seite, sechsundsiebzig Jahre, ein kleines Fräulein Chodoviecki, das immer einen uraltmodischen weißen Atlashut auf hatte und auf einem Stuhlkissen saß, mochte noch weit älter sein, der bekannte Kriminaldirektor Hitzig, ein Neffe von Frau Levy, die einst so schöne und jetzt noch als Greisin unter uns lebende Marianne Saaling, und eine alte Sängerin, die ihr fünfzigjähriges Jubiläum als Mitglied der Singakademie gefeiert hatte, bildeten den Stamm des Zirkels. Es war mir mitunter, als fände ich mich an König Artus' Tafelrunde versetzt, wenn ich diese alten, verwitterten Gesichter ansah, die alle in ihrem Verfalle schweigend von der Vergänglichkeit des Menschen predigten. Sie hatten einst Alle «à la tête de la jeune phalange», an der Spitze der Bewegung, gestanden. Diese hinfälligen Frauen waren es gewesen, deren Geist und Bildung die Schranken des Kastengeistes durchbrochen, die aus eigener Machtvollkommenheit in Berlin die Gewalt der Vorurteile besiegt; diese Greisinnen und ihre Gesinnungsgenossen, diese Jüdinnen waren es gewesen, welche sich aus dem Pariatume ihres Volkes erhebend, die Bildung als den höchsten gültigen Adel zu vertreten, und so eine Befreiung und eine Kultur der Geister in ihrer Vaterstadt herbeizuführen gewußt hatten, welche der geringere Sinn ihrer Nachkommen nicht zu behaupten verstanden hat. Das war es, was mich zu diesen Frauen hinzog, was mich ihnen in liebender Verehrung nahen machte; das ist es, was die Nachwelt in ihnen zu verehren hat – und vielleicht war es die Einsicht, daß ich Verständnis für ihre Bedeutung hatte, daß ein Zug ihres selbständigen und das wahrhaft Menschliche wollenden Geistes auch in mir lebendig war, was mir ihre Teilnahme und ihre Beachtung gewann.*[13]

Aber bei aller Bewunderung für diese frühen furchtlosen Emanzipierten muß doch gesagt werden, daß sich im allgemeinen die Rolle der Frauen in der Öffentlichkeit nicht änderte: es gab weiterhin weder einen weiblichen Minister, noch eine weibliche Beamtin, und die Möglichkeiten der gebildeten Frauen blieben auf Gouvernanten- und Erzieherinnenposten beschränkt. Nach wie vor sprach man den Frauen die Fähigkeit zu gehobener geistiger Tätigkeit ab und verwies sie in ihre häuslichen Schranken. Daß es damals wie heute vor allem an der Erziehung lag, wenn Frauen im allgemeinen über wenig Bildung verfügten, wurde nicht erkannt. Eine frühe Verfechterin der Frauenrechte, Amalie Holst, geborene von Justi (1758–1829), hat in ihrer Schrift «Über die Bestimmung des Weibes zur höheren Geistesbildung» (1802) diese Probleme des Frauenlebens deutlich ausgesprochen: *Unter den vielen Tausenden von Männern, die sich von Jugend auf der Gelehrsamkeit widmen, wie viele haben wir denn, die in diesem Fache wirklich groß sind? Denn nur die originellen Köpfe, die als Stifter neuer fruchtbarer Systeme aufgetreten sind, können hier in Anschlag kommen, und zählen wir bloß diese, wie unendlich klein ist dann die Zahl! Und wäre dieser Vorwurf auch wirklich begründet, liegt nicht in der Zurücksetzung in der Erziehung und in der Lebensweise des Weibes der Hauptgrund hievon? Von Jugend auf mit Kleinigkeiten umringt, von Tand gefesselt, durch Zwang zurückgeschreckt, von Trägheit, die es sich bequemer machen kann, zurückgehalten, wie kann, wie soll der Geist eines Weibes durch diesen vierfachen Nebel hindurchdringen und Licht schaffen?*[14]

## C. Dienstboten, Handwerker und Arbeitsleute

Die Herrschaftsfamilie mit ihren Kindern empfing die vielfachen Dienste der angestellten Mitbewohner im Hause als gottgegebene Selbstverständlichkeit, als natürliche Rollenverteilung. Eine Reflektion über solche Menschenschicksale im ewigen Schatten erfolgte nicht, und die Ungleichheit im Hinblick auf Arbeit und Bedientwerden wurde nicht hinterfragt.

Die Dienstmagd war in dieser Zeit noch häufig Teil der Familie, Faktotum, der Herrschaft oft mehr verbunden als ihren eigenen Familienangehörigen. Merkwürdig ist auch die mangelnde Solidarität zwischen den verschiedenen Dienstboten eines Haushaltes und das eifersüchtige Wachen über eine interne Hierarchie. Der Geist der alten Ständeordnung repräsentierte sich hier lange noch ungebrochen.

*Neben dem alten Friedrich war die alte Luise als Hausmädchen in der Wirtschaft tätig. Schon damals hatte sie nahe an 40 Jahre in der Nicolaischen Familie zugebracht, hatte meine Mutter und deren Geschwister alle aufwachsen und dahinschwinden sehn und klapperte nach wie vor mit ihrem Schlüsselbunde durch die weiten Räume der Wohnung. Wenn sie meinem Musiklehrer Weiße die Türe geöffnet, so rief sie zu mir in den Garten hinab: junger Herr, kommen Sie herauf, Herr Patzig ist da! So hatte nämlich der Musiklehrer meiner Mutter geheißen. Sonst mochte sich diese alte Eurykleia mit uns Kindern nicht viel abgeben, und deshalb war sie uns im Grunde gleichgültig, obgleich wir uns wohl hüteten, ihre Zanklust aufzuregen. Sie hatte sich nie verheiraten wollen und fand ihr einziges Vergnügen darin, ihre Schwester, welche mit einem Schneidermeister in kinderloser Ehe in sehr dürftigen Umständen lebte, an Sonn- und Feiertagen mit Kaffee zu bewirten.*

*Die alte Luise und der alte Friedrich konnten sich nicht gut vertragen, obgleich sie so viele Jahre in demselben Dienste verlebt. Er hörte nicht auf zu brummen, wenn sie beim Stubenreinigen irgend etwas aus der alten hergebrachten Ordnung verrückte, an die «der Herr Nicolai» nun so lange gewöhnt war; sie belferte dagegen mit gellender Stimme, wenn Friedrich irgend einen Eingriff in ihr Haushaltungsdepartement machen wollte; sie rief in solchen Fällen die übrigen Dienstboten, die Köchin, das Hausmädchen, zuweilen sogar den Hausknecht und den Markthelfer aus der Buchhandlung zu Hilfe.*

*Luischen blieb 54 Jahre in unsrer Familie und sah, als meine Kinder geboren wurden, die fünfte Generation im Hause, denn sie hatte noch Madame Schaarschmidt, Nicolais Schwiegermutter, gekannt. Bei ihrem 50jährigen Jubiläum im Jahre 1820 oder 1821 ward eine kleine Feierlichkeit veranstaltet, wobei sie aus den Händen des Bischofs Ritschl unter sehr vielen Tränen eine goldne Kette und ein Geldgeschenk aus dem Gesindebelohnungsfond empfing.*[1]

*Dienstbotenarbeit*
*(Aus einem Ausschneidebuch des 18. Jahrhunderts)*

Die feste, durch Arbeit bestimmte zwischenmenschliche Beziehung zu den Dienstboten in einem behäbigen Kaufmannshaushalt zu Anfang des 19. Jahrhunderts und ihren Einfluß auf die heranwachsenden Kinder schildert Fanny Lewald in ihren Lebenserinnerungen:

*... der Zuschnitt der Haushaltung war damals breit und reichlich. Wir hatten drei weibliche Dienstboten, eine Kinderfrau, die gewiß nicht viel über dreißig Jahre alt war, die uns aber natürlich sehr alt erschien, und die wir nur die alte Anne nannten. Meine frühere Amme war als Köchin im Hause geblieben, und daneben hatten wir noch ein Hausmädchen Regine, das nicht ganz jung und immer etwas verdrießlich war, und einen großen dicken Hausknecht mit sehr hübschem Gesichte, der Mankatz hieß und zugleich einen der Komptoirboten abgab. Alle diese Personen waren lange in den Diensten meiner Eltern. Die Kinderfrau durch dreizehn Jahre, Regine sieben Jahre, meine Amme bis zu ihrer Verheiratung, und ebenso die beiden Komptoirboten Mankatz und Hermann Kirschnik und die Kommis meines Vaters.*

*Das gab unserm Leben einen festen Boden. Wir hatten uns nicht an immer neue Eindrücke zu gewöhnen, wir wurden mit unseren Gedanken nicht von Einem zu dem Andern fortgezogen. Diese Menschen waren die Unsern,*

*Hausfrau und Dienstmagd*
*(Titelkupfer eines Haushaltungsbuches, Berlin 1828)*

*eins mit uns, und wie die Menschen um uns dieselben blieben, so wechselten wir auch unsere äußere Umgebung bis in mein elftes Jahr nur ein einziges Mal, als mein Vater die Mutter und uns auf einer Reise nach Memel mit sich nahm.*[2]

Dieses Bild entspricht noch durchaus der patriarchalisch geleiteten Haushaltsfamilie, bei der Comptoir, Verlag, Buchhandel und Familienleben unter einem Dache existierten. Wahrscheinlich fühlten sich die Dienstboten oft wohl in einem solchen Hause – das bezeugt ihr langes Verbleiben. Jedoch kann das über ihre objektiv bedrückte Lage nicht hinwegtäuschen, denn sie blieben in einem kindlichen Abhängigkeitsverhältnis, bis sie heirateten. Zudem verbannte die häusliche Arbeitsteilung das weibliche Gesinde vor allem in die Küche. Ihre Möglichkeiten, sich selbst zu artikulieren, waren gering. Der Gesang in der Küche in den vorgegebenen Formen des Volksliedes war auch damals verbreitet, und Texte wie der von der als Dienstmagd verkannten Markgrafentochter waren so beliebt, daß sie bereits 1806 Aufnahme in das «Wunderhorn» fanden. Sie spiegeln Träume und Sehnsüchte der einfachen Mädchen wider, wie später Groschenromane und Kino – nur mit dem Unterschied, daß hier die Mädchen aus dem mündlich überlieferten Volksliedrepertoire selbst die Stücke auswählten, die ihrer Lebensstimmung entsprachen.

*Es war ein Markgraf über dem Rhein,*
*Der hatte drei schöne Töchterlein;*
*Zwei Töchterlein früh heiraten weg,*
*Die dritt' hat ihn ins Grab gelegt.*
*Dann ging sie singen vor Schwesters Tür:*
*Ach braucht ihr keine Dienstmagd hier?*

*Ei Mädchen, du bist mir viel zu fein,*
*Du gehst gern mit den Herrelein.*
*Ach nein! ach nein! das tu' ich nicht,*
*Daß ich so mit den Herrlein geh'.*
*Sie dingt das Mägdlein ein halbes Jahr,*
*Das Mägdlein dienet ihr sieben Jahr.*

*Und als die sieben Jahr um warn,*
*Da wurd' das Mägdlein täglich krank;*
*Sag, Mägdlein, wenn du krank willst sein,*
*So sag mir, wer sind die Eltern dein?*
*Mein Vater war Markgraf über dem Rhein,*
*Und ich bin sein jüngstes Töchterlein.*

*Ach nein! ach nein! das glaub' ich nicht,*
*Daß du meine jüngste Schwester bist.*
*Und wenn du mir's nicht glauben willst,*
*So geh nur an meine Kiste hin,*
*Daran wird es geschrieben stehn.*
*Und als sie an die Kiste kam,*

*Da rannen ihr die Backen ab:*
*Ach bringt mir Weck, ach bringt mir Wein,*
*Das ist mein jüngstes Schwesterlein!*
*Ich will auch kein' Weck, ich will auch kein' Wein,*
*Will nur ein kleines Lädelein,*
*Darin ich will begraben sein.*[3]

Während also die weiblichen Dienstboten bei Großgewerben noch mehr oder weniger dem Typ der Haushaltsfamilie eingeordnet waren, lebten die Handwerkerfrauen viel selbständiger. Auch wenn es sich nur um ein kleines Handwerk handelte und sie den Haushalt ohne Magd führen mußten, wiederholte sich doch auch im Kleinen das gleiche wirtschaftliche Familiensystem. Das ausgefüllte Leben einer einfachen Handwerkerfrau um 1800 schildert Peter Lübke, geb. 1798, in seinen Erinnerungen:

*Meine Eltern waren Franz Wilhelm Lübke und Anna Gertrud Kremer aus Grevenstein. Mein Vater war seines Geschäfts ein Strumpfwirker, wobei er Wollspinnerei und Färberei betrieb. Er war ein ganz schlichter, aber sehr fleißiger und tätiger Mann, der vom frühesten Morgen bis zum späten Abend arbeitete. Sein Geschäft verstand er gründlich, und seine Kunden bediente er mit der größten Gewissenhaftigkeit und Billigkeit; übrigens war er ohne Schulbildung. Etwas Schreiben konnte er, aber vom Zifferrechnen verstand er nichts. Von Buchführung war daher keine Rede, obgleich er sehr viele Kunden bediente. Sein vorzügliches Gedächtnis ersetzte die schriftlichen Notizen. Bei größeren Schulkenntnissen hätte er das Geschäft sehr ausdehnen und einen bedeutenden Gewinn erzielen können. Aber zum Reichwerden hatte er keine Anlage. Meine Mutter war hingegen eine sehr kluge, verständige, religiöse und tugendhafte Frau. Dabei war sie überaus häuslich, arbeitsam, fleißig, ohne Knauserei und Geiz, ja sie war überaus mildtätig, teilnehmend, hilfreich. In der ganzen Nachbarschaft holte man bei ihr Rat, Trost und Hilfe. Da wir zwei Gärten und einige Morgen Ackerland bewirtschafteten, so hielten wir eine Kuh und mästeten jährlich zwei Schweine. Allein die Mutter besorgte die ganze Haushaltung und die Gärten ohne Magd. Des Nachts flickte sie die Kleider für die Kinder, von vier Knaben, von denen ich der älteste war. Und trotz ihrer vielen Arbeit brachte sie uns Kinder, als wir noch klein waren, selbst zu Bette und ließ uns kniend das Abendgebet verrichten, das ich noch auswendig weiß. Dabei ging sie jeden Morgen zur heiligen Messe und nahm uns Kinder, ehe wir in die Schule gingen, mit. Wir wollen uns in der Kirche den Segen Gottes holen, pflegte sie dann zu sagen, denn an Gottes Segen ist alles gelegen. In unserem Hause herrschte die größte Liebe und Eintracht zwischen Vater, Mutter und Kindern. Ich habe nie gehört, daß zwischen den Eltern ein unfreundliches Wort vorgefallen wäre. Der Vater bekümmerte sich nur um sein Geschäft und nicht um die Erziehung der Kinder; diesen widmete sich aber die Mutter mit der größten Sorgfalt, und darin hatte sie eine besondere Gabe. Ein ernster Blick von der Mutter rührte mich mehr als ein Tadel vom Vater. Ich erinnere mich nie, eine körperliche Züchtigung erhalten zu haben.*[4]

Zumindest erwähnt und mit einem hübschen Beispiel belegt werden soll die Rolle der Frau Meisterin:
*Unten wohnte ein Zinngießer, Herr Bethge. Er war ein hübscher rüstiger Mann, der oft mit bloßer Brust und geschwärzten Händen von der Arbeit auf den Wolm hinaustrat, und hatte in seinen jungen Tagen als Gesell die Meisterin, eine kleine verwachsene Frau, geheiratet. Sie waren wohlhabende Leute, und wir haben manch Spielzeug von ihnen gekauft, manch anderes von ihnen geschenkt bekommen, wenn wir für unsere Fünfschillinge uns etwas kaufen wollten.*[5]

Die einzige Möglichkeit für einen armen Gesellen, in die Zunft als Meister aufgenommen zu werden, war oft die Heirat mit einer verwitweten Meistersfrau – eine ganz übliche Prozedur im Sinne der elitären Abgeschlossenheit der Zünfte.

War die feudale Gesellschaftsordnung herrschaftsständisch orientiert, so die bürgerliche ökonomisch; die Zünfte wahrten ihre ökonomisch-hierarchische Ordnung, wobei den Frauen die meisten Hindernisse in den Weg gelegt wurden. Selbst auf dem Gebiet, zu dem die Mädchen doch von kleinauf als einem typisch weiblichen erzogen wurden: dem Nähen und der Handarbeit, konnten sie zunächst zu keiner handwerklichen Selbständigkeit gelangen. Es wird für spätere Epochen noch darüber berichtet werden – hier nur einige Hinweise auf die bescheidene Art und Weise, in der doch durchaus kompetente Frauen ihr Nähhandwerk ausübten. Der Jugendschriftsteller Nieritz (1795–1876) berichtet:
*Sobald meines Vaters Schwester, Christiane Friederike, die Schuljahre hinter sich hatte, ging sie zu den Leuten auf die Stube nähen und half somit ihrer Mutter, welche durch Waschen und Scheuern ihren Unterhalt erschwang, die Sorgen der Nahrung mindern. Auch mein Vater, um 10 Jahre jünger als seine Schwester, bemühte sich auf mancherlei Weise, einige Pfennige zu erschwingen.*
*Die Soldatenwitwe, meine Großmutter, erlebte Freude an ihren beiden Kindern. Ihre Tochter Friederike, zur bildschönen Jungfrau herangewachsen, zählte unter den Frauen, zu denen sie auf die Stube nähen ging, auch die kränkliche Gattin eines wohlhabenden Branntweinbrenners und Likörfabrikanten namens Israel. Derselbe war ein getaufter Israelit und habe ich keinen schönern, ehrwürdigeren Kopf gesehen als den des Onkels Israel. Wenn ich mir als Knabe ein Bild von dem Erzvater Abraham machte, so glich es dem Onkel Israel. Dieser reichte nach dem Ableben seiner Frau seine Hand dem fleißigen, unbescholtenen und schönen Nähermädchen, meiner Tante, und hat diese Wahl niemals bereuen dürfen, wiewohl diese Ehe kinderlos blieb.*[6]

Mußte diese tüchtige und ansehnliche Hausschneiderin froh sein, sich einen alten wohlhabenden Witwer erheiraten zu können, so erzählt Karl von Holtei (1798 bis 1880) von der häßlichen Tochter eines Schneidermeisters, die ebenfalls «als Näherin umher arbeitete» und sich mit Briefvermittlungen ein Zubrot verdiente.

Zur gleichen Zeit verbreiteten sich neben dem Handwerk die Manufakturen, d.h. die Aufteilung der Arbeitsprozesse in einzelne vereinfachte Verrichtungen, die besonders gern an billig arbeitende Frauen und Kinder vergeben wurden. Zu Beginn dieser Entwicklung fand die Arbeit oft noch in den zu engen ehemaligen Werkstätten und Handwerkerwohnungen statt:

*Frauen, Kinder, Gesellen, Lehrlinge, Wollmacherinnen, Spinnerinnen wohnen so eng zusammen, daß man sich in den Werkstätten kaum rühren konnte; wo kleine Kinder sind, stehen noch dazu im gleichen Raum Betten in den Ecken. Durch das Wollmachen und Spinnen, mit oder ohne Maschine, wird vieler der Gesundheit gewiß nicht vorteilhafter Staub in die Stube gebracht, und die Waren, die der Weber fertigt, müssen geschlichtet werden, wozu nicht selten, besonders bei der ärmeren Klasse, die bei weitem den größten Teil ausmacht, Schlichte, die verdorben und stickicht sind, verbraucht wird; dabei darf aber weder das Fenster noch die Stubentür offengehalten werden, weil sonst die geschlichtete Ware spröde wird, ihre Haltbarkeit verliert und zerreißt.*[7]

(Schlichte = Klebeflüssigkeit zum Glätten und Verfestigen der Gewebe.)

*Spinnen und Garnkochen
(Lithographie von W. Hicks, 1783)*

## D. Die Frauen vom Land

Die Stein-Hardenbergschen Reformen von 1807, die sogenannte Bauernbefreiung, brachte keineswegs eine gänzliche Aufhebung der Leibeigenschaft in allen deutschsprachigen Gebieten. Es dauerte vielmehr teilweise bis in die zweite Hälfte des 19. Jahrhunderts, daß alte Abhängigkeitsverhältnisse auf irgendeine Weise aufgelöst wurden[1]. Das heißt, daß in dem hier in Frage kommenden Zeitabschnitt die Erbuntertänigkeit noch weitgehend vorhanden war und alle Familienmitglieder, besonders auch die Frauen, Hofdienste zu leisten hatten, insbesondere während der Ernten. Die Abhängigkeit betraf aber nicht nur die Arbeit, sondern auch das persönliche Leben: ohne gutsherrliche Heiratserlaubnis konnte keine Ehe eingegangen werden (offiziell bis 1868!), und die vielerorts noch lange geltende Patrimonialgerichtsbarkeit griff tief in das individuelle Leben ein bis zum Züchtigungsrecht über Männer und Frauen –, verwehrte auch oft die Entfaltung eines selbständigen bäuerlichen Gemeindelebens.

Die Dinge entwickelten sich in den einzelnen Territorien ganz verschieden, sowohl zeitlich wie in ihrer Intensität, und können hier nur angedeutet werden. Wie wichtig die herrschaftlichen Genehmigungen, z.B. für eine Verheiratung nach auswärts waren, verdeutlicht der folgende Text:

*Zu Frankfurt am Main residierte noch zu Anfang dieses Jahrhunderts eine Großtante des Vaters, die sich dorthin verheiratet hatte. Als sie deshalb aus dem Badischen verzog, stellten ihr des «durchlauchtigsten Herrn Markgra-*

*fen zu Baden und Hochberg, hochfürstlichen Oberamts Durlach gnädigst verordnete Oberbeamte» auf kunstvoll geschriebenem Pergament den Geleit- und Empfehlungsbrief aus, «dem hochwohlweisen, hochedelgeboren, hochstrengen Rat der freien Stadt Frankfurt kund und zu wissen getan, daß die Juliane, Margarete Frommel ein rechtmäßig Kind sei und in heiliger Taufe der lutherischen Kirche einverleibt, mithin von uns allen als ein wahres, rechtes Ehekind gehalten worden ist und noch jetzt gehalten wird. Sie ist auch weder diesseitiger höchster Landesherrschaft noch sonsten jemand mit einiger Leibeigenschaft anverwandt und zugetan, sondern derselben vollkommen frei, los und ledig, daß sie also Bürgerrecht suchen und annehmen kann, wenn und wo ihr gefällig. Was übrigens ihre Aufführung betrifft, so ist uns davon nichts Widriges, sondern alles Gutes bekannt, daher wir auch dieselbe der hochlöblichen p.p. Obrigkeit zu Frankfurt am Main zu geneigtester Aufnahme bestens rekommandieren.» So war sie ausgewandert mit ihrem Manne, dem Herrn Kornelius Pilgram, und hatte ihre Hochzeitsreise in Begleitung des Friseurs Mack gemacht, der von Frankfurt entgegengereist kam, um das Landmädchen mit reglementsmäßigen Toupets zu versehen, damit sie würdig in Frankfurt einziehe in das Haus «zum trierischen Eck». Herr Pilgram aber trug «bei solcher Gelegenheit einen himmelblauen Frack, knappe Beinkleider und seidene Strümpfe», laut der Hochzeitschronik.[2]*

*Mit der Aufhebung der Abhängigkeiten wurde jeder Haushalt zugleich allmählich zum Betrieb eines Bauern: Da lebten wir denn zusammen: Vater, Mutter, ein älterer Bruder, ich, ein um einige Jahre jüngerer Bruder, ein Müllergeselle, eine Magd und zuweilen ein Stallknecht, essend immer an einem Tisch, betend vor und nach, Morgen- und Abendsegen betend in Gemeinschaft, durch die Arbeiten und die Geschäfte meistens zerstreut, zu den bestimmten Zeiten immer wieder beisammen; dann den Tag über viele einsprechende Leute, die eine halbe oder volle Stunde saßen, dann auf der Mühle, um die Abendzeit eine Stunde oder länger Zusammenkunft größerer Knaben und Jünglinge; zur Winterszeit am spätern Abend Zusammenkommen im väterlichen Hause und in andern Häusern. ... Ei, da tat sich ein Leben auf ... voller Scherz und Spiel und Erzählung, jeweilen Gesang und jeweilen Rätsel, was es gab.[3]*

Diese mehr idyllische Schilderung eines ländlichen Familienlebens aus der Sicht eines jungen Burschen läßt

*Wäscherin (Jean-François Millet, 1814–1875)*

*Die Mittagssuppe (Emil Schuback, 1820–1902)*

die arbeitsreiche Rolle der Hausfrau und Mutter nur ahnen. Deutlicher erscheint das Bild der sich selbstversorgenden Bauernwirtschaft und des großen Arbeitsanteiles für die Frau in der folgenden Erinnerung:
*Die Familie bestand aus Vater, Mutter, Vatersbruder und sieben Kindern, zwei Söhnen und fünf Töchtern. Das Haus war nach Art der westfälischen Bauernhäuser gebaut. ... Alle Erzeugnisse des Guts: Mehlfrüchte, Gemüse, Schlachtvieh, Geflügel, Milch, Eier, wurden in der Familie verbraucht und selbst der Überfluß nie verkauft. So wurde es zur Zeit meiner Jugend in allen andern unabhängigen Bauernfamilien des Dorfes gehalten. Wenn es in der einen Familie vorübergehend etwa an Milch oder Butter fehlte, so half eine benachbarte aus. Meine Mutter hatte sich eines kerngesunden Körpers und eines stets heitern Sinns zu erfreuen. Die Frische und Fröhlichkeit, wozu sie die Ihrigen aufforderte, bildete einen Hauptzug ihres eigenen Charakters und offenbarte sich in Werken wie in Worten, in der Erfüllung aller Pflichten, die ihr als Hausfrau und Mutter oblagen. Noch im hohen Alter hielt sie die Gewohnheit fest, zuerst aufzustehen und zuletzt zu Bette zu gehen. Den Eigentümlichkeiten meines Vaters fügte sie sich mit heiterer Leichtigkeit und wußte, wie wenn es von selbst so käme, alles zu verhüten, was ihm unangenehm, alles in Bereitschaft zu halten, was ihm angenehm war. Mit diesen Eigenschaften des Herzens verband sie einen praktischen Verstand, der stets ohne viel Bedenken und Zweifeln das Rechte traf und eine Werktüchtigkeit, welche das Beschlossene rasch zur Ausführung brachte. Bei den Nachbarinnen, denen sie eine teilnehmende Ratgeberin und eine werktätige Helferin war, stand sie in großer Achtung; sie war ihnen eine Autorität. Ihrer Neigung zur Gastfreundschaft und Wohltätigkeit mußte mein Vater mitunter durch Hinweisung auf die Vorräte Schranken setzen. Ein lebendiges religiöses Naturgefühl belebte ihr die sie umgebende Schöpfung.*[4]

Aus alldem geht hervor, daß an oberster Stelle des bäuerlichen Wertsystems der Besitz einer zur bescheidenen Autarkie befähigenden Bauernwirtschaft stand. Eine Grundbedingung für die Erreichung dieses Ziels war die umsichtige Bauernwirtin, wie sie Goethe modellhaft in «Hermann und Dorothea» vorgestellt hat: «Du bist mein; und nun ist das Meine meiner als jemals!» läßt der Dichter den reichen Sohn bei seiner Verlobung sagen und damit die Verbindung von Hausfrau und Wirtschaft aussprechen.

Wie es freilich um die Ärmeren und Armen aussah, wird seltener geschildert. Wie ging es den Frauen, die den gesamten weiblichen Arbeitsteil alleine ausführen mußten? Was geschah mit unverheirateten Mädchen? War eine «ins Unglück gekommen», so konnte sie das im engen Dorfzusammenhang nicht verheimlichen. Wenn sie das «Glück» hatte, ihr Kind zu verlieren, so war vielleicht eine Stelle als Amme möglich in einem Herrschaftshaus. Das hob sie heraus aus dem Moralkodex ihrer dörflichen Umgebung und eröffnete ihr vielleicht sogar die Heiratsaussicht mit einem Gutsangestellten. Was dieser Lebensphase in einem anderen Milieu an Not und Elend vorausging, läßt sich anhand der Quellen nur erahnen. *Bald nach meiner Geburt wurde ich so krank, daß man an meinem Leben zweifelte. Der Grund dieses Zustandes war die Amme, welche am Nervenfieber erkrankte und deshalb entfernt wurde. Als eine andere gesucht wurde, meldete sich ein hübsches, kaum sechzehnjähriges Mädchen, welches ihr Kind verloren hatte und gesund war wie ein Fisch im Wasser. Sie wurde sogleich angenommen, und von dem Augenblicke an erholte ich mich zusehends und ward kräftig und gesund. Meine gute Caroline heiratete unsern Jäger und blieb zu meinem Glück im Hause, denn sie mußte später gewissermaßen Mutterstelle an mir vertreten, was sie auch mit um so größerer Liebe tat, als sie selbst weiter keine Kinder bekam.*[5]

*Ländliche Amme in Dresden (Samuel Graenicher, 1758–1813)*

# II. Biedermeier

Aristokratin

*Das Staatsgesetz, das allgemeine Recht erklären die Frau ein für allemal als unmündig, wie sollte der Einzelne nicht geneigt sein, ein Gleiches zu tun. Wenn es einem Mädchen so gut wird, einen verständigen Vater zu haben, und von diesem einem verständigen Manne zur Frau gegeben zu werden, der ihr ihre Söhne und Töchter gut versorgt und gut erzieht, so mag sie ihr Leben hindurch in sanfter Abhängigkeit sich glücklich fühlen. Es mag dann sehr anmutig sein, sie sagen zu hören, daß sie von den Welthändeln nichts verstehe, daß sie von Geld und Erwerb nichts wisse, ... daß es ihr weh getan, ihr Auge auf die Nacht- und Schattenseiten des Lebens zu richten ... Der Prediger, der ihr die Leichenrede hält, mag von ihr sagen, sie habe sich das reine, sanfte, gehorsame Herz eines Kindes bewahrt.*

Fanny Lewald (1811–1889):
Meine Lebensgeschichte.
Berlin 1861, Bd. II, S. 63

Bürgermädchen

*Siehst du, wenn äußerste Reinheit der Gesinnung, wenn kindliche Bescheidenheit und eine unbegrenzte Ergebung von jeher in meinen Augen für die Summe desjenigen galt, was ich von einem weiblichen Wesen verlangen müsse, das ich für immer sollte lieben können, so ist der Eigensinn begreiflich und verzeihlich, womit sich mein Herz verschloß, sobald jene Eigenschaften anfingen, sich im geringsten zu verleugnen; denn je gemäßigter meine Ansprüche in jedem andern Sinne waren, desto beharrlicher durften sie sein in dieser einzigen Rücksicht, mit welcher nach meinem Gefühle der schönste und bleibendste Reiz aller Weiblichkeit wegfällt.*

Eduard Mörike (1804–1875):
Maler Nolten

*Gutsfrau mit Kindern (Friedrich Wasmann, 1805–1886)*

*Wiener Bürgermädchen um 1850 (Maler unbekannt)*

## Heimarbeiterin

*Über das Leben der Klöpplerinnen in Nordfriesland heißt es: «Sie erhalten sich fast bloß mit Kaffee und Brot; manche haben sich aber leider an den Teepunsch gewöhnt, um sich spät abends bei der Arbeit wach zu halten. Verkrüppelt und nervenschwach können diese armen Geschöpfe zu keiner anderen Beschäftigung übergehen, ihre sitzende Lebensart hat sie zu allen anstrengenden häuslichen Arbeiten untauglich gemacht, und kein Tagelöhner heiratet sie.»*

(nach Jürgen Kuczynski):
Geschichte des Alltags.
Bd. III, S. 316 f.

Das Spitzenklöppeln, eine italienische Erfindung, hat seit der Renaissance die Mode begleitet; über ganz Deutschland verbreitete sich die Technik als Heimarbeit.

## Landfrau

*Dienen lerne beizeiten das Weib nach ihrer Bestimmung;*
*denn durch Dienen allein gelangt sie endlich zum Herrschen,*
*zu der verdienten Gewalt, die doch ihr im Hause gehöret.*
*Dienet die Schwester dem Bruder doch früh, sie dienet den Eltern,*
*und ihr Leben ist immer ein ewiges Gehen und Kommen*
*Oder ein Heben und Tragen, Bereiten und Schaffen für andre.*
*Wohl ihr, wenn sie daran sich gewöhnt, daß kein Weg ihr zu sauer*
*wird, und die Stunden der Nacht ihr sind wie die Stunden des Tages,*
*daß ihr niemals die Arbeit zu klein und die Nadel zu fein dünkt,*
*daß sie sich ganz vergißt und leben mag nur in andern!*

Johann Wolfgang von Goethe (1749–1832):
Hermann und Dorothea. 7. Gesang

*Klöpplerin mit Kind (Basile de Loose, 1809–1885)*

*Die Hausmutter (Bilderbogen von Oehmigke & Riemschneider, Neuruppin, als Wandschmuck)*

Während für die Epoche des Empire mit Fug und Recht die Aristokratie als die in Deutschland immer noch führende Sozialschicht in den Vordergrund gestellt werden durfte, wandelten sich diese Relationen in ihrem Wertgefälle während des Biedermeier. Es stieg die Schicht der Bürger auf, der kleineren und größeren Unternehmer, der Verwalter und Manager, der Männer des technischen und wirtschaftlichen Fortschritts, der naturwissenschaftlichen Intelligenz. Bestärkt wurde ihr Emporkommen politisch durch das Ausbleiben nationaler und demokratischer Ergebnisse aus dem großen Aufschwung der Befreiungskriege; die bürgerlichen Ideale, ausgehend von der Französischen Revolution, konnten sich auf deutschem Boden nicht gänzlich verwirklichen.

So vollzogen sich die politischen Umwälzungen allmählich als Folge des Aufsteigens der bürgerlichen Schicht, die weniger zu revolutionären Gedanken geneigt war als vielmehr zu reformerischen Verbesserungen des durch die landesfürstliche Obrigkeit verkörperten Staatsideals. Tatsächlich gelang es, die feudalen Mißstände des 18. Jahrhunderts – wie Verschwendungssucht und Menschenhandel – zumindest als Skandale zu entlarven und der öffentlichen Kritik auszusetzen, das Bildungswesen zu verbessern und in mancher Hinsicht den Wohlstand der Bevölkerung zu heben.[1] Das Handwerk, das um 1800 auf einem Tiefstand angelangt war, schien sich zu erholen. Um 1846 standen z.B. in Preußen 457 000 Meistern und 385 000 Gesellen rund 550 000 Fabrikarbeiter gegenüber. Die Entwicklung der Großindustrie setzte in Deutschland erst voll in den 50er Jahren ein und damit die antagonistische Spaltung der Gesellschaft. In der hier besprochenen Epoche war auch die Arbeitswelt noch vornehmlich bürgerlich, bestimmt vom Zunft- und Privilegiengeist der Meister und ihren Widersachern, den freien Fabrikanten und Kleinunternehmern, die häufig aus der Gruppe nicht zu Meisterehren gelangter Gesellen stammten und manchmal fortschrittlichere Ziele verfochten als das alte Handwerk.

Aus alledem geht hervor, daß in den ersten Jahrzehnten des 19. Jahrhunderts ein handwerklich-biedermeierlicher Geist vorherrschend war, im Hinblick auf die sozialen Fragen von Unsicherheit geprägt. So gewann das traute Heim, die bürgerliche Wohnung, eine erhöhte Bedeutung als Refugium beschaulicher Gemütlichkeit, um so mehr, als Arbeitsatmosphäre, neue Geräte und Werkstattschmutz mehr und mehr in andere Räumlichkeiten außerhalb der Wohnung verlagert wurden. Zu Hause war man unter sich und brauchte sich um Kriegsgeschrei und Politik nicht zu kümmern.

*Die Biedermeier-Aristokratin*
*(Friedrich Fleischmann, 1791–1834)*

*Siesta (Josef Danhauser, 1805–1845)*

*Aristokratische Familie*
*(Ferdinand Georg Waldmüller, 1793–1865)*

## A. Aristokratinnenporträt

Das, was die biedermeierliche Aristokratin wohl am meisten äußerlich von der Bürgerin absetzte, war die Mode. So hat der Maler Ernst Otto (1807–1847) bei dem Porträt des Fräulein von Carlowitz (1840) seine ganze Aufmerksamkeit dem kostbaren Seidenkleid gewidmet.

Der weite Ausschnitt mit der achtfach gerafften Umrahmung, die Rosengestecke, die korsettierte Taille, der reich gefältelte Rock, der Fächer – gepflegte, geschmückte runde Arme und Hände: das alles reizte ihn zur peinlich genauen Wiedergabe. Doch erreichte er damit noch etwas anderes; es wurde ein Aristokratenporträt auch im Gestus. Ein solches Dekolleté war seit Rokokozeiten dem Adel vorbehalten, und dieses ständische Privileg nahmen die Biedermeieraristokratinnen mit der teilweisen Rückkehr zur alten Mode wieder auf.

Unmöglich, in solch einer Kleidung etwas anderes zu tun als schön zu sitzen, zu träumen oder zu tanzen.

*Adlige Biedermeierdame (Ernst Otto, 1807–1847)*

## B. Die gute Hausfrau des Biedermeier

Das Porträt

In einer Bilderreihe, die der Hamburger Maler Julius Oldach (1804–1830) seinen Eltern 1828 zur Silberhochzeit verehrte, zeichnete er seine Mutter in ihrem vollen Wirkungskreis.

Auf der Diele steht die Frau Meisterin einer Bäckerei und organisiert den Betrieb. Sie ist einfach im Biedermeierstil gekleidet, trägt eine Schürze und die Haube der verheirateten Bürgerfrau. Am linken Handgelenk hängt ihr der Schlüsselbund als funktionales Zeichen ihrer Hausfrauenwürde.

Als Handwerkerfrau war sie noch nicht auf Haushalt und Kinder beschränkt wie etwa die Beamtenfrau der gleichen Zeit.

Sie gibt Anweisungen an den Knecht, der das Brot austrägt, verhandelt mit der Marktfrau, die ihr Angebot an Obst mit dem Schulterjoch bis auf den Hausflur trägt, hält die Mägde und erwachsenen Töchter in Gang, die ihrerseits den Bäckerjungen mit seinem Korb zur Auslieferung losschicken.

So war die biedermeierliche Handwerkerfrau noch voll in den arbeitsteiligen Prozeß des gemeinsam wirtschaftenden Haushalts integriert und stand aktiv im öffentlichen Leben.

In Kindheitserinnerungen, wie denen von Berend Goos (1815–1885), wird diese umsichtige tätige Lebensweise der Mutter oft geschildert:

*Meine Mutter sorgte für alles, überdachte alles und vergaß nie etwas; sie besorgte sowohl die innern, wie die äußern Angelegenheiten, und zwar geschah das auf eine so natürliche, anspruchslose Weise, daß keiner darin auffallendes sah und ohne daß sie dabei für sich eine hervor-*

*Die Frau Meisterin (Julius Oldach, 1804–1830)*

ragende, Achtung gebietende Stellung beansprucht hätte. Es war ihr das alles etwas angeborenes, eine Art natürlichen Bedürfnisses, und jeder, der mit ihr in engerer Verbindung stand, bürdete ihr denn auch getrost so viel auf, als zu tragen er selbst zu schwach oder zu faul sich fühlte. Ermüdung und Unlust zu irgend einer Pflichterfüllung kannte sie gar nicht, sondern war jederzeit mit wirklicher Lust bereit, Rat und Tat zu spenden.[2]

Neben der umsichtig nach innen und außen wirkenden Hausmutter der älteren Zeit entwickelte sich nun im Biedermeier ein anderer Frauentyp, dessen Sinnen und Trachten ganz auf das Innere der Familie und deren Gedeihen gerichtet war. Das Putzen des Hauses, zuweilen unterstützt von einer alten treuen Magd, die Betreuung und Erziehung der Kinder, Kochen und Backen – mit einer neuen Betonung des «Hausbackenen» –, Einmachen und Konservieren: das waren die Tätigkeiten, die die Hausfrau von morgens bis abends beschäftigten. Blieb ihr neben Nähen und Stopfen noch Freizeit, so benutzte sie diese für Häkeln und feine Handarbeiten, zuweilen begleitet von sentimentaler Lektüre. Von einer Teilnahme an den Interessen des Mannes und der gesellschaftlichen Wirklichkeit trat dieser Frauentyp meist mehr und mehr zurück. Oft war die Sparsamkeit notwendige Parole. So erzählt Adolf Willbrandt (1837 bis 1907) aus seiner Kindheit:

*Unterdessen füllte sich aber das Haus, wir wurden unser neun, mit den Eltern elf. Das wenige Geerbte war wohl mittlerweile verbraucht, die Besoldung des Professors war auf so viele Nachkommen nicht eingerichtet. Gute Mutter, wie hast du gekämpft, um dieses Ungrade grad zu machen und uns alle groß! Du wurdest eine Patriarchin der Heimarbeit, nach alter Weise; das war wohl das Landtochterblut. Alles selber machen, um an allem etwas zu ersparen! Von dieser großen schlanken Frau mit den feinen Zügen hab' ich wunderliche Dinge gelernt, denn wir Kinder halfen mit, so gut wir konnten; ich habe Lichter gegossen, gebuttert; im Kaffeemahlen erlangte ich große Meisterschaft. Jahrelang bin ich dann auch ihr Sekretär gewesen, dem sie ihre Briefe diktierte, während sie mit irgend einer Handarbeit saß; denn sie führte auch fast die ganze Korrespondenz für den in Studien vergrabenen Vater mit, und sie strickte und nähte Berge für uns, sie war unermüdlich.[3]*

## Ehe und Familie

Im Rückzug auf die private Sphäre und den individuellen Innenraum der Häuslichkeit kamen die Frauen zu einer wiederum reduzierten Hausfrauen-Geltung, die man nach den emanzipatorischen Anfängen der vorhergehenden Epoche nicht erwartet hätte. Die Trennung von Arbeits- und Wohnstätte hatte die familiäre Rollenstruktur deutlich verändert und die Interessen der Bürgerfrau ganz auf Wohnung und Kindererziehung gewendet.

Freilich gab es auch in dieser Epoche noch auf dem Lande und in der Stadt die gemeinsam wirtschaftende Haushaltsfamilie, in deren Mittelpunkt die Hausfrau und Mutter selbständig wirkte und die komplizierte Wirtschaft organisierte.

In solchem Falle war dann sparsame Haushaltsführung mit einer Fülle von Selbstversorgungsaktionen durch die materielle Notwendigkeit geboten[4]. Aber bald wurden die Hausfrauentugenden in der bürgerlichen Moral der Biedermeierepoche zu weiblichen Tugenden schlechthin. die «Bestimmung des Weibes» fand sich wieder vorrangig in der Besorgung des Haushaltes definiert, und obgleich die praktischen Möglichkeiten der Konsumgesellschaft ständig zunahmen, orientierte sich die Vorstellung von der «guten Hausfrau» am Selbstgemachten, am Hausgeschneiderten und «Hausbackenen». Was eine gute bürgerliche Haushaltsführung in der Biedermeierzeit zu bedeuten hatte, ist gern und liebevoll geschildert worden. Daß die Frau ihr «Wesen» nur innerhalb der Familie entfalten könne und sei es als armes mitwohnendes Bäschen – diese angeblich einzig mögliche Lebensform hat Wilhelm Heinrich Riehl (1823–1897) verherrlichend besungen[5] und damit der bürgerlichen Gesellschaft eine stabilisierende, obgleich völlig ahistorische Handreichung für ihre Rollenverteilung geliefert.

Was die Frauen in einem solchen Selbstversorgungshaushalt tatsächlich zu leisten hatten, ist jedoch realistisch nur selten geschildert worden.

Als Fanny Lewald (1811–1889) etwa 14 Jahre alt war, bekam die Mutter ihr letztes Kind, und der kleinen Fanny wurde für diese Zeit die verantwortungsvolle Aufgabe der Haushaltsführung übertragen. Ihre Erinnerung an diese Wochen ist zugleich eine lebendige Beschreibung bürgerlichen Hausstands um 1825:

*Unser Hausstand umschloß in jenem Augenblick siebzehn Menschen: die Eltern, acht Kinder, von denen die vier Jüngsten einander fast Jahr auf Jahr gefolgt und also noch völlig hilfsbedürftig waren, drei Kommis, einen Lehrling, eine Köchin, die alte Kinderfrau, welche zur Wartung der kleinen Schwestern wieder zu uns zurückgekehrt war, und endlich eine Amme. Das war ein Perso-*

*Bei der Handarbeit (Friedrich Wasmann, 1805–1886)*

nal, welches eine Menge von Bedürfnissen hatte und das um so schwerer zu versorgen war, als man damals in den bürgerlichen Haushaltungen, die sich wie wir einzuschränken und genau über ihre Ausgaben zu wachen hatten, noch eine Art von Wirtschaft führte, die in großen Städten nicht anwendbar ist und auch in Königsberg vielleicht jetzt nicht mehr üblich sein mag. Sie war insofern sehr vernünftig, als sie den Grundsatz festhielt, daß es vorteilhaft sei, im Großen und Ganzen zu kaufen, wo die Billigkeit des Raumes Aufspeicherung gestattet; aber man hegte daneben das unzweckmäßige Verlangen, alles, was irgend möglich war, im Hause selbst zu fabrizieren ...

Freilich waren der Lohn der Dienstboten und die Preise der Lebensmittel damals verhältnismäßig noch sehr gering ... So allein war es aber auch möglich, daß ein Hausstand wie der unsere durch das ganze Jahr hindurch mit siebzig Talern monatlich, welche mein Vater dafür ausgesetzt hatte, seinen völligen Bedarf an Lebensmitteln und Beleuchtung, den Zucker abgerechnet, bestreiten konnte, während doch ab und zu Gäste in das Haus kamen und noch eine Menge kleiner Ausgaben und Reparaturen von der ausgesetzten Summe gedeckt werden mußten.

Eine ordentliche Königsberger Familie legte sich also im Herbste ihre zehn, zwanzig Scheffel Kartoffeln in den Keller. Einige Scheffel Obst wurden im Sommer geschält und aufgereiht und bei dem Bäcker getrocknet, Pflaumen und Kirschmus im Hause gekocht. Von allen Gemüsearten wurde der nötige Vorrat im Herbste für das ganze Jahr angeschafft und in Beeten von grobem Sand, je nach ihrer Art, in den Kellern untergebracht, was man Einkellern nannte. In gleicher Weise wurden ganze Fässer voll Sauerkohl und Gurken, Töpfe voll roter Rüben und marinierter Heringe eingemacht, der feinern Früchte und der für Krankheitsfälle nötigen Gelees und Fruchtsäfte nicht erst zu gedenken. Selbst Kamillen, Holunder und Kalmus wurden für vorkommende Fälle im Sommer von den Kräuterleserinnen gekauft und als Vorrat für den Winter aufbewahrt.

Aber das genügte noch nicht. Allwöchentlich wurde das Roggenbrot zu Hause angeteigt, mußte zu Hause säuern und besonders bei dem Bäcker gebacken werden. Gab es einen Geburtstag oder ein Fest, so wurde der Kuchen im Hause gebacken. Die Milch kaufte man, wie sie von der Kuh kam, um selbst die Sahne abzuschöpfen; das Bier ließ man in Fässern kommen und füllte es selbst auf Flaschen. Wurst wurde, wenn man es haben konnte, wenigstens einmal im Jahr im Hause gemacht, Schinken und alle Pökel- und Rauchfleischwaren galten für besser, wenn sie nicht vom Schlächter besorgt waren.

Um sich vorteilhafter einzurichten, kaufte man je nach der Jahreszeit halbe Hämmel, halbe Kälber und halbe Schweine. Daß bei solchen Ansichten alles Federvieh im Hause gemästet, im Hause gerupft wurde, daß man die Federn sammelte und sie schleißen ließ, und daß also natürlich auch alles, was irgend möglich war, im Hause gestrickt, genäht und geschneidert wurde, braucht nicht erst erwähnt zu werden. Die Grille der Selbstfabrikation ging so weit, daß man die Töchter nicht nur im Schneidern und Putzmachen unterrichten ließ, was insofern sehr vernünftig war, als es uns geschickt und unabhängig machte, sondern man ließ eine Zeit hindurch auch Schuhmacher in die Familien kommen, um das Schuhmachen zu lernen, um die Damen- und Kinderschuhe im Hause verfertigen zu können.

Wahr ist's, solch ein Haushalten im Großen und Ganzen hatte seine Reize. Es lag ein Vergnügen in dem weiten Voraussorgen, wenn man die Mittel hatte, ihm zu entsprechen. Die gefüllten Speisekammern und Keller mit ihren Steintöpfen, Fässern, Kasten und Schiebladen waren hübsch anzusehen. Das Backobst auf den Schnüren, der Majoran und die Zwiebeln verliehen im Verein mit den Gewürzen der Speisekammer einen prächtigen Duft, das aussprossende Gemüse in den Kellern roch vortrefflich. Man hatte ein Gefühl des Behagens, wenn nun alles beisammen war. Nun konnte der Winter in Gottes Namen kommen! Der Besuch eines unerwarteten Gastes genierte auch nicht im geringsten. Wie überall, wo man aus dem Vollen wirtschaftet, war man eher geneigt, einmal etwas draufgehen zu lassen; und für die Kinder gab es bei all dem Backen und Obsttrocknen, Einkellern, Einkochen und Wurstmachen vielerlei Vergnügen, auf das man sich im Voraus freute. Die Männer bezahlten in vielen Fällen diese Art der Wirtschaft nur mit mehr Geld als nötig, die Frauen mit einem Aufwand von Kraft, der oft weit über ihr Vermögen ging, und zu irgendeinem nicht auf den Haushalt und die Familie bezüglichen Gedanken blieb denjenigen, die wie wir bei allem selbst Hand anlegen mußten, wenn ihr Sinn nicht entschieden auf Höheres gerichtet war, kaum noch Zeit übrig.

Daß nach diesen Angaben eine Königsberger Familie viel Raum haben mußte, daß Keller, Boden, Kammern und ein Hof unerläßlich, daß mehr Dienstboten dafür nötig waren, versteht sich von selbst. Rechnet man nun noch die fanatische Reinlichkeit meiner Landsmänninnen dazu, für die es damals ein Dogma war, alle Zimmer wöchentlich einmal scheuern zu lassen, eine Gunst, welche den Fluren und Treppen zweimal in der Woche widerfuhr; rechnet man dazu, daß die Spiegel und sogar die Fenster, solange die Kälte dieses bei den letzteren nicht unmöglich machte, wöchentlich geputzt, die Stuben jeden Morgen feucht aufgewischt und nach dem Mittagessen, wo es tunlich war, noch einmal gekehrt und abgestäubt wurden, so entstanden mit dem notwendigen Reinhalten der Küche, der Kammern und des vielen für alle diese Vorräte notwendigen Geschirrs eine nicht endende Arbeit und Unruhe und eine Atmosphäre feuchter Reinlichkeit, in welcher Orchideen und Wasservögel, je nach der Jahreszeit, eigentlich besser an ihrem Platz gewesen wären als wir Menschenkinder.

... Indes wer es den damaligen Hausfrauen zugemutet hätte, irgendeiner ihrer wirtschaftlichen Gewohnheiten zu entsagen, ... den hätten sie als einen Ketzer angesehen, als einen Frevler, der ihre hausfraulichen Pflichten beschränken wolle, um ihrer Würde und Bedeutung damit Abbruch zu tun und so das Glück der Ehen und der Familien allmählich zu untergraben.[6]

*Im Hausgarten*
*(Erasmus Engert, 1796–1871)*

Dieser Bericht wurde nicht nur wegen seiner Authentizität und der reizvollen Haushaltsdetails so ausführlich zitiert. Er spiegelt zugleich die Skepsis der emanzipierten und intelligenten Autorin wider gegenüber einem solchen Übermaß an hauswirtschaftlichem Tun, das die geistigen und körperlichen Kräfte einer Frau voll beanspruchte – ja, sie physisch oft überfordert haben dürfte. Fanny Lewald erkennt ganz klar, daß viele dieser Arbeiten überflüssig waren, die Frauen unter einen ständigen Tätigkeitszwang setzten und an der Entfaltung anderer Fähigkeiten hinderten. Sie setzt ehrlich dagegen, daß es schön gewesen sei, «aus dem Vollen» zu wirtschaften!

Wohlstand im Bürgerhaushalt wurde also zur Norm, zum Standard mit seinen Prestigezeichen der gefüllten Kammern und Keller – mit der tüchtigen Hausfrau als Seele des Hauswesens. Vorbei war die Zeit der materiell anspruchslosen, gesellschaftlich lässigen Salons, des freien Umgangs der Geschlechter.

Die biedermeierliche Bürgerfrau bietet ein ganz anderes Bild. Kindlich naiv steht sie inmitten ihrer braven Kinder und hält das Jüngste wie eine Puppe im Arm. Alle sind hübsch, aber bieder gekleidet und frisiert, und der Durchblick durch das Fenster bietet den Eindruck einer gepflegten und nicht gerade ärmlichen Häuslichkeit. Ein seidenes Tuch verdeckt das bescheidene Dekolleté der jungen Mutter. Sie verkörpert jenes zeitgemäße Frauenideal, von dem gesagt wurde, diejenigen seien die besten, von denen man am wenigsten spricht. J.C. Bluntschli (1808–1883), der Schweizer Rechtsgelehrte, beschreibt sein weibliches Ideal so:

*Sie erschien mir wie das lebendig gewordene Ideal der Weiblichkeit. Geistreiche Frauen, die mit den Männern wetteiferten, waren mir unangenehm. In ihr aber fand ich die edelsten Eigenschaften des Geistes, schnellen und klaren Verstand, tiefen Durchblick, feines sittliches Gefühl mit lieblichster Anmut, Sanftheit und Milde gemischt. Sie war eine treue, sorgende Gattin, eine gute Mutter, eine aufopferungsfähige Freundin der Armen, eine anspruchslose Hausfrau und eine freundliche und heitere Wirtin. In ihrer Gegenwart fühlte ich mich wie gehoben und reiner als sonst.»*[7] Und an anderer Stelle beschreibt der gleiche Autor seine und seiner Freunde klischeehafte Vorstellung von «Weiblichkeit» geradezu exemplarisch:

*«Als ich Clementine zuerst sah, bewunderte ich ihren hellen Verstand. Aber gerade dieser scharfe, blendende Verstand machte mich stutzig, da ich diese Kraft sonst nur bei Männern liebe. So gerne ich mit gescheiten Frauen spreche und den Umgang mit solchen hoch schätze, so wenig war ich geneigt, bei meiner Geliebten vorzüglich hervorragenden und herrschenden Verstand zu suchen. Jüngst hatte ich unter jungen Männern geäußert: ich möchte um keinen Preis eine Frau, die mich an Verstand überträfe. Aber sehr wahr bemerkte darauf ein junger Deutscher, halb errötend über seine scheinbare Unbescheidenheit: die Sorge plagt mich nicht, ich bin überzeugt, daß ich keine Frau fände, die gescheiter wäre als ich. In der Tat, die Schärfe und Stärke des Verstandes bleibt auf ewig der Vorzug der Männer. Frauen können sich nur von ferne annähern. Es bleibt in ihrem Verstand immer eine gewisse Schwäche zurück. Dagegen werden uns ebenso die Frauen immer durch zarten Sinn und feines Gefühl übertreffen.*[8]

Damit war von der Männerwelt gewissermaßen mit Aufatmen ein liebes altes standardisiertes Bild der Frau neu gezeichnet.

*Mutter und Kinder am Fenster*
*(Josef Karl Raabe, 1780–1846)*

*Familienporträt*
*(Gustav Adolf Hippius, 1792–1856)*

## Mädchenerziehung, Partnerwahl und Hochzeit

*Freilich waren die damaligen Familienverhältnisse anderer Natur als jetzt. Das Familienoberhaupt galt als unbeschränkter Gebieter, dem wohl von Seiten der jüngern Mitglieder Vorschläge gemacht wurden, dessen Beschlüsse und Erkenntnisse aber dann auch weiter keine Einreden zuließen; seine Befehle und Wünsche forderten unbedingte Folgeleistung. Diesen fügte man sich stillschweigend und überließ dagegen jede Verantwortlichkeit dem Oberhaupte. Die Würde eines Familienvaters wurde freilich durch solchen passiven Gehorsam eine größere, die ganze Verwaltung eines Hauswesens eine einfachere; ob jedoch das wahre innere Familienglück in allen Fällen damit Hand in Hand ging, läßt sich schwerlich bejahen. Die Gefahr lag eben zu nahe, daß sich ein so unumschränkter Gebieter zum Haustyrannen heranbildete, während andererseits die wahre Kindesliebe der Heuchelei den Platz räumte und Verschweigen, Vertuschen allmählich sich einschleichen mußten.*[9]

Das mag im allgemeinen die Familiensituation richtig schildern, wenn auch manches Biedermeier-Familienporträt ein eher mildes Bild des sozialen Zusammenhangs vermittelt. Die patriarchale Pyramide mit dem Vater als erhöhtem Mittelpunkt ist (s. Abb. S. 52 u.) gewahrt, und die Mutter schaut freundlich und ergeben unter Haube und Schläfenlocken auf den Betrachter. Der kecke Blick des Knaben kontrastiert zur sanften Gestik der Schwestern; die alte strenge Einteilung nach rechter Männer- und linker Frauenseite findet sich zugunsten eines engen Familienzusammenhalts durchbrochen – auch das wohl typisch für ein Bemühen um neue soziale Beziehungen. Der Zusammenhang der bürgerlichen Familie aus Liebe und Wohlwollen zueinander, ihre Qualität nicht mehr vornehmlich als nützlicher Arbeitsverband, ist etwas Neues in der Geschichte der Familie und drückt sich auch aus in den Familienporträts jener Zeit. Das enge Aneinanderschmiegen der Familienmitglieder kann als ein Zeichen dieser neuen offenen Emotionalität verstanden werden, die das biedermeierliche Familienleben von der vorangegangenen Epoche unterscheidet. Als der spätere Historiker Georg G. Gervinus (1805–1871), einer der «Göttinger Sieben», als Jüngling eine Kaufmannslehre beginnt und das Elternhaus verläßt, drückt ihm die Mutter weinend einen Kuß auf die Wange. «In dem trockenen Stile unseres Familienlebens war mir eine ähnliche Szene nie vorgekommen; das Liebeszeichen eines Kusses hatte ich, so weit meine Erinnerung reichte, niemals erhalten.»[10] Doch für die geistigen Entwicklungsmöglichkeiten der Mädchen und Frauen blieben solche emotionalen Befreiungen ohne Belang.

Die Schriftstellerin Margarete Lenk (1841–1917) bekam als Fünfjährige ein Schwesterchen,
*doch war die Freude leider sehr getrübt durch lange, schwere Krankheit der Mutter. Traurig saß ich oft stundenlang mutterseelenallein im Wohnzimmer mit einer abgelebten Puppe im Schoß, während Marie in der Schule war ... Gern schlüpfte ich in den Vorsaal, um verstohlen einen Blick auf die Mutter zu werfen, wenn die Tür zur Schlafstube sich öffnete. Wie still, bleich und*

*Der Brautstand (Neuruppiner Bilderbogen von Gustav Kühn)*

*regungslos lag die Kranke, das reiche braune Haar leicht geflochten herabhängend, die Hände so weiß und mager! Aber einmal wandte sie den Kopf, erblickte mich und winkte mir. Nach lebhaftem Scharmützel mit der Großmutter, die übrigens die beste Krankenpflegerin war, durfte ich eintreten, ja sogar mein Lehnstühlchen holen und neben das Bett stellen. Dort saß ich nun oft und freute mich, wenn die Mutter ein paar leise Worte zu mir sprach oder mir erlaubte, den Vorhang des Wiegenkorbes zurückzuschlagen und die kleine neugeborene Anna zu betrachten und ihre winzigen geballten Händchen zu streicheln.*
*Endlich genas die Mutter. Da es ihr aber nun an Zeit fehlte, mich regelmäßig zu beschäftigen, ward ich von Ostern an in die erste Bürgerschule geschickt.*[11]

Intimität mit ihren kleinen Kindern ist der haushaltenden Mutter also nur während einer Krankheit möglich, und die Erinnerung der Memoirenschreiberin an diese schönen Wochen sagen viel aus über das Empfindungsleben in der Familie. Davon zeugt auch eine andere Erinnerung der gleichen Autorin:
*Ganz glücklich waren wir, wenn sie (die Mutter) mit uns spielte oder, richtiger gesagt, uns vorspielte. Mit den steifen, sehr primitiven Bewohnern unserer Puppenstube wußte sie unendlich viel anzufangen und führte die ergreifendsten, aber auch lustigsten Szenen damit auf. O wie jammerte mich der fingerlange kleine Junge, der aus dem Hause verbannt und in einen Zigarrenkasten gesperrt wurde um irgendeiner Missetat willen! Als das Spiel zu Ende war, holte ich ihn heimlich heraus, tröstete ihn und brachte ihn ins kleine Bett.*
*Das allerbeste aber war der Sonnabendabend, den der Vater in einem Verein zubrachte. Während wir sonst unser Butterbrot zeitig bekamen und dann bald ins Bett mußten, durften wir an diesem Abend mit der Mutter am zierlich gedeckten Tische Tee trinken. Dann aber kam das beste. Neben ihr auf dem Sofa sitzend lauschten wir den allerliebsten Geschichten, die sie erzählte. Ich wollte nur immer den Kohlenpeter hören, dessen seltsame Abenteuer wohl aus der Phantasie der Mutter entsprangen. Marie zog die sinnigen Märchen von Grimm und Bechstein vor.*[12]

Biedermeierlicher ist ein Familienabend kaum zu denken.

Unterricht und Bildung der Mädchen waren nach wie vor beschränkt. Wohl hatten die Steinschen Reformen kommunale Schulverwaltungsorgane für Stadt und Land geschaffen, aber ein verpflichtender Schulbesuch für Mädchen war keineswegs damit verbunden. Wohlhabende Eltern schickten ihre Töchter in Pensionate oder ließen sie weiterhin neben den Brüdern von Privatlehrern

*Biedermeierpaar mit 14 Kindern – Familie des Kaufmanns Blees aus Aachen (Johann Baptist Bastiné, 1783–1844)*

unterrichten. Die Hauptrolle spielte immer noch der Handarbeitsunterricht. «Man ließ uns ... ganz unnütze feine Handarbeiten, namentlich viel Stickarbeiten in sogenannten Petit-Points am Rahmen ausführen, und wir selbst hatten den Ehrgeiz, für diese Arbeiten den feinsten weißen Cannevas auszusuchen, wodurch sie die Augen noch mehr anstrengten und für die Haltung am Stickrahmen noch bedenklicher wurden», schreibt Fanny Lewald in ihren Lebenserinnerungen[13].

Viel schlechter stand es mit der Ausbildung des Verstandes. In der Nachfolge klösterlicher Erziehungsideale kamen realistische Bestrebungen für die weibliche Erziehung eher von katholisch kirchlicher Seite. Der spätere Bischof von Regensburg, Georg Michael Wittmann (1760 bis 1833), begründete eine «Kongregation der Armen Schulschwestern von Notre Dame», die sich mit vielen Niederlassungen allen Stufen der Mädchenbildung widmete – ebenso wie andere mehr klösterliche Institutionen.[14]

Aber das waren Ausnahmen. Meist beschränkte sich die bürgerliche Mädchenerziehung auf jene Fertigkeiten, deren Beherrschung man von der künftigen Hausfrau erwartete. Das waren neben den Handarbeiten vom Strickstrumpf bis zur feinen Stickkunst Ordnung und Sauberkeit.

*O wie viele bittere Tränen hat es mich gekostet, daß ich nicht einen Funken Ordnungssinn in diese wohlgeordnete Welt mitgebracht hatte! Ohne alle Härte, aber doch recht entschieden, ward dieser für ein Mädchen so häßliche Fehler von der Mutter bekämpft. Nicht selten geschah es, daß ich aus der Schule kommend mein ganzes Besitztum neben dem Schrank am Boden liegend fand und genötigt ward, es sauber wieder einzuräumen.*[15]

*Mädchenerziehung (Peter Fendi, 1796–1842)*

*Nähstunde (Johann Michael Voltz, 1784–1858)*

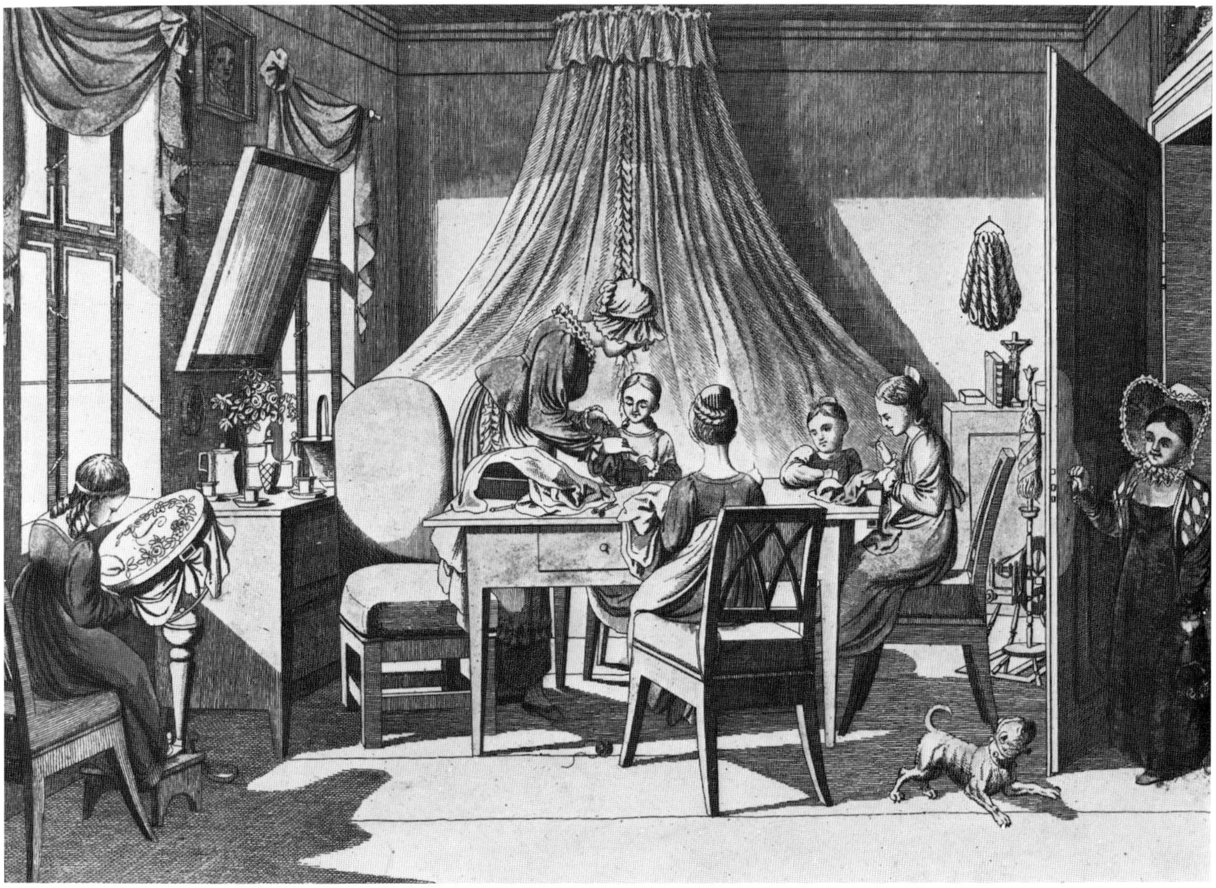

So wurden die kleinen Mädchen fast militärisch diszipliniert, während bei den Knaben der Ordnungssinn nicht als wichtigste Tugend galt.

Mit dem Ausbau der Konsummöglichkeiten im Verlauf des Jahrhunderts verringerte sich der häusliche Pflichtenkreis, der die Mädchen nach ihrer Hochzeit erwartete, wurden in der bürgerlichen Gesellschaft Wünsche nach einer besseren und weniger oberflächlichen Erziehung laut, nach einer vernünftigen Ausbildung für weibliche Erwerbsarbeiten. Aber die Erfüllung solcher Vorstellungen ließ noch auf sich warten. Zunächst stand nach wie vor am Ziel der Mädchenerziehung die günstige Versorgung durch eine angemessene Heirat.

In jungen Jahren, oft erst 16–17jährig, wurden die Mädchen zuweilen an meist doppelt so alte Männer «in gesicherter Position» verheiratet, und ihre naive Kindlichkeit bildete ihren besonderen Reiz.

Adolf Bernhard Marx (1795–1866), der Begründer des Sternschen Konservatoriums in Berlin, beschreibt in seinen Erinnerungen den ersten Besuch seiner jungen Braut aus Dessau:

*Bei einem vorläufigen Besuche, den sie einer Tante in Berlin machte, dachte ich sie zu erfreuen und zu fördern, wenn ich sie auf unser Museum führte. Da zeigte ich ihr denn Bild nach Bild, von Correggio, Tizian und Gott*

*Biedermeier-Fräulein (Karl Stieler, 1781–1858)*

*weiß wem noch. Sie folgte mir geduldig, blickte hin, wo ich hinblickte und hörte meinen tiefsinnigen Auseinandersetzungen andächtig zu, aber nachgerade mußte ich fühlen, daß ich mit meinen Bildern und Erklärungen kein sonderlich Glück machte. Ich zog also mit meiner jungen Schönen ab. Auf einmal blieb sie auf dem Rückwege vor einem Schaufenster entzückt stehen: «ach, die himmlische Puppe!» Eine allerdings große Puppe in himmelblauem Seidengewande hatte alle Tizians und Correggios – und meine Beredsamkeit aus dem Felde geschlagen.*[16]

So sah das weibliche Wunschbild aus, und bei so anspruchsloser Kindlichkeit, bei einer Lebensinszenierung, die von der elterlichen Abhängigkeit freudig und fast infantilisiert in die eheliche überwechselte, war tatsächlich kein geistiger Bildungsstand nötig und wurde auch nicht vermißt. Daß nur die Eheschließung dem weiblichen Wesen einen Erwachsenenstatus vermittelte und es aus dem «Fräulein»-Stand befreite, galt für die Biedermeierzeit verstärkt als geltende Norm, und als Vorbereitung dazu genügten praktische Kenntnisse.

*Meiner Schwester Martha, ihrem ältesten und bevorzugten Zögling, schickte sie (die Erzieherin) zur Hochzeit ein Paar selbstgestrickter Strümpfe, die sie mit der Zahl 100 gezeichnet, weil sie in den Handarbeitsstunden den Satz oft wiederholt hatte, daß ein Mädchen, um zum Heiraten berechtigt zu sein, hundert Paar Strümpfe gestrickt haben müsse.*[17]

Daß die Hochzeiten selbst mit allem kostbaren und spielerischen Beiwerk bürgerlicher Kultur gefeiert wurden, versteht sich von selbst für diese Zeit, in der die bürgerliche Familie so nachdrücklich mit der Ausgestaltung ihres inneren kulturellen Lebens beschäftigt war.

Erfinderisch in anmutigen Zeichensetzungen gestaltete man die Hochzeitsfeste zu unvergeßlichen Freundschaftsbegegnungen, und die Hochzeitstafel mit ihren Vergnügungen wird oft eingehender geschildert als das Brautpaar und die Trauungszeremonie. Nach «endlosen Trinksprüchen auf die Neuvermählten und andere Respektspersonen» darf man sich dem sinnreichen Tischschmuck zuwenden.

*Die Verschen, darein Zuckerbackwerk gewickelt zu werden pflegt, wurden sorgfältig studiert und ausgetauscht, wenn sie nur eine entfernte Anspielung auf die Sympathie der Herzen enthielten oder eine Neckerei veranlassen konnten. Manche dieser süßen Zettelchen trieben sich lange in dem Buche umher, welches Siegfried in seiner Brusttasche zu tragen pflegte. Von Ellens weißem duftigen Gewande löste sich eine der rosaroten Bandschleifen los, mit denen es reich geschmückt war. Nach langem vergeblichem Bitten erwarb der beglückte Nachbar Ellens auch dieses Andenken und barg es behutsam in sein Taschenbuch. – Als der Nachtisch aufgetragen war, teilte man eine Doppelmandel. Siegfried gewann alsbald das Vielliebchen. Ellen bestand darauf, das Spiel zu wiederholen. Dieses Mal gewann sie es. – Nach aufgehobener Tafel begann der Ball.*[18]

Das weiße Brautkleid aus leichtem Material war seit dem Empire in höheren Bürgerkreisen Mode geworden, als Weiß überhaupt zur Modefarbe wurde, und die

*Freundinnen nähen das Kleid der Braut (Modekupfer)*

schweren Brautkronen wichen leichten, kunstvoll gebundenen Kränzen.

Der Kirchenhistoriker Karl August (von) Hase (1800–1890) berichtet von den häuslichen Freuden bei den Hochzeiten seiner drei Schwestern.

*Ich besitze noch von allen drei Schwestern die Brautkränze, welche ich beim Hochzeitsmahl ihnen feierlich abzunehmen das Recht erhielt, als in den nächstfolgenden Jahren eine nach der andern dem würdigen Gatten folgte. Bei dem Polterabende der einen bin ich mit einer andern jungen Schönheit, ich als Troubadour, doch lächerlich ausstaffiert, sie als Dulcinea, in den Tanzsaal auf Eseln geritten, die ziemlich störrisch vor dem ungewohnten Glanze durch unsern Famulus geführt wurden, der die Geige spielte zu einem Schelmenliede meiner Fabrik, das wir auf das Brautpaar absangen.*[19]

Geheiratet mußte werden, und der «Brautstand» war der begehrteste aller Stände. Daß es dabei auch und oft vornehmlich um die Versorgung ging, dokumentiert eine Geschichte, an die sich Franziska Tiburtius (1843 bis 1927) erinnert:

*Ein Pfarrer war gestorben und hatte eine noch leidlich wohl erhaltene Witwe und eine sechzehnjährige Tochter hinterlassen. Der Unterhalt dieser beiden lag damals der Gemeinde ob, da von einer staatlichen Pension für die Witwe keine Rede war; – der Bauer zahlt niemals gern, so ist's begreiflich, daß im ganzen Ländchen die Sitte des «Konservierens» Eingang gefunden, d.h. die Gemeinde wählte nur einen unbeweibten Bewerber, der sich bereit erklärte, die Witwe oder eine etwa vorhandene Tochter zu ehelichen, – doch stand das Vorrecht der Witwe zu; es war ein selbstverständliches, ganz richtiges Handelsgeschäft, bei dem allerdings Gott Amor herzlich wenig zu tun hatte. In diesem Fall meldete sich nun ein jüngerer Herr von besonderer Stattlichkeit, der bereit war, die Bedingungen zu erfüllen. Die Witwe erklärte großmütig, zugunsten ihrer jungen Tochter verzichten zu wollen, und so schien alles in gutem Gang. Aber, – erzählt die Chronik weiter, als er bei der Probepredigt so stattlich und fest auf der Kanzel stand, überkam es die Frau, und sie trat vor den Gemeinderat: «ick wüll den Herrn sülben!» Und es mußte also geschehen. Später, heißt es weiter, wenn der Herr Pastor bei den Bauernhochzeiten der Sitte gemäß den ersten Tanz mit seiner alten Frau tanzte, habe er ihr wohl zugeflüstert: «Mütterchen, ich wünsch Ihr die ewige Ruh!», worauf sie ihm vernehmlich und grob geantwortet habe: «Un ick Em uck!» Er sei ihr auch im Tode bald nachgefolgt.*[20]

## Wohnen und Gastlichkeit

Eine der entscheidendsten und nachhaltigsten Leistungen der Biedermeierzeit war ihre neue bürgerliche Wohnkultur.

*Das Biedermeier hatte noch, mit besonderer Liebe, ungetünchte Wände oder solche in schlichtem Grün, seine Möbel waren so ehrlich-klar, hell-schön wie wenige andere vorher. Geraffter Mull ließ das Tageslicht doppelt weiß herein, es fiel auf die Vitrine und den Kirschbaumschrank, auf den reinen Rundtisch mit den schlanken Beinen oder der wohlgestalteten Säule, die ihn trug, auf bescheiden-reiche Lyrastühle, auf das sanftmächtige Kanapee. Und wenn man damals dies ganze Wesen auch neugriechisch nannte, so war es doch völlig bei sich zu Hause, war überall mehr Sein als Scheinen.*[21]

*Das junge Paar (Bilderbogen von Oehmigke & Riemschneider, Neuruppin)*

Diese späte Verherrlichung biedermeierlicher Wohnpoesie durch den Philosophen Ernst Bloch (1885 bis 1977) trifft sicher vieles Richtige. Tatsächlich entwickelte sich im Biedermeier der erste eigenständig bürgerliche Möbelstil, unabhängig und losgelöst von feudalen und historischen Vorbildern. Auf handwerklich solide Verarbeitung und die schöne Maserung der Hölzer kam es an. Kein Wunder, daß die Möbel dieser Zeit über 150 Jahre «modern» geblieben sind.

Damals entsprachen sie durchaus dem Geschmack und den finanziellen Möglichkeiten des Bürgerstandes. Die Verarmung nach den Kriegsjahren wich neuen Hoffnungen, und eine «Putzstube» zu besitzen, wurde bald zum Prestigewunsch jeder Biedermeierhausfrau. Die Traulichkeit solcher Stuben mit Nähtischchen, Bildchen und Blumenstöcken ist oft beschrieben worden. Zum Modebild der schönen Dame in ihrem Wintergarten scheint der Text der Fanny Lewald gut zu passen:

*Die Frau, die hübsch und immer sehr elegant gekleidet war, saß schon am frühen Morgen stramm frisiert an ihrem Fenster oder auf ihrem Wolme, je nach der Jahreszeit. Sie strickte und las dazu den ganzen Tag, und ihr gegenüber saß ein weißer Spitz mit blankem Halsband, der sich nicht rückte und nicht regte, außer wenn er sich hinlegte, um zu schlafen, und wenn er sich gähnend beim Erwachen ausstreckte. Die Leute hatten auch keine Kinder, und weil sie also zu viel Raum im Hause hatten, wohnte im obern Gestock bei ihnen ein anderer Herr, mit Namen Peppel.*[22]

Damit ist eine Tendenz angedeutet, die sich im bürgerlichen Frauenleben der zweiten Hälfte des 19. Jahrhunderts noch verstärken sollte: auf dem Sofa, einem neuen bürgerlichen Möbelstück, zu sitzen und zu träumen, auch zu schmollen – das süße Nichtstun beim Lesen frivoler Romane. Gottfried Keller (1819–1890) hat in seiner Novelle «Der Schmied seines Glückes» die zweideutige «Biederkeit» solch unausgefüllten Hausfrauendaseins pikant geschildert:

*Geistige Erbauung (Modekupfer)*

*Berliner Familie um 1830*
*(August Ferdinand Hopfgarten, 1807–1896)*

Die gute Hausfrau des Biedermeier 59

*Münchner Bürgerfrau*
*(Albrecht Adam, 1786–1862)*

*Der junge glückhafte John bemerkte einige Zeichen der Unzufriedenheit bei der Gemahlin des Hausherrn, die fast immer schlief oder, wenn sie wachte, etwas Gutes aß. Als nun der alte Ehegemahl auf Reisen ist, beschloß John unverweilt sich zu der Dame zu begeben mit der unbestimmten Vorstellung, ihr auf irgendeine Weise den Hof zu machen und sich bei ihr einzuschmeicheln. ... Er säuselte ehrbarlich die Treppe hinunter bis zu dem Gemach, wo sie sich aufzuhalten pflegte, und fand wie gewöhnlich die Türe halb offenstehen; denn sie war bei aller Trägheit neugierig und liebte immer gleich zu hören, was vorging. Er trat vorsichtig hinein und sah sie wieder schlummernd daliegen, ein halb aufgegessenes Himbeertörtchen in der Hand. Ohne recht zu wissen, was eigentlich beginnen, ging er endlich auf den Zehen hinein, ergriff ihre runde Hand und küßte sie ehrerbietig. Sie regte sich nicht im mindesten; doch öffnete sie die Augen zur Hälfte und sah ihn, ohne den Mund zu verziehen, mit einem höchst seltsamen Blicke an, solange er dastand. Verblüfft und stotternd zog er sich endlich zurück und lief in sein Zimmer. Dort setzte er sich in eine Ecke, jenen Blick aus schmaler Augenzwinkerung immer vor sich. Er eilte wieder hinunter, die Frau verhielt sich unbeweglich wie vorhin, und wie er näher trat, taten sich ihre Augen wieder halb auf. Wiederum zog er sich zurück, wiederum saß er in der Ecke seiner Kammer, zum dritten Mal fuhr er in die Höhe, stieg die Treppe hinunter, huschte hinein und blieb nun dort, bis der Patriarch nach Hause kehrte.*

Im allgemeinen aber waren die Biedermeierhausfrauen bieder und von rastloser Tätigkeit. «Nach damaliger Bürgersart», schreibt der spätere Hofprediger Willibald Beyschlag (1823–1900) von seiner in Frankfurt am Main aufgewachsenen Mutter, «hatte sie nur den einfachsten Elementarunterricht erhalten, aber sie hatte in aller Einfalt ihren guten Verstand und Mutterwitz, einen offenen Sinn für alles Schöne und ein gutes treues Herz, dem unermüdliche Arbeit, Hingebung und Selbstverleugnung für die Ihrigen sich ganz von selbst verstand.»[23]

In den biedermeierlichen Lebensbeschreibungen wird gerade dieses Bild der treusorgenden Mutter und Hausfrau gern wiederholt.

*Schon früh im Herbst flammte im Wohnzimmer das Feuer im altfränkischen Kamin – wie bis spät in das Frühjahr hinein, als heiteres Vor- und Nachspiel der Wintertragödie mit ihrem Ofenmittelpunkt. Es war eine unvergleichliche Gelegenheit, Äpfel und Kastanien in einen schmackhaften Zustand zu versetzen, und wenn in der einbrechenden Dämmerung die Mutter mit dem Strickstrumpf, den ihre zarten Finger mit so unglaublicher Geschwindigkeit zu fördern verstanden, sich zu uns setzte, ihr abzugewinnen, daß sie uns – mir und meinem vier Jahre jüngeren Bruder Alfred – Märchen und Geschichten erzählte; bis dann die Kerzen gebracht wurden und ich mein Amt als Vorleser antreten mußte.*[24]

Dem «Hause» vorzustehen, d.h. dem wohnlichen Innenleben der Familie, wurde Beruf und Sendung der Frau. Zu solchem Eigenbewußtsein paßte es durchaus, wenn sich die Mama an einem Sonntagmorgen nach vollendetem Umzug ans Klavier setzte und mit Rührung spielte: Unsern Eingang segne Gott! (Drei Tage später bekam sie im neuen Hause ihr siebentes Kind.)[25]

Das Klavier wurde zum geselligen Instrument, stand bald in jedem Wohnzimmer, und jede Bürgertochter lernte Klavierspielen. Klavierunterricht zu geben, entwickelte sich zu einem der wenigen anerkannten bürgerlichen Frauenberufe. Die wöchentlichen Klavierstunden und das tägliche Üben, Tee- und Kaffeekränzchen in den befreundeten Familien, Tanzstunden, die nach der Konfirmation begannen, in den Häusern reihum gingen und die erste Begegnung zwischen den Geschlechtern einleiteten: das waren die Abwechslungen und häuslichen Freuden. Die «Tanzstundenflamme» wurde auf der Straße mit besonderer Höflichkeit gegrüßt.

*Es mag auch vorgekommen sein, daß der eine oder der andere Junge auf die Erkorene seines Herzens ein paar Verse gemacht hat. In ihre Hände sind sie aber schwerlich gekommen. Eine solche Kühnheit hätten wir nicht gewagt. Auf dem Tanzstundenball tanzte man mit ihr den Kotillon. Das war der einzige Lohn der treuen Tanzstundenminne.*[26]

Daß solche Tanzvergnügungen, meist unter den beobachtenden Augen der Mütter «in allen Ehren» abliefen, verstand sich im Biedermeier von selbst. Das Tanzen gehörte zu den gesellschaftlichen Fertigkeiten wie Klavierspielen, Singen, Zeichnen. Von den jungen Tanzstundendamen in Leipzig heißt es bei Ludwig Meinardus (1827–?): «Ich erinnere mich nicht einer einzigen, die den Tanz anders zu behandeln schien als eine anständige Pflichterfüllung, eine Art von Metier; so ernsthaft und gelangweilt schauten diese Schönen aus, wenn sie sich erhoben, mit der höchsten Aufmerksamkeit ihren Anzug musterten, sorgfältig mit geübter Handbewegung

*Die Klavierstunde (Julius Oldach, 1804–1830)*

die eingesessenen Falten ordneten und die geschäftsmäßigen Drehungen um die Achse ihres Tänzers beschrieben.»²⁷

Es war ein gesellschaftlicher Zwang, der nun auch die Bürgermädchen an das Klavier führte wie vorher nur die Aristokratentöchter. In der Familie zum Tanze aufspielen zu können, galt vor allem als Ziel der Wünsche. Fanny Lewald, die kritische Beobachterin ihrer gutbürgerlichen Sozialschicht, hat Freuden und Leiden des weiblichen Klavierspiels geschildert und bemerkt:
*Man hat sehr Unrecht, die jungen Frauen anzuklagen, wenn sie ihr mühseliges Klavierspiel in der Ehe nicht weiter üben. Wer musikalisch ist, läßt nicht von der Musik; wer sie aufgibt, hat sicher keine musikalische Natur, kein musikalisches Bedürfnis und tut nur das Vernünftige, indem er von sich legt, was man ihm aufgezwungen hat. Es wäre in diesem Falle den Frauen nur zu wünschen, daß sie etwas andres Geistiges an die Stelle jener Beschäftigung eintreten ließen, denn irgend eine ideale Bestrebung hat gerade die Mehrzahl der Frauen äußerst nötig, um sich nicht all zu sehr von dem Kleinkram des täglichen Lebens umfangen und einspinnen zu lassen.*²⁸

### Arbeit und Beruf

Was nun sollte das «andere Geistige» sein, das Fanny Lewald für die Frauen anstelle des alltäglichen Kleinkrams erhoffte? Sie selbst konnte sich mit großer Kraft und Energie aus dem biedermeierlichen Hausfrauenalltag befreien, wurde zur Schriftstellerin und mit ihren Honoraren «erwerbsfähig», wie sie glücklich schreibt, als sie sich mit 30 Jahren in Berlin selbständig machte.²⁹ Aber zu solchen Höhenflügen waren nur wenige berufen, das abgeschlossene Leben hinter den Mullgardinen bot keine künstlerischen Anregungen, und so verweist Louise Otto-Peters die schreibenden Frauen auf das Feld der Gelegenheitsdichtung:
*Wen sein innerstes Bedürfnis zum Dichten treibt; wen die Empfindungen gleichsam unabweislich zum Liede überströmen: der dichte doch ja; singe, wie das Vöglein singt, weil es nicht anders kann, weil dies die schönsten Momente sind; dichte, die Angehörigen zu erfreuen, die Feier eines Festes zu erhöhen, Glückwünschen und Tröstungen den höheren Ausdruck zu geben; dichte in stillen Weihestunden, wie man betet, den Drang der Erhebung zu befriedigen; dichte, um den Blumenkranz zum Angebinde die sinnige Deutung zu geben. Das ist der liebenswürdigste Dilettantismus, und neben der geheimen Selbstfreude am Schaffen belohnt ihn die Nachfreude und der Dank der Lieben. Aber zu beklagen ist, wer nach dem freundlichen Erfolg im Privatkreise noch einen solchen bei dem großen Publikum sucht, oder, weil eine Polterabendszene gelang, sich zum dramatischen Schaffen für die Bühne berufen hält. Unendliche Kränkungen und Täuschungen sind im Gefolge einer solchen Überhebung. Vor all' solcher Überhebung kann heutzutage nicht genug gewarnt werden.*³⁰

Das war eine, wenn auch sicher weitgehend berechtigte, so doch scharfe Zurückweisung aus dem Reich der Musen, und die engagierte Frauenrechtlerin fragte nicht nach den Gründen der Banalität bei den künstlerischen Produktionen ihrer Geschlechtsgenossinnen. Auch hier wurden sie wieder in den Bereich des «Hausgemachten» verwiesen, der Polterabend- und Geburtstagspoeme. Dabei hat die gleiche Autorin an anderer Stelle ihres Werkes ausführlich die zeit- und geistraubenden Handarbeitsstunden beklagt, in denen sie in ihrer Jugend – also der Biedermeierzeit – Stricken und Sticken und Weißnähen lernen mußte, um ihre Aussteuer anfertigen zu können. Und sie preist am Schluß den technischen Fortschritt, der auch den Frauen mehr Zeit und Kraft zur Entfaltung ihrer eigenen Anlagen geben würde.³¹

Also auch eine sonst so selbstbewußte Frau akzeptierte zunächst das alte Rollenspiel. Einige Zeitzeugnisse werden die einseitige und ganz selbstverständlich positive Einstellung zur Hausarbeit belegen. So kochten die Hausfrauen in Quedlinburg selbst die Seife zur großen Wäsche, zu der die Waschfrauen schon nachts um 1 Uhr erschienen. Dabei gab es in Deutschland seit 1830 Seifenfabriken und seit langem den Beruf der Seifensieder;³² aber nur das Selbstgemachte galt bei einer guten Hausfrau. Besonders rührig ging es in Festzeiten in den Küchen zu:

*Meine Mutter mengte, wie alle Quedlinburger Hausfrauen, den Kuchenteig zuhause selbst ein. Bewundernd stand ich als kleiner Junge dabei und sah zu, wie der Teig mit Eiern, Butter, Rosinen und Korinthen oder, wie man in Quedlinburg sagte, mit großen und kleinen Rosinen, mit süßen und bitteren Mandeln, mit Hefe, Zucker und Zitronat je nach den verschiedenen Kuchenarten zurechtgemacht wurde. Wenn er fertig war, mußte ich um die Ecke unsers Hauses herum hinüber zum Bäcker Timpe laufen und dort anfragen, wann die Mutter kommen dürfe. Zur bestimmten Stunde wurde der Kuchenteig in großen Tragkiepen von unsern Dienstmägden zum Bäker getragen. An der Hand der Mutter ging ich dann hinterher. In der Backstube wurden die dicken Teigmassen unter Meister Timpes sachverständiger Leitung auf einem großen, blank gescheuerten Tische mit Mangelhölzern ausgerollt und auf Bleche geschoben. So gelangten sie in den Backofen. Wenn dann die großen Kuchen – es wurden unglaubliche Mengen verschiedener Art bei uns gebacken – schon gebräunt wieder aus dem Ofen kamen, dann bestrich sie die Mutter mit flüssiger, gelber Butter und bestreute sie mit Zucker und Mandeln. Dann durfte ich unsere Dienstmägde holen, und diese trugen das duftende, braune Gebäck auf großen Kuchenbrettern stolz nach Hause. In großer Menge wurde der Kuchen an die Dienstboten, die Waschfrauen und das sonst im Hause beschäftigte Hilfspersonal, aber auch an arme Leute, deren eine Anzahl zum Inventar unseres Hauses gehörte, verteilt. Vierzehn Tage lang – so lange reichte der Vorrat – war dann gute Zeit. Denn der selbstgebackene Kuchen schmeckte uns herrlich, und gekaufter Kuchen, der übrigens nur ganz ausnahmsweise und äußerst selten ins Haus kam, konnte damit nicht konkurrieren. Mit dem selbstgebackenen Kuchen wurde auch nicht gekargt.*³³

Die Beziehung zur Hausarbeit war also im Biedermeier sehr eng. Sie entsprach in einer fast ideologisch übertriebenen Weise dem alten Haushaltsdenken, obgleich der Typ der Wirtschaftsfamilie, die gemeinsam unter einem Dach ein Produktionsmittel bearbeitet, meist gar nicht vorhanden war. Es herrschte die Kernfamilie vor, bei der der Vater außerhalb des Hauses seinen Beruf ausübte. Aber das Leitbild von der fleißigen, freundlichen, kinderreichen, immer stilltätigen Hausfrau hatte sich gerade in dieser Zeit wiederum so kräftig ausgeformt, daß es im gesellschaftlichen Bewußtsein für lange Zeit Bestand haben sollte.

*... es war damals noch nicht Brauch, daß man sich der Arbeit schämte – es galt vielmehr als Ehrenpflicht, auch die geringste und schwerste zu verstehen und selbst richtig zugreifen zu können; es wurde gekocht und gescheuert, gewaschen und gebügelt, geflickt, gestrickt, gesponnen, geschneidert, gestickt und geknüpft und wie all diese Kunstfertigkeiten hießen. Wurde auch nicht vergessen, Kerzen zu gießen, Seife zu sieden und Tinte anzusetzen. Aber über alldem blieb doch noch freie Zeit genug, nach getanem Tagewerk Musik zu treiben, gute Bücher in Gesellschaft von gebildeten Freunden zu lesen, in Theater und Konzerte zu gehen, auch wohl einmal ein fröhliches Tänzlein zu machen. Dienstboten hielt man nur so viele, als eben unbedingt nötig waren; und sie in guter Zucht zu halten, galt als Ehrensache.*[34]

Bei finanziell bescheideneren Verhältnissen wurden nicht etwa die Perfektionsansprüche herabgesetzt, sondern der Arbeitsbereich der Hausfrau und Mutter noch vergrößert. An irgendeine außerhäusliche Berufsarbeit war selbstverständlich nicht zu denken, höchstens an die Anfertigung verkäuflicher Handarbeiten oder an die Aufnahme von Schülern, die z.B. in der Stadt ein Gymnasium besuchten.

*Ich habe die Haushaltung meiner Eltern eine durch Zöglinge erweiterte und beschwerliche genannt. Denn teils die Kleinheit der Besoldung, teils die Unzulänglichkeit des mitgebrachten Hausrates, der auf allen Punkten der Vervollständigung bedurfte, teils und vor allem der Wunsch, die arme Großmutter in Usingen zu unterstützen, veranlaßte meine Eltern, Kindern aus guten Schwabacher Familien Unterricht zu geben und zugleich Zöglinge ins Haus aufzunehmen. Dadurch wurde die Last des Hauswesens eine zuweilen sehr drückende, vollends wenn sich zu all den Hausgenossen auch noch die Plage der Einquartierung gesellte, und bei allem dem hat sich meine Mutter nicht auf das Hauswesen und nicht auf eine gewissenhafte Pflege der Zöglinge beschränkt, sondern auch an deren Erziehung und ihrem Unterricht den tätigsten Anteil genommen.*[35]

Alles trug also zur weiteren Belastung der Frau im Hause bei, und der Begriff der «guten Hausfrau» ist für diese Zeit weniger im Sinne der familiären Repräsentation gemeint als in dem der fleißigen Haushalterin.

## Kleidung und Mode

Die These, daß die Kleidung bestimmte soziale Lebensauffassungen widerspiegelt, bewahrheitet sich besonders überzeugend in der Frauenmode des Biedermeier. Hatten sich in der ausgeprägten Ständegesellschaft vor der Französischen Revolution die starken modischen Wandlungen fast ausschließlich innerhalb der oberen Stände abgespielt mit dem Ziel einer deutlichen Abhebung nach unten, so war nun seit dem Empire ein anderer Modegeist erwacht. Die bewußte Einfachheit der neuen Linie hatte zum ersten Mal in der Modegeschichte eine allgemeinere Verbreitung durch alle Schichten erlaubt. Allerdings waren die lässige Eleganz und das gelöste Zeigen der Körperformen nicht jedermanns Sache – und ganz gewiß nicht der Stil der biederen Hausfrau. Sie wählte sich eine andere Silhouette. Der neue Schnitt der Kleider im Biedermeier, schmale Taille und weiter Rock, suchte seinen historischen Halt wiederum im Rokoko, und damit mußte auch das Korsett neuerlich in die weibliche Ausstattung aufgenommen werden. Breitgebauschte Keulenärmel sollten die Taille schmäler erscheinen lassen; neben einem ähnlich geschnittenen Mantel blieb das Umschlagetuch aus Kaschmir in Mode. Die Dekolleté-Freude des Rokoko teilte freilich diese solide Epoche nicht. Auf der

*Die schöne Biedermeierin*
*(Adolph von Menzel, 1815–1905)*

Straße wurde überhaupt nicht mehr Ausschnitt getragen, zu Hause der Busen mit einem Fichu verhüllt, und nur auf den Bällen waren noch tiefere Einsichten gestattet.

Georg Hermann (1871–1943), der kompetent ein Biedermeierbuch herausgegeben hat[36], schildert die Heldin seines Romans «Jettchen Gebert» (1906) als eine Berliner Biedermeierschöne von 1839:
*War das ein hübsches Mädchen! Wie sie trendelte und ging auf ihren kleinen Schuhen mit den breiten Schnallen, ganz in Silbergrau, wie ein Frühlingsabend. Die drei Reihen von Volants am weiten Rock glitten, rauschten und zitterten. Die breiten Bindebänder der Schute flatterten ordentlich ... breite silbergraue Seidenbänder mit Rosenknospen drauf; und die langen Fransen des indischen Schals, den sie um die vollen Schultern trug – zwischen den breiten Gigotärmeln durchgezogen –, tänzelten bei jedem Schritt. Sie trug mattblaue Handschuhe, hatte ein Fischnetz in der Hand, einen Sonnenknicker und ein Täschchen –, eine Art Pompadour, der eine schwarze Lyra in schwarzen Perlen gestickt zeigte ... In je drei Puffen, sorgsam gedreht, blank und schwarz, legte sich das Haar in der großen Schute rechts und links an die Schläfen und Wangen, – wie ein Palisanderrahmen um einen englischen Farbstich sich schließt.*

Auch die Frisur geriet nun in die ordnende Hand der fleißigen Hausfrau. Biederer Mittelscheitel und mühevoll aufgedrehte Seitenlocken umrahmten das klare Gesicht und machten es weiblich anmutig.

Nun setzte die entschiedene Trennung zwischen männlicher und weiblicher Mode ein, die das ganze 19. Jahrhundert bestimmen sollte. Während sich nach der Französischen Revolution die Männermode mit ihren Röhrenhosen an der Arbeitskleidung der Fischer und Hafenarbeiter orientiert hatte und damit bewußt eine revolutionäre Zeichensetzung gewählt worden war, verblieb die Frauenmode das ganze Jahrhundert hindurch bei historisierenden Formen und spiegelte in verschiedenen Formulierungen die völlig anders geartete Welt der Frau wider gegenüber der ernsten Arbeitswelt des Mannes. So folgten die Geschlechter ganz verschiedenen Kleidungsgedanken, was sich zuerst im Biedermeier besonders deutlich zeigte.

Die überlieferten Modekupfer dieser Zeit, die reizvollen Porträts dürfen jedoch nicht den Eindruck vermitteln, als sei dieses Bild auf alle Frauen zu übertragen. Ständische Unterschiede wurden deutlich in Putz und Material, aber die Silhouette blieb für alle verbindlich, wie die Berliner Skizzen des Theodor Hosemann (1807 bis 1875) aus den unteren Volksschichten beweisen. Dazu kommt die Neigung zum Selbermachen, die die Frauen dieser Epoche beflügelte, eine Neigung, der die neu aufblühende Bekleidungsindustrie mit ihren Produkten entgegenkam. Seidene Stoffe jeder Art, Bänder und Spitzen gab es reichlich zu kaufen, und modische Schnitte vermittelten die immer zahlreicher erscheinenden Mode- und Familienblätter[37]. In den großen Städten wie in Berlin nahmen sich neue Unternehmer des wachsenden Bedarfes an. Aus der Gruppe der «Kleiderjuden», die die unteren Bevölkerungsschichten mit preiswerten getragenen Sachen versorgte, kamen Leute wie Gerson, Hertzog, Israel, Manheimer, die Kaufhäuser für Konfektion im Verlagssystem eröffneten und dort die von Schneiderwerkstätten – Zwischenmeistern – hergestellte Stückware verkauften. So entwickelte sich ein neues bieder-anmutiges Modebild, das einen viel größeren sozialen Kreis von Frauen erreichte als es bei jeder früheren Mode möglich gewesen war.

## Die alleinstehende Frau

Gab es im Biedermeier alleinstehende Frauen aus der Bürgerschicht im eigentlichen Sinne des Wortes? Weitgehend galt noch die Moral des «ganzen Hauses», und die Großmutter, die unverheirateten Tanten fanden irgendwie Aufnahme in den kinderreichen Familien. Aber infolge der wachsenden beruflichen Mobilität war solch Familienzusammenhalt nicht immer möglich. So erzählt der Theologe Willibald Beyschlag (1823–1900) von der Familie seiner Mutter, die im «Thiergarten» wohnte,
*einer jener innerstädtischen ‹Höfe›, d.h. mit Toren geschlossenen Häusergruppen, welche eine Eigentümlichkeit des alten Frankfurt bildeten, und eben hier, ein Stockwerk unter der Wohnung des Onkels und der Tanten, hatte mein Vater seinen Hausstand angefangen. ...
Die andere nach der Schäfergasse gewandte Hälfte des Hofes umfaßte ein Häuserviereck, welches die Front*

*Annäherung (Theodor Hosemann, 1807–1875)*

nach der offenen Straße kehrte, innen aber wohl ein halb Dutzend Wohnungen enthielt; die Insassen derselben konnten aus ihren Fenstern, die mit Blumentöpfen und Guckspiegeln ausgestattet waren, sich miteinander unterhalten. Stieg man zu den Tanten hinauf, so kam ein Flur mit riesigen alten Schränken neben der Bodentreppe; rechts lagen die geheimnisvollen Stuben, in denen Onkel Heinrich hauste und bald eine Zündmaschine fabrizierte, bald ein Ölbild zu kopieren suchte; links aber kam man zuerst in eine Küche, in der einem trotz des großen Rauchfangs blanke Zinnteller und -schüsseln entgegenglänzten, dann in eine große niedrige Stube mit grau und blau gestreifter Tapete, in der die Tanten ihr Wesen hatten. Jede von ihnen hatte hier ihr Gebiet, ihren Sessel am Fenster und ihre spiegelblank gehaltene Kommode; an der Rückwand aber stand ein gemeinsamer Glasschrank mit altertümlichen Gläsern und Tassen und neben dem riesigen Ofen ein alter Großvaterstuhl, dessen ich mich zu bemächtigen pflegte, wenn es ein Bilderbuch zu besehen gab.[38]

Solch freundlich anmutende Beschreibungen sind ganz aus der Sicht der Kinder gesehen, deren Besuch die alleinstehenden Frauen erfreute und die alle möglichen Verwöhnungen für die Kinder hatten. Das galt besonders für die Großmütter.

*Sie war damals schon im hohen Alter, die Frau Geheimrätin, ein kleines, zusammengegangenes Mütterlein, in großer, gefältelter Haube. Mir fiel immer die Großmutter im Rotkäppchen dabei ein, die der Wolf so ohne weiteres verschlang, und ich bekam für die dichterische Bemerkung, daß der Wolf es leicht gehabt, wenn sie nur so klein und dürr gewesen wäre wie unsere Großmutter –*

*Frauenbildnis (Friedrich Wasmann, 1805–1886)*

*Die Witwe (Ferdinand Georg Waldmüller, 1793–1865)*

*Die ältere Generation (Fritz Bamberger, 1814–1873)*

Dienstmädchen und Arbeiterinnen 65

*Kücheninterieur (Johann Michael Voltz, 1784–1858)*

*Dienstmädchentruhe aus Hessen, 19. Jahrhundert*

*von der Mutter eine Ohrfeige. In ihrem Haus war alles höchst altertümlich. Wir aßen je zwei alle Dienstage bei ihr zu Mittag und freuten uns darauf, denn es wurde da ‹auf Zinn› gegessen, was tiefen Eindruck machte; dann kochte die Großmutter jedesmal das betreffende ‹Leibessen›, was bei der Verschiedenartigkeit von uns fünfen je nach der Roheit des Geschmacks ausfiel. Bruder Karl blieb beständig bei den ‹Leberknöpfle›. Sodann hatte die Großmutter frisches Kartoffelbrot, was zu Hause nie erschien; denn die Mutter hielt frisches Brot für ‹gemeinschädlich›, wir aber für ausgezeichnet und ‹gar nicht so arg gefährlich›. Die altertümlichen Schränke, die Zimmer mit den großblumigen Tapeten, der beständige Geruch von Wollblumentee, die behagliche Wärme im Winter und die tiefe Stille im Hause gegenüber unserem unruhigen Treiben und dazu die stille, gute Frau mit dem etwas wackelnden Kopfe und der zitternden Stimme – das alles verlieh, mitsamt der großen Rassel an der Haustüre und dem eisernen Klöpfel dran, die jedermanns Kommen anzeigten, dem Hause einen eigentümlichen Reiz. Und trotz der Ohrfeige: es war eben doch wie bei Rotkäppchens Großmutter!*[39]

Zwischen den Zeilen klingt hier doch etwas hervor von Einsamkeit und Abgeschiedenheit der Alten. Verwitwete Frauen hatten es dann besonders schwer, wenn sie ihre Männer in jüngeren Jahren verloren und ihre meist zahlreichen Kinder alleine versorgen mußten. «Der Tod eines Landpfarrers löst insgemein das ganze Familienleben», schreibt Karl Hase (1800–1890)[40]. Für jedes Kind waren 50 Taler ausgesetzt, das Pfarrhaus mußte verlassen werden, und so zog die Mutter «in das nahe Fabrikstädtchen Penig an der Mulde und mochte da mit einem bescheidenen Erbteile aus ihrem Vaterhause bei ihrer Wirtschaftlichkeit dürftig auskommen. Doch war's ihr zu schwer, alle Kinder heranzuziehen.» Und so verteilte sie sie an Paten und Verwandte, was dazu führte, daß der Sohn sich «von Mutter und Geschwistern etwas unfreundlich abgeschlossen» fühlte.

Es war also nicht so, daß die Biedermeierfamilie nur Harmonie und Geborgenheit vermittelte. Der technische und soziale Wandel war nicht mit der notwendigen Sicherung für Alte und Alleinstehende verbunden, was sich weniger scharf in den Bürgerkreisen auswirkte als bei den abhängig arbeitenden Frauen.

## C. Dienstmädchen und Arbeiterinnen

In diesem Abschnitt soll von jenen Frauen der städtischen Biedermeierwelt die Rede sein, die sich durch Arbeit ihren Lebensunterhalt verdienten, eine ständig wachsende Zahl.

Zunächst die weiblichen Dienstboten im Stadthaushalt. Von dem Wiener Biedermeiermaler Peter Fendi (1796–1842) stammt die Darstellung eines Dienstmädchens (1833), das Besen und Kehrschaufel beiseite gestellt hat, um durchs Schlüsselloch zu gucken und vielleicht die Herrschaft bei der Morgentoilette zu beobachten. So reizend auch die Haltung des jungen Mädchens ist, so neckisch die kleine Szene den Betrachter anmutet, – sie vermittelt doch wieder das oberschichtliche Klischee vom neugierigen Kammerkätzchen, dem eigentlich ein Klaps auf sein hübsches Hinterteil gebührte. Ich möchte jedoch in der hier versuchten ungeschönten Darstellung vom Frauenleben vergangener Epochen die betroffenen Frauen selbst in der typischen Vielfalt ihrer Schicksale zu Worte kommen oder sie durch ernsthafte Anwälte ihre Interessen vertreten lassen.

Der Bedarf an Dienstmädchen, Köchinnen, Haushälterinnen, Waschfrauen war groß in den bürgerlichen Haushalten fast aller Kategorien, obgleich der technische Fortschritt die Hausarbeit zunehmend erleichterte. Was allein die Erfindung der Schwefelhölzchen für die Haus-

*Das neugierige Dienstmädchen (Peter Fendi, 1796–1842)*

frauen und Mägde bedeutet hat, beschreibt Louise Otto-Peters (1819–1895) für die zwanziger Jahre des 19. Jahrhunderts:

*Licht machen! Ja, das war zur Zeit unsrer Großmütter eine Kunst, die nur wenige verstanden – und wenn sie eine Magd mieteten, so war mit eine der ersten Fragen die: ob sie auch Licht machen könne? In jeder Küche stand damals meist auf einem Sims über dem Herd ein länglich viereckiges Kästchen von weißem Blech, dasselbe enthielt vier Gegenstände, die man haben mußte, um Licht zu machen: einen Stahl, ein Stück Feuerstein, Schwefelfaden und in einer nach unten mit Blech geschlossenen Abteilung eine braunschwarze trockne Masse, die man ‹Zunder› hieß. Dieselbe ward hergestellt meist aus – alten Strumpfsocken, welche man deshalb in jeder Haushaltung sorgfältig aufhob und die von der Hausfrau oder Köchin am Licht so weit gesengt oder gebrannt wurden, daß sie schwarzbraun aussahen und leicht auseinanderfielen. Da aber dieser Stoff den Funken nicht auffing, ‹nicht fing›, wie man kurzweg sagte, wenn der Verbrennungsprozeß zu weit oder auch zu wenig vorgeschritten war, so gehörte eben so viel Geschick als Erfahrung dazu, das richtige Maß zu halten. Wollte man also Licht haben, so schlug man mit Stahl und Feuerstein zusammen über dies Zunderkästchen, bis einer der heraussprühenden Funken da hineinfiel und als glühendes Pünktchen sich darin so lange verhielt, bis es gelang, mit Hilfe des Atmens dem daran gehaltenen Schwefelfaden ein blaues Flämmchen zu entlocken und damit das bereitstehende Licht zu entzünden – pustend und hustend, denn der Schwefeldampf kam meist in die Kehle –, und so geschah es manchmal, daß ein unfreiwilliges Husten und Niesen das Licht wieder auslöschte und die Arbeit von Neuem beginnen mußte.*¹

Und sie beendet diesen Bericht mit dem Ausspruch, daß die Erfindung der Schwefelhölzchen für die Küche ebenso wichtig gewesen sei wie die der Eisenbahnen für Wirtschaft und Verkehr! Aber die Hausarbeit stand trotz zunehmender Vereinfachungen im Mittelpunkt weiblichen Denkens und Handelns, und tatsächlich muß man sich die Küchenarbeit in dieser Epoche noch sehr hart und mühsam vorstellen. Kalte und finstere Küchen, rußige und heiße Herde werden immer wieder in den alten Beschreibungen geschildert, und die liebreizenden Bilderbuchküchen des Johann Voltz (1784–1858) verraten nicht, welche Arbeit für die blankgeputzten Geschirre und Fußböden und für die leckeren Speisen vonnöten war (s. Abb. S. 65).

In anderer Hinsicht aber zeigt das Bild eine oft geschilderte soziale Wirklichkeit: die Nähe zwischen Herrschaftskind und Küchenpersonal. So erzählt Felix Dahn (1834–1912) von der schwäbischen Toni, alleiniger Dienstbote ohne Nebenmagd in seinem elterlichen Hause, die sich als seine einzige treffliche Kindheitsgesellin erwies,

*... war sie doch unerschöpflich im Erzählen von Geschichten, Schnurren, Schwänken, freilich auch von schaurigen Sagen und Zügen von erstaunlichem Aberglauben. Stundenlang saß ich an solchen Abenden neben ihr in der Küche und hörte ihr zu, ‹half› ihr auch wohl – mit allerlei Schabernack – bei ihrer Arbeit.*²

«Meine erste Erinnerung», schreibt Ferdinande Freiin von Brackel (1835–1905),
«*ist mein Kindermädchen, das ich innig liebte und das in steter Sorge war, mich nicht dem Ostwind auszusetzen. Von ihr habe ich ein geflügeltes Wort, dessen ich mich heute noch mit Freude erinnere. Als ich einst bat, spazieren gehen zu dürfen, schützte sie wieder Ostwind vor. ‹Minchen›, sagte ich kläglich und sah auf die Wiese, wo die Dorfjugend sich tummelte, ‹Minchen, alle anderen Kinder sind ja draußen.› ‹Das ist auch ganz etwas anderes›, sagte sie kurz, ‹das sind andere Kinder!› Das Wort paßte mir nicht. ‹Minchen, wir sind alle von Erde›, erwiderte ich mit dem Anflug sozialer Anschauungen, die meine spätere Zeit kennzeichneten. Aber Minchen gehörte einer anderen Zeit an und kannte den Unterschied der Menschen. ‹Ja, aus Erde, aber ihr seid von gesiebter Gartenerde›, gab sie, die Tochter eines Gärtners, sehr schlagfertig zurück, und heute noch freue ich mich dieser prachtvollen Unterscheidung. Es lag, ihr unbewußt, auch der ganze Hohn darin, den die Ursprünglichkeit einer gewissen Überkultur entgegensetzt.*»³

Die Qualität der Dienstboten als Geschichtenerzähler, besonders als Märchenkenner und somit Überlieferer volkstümlicher Stoffe wurde nicht von allen Eltern geschätzt; bei der Mutter des kleinen Gustav Freytag (1816–1895) standen die Märchen der Dienstleute in keiner besonderen Gunst[4]; sie hätte andächtige Traktate vorgezogen. Aber gerade solche Züge zeigen etwas von der Besonderheit dieser Frauengruppe, ihrer Naivität, aber auch eigenen Kultur, die dem Geiste der Kinder näher stand als das oft gekünstelte Bildungswesen der Mütter. So ließ man die Kinder mit dem Dienstmädchen zu den Vorstellungen wandernder Schauspieltruppen gehen,[5] und der neunjährige Drittklässler Gottfried von Leinburg (1825–1893) erzählt:

*Die ersten Wochen ging alles sehr gut, ich war stolz auf meine Würde als Schüler, und als am 30. Oktober die schöne slowakische Nanni als Magd in unsere Dienste trat, bot ich mich ihr gleich als Lehrer an, als ich hörte, daß sie nicht lesen konnte.*⁶

Das waren Rollen und Funktionen einer freundlichen Beziehung zwischen Herrschaft und Gesinde. Aber es gab auch andere Berichte, die die aufbrechende Kluft zwischen den sozialen Schichten ankündigten. Die patriarchalische Ordnung des «ganzen Hauses», der gemeinsam wirtschaftenden Haushaltsfamilie, die als dominierende Sozialform bis zur Trennung von Wohnstätte und Arbeitsplatz gegolten hatte, beinhaltete ja neben Geborgenheit und Familienanschluß für das Gesinde, neben dem hausväterlichen und hausmütterlichen Schutz auch die negativen Seiten einer «kindlichen Behandlung» wie körperliche Züchtigungen und harte Verhaltensnormen, auch die Anrede seitens der Herrschaft mit Du. Zwar gab es für Preußen seit 1810 eine neue Gesindeordnung mit mehr als 180 Paragraphen,[7] die dem Gesinde ein paar neue Rechte gab, aber andererseits durch Einführung der Gesindebücher eine fast militante Disziplinierung ermög-

lichte und zur wachsenden Entindividualisierung dieser Gruppe beitrug. Eine extreme Szene, die das Gegenteil von hausfamiliärem Frieden beweist, beschreibt Louise Seidler (1786–1866) aus dem Nachbarhause ihrer Großmutter. Dort lebte die Witwe des letzten Universitätsfechtmeisters, berüchtigt wegen der Tyrannei gegen ihre Mägde.
*Übrigens starb sie bald darauf; ihre Leiche wurde im Fechtsaale ausgestellt. Die Neugierde trieb mich noch Abends spät an der Großmutter Guckfensterchen, um die Tote zu betrachten, doch wer beschreibt mein Entsetzen, als ich eine Schar wilder Frauengestalten erblicke, die lachend und schreiend den von brennenden Kandelabern umstellten Sarg umtanzen! Es waren die vormaligen Dienstmägde der Verstorbenen, welche – von dieser oft mit rücksichtsloser Strenge behandelt – sich aus Rachgier zu so grauser Orgie zusammengefunden hatten.*[8]

Dies ist ein frühes und seltenes Zeichen von Solidarität – zumindest nach dem Tode der Quälerin.

Den idyllischen Schilderungen eines grundsätzlich freundlichen Zusammenlebens zwischen Herrschaft und Gesinde ist schon aus menschlicher Erfahrung zu mißtrauen – um so mehr, wenn man die damaligen stabilen Gesellschaftsschranken nach unten zwischen Besitzenden und Nicht-Besitzenden in Betracht zieht. Bogumil Goltz (1801–1870) berichtet von den rührenden Besitztümern der Dienstboten im Stadthaushalt seiner Eltern,

*... wo ich sie nur an ihren Kisten und Kasten ersah, in denen sie, zumal an Sonntagen, ihre Siebensachen durchwühlten. Außerdem fühlte ich schon als Kind so einem armen Dienstmädchen die Poesie und Augenweide in der Seele nach, die sie sicherlich haben muß, wenn sie vor den paar Habseligkeiten verweilen darf, die ihr einziges Besitztum und ihren leiblichen Trost ausmachen, nämlich ihre körperliche, durch saure Arbeit, oft durch wirkliche Sklavendienste erworbene Bekleidung. Von solchen Empfindungen und sittlichen Genugtuungen weiß der bemittelte oder in Üppigkeit lebende Mensch, der nichts durch Händearbeit und in Aufopferung seiner Freiheit erwirbt, freilich nichts, aber unser Herr Gott weiß Alles und kennt darum auch die Andacht, die Poesie und die sittliche Repetition der Lebensgeschichte, die in dem Koffer einer armen Dienstmagd mit verschlossen liegt, und am Tage des jüngsten Gerichts zugleich mit dem verschlossenen Gewissen tyrannischer Brotherrschaften geöffnet, gerichtet und zur Rede gestellt werden wird.*[9]

Der Koffer, die Fichtenholztruhe war oft der einzige persönliche Besitz, die einzige Identifikationsmöglichkeit des Mädchens.

*Er sah sich um in der hochgewölbten, weißgetünchten Stube, in der alles Reinlichkeit atmete. Hier also hat sie existiert, die Boẑena. Da steht ihr gewaltiges Bett mit seiner schneeigen Decke, daneben die buntbemalte Truhe, die ihr Eigentum war, die sie mitgebracht hatte aus dem heimatlichen Dorfe. Im Fenster ihr Arbeitstisch, auf dem Gesimse der Rosmarinstock, den sie aus einem kleinen Zweige gezogen; über der Tür das geschnitzte Christusbild, auf dessen Haupt sie über die Dornenkrone ein Blumenkränzlein gelegt hat.*[10]

Wie dieses böhmische Dienstmädchen kamen die meisten vom Lande. Mit der Auflösung der alten Haushaltsfamilie und ihren konkreten Aufgaben nahmen die Klagen der Herrschaften zu über die Unkenntnis und Dummheit des Dienstpersonals.

Das führte schließlich um die Mitte des 19. Jahrhunderts zur Gründung von Ausbildungsschulen für Dienstboten mit dem Ziel einer «Erziehung der Armen zur Arbeit».[11] Diese Bemühungen standen im Rahmen allgemeiner Armenerziehungsbestrebungen im Zeitalter des Pauperismus[12] und waren dazu angetan, die alte christliche Weltordnung von Reich und Arm neu zu stabilisieren. Gleichzeitige zaghafte Bestrebungen für eine Verbesserung der Lebensbedingungen der Dienstboten wurden in Karikaturen verlacht.

Von den bescheidenen Freizeitfreuden der jungen Frauen aus den unteren Schichten vermittelt der «Fünfkreuzertanz» (1828) des österreichischen Biedermeiermalers Michael Neder (1807–1882) ein wahrhaftiges Bild. Der Döblinger Schusterjunge und Volksmaler kannte das Leben der einfachen Leute und ihre kleinen Vergnügungen. In gestaffeltem Aufbau zeigt er ein Vorstadtpublikum beim Tanz, die Männer im festtäglichen Zylinder und an Halstüchern und Westen als Handwerker zu erkennen – einer im Dreispitz wohl als Soldat –, die Frauen im kleinstädtischen Spitzenhäubchen. Bei solchen Gelegenheiten lernten Dienstmädchen oft ihre Ehepartner kennen, vergnügten sich die jungen Paare aus kleinen Handwerkerkreisen ohne große Unkosten (S. 70).

Sonst verlief das kleinbürgerliche Leben, in das die Mädchen unter günstigen Umständen aufsteigen konnten, eintönig genug. Gespräche bei einem Sonntagnachmittagsbesuch in Berlin-Spandau:
*Die halbe Welt der Kleinen dreht sich ja um nichts als um die nächste Existenz und die Chronik des Marktes. Man reichte sich wonnevoll das Weißbrot im Kreise, pries die Krume, wie locker, wie ausgebacken sie war. Man bewunderte den Reichtum an kleinen, weißen, rotflossigen Fischen, den die zur Havel gewordene Spree wohlfeil abwarf. Konnte man einen so glücklichen Ort verlassen, ohne sich noch einen Sack voll gedörrten Obstes mitzunehmen? Wie glücklich wurde der gepriesen, der hier im Bunde mit vier oder fünf Nachbarn ein Schwein sich mästen, für sich allein drei Gänse im Koben ‹nudeln› konnte! Welch ein unerschöpfliches Thema: dieser Kampf der geringen Mittel mit dem großen Bedürfnis des Lebens! Und wie weiß es einer immer besser als der Andre! Wie reich sind diese Erfahrungen, wie mannigfach diese Methoden zum Leben! Sparen, zu etwas kommen, sich einrichten, das sind die gemeinsamen Ziele des gemeinsamen Wettlaufes, wo es aber die kleine runde Frau des einen so, die magere lange des andern ganz anders anfängt. O die Männer müssen denken und sollen auch denken, sie hätten Hennen mit goldenen Eiern geheiratet.*[13]

Aus solchen Schilderungen spricht das rührende Bemühen dieser «aufgestiegenen» Frauen, ein wenig Wohlstand und bürgerliche Behäbigkeit um sich zu verbreiten. Sie bildeten in den Kleinhandwerkerhaushalten nach wie

*Die verschiedenen Stände der Frau
(May'scher Bilderbogen, Frankfurt a. Main)*

vor den aktiven Mittelpunkt und standen der Arbeit ihres Mannes viel näher als die mittelständischen Bürgerfrauen der gleichen Zeit.

*Zum Glück findet der Handwerker, wenn er ein Weib nimmt und dazu entweder eine dienende Magd oder eine Näherin wählt, in den meisten Fällen ein Wesen, das ihm den gewagten Schritt, ihr zu Liebe sein Gesellen- mit dem Meistertume zu vertauschen, nicht bis zum Untergang gefahrvoll macht. Diese Frau nimmt sich der Küche, der Ordnung und Reinlichkeit des Hauses, der Wäsche ebenso an wie des Geschäftes. Sie drängt zum Fleiß, sie spekuliert auf Kundschaft, sie kauft Vorräte und hat ihr Auge überall. Der Mann steht verlegen da, wenn sein Weib Kunden zu gewinnen, zu vertrösten sucht. Ihr Mundwerk hilft da ebenso nach wie ihre rührige Hand.*[14]

Solch weibliches Verhalten umarmte gewissermaßen die ganze familiäre Existenz und setzte die alten Zunftvorstellungen von Zucht und Ehre fort, die die Frauen und Kinder miteinschlossen. Verfielen auch die strengen zünftigen Ordnungen mehr und mehr im Zuge einer wachsenden Industrialisierung, insbesondere bei den armen Kleinhandwerkern, so erhielt sich doch ein überliefertes Verhalten, das insbesondere den Frauen eine aktive Rolle zuspielte.

*Sein Weib kam im Gegenteil von einem Prinzip der Stabilität her. Ihr Vater, ein Zuckersieder bei den Schicklerschen Entreprisen, der in den äußersten Vorstädten wohnte, hatte von einer einzigen Frau achtzehn Kinder. Die Älteste war unsere Sophia. Viele von dieser wahrhaft biblischen Nachkommenschaft starben und verdarben. Die Überlebenden waren Weber, Handschuhmacher, Hutmacher, alle Gewerbe durcheinander. Alle Handgriffe der Arbeit, alle unteren Lebensverhältnisse waren hier vereinigt. Wenn diese Onkels und Tanten kamen, schwirrte und summte es in der einzigen Stube, die hier eine Wohnung vorstellen mußte. Was gab es da nicht zu horchen, zu lauschen, allmählich erst zu begreifen! Wie oft wurde plötzlich leise gesprochen, wie oft leise geklagt und laut geweint! Was gab es da nicht zu raten, zu fragen, zu mahnen, zu erinnern! Wieviel Leid und Freud hängt sich an das Leben so vieler geringer Menschen, und was bringen sie nicht, wenn sie zusammenkommen, für seltsame Nachrichten aus ihrem Pygmäen-Leben mit! Wieviel Not haben sie nicht zu tragen, wieviel Kummer einzutauschen für nur geringe Freude, wie sie ihnen Sonntags und an einzelnen Festtagen wird! Und doch wie* genügsam sind sie! Wie glücklich macht sie eine erwärmte Stube, ein knisterndes Feuer, ein brennendes Licht, ein Fidibus, eine Pfeife, ein Trunk Dünnbier, noch dünnerer Kaffee! ... Wie glücklich sind sie in dem sonntäglichen Reichtum frischer Wäsche, wohl gar eines neuen Rockes, immer aber einer guten Predigt und zuweilen eines jener massenhaften Spaziergänge, die man Über-Land-Gehen nennt!*[15]*

Doch wenn die Handwerkerfrauen auch aktiv am Arbeitsleben ihrer Männer teilnahmen: selbständig zu arbeiten wurde ihnen nur nach vielen Widerständen gewährt. Bekannt ist der Kampf der Schneiderzünfte gegen die Schneidermamselln,[16] die von den Männern der «Pfuscherei» bezichtigt wurden. Hier zeigte sich die Widersprüchlichkeit einer männlich bestimmten Gesellschaftsordnung. Obgleich man den Frauen von kleinauf die Nähnadel als das ihnen zukommende Rollenrequisit in die Hand gab, wollte man ihnen eine berufliche Selbständigkeit auf diesem Gebiet und damit auch eine gewisse Lebenssicherung nicht gönnen. Nur zeitweise und in regionaler Unterschiedlichkeit gelang den Schneiderinnen um 1848 ein Durchbruch, wovon Fritz Reuter (1810–1874) in seinen Lebenserinnerungen spricht:

*Un dunn is Sneider Wimmersdörp aufgetreten, der hat von der Gewerbefreiheit gepredigt, und da sünd die andern Sneider über ihn gekomen und haben ihn gottserbärmlich gehauen: Gleichheit wollten sie, haben sie gesagt, aber Zunft müßte sin. Un da is en junger Mensch aufgetreten und hat spöttschen gefragt, woans es aber mit die Sneidermamsells werden sollt? Was die in die Zunft aufgenommen werden könnten oder nicht? Und das haben die ollen Sneidermeisters nich gewollt, und da haben die jungen Leute sich for die Sneidermamsells aufgesmissen und haben die ollen Sneiders rausgesmissen, und draußen hat's denn noch hellschen was gesetzt. Un inwendig in dem Saal hielt Rekter Baldrian ne lange, lange Rede, wo viel von ner Emanzipulatschon – oder sonst was – von die Frauensleut vorkam, und stellte den Antrag, wenn die Sneidermeister die Sneidermamsells nich in ihre Zunft aufnehmen wollten, es sollte for die Sneidermamsells ne eigne Zunft aufgericht' werden, denn sie wären ebensogut menschliche Swestern von uns als jede andere Zunft. Und das ist durchgegangen, und die Mamsells sünd nu zünftig, und wie ich man gehört habe, als ich fort ging, wollen ja die Sneidermamsells übermorgen in weiße Kleider mit ihren Oltgesellen an die Spitz – Korl, die olle gele Jumfer, die hier ümmer vorbeigeht, zu die sie ümmer ‹Tater› sagen – nah den Rekter seinen Haus ziehn und sich bei ihm bedanken und ihm zum Andenken an seine Rede ne wollene Unterziehjacke und Unterziehhose auf en Küssen übergeben.*[17]

Noch in einem Öldruck der Firma May in Frankfurt aus dem Ende des 19. Jahrhunderts klingt etwas nach von der Hochschätzung der selbständigen Damenschnei-

*Fünfkreuzertanz (Michael Neder, 1807–1882)*

derin in der Berufspyramide der Frauen. Das Bild heißt «Die verschiedenen Stände der Frau» und ist den alten beliebten Bilderbogen-Ständetreppen nachempfunden. Der Hausmaler der Firma Fridolin Leiber hat das als Wandschmuck geschätzte Thema so gestaltet, daß Religion (Nonne) und Landwirtschaft (Bäuerin) die Grundlage bilden. Darüber erhebt sich auf der einen Seite die Pflege und Bildung des Kindes durch Wartefrau und Lehrerin, auf der anderen Seite die werktätige Arbeit der Weberin und des Hausmädchens. Aber an der Spitze dieses Frauenturmes, dessen Stufen nur von arbeitenden Frauen gefüllt sind, steht die Schneiderin (S. 69):

«Ich lief're, was die Frau begehrt
und ihres Leibes Schönheit mehrt!»

Also auch sie eine Dienstleistende, aber die einzige selbständige Handwerkerin in der Gruppe.

Bis zum Jahre 1848 durften Damenschneiderinnen ihre bei einem Damenschneider erlernte Kunst – und zwar durch bezahltes Lehrgeld erlernt – nur als Hausschneiderin auf Tagesarbeit ausüben, aber nicht in der eigenen Wohnung.[18]

Als Erklärung für das frauenfeindliche Verhalten der Handwerksvereinigungen wird stets der Pauperismus genannt, die im Zuge der Industrialisierung wachsende Armut unter den Handwerkern. Das erinnert fatal an ausländerfeindliche Argumentationen in der Gegenwart, war doch auch die angestrengteste Arbeit von täglich 12 bis 14 Stunden der Näherinnen, Stickerinnen usw. keine echte Konkurrenz für die Schneidermeister.

Die Armut in den Familien kleiner Handwerker war allerdings oft groß und beanspruchte insbesondere die physischen und psychischen Kräfte der Frauen in überdurchschnittlichem Maße:

*Mir gegenüber wohnen verarmte Handwerksleute, blutarme Menschen. Das Elend ist aber in der Regel von einem reichlichen Kindersegen begleitet, so auch hier. Der Mann abwechselnd krank, arbeitslos und betrunken, die Frau Jahr für Jahr gesegneten Leibes. Was also von der Nachkommenschaft im Elend darauf geht, das kommt ohne Abreißen immer wieder ans Licht. Geringe Leute verziehen ihre Kinder nicht selten durch einen jähen Wechsel von Affenliebe und Brutalität. So geschieht es auch hier. Dazu necken und mißhandeln die ältern Jungen die jüngeren Geschwister, und alle zusammen verführen dicht unter meinem niedrigen Fenster einen Lärm und Skandal, daß ich weder schreiben noch lesen kann. Als sie mir neulich gar eine Fensterscheibe einschlugen, mach' ich in meinem Ärger der Mutter einige menschenfreundliche Vorschläge zu einer mehr handgreiflichen Handhabung der Kinderzucht. Ich ließ aber bald beschämt und betroffen davon ab, als mir die Frau in ruhiger Weise entgegnete: ‹Bester Herr, das sagen Sie so, aber ich kann meine Kinder nicht ziehen. Sie machen*

*Verregneter Sonntagsspaziergang (August von Rentzell, 1810–1891)*

*Krankenstube (Herbert König, 1820–1876)*

*Teufelszeug, es ist wahr, aber wie soll ich sie schlagen, wenn ich ihnen nicht halbsatt zu essen geben kann, und mein Mann, wenn der betrunken ist, so schlägt er sie schon halb tot. Es ist ja nur Haut und Knochen an den Bälgen. Mir will manchmal das Herz brechen, wenn ich bedenke, wo die Kinder noch die Luft und die Kraft herbekommen, mit hungrigem Magen und halbnackend so viel Spektakel zu machen. Was sollt' denn aus ihnen werden, wenn sie sich das Elend zu Kopf nehmen möchten? Mögen sie doch lieber spektakeln, nehmen Sie's schon nicht übel, wenn die Wetterbälge Ihnen in den Weg kommen, ich will's den Rakaillen sagen, daß sie wenigstens unter Ihren Fenstern schon stille sind.*[19]

Von der Frau eines Soldaten, der ständig auf Feldzügen abwesend war, erzählt deren Sohn Carl Scholl (1801 bis 1884) in seinen Lebenserinnerungen:

*Nun kam eine höchst traurige Zeit für Memel. Die vielen Verwundeten von Eylau und Friedland wurden auf viele Wagen geladen und hierher gebracht. Die Verwundeten brachten die Ruhr mit, und bald war die ganze Stadt von dieser Krankheit angesteckt. Meinen ältesten Bruder, der schon Schneider lernte, schickte der Meister nach Hause, weil er von der Ruhr befallen war. Der steckte zuerst meine Schwester an, und dann kam die Reihe an uns jüngste 3, – ein Knabe war noch nach mir geboren –, die beiden Ältesten lagen bei der Mutter im Bett, wir drei jüngsten Brüder auf einem Strohsack hinter dem Ofen und besudelten einer den andern. Ach, was da meine Mutter gelitten hat, ist nicht zu beschreiben!*
*Sie war damals als Köchin beim reichen Bäckermeister Stricks angestellt, weil seine Köchin am Typhus danieder lag. Noch wohnte vorne in unserm Hause ein Mann, der allerlei Küchengeräte verfertigte, und seine Frau machte Fußmatten, die immer guten Absatz fanden. Er war evangelisch und sie katholisch. Sie hatten zwei Töchter und stritten sich oft wegen der Einsegnung. Der Mann wollte, sie sollten evangelisch, die Frau, sie sollten katholisch eingesegnet werden. Da meine Mutter kein Brennholz hatte, sagte die katholische Frau zu ihr: ‹Nachbarin, ziehen Sie mit Ihrer wenigen Habe auch in meine Stube, da ist Raum genug für uns beide, und Sie brauchen mit ihren Kindern nicht so zu frieren.› Die Mutter ließ sich das nicht zweimal sagen; wir zogen ein, und das war gut getan.*[20]

War diese Frau nur zeitweise und dann im Dienstleistungssektor beschäftigt, so vollzog sich für viele andere in dieser Epoche der Übergang zu voller vielstündiger Tätigkeit auch außerhalb des Hauses. Neben der sorglichen Biedermeierhausfrau, die freilich nicht immer mit großen materiellen Gütern ausgestattet war, aber doch gesichert leben konnte, wuchs also im Zeitalter der Industrialisierung mehr und mehr die Zahl der unversorgten ausgebeuteten Frauen, der Heimarbeiterinnen und der Frauen in den Fabriken.

Nicht nur, daß sie ungerechterweise objektiv schlechter bezahlt wurden als ihre männlichen Arbeitskollegen – sie hatten daneben noch all jene häuslichen Pflichten zu erfüllen, denen die bürgerliche Hausfrau ihren ganzen Tagesablauf widmen konnte. Mit dieser Überforderung gerieten viele von ihnen in eine ausweglos tragische Situation.

So zeigte sich das Verlegerwesen im Übergang von der Manufaktur zur Fabrikproduktion als eines der Quellen auch für das Elend der Frauen. Das Verlagssystem funktionierte in der Weise, daß der Verleger als Zwischenhändler die Rohstoffe beschaffte, vorschußweise ausgab und dann den Absatz der fertigen Ware organisierte. In den hier geschilderten Zeiten konnten die Verleger bei vielen Waren ziemlich willkürlich ihre Ansprüche selbst bestimmen, ihre Verdienstspanne festlegen und die für sie schaffenden Heimarbeiter in ihre absolute Abhängigkeit bringen. Die Frauen hatten z.B. in der Webstube vor allem die notwendige Hilfsarbeit des Spulens zu verrichten. Nicht nur, daß die ermüdende Eintönigkeit dieser Arbeit in der staubigen Luft der Webstube an der Gesundheit auch der Frauen zehrte; dazu kam der Leistungsdruck seitens des Verlegers, der das Leben dieser Familien in einen kräfteverschleißenden Wettlauf um die notwendigsten Existenzmittel verwandelte. Bettina von Arnim veröffentlichte in ihrem Königsbuch[21] soziologische Befragungsergebnisse – wie wir heute sagen würden –, die ein junger Schweizer Arzt in einem Familienhaus am Hamburger Tor selbst erhoben hat, im sogenannten Voigtland. Bei diesen Familienhäusern handelte es sich um sieben größere Gebäude in der Berliner Vorstadt, in denen in 400 Stuben 2500 Menschen lebten.[22] Der Privatunternehmer dieser Vorläufer der später so berüchtigten Mietskasernen kassierte zwei Taler Mietzins im Monat und ließ von einem Verwalter für Ordnung sorgen. Daß hier auch mehrere Weberfamilien hausten, zeigt, wie sehr diese Gruppe besonders in den großen Städten bereits zum Proletariat geworden war.

*In Nr. 5 wohnt Unger, ein recht geschickter Weber. Er hat auf seinem Stuhle einsiebenachtel Elle breite gestreifte Leinwand. An einem Stücke von sechsundsechzig Ellen, mit welchem er in vierzehn Tagen fertig wird, verdient er drei Taler fünf Silbergroschen. Die Frau sagte mir, daß sie abwechselnd Kartoffeln und Hafergrütze koche; jede Mahlzeit koste zweieinhalb Silbergroschen; da die Kinder schlecht gekleidet seien, so müßten sie frieren, wenn sie nicht täglich für eineinhalb Silbergroschen Holz einlegte. Wenn diese Leute nur zweimal essen im Tage, so beläuft sich die monatliche Ausgabe (zwei Taler Miete eingerechnet) auf sieben Taler fünfzehn Silbergroschen, während die Einnahme im günstigsten Falle nur sechs Taler zehn Silbergroschen beträgt. Ich unterhielt mich lange mit Unger und seiner Frau; er ist ein so verständiger und braver Mann, und sie so heiter und freundlich, daß es mir ganz wohl zumute wurde. Ich dachte nicht mehr an jenes ungünstige Zahlenverhältnis, sah das Stroh nicht unter der leichten Bettdecke und achtete nicht mehr auf die Lumpen, in welche die Kinder gehüllt waren. Ich hörte keine Klage; der Hausvater trieb emsig das Weberschiffchen hin und her und erzählte mir scherzend, daß es ihm mit den Kindern gehe wie dem bekannten Schuster Flick, der ein Kleines forttragen wollte und zwei zurückbrachte. Die Mutter hielt das kleinste Kind auf der Schürze und trieb das Spulrad. Dabei erzählte sie vergnügt, daß zwei Kinder die Schule besuchen und recht viel lernen. Es zeigte sich auch hier, daß die Armen ihre größte Freude an den Kindern haben und fest darauf rechnen, daß diese durch den Schulunterricht aus dem Elende gerissen werden. – Ist es nicht barbarisch, daß man heutzutage die Fruchtbarkeit der Armen so hart tadelt? Ich hörte schon oft sagen: Warum zeugen die Leute so viele Kinder, wenn sie diese doch nicht ernähren können!* (S. 230)

Das Arbeitsleben dieser Haus- und Heimarbeiterinnen hatte den Vorteil, daß es sich im Rahmen ihrer Familie abspielte und den Kindern zumindest die körperliche Nähe der Mutter vermittelte. Bedrückender noch war das Leben der Fabrikarbeiterinnen mit 12–14stündiger Arbeitszeit außerhalb der Wohnung. In der Textilfabrik veränderte sich zunächst die Arbeitsteilung kaum. Auch hier war das Spulen die Sache der Frauen, so daß die Fabriksituation für die Weber nur eine Veränderung des Arbeits*platzes* bedeutete und die Frauen darum vielleicht anfangs glaubten, alles leichter bewältigen zu können:

*Ein andrer Spielkamerad von mir war Louis Mühlberg, auch ein Nachbarskind. Sein Vater war Tuchmacher, d.h. Arbeiter in einer Tuchfabrik, und seine Mutter half in derselben Fabrik durch Spulen Geld verdienen. Wenn Louis Mühlberg seinem Vater das Essen in die Fabrik trug, so durfte ich zuweilen mitgehn. Dadurch empfing*

*Frauenarbeit in einer Tabakfabrik um 1840*

ich in den großen Fabriksälen einen Eindruck von dem Klappern und Schwirren der Webstühle, von dem Hin- und Herhuschen der Weberschiffchen, von dem Spulen der Frauen, der ernsten wortkargen Arbeit der Männer, dem allmählichen Entstehn der Fabrikate, dem Walken und Färben und Scheren des Tuchs und allem, was dazu gehörte, und was heute in viel größerem Umfange von Maschinen statt von Menschenhänden geleistet wird. Die Familie Mühlberg war eine richtige Arbeiterfamilie. Sie lebte in einer kleinen Hinterwohnung eines Nachbarhauses völlig zufrieden, ohne jede Klage und in geordneten Verhältnissen. Wie gern habe ich da Nachmittags mit diesen ehrbaren Leuten Kaffee getrunken! Dazu gab es mit Mohrrübensaft oder Sirup bestrichnes Schwarzbrot, für mich ein Leckerbissen, der mir viel besser mundete als die weißen aber trocknen Semmeln, die wir zuhause bekamen.[23]

Diese positive Einschätzung des Arbeiterlebens durch ein Kind aus etwas besser gestellter Familie spiegelt wohl kaum die Tatsachen wider, was die Lebenswelt der Arbeiterfrauen anbelangte. Die Bedarfsgüterproduktion war noch wenig entwickelt und die Einkaufsmöglichkeit bei einer Sechstagewoche beschränkt; es gab kaum Kinderkrippen und Schulkinderhorte. So waren die Anpassungsschwierigkeiten an die neuen Arbeitsverhältnisse für die Frauen besonders groß.

Louise Otto-Peters (1819–1895) schrieb 1848 an das Zentralkomitee der Arbeiterverbrüderung in Leipzig, welches den Grundsatz aufgestellt hatte, daß Arbeiterinnen unter gleichen Verpflichtungen gleiche Rechte mit den Arbeitern haben sollten:
*Ihr habt mit diesem Paragraphen den ganzen unsinnigen Fluch aufgehoben, der auf der einen Hälfte des Menschengeschlechts liegt: unberechtigt zu sein und unterdrückt von der anderen Hälfte nach dem sogenannten Recht des Stärkeren, welches nichts ist als die roheste Gewalt und also nicht ihr Recht, sondern ihr Unrecht. Arbeiter, Ihr habt damit die anderen Männer beschämt, die Männer der Wissenschaft, des Staates, der Geschäfte ... So bin ich es denn gewiß: Ihr habt es nicht vergessen, daß ... Ihr auch Schwestern habt!*[24]

*Kinderarbeit in einer optischen Fabrik (um 1870)*

# D. Die Frauen auf dem Lande

Auf dem Lande in den Regionen selbständiger Bauernschaft erhielt sich über das ganze 19. Jahrhundert die Sozialform der gemeinsam wirtschaftenden Haushaltsfamilie. Dabei waren die Frauen arbeitsteilig und mitverantwortlich in den Arbeitsprozeß integriert. Sie halfen in den Saisonschwerpunkten auch bei der Feldarbeit; im allgemeinen aber waren Haus, Stall und Garten ihr Revier, besorgten sie das Kochen und bewältigten den gesamten textilen Bereich des Haushalts vom Flachsanbau über das Spinnen und Weben bis zum Nähen der Gebrauchsgegenstände.

Gern wurde – wenn auch im Genrestil – ein solcher Haushalt dargestellt: die Mutter am Spinnrad konzentriert sich ganz auf flinke Arbeitsleistung; die Großmutter erfüllt neben dem Nähen auf ihre Weise Erziehungsaufgaben, während es auf der rechten Männerseite mit Säge und Zugbank nicht so fleißig hergeht und der Großvater auf der Ofenbank sein Nickerchen macht. Täte die Großmutter das Gleiche, so würde das als unpassend empfunden werden. – Die Kinder wachsen durch Zusehen und Mitmachen in ihre zukünftigen Rollen hinein.

Von den Feldarbeiten gehörte besonders alles, was mit dem Flachs zusammenhing, zu den spezifischen Frauenarbeiten. «Der Flachs geht neunmal durch des Menschen Hand, bis er ihn als Leinwand auf dem Leibe trägt», heißt es in einer bäuerlichen Redensart, und mit «des Menschen Hand» ist hier vor allem die der Frauen gemeint. Nicht nur, daß die gesamte umständliche Aberntung der Flachsfelder mit der Hand meist ausschließlich Frauensache war – von diesen mit entsprechend aggressiven, die Männer verspottenden Bräuchen lustvoll ausgestaltet! Auch die Verarbeitung des Flachses als Spinngut bildete ja die große winterliche Frauenarbeit in verschiedenen Zusammenhängen: alle Frauen eines Bauernhofes spannen gleichermaßen, die einen für die Kleidung der Familie, die anderen für die eigene Brautausstattung – wenn sie als Teil des Lohnes ein kleines Flachsfeld zu eigen hatten –, oder sie mußten als Teil ihrer Dienstverpflichtung auf dem Hof spinnen: wöchentlich im Winter z.B. 12 Stück Flachs = 12 Bund zu 60 Faden zu ca. 5 Fuß.[1]

*Dörfliche Spinnstube (Johann Baptist Pflug, 1785–1866)*

### Eheeinleitung: Spinnstube und Mädchentracht

Das Spinnen nahm eine sehr große Rolle im Leben der ländlichen Frauen ein und führte zur Einrichtung der winterlichen Spinnstuben, die seit Jahrhunderten Orte des geselligen Lebens der Dörfer bildeten (Abb. S. 75).

Auf der naiven Darstellung aus Württemberg wird sogar noch ohne Tretspinnrad mit dem Wockenstock und der Handspindel gesponnen. Linker Hand spinnt sich offenbar ein zärtliches Verhältnis an, denn die Burschen des Dorfes hatten von einer bestimmten Abendstunde an Zugang zu den Spinnstuben. Auch im Hintergrund wird mehr geschmust als gearbeitet, während rechts am Tisch die ältere Vorleserin offenbar über ihrem Buch eingeschlafen ist und vielleicht heimlich einen Kohlebart angemalt bekommt. Das hereintretende Mädchen macht deutlich, wie sich der Brauch abspielte: mit dem Arbeitsgerät und einer Laterne ging man durchs Dorf zu dem Hause, wo gerade die Spinnstube stattfand. Allerdings darf man sich diese Arbeitsabende wohl nicht nur als idyllische Szenen mit Liedersingen und Sagenerzählen vorstellen oder gar als Orte sexueller Ausschreitung, wenn auch dort traditionell mancherlei zwischen den Geschlechtern vorbereitet und ausprobiert wurde.[2] Andererseits mußte hier zum einen tatsächlich ein großes Arbeitspensum geschafft werden, und zum anderen zeigten sich die gleichen sozialen Schichtungen wie sonst im Dorfe: es gab meist eine besondere Spinnstube für die Bauerntöchter und eine andere für die Mägde im übli-

*Bäuerin mit ihren Kindern*
*(Ferdinand Georg Waldmüller, 1793–1865)*

chen dörflichen System der Besitzhierarchie. Richtig ist, daß die Spinnstuben Orte der Werbungsbräuche und halböffentlichen Verlobungen waren, und die Burschen gingen dort hin, wo sie die – nach dem Besitzstand – passenden Mädchen treffen konnten.

Es ist bezeichnend für die ländliche Welt, daß sich auch die Werbung mit ihren Bräuchen und Geschenken im Bereich des Arbeitslebens abspielte. Die Spinnstube war ja eine Arbeitsstätte, wenn auch eine trauliche und heimliche. Und die Liebesgeschenke der Burschen, die sogenannten Minnegaben, hingen zumeist mit der Arbeit der Mädchen zusammen: als Unterpfand für Liebe und Treue[3]. Mit dem Überreichen solcher Geschenke und dem Erwidern durch ein Halstuch oder einen Blumenstrauß an den Hut besiegelten die jungen Leute ihr Verhältnis und gaben ihm entsprechend den Sitten ihrer Gemeinde sogar eine gewisse Rechtskraft.

*Es gehört zu den sehr seltenen Fällen, daß eine wirklich vollzogene Verlobung wieder rückgängig wird, aber es dauert oft lange, ehe sie zustande kommt; gewöhnlich liegt es daran, daß die Väter sich nicht einigen können über die Art und Weise, wie sie für die Zukunft der Kinder sorgen wollen. Während des Brautstandes hält sich das ordentliche Mädchen zurückgezogen und vermeidet das Gespräch mit anderen jungen Männern, und wenn sie zur Hochzeit oder zum Kindtaufen mit dem Bräutigam geladen wird, so sitzt sie neben ihm und tanzt auch nur allein mit ihm, wie denn auch der verheiratete Mann nur allein mit seiner Frau tanzt. Dem Manne steht freilich allein das Recht der Bewerbung zu, er sucht aber vorher sich zu überzeugen, ob das Mädchen auch willig dazu ist. Wenn es auf dem Jahrmarkt kleine Geschenke von ihm annimmt oder zur Zeit der Ernte eine mit künstlicher Schnitzerei versehene Harke oder im Herbste einen bunten, oft mit Fleiß und Geschick gearbeiteten Wocken am Spinnrade, und wenn das Geschenk erwidert wird durch ein schönes Band an der Sense oder einen Strauß am Hut, wenn die Ernte beginnt, so weiß er, daß seine Absicht gebilligt wird.*[4]

Übrigens kam es bei oft erduldeter Fremdbestimmtheit auch manchmal zu merkwürdig unpassenden Ehen zwischen Alt und Jung, wie Wilhelm Leibl (1844–1900) in seinem Bild «Das ungleiche Paar» von 1876/77 dokumentiert hat, und auch das vollzog sich stets auf Kosten der Frau.

Nicht nur die Liebesgeschenke und Zeichen entstammten der ländlichen Arbeitswelt und ihren Gesetzen: Spinnrad, Brautrechen, Buttermodel, Wäscheklopfer u.ä. Auch die Brautwahl mußte nach solchen Gesichtspunkten getroffen werden. Der Mäher brauchte in der Erntezeit eine Binderin, die hinter ihm her arbeitete. Ihr schenkte er die Brautharke als Arbeits- und Liebessymbol zugleich, und wenn sie mit einem Blumenbuschen diese Werbung bejahte, so war das weniger sentimental gemeint als vielmehr im Sinne einer Arbeitsgemeinschaft, denn sie mußte Kraft und Ausdauer genug besitzen, um hinter ihm in der Reihe der Erntearbeiter zu bleiben.[5]

Das Prinzip Arbeit ist sicher eine Grundlage bäuerlichen Denkens und auch bäuerlicher Ästhetik.

*Rasch schritt die Gotte [= Patin] die Halde ab den Kirchweg entlang, auf ihren starken Armen das muntere Kind, hintendrein die zwei Götteni, Vater und Großvater,*

*Das ungleiche Paar (Wilhelm Leibl, 1844–1900)*

*deren keinem in Sinn kam, die Gotte ihrer Last zu entledigen, obgleich der jüngere Götti in einem stattlichen Maien auf dem Hute das Zeichen der Ledigkeit trug und in seinem Auge etwas wie großes Wohlgefallen an der Gotte, freilich alles hinter der Blende großer Gelassenheit verborgen...*

*Mehr als halben Weges waren sie gegangen, als ihnen die Jungfrau nachgesprungen kam, welche das Kind nach Hause zu tragen hatte, sobald es getauft war, während Eltern und Gevattersleute nach alter schöner Sitte noch der Predigt beiwohnten. Die Jungfrau hatte auch anwenden wollen nach Kräften, um auch schön zu sein. Ob dieser handlichen Arbeit hatte sie sich verspätet und wollte jetzt der Gotte das Kind abnehmen; aber diese ließ es nicht, wie man ihr auch zuredete. Das war eine gar zu gute Gelegenheit, dem schönen ledigen Götti zu zeigen, wie stark ihre Arme seien und wieviel sie erleiden möchten. Starke Arme an einer Frau sind einem rechten Bauer viel anständiger als zarte, als so liederliche Stäbchen, die jeder Bysluft, wenn er ernstlich will, auseinanderwehen kann; starke Arme an einer Mutter sind schon vielen Kindern zum Heil gewesen, wenn der Vater starb und die Mutter die Rute allein führen, alleine den Haushaltswagen aus allen Löchern heben mußte, in die er geraten wollte.*[6]

*Frauen bei der Feldarbeit: Heuaufladen (Foto P. Weller um 1900)*

Das andere Grundprinzip bäuerlichen Denkens und bäuerlicher Ästhetik, das viel mit dem ersten zu tun hat, war der Besitz, die Besitzhierarchie im Dorfe. Von diesem Denkmechanismus her wurde wiederum das Leben der Mädchen und Frauen in besonderem Maße betroffen. Das zeigte sich z.B. bei den Dorftrachten, die im Laufe des 19. Jahrhunderts in fast allen Regionen in einer vielfältigen Zeichensetzung Personenstand und Besitzverhältnisse der Frauen bekanntgaben. Die Ledigen signalisierten nicht nur mit roten Röcken, Kanten und Zieraten, daß sie noch zu haben waren – sie publizierten gewissermaßen auch durch besondere Zeichen ihrer Tracht den Besitzstand des Hofes, von dem sie stammten, so daß beim Kirchgang oder auf der Kirmes jeder Bursche, auch der Besuch aus einem Nachbardorf, sich gleich beim Anblick des Mädchens einen Begriff machen konnte, was er materiell zu erwarten hatte. In der Schwalm z.B. gab das Mädchen die Qualitäten des väterlichen Hofes in einer extremen Quantität übereinandergezogener, breit abstehender Röcke zu erkennen, von denen bis zu 16 gezählt

*Bäuerliches Verlobungsfest (Karl von Enhuber, 1811–1867)*

*Taufgang im Riesengebirge (Albert Kretschmer, 1825–1891)*

und auch mit eingestickten Zahlen numeriert wurden.[7] So stellten sich die Mädchen gewissermaßen zur Schau, boten sich selber aus in den Zeichen des Denk- und Verhaltenssystems der bäuerlichen Gesellschaft. Dem entsprachen auch die Begriffe von Schönheit: Dick und stark war schön, Reich fand sich zu Reich, und die Brauttracht überwucherte alles Individuelle, ja fast alles Weibliche, um dem Bedürfnis nach prunkhafter Darstellung des Vermögens genüge zu tun.

## Hochzeit

Diese Zeichensprache war wohl bei allen Dorftrachten ähnlich, wenn nicht gerade religiöse Normen mit den besitzausweisenden in Konflikt gerieten. Auf der Hochzeit wurde nicht nur mit Kleidern, sondern auch mit allem anderen geprotzt und aufgefahren, was Küche und Keller nur vermochten.

*Aus den Fenstern des Hirtlbacher Wirtshauses klangen Bombardon und Klarinette, einmal tief hinunter und einmal hoch hinauf und lockten immer neue Gäste herein zur Hochzeit des Kaspar Prückl. Über die Stiege gingen Mädeln mit hochroten Gesichtern und wischten sich die Schweißtropfen ab; Burschen in Hemdärmeln riefen ihnen Späße zu; Teller klirrten, und die Deckel der frisch eingeschenkten Krüge klapperten, und der Bierschlegel schlug dröhnend den Hahn in ein neues Faß. Fröhlichkeit und Lärm verrieten schon in den Vorräumen ein reiches Fest. Im Saale aber schleiften die Paare, tauchten im Lampenlicht auf und verschwanden drehend in dämmerigen Ecken.*

*Aus einer Wolke von Rauch und Dunst schoben sich allmählich bekannte Gesichter vor. In der Mitte am Ehrentische das der wohlgezierten Hochzeiterin Ursula Kiening, nunmehrigen Prücklbäuerin; sie saß neben dem hochwürdigen Herrn Pfarrer; daneben war das Elternpaar des Hochzeiters, zwei Leute, denen Sparen und Arbeit anzukennen war. Da sah man auch die Fischerbäuerin von Neuried und den gewichtigen Schneider von Arnbach und, etwas entfernt von ihnen, am bescheidenen Platze, die Asamin, die mit flinken Augen alle Leute beobachtete, alle, die saßen und standen und tanzten, und der gar nichts auskam. Sie hatte es mit der Grieblerin, einer armen Verwandten des Hochzeiters, getreulich ausgerechnet, was die Sache kosten könne, und alle zwei waren der Meinung, daß es ungeheuer viel sei, und daß diese Verschwendung sich abscheulich unterscheide von der Sparsamkeit gegen Verwandte, die es brauchen könnten.[8]*

Ehe die junge Frau in das Haus ihres Bräutigams einzog, fuhr der Kammerwagen durchs Dorf, beladen mit ihrem Heiratsgut. Das war kein gewöhnlicher Umzug, sondern eine pompöse Zur-Schau-Stellung all dessen, was der Bauer seiner Tochter mitzugeben in der Lage war, und entsprach gleichzeitig genau dem, was sich für eine Bauerntochter ihres Standes gehörte.

*Dorfbackhaus (Max Liebermann, 1847–1935)*

Es kann hier nicht der Platz sein, einen Überblick über die bäuerlichen Hochzeitsbräuche des 19. Jahrhunderts zu geben[9]. Ich möchte lediglich einen Eindruck vom Bild der damaligen ländlichen Frauen in den Zeichen der Volkskultur vermitteln. Der Mangel an individueller Ausdrucksmöglichkeit verdeutlichte ihr Eingebundensein in einen vorgeschriebenen Lebensplan, der nur nach dem Besitzstand variierte, aber nicht nach den Herzenswünschen, noch gar nach den Fähigkeiten des Mädchens. Nach beidem wurde nicht gefragt: Gefühle waren nebensächlich für Gedeihen und Vermehrung des Hofbesitzes, und Fähigkeiten außerhalb der Tätigkeit als Bäuerin wurden nicht einmal in Erwägung gezogen. Hinter dem

*Heile Dorfwelt (Ludwig Richter, 1803–1884)*

> Leipziger Modenmagazin
> Monat November 1805
>
> ## Der Brautwagen,
>
> wie er noch jetzt in einigen
> Gegenden Deutschlands, besonders in Hessen,
> gebräuchlich ist.
>
> *Der Brautwagen, auf dem eine Braut von bürgerlichem oder Bauernstande zu ihrem Bräutigam fährt, wird vom letztern und dessen Angehörigen bestellt, und mit vier bis sechs guten, mit Bändern, auch in einigen Gegenden mit Goldpapier, geschmückten Pferden bespannt. In Hessen ist es ein großer Ernte-Leiterwagen. In Oberhessen hat er zwei große Bogen von dünnen Stangen oder Reifen, welche mit Tannen- oder andern Zweigen, auch wild wachsenden Blumen geziert werden. Die Bogen sind so hoch gespannt, daß auch die größte Person auf dem Wagen darunter stehen kann. Wenn dieser Wagen vom Bräutigam abgeschickt wird, welches gewöhnlich am Hochzeitstage früh geschiehet, so sitzen vorne auf demselben die Musikanten auf einer Querbank, von einer Leiter zur andern, zuweilen auch diejenige ehrbare Weibsperson oder Frau, welche die Braut auffordern soll, und überdieß noch die Brautjungfern vom Orte des Bräutigams ...*
>
> *... Hierauf folgt die Braut selbst, welche von ihrem Vater oder in dessen Ermangelung von einem Bruder oder andern nächsten Verwandten zum Brautwagen geführt wird; beide setzen sich auf zwei hölzernen Stühlen, die unter dem ersten Blumenbogen stehen, dergestalt nieder, daß sie mit dem Rücken gegen die Leitern kommen, und einander im Gesichte haben ... So oft der Brautwagen auf der Reise durch oder neben einem Orte vorbei geht, wird, mit Einstimmung der Musikanten, von den Brautjungfern gesungen, und damit so lange fortgefahren, bis sie auf die Gränze kommen, wo der Bräutigam mit seinen Brautknechten und jungen Männern die Braut erwartet. Dabei werden feierliche Reden und Bewillkommsformeln gehalten ... In Niedersachsen, Westphalen etc. und einigen andern Gegenden werden die Brautwagen, worunter man zuweilen, im uneigentlichen Verstande, die Aussteuer und Ausstattung an Gütern, Mobilien, Kleidung, Wäsche, Geld, Vieh etc. welche entweder dem Bräutigam oder einer Braut von den Eltern oder ihren Angehörigen mitgegeben werden, versteht – in die vollen, halben, mäßigen und geringen eingetheilt.*

Glanz einer Bauernhochzeit konnte sich also mancherlei bewußte und unbewußte Resignation seitens der Frau verbergen, von der eine romantische Landbegeisterung und Verherrlichung des Bauernlebens nichts wissen wollen. Die Frauen fügten sich in die patriarchalische Ordnung, die schon die Kinder von klein auf als Selbstverständlichkeit erlebten. Nur selten wurden die Leiden bekannt, die junge Frauen von ihren groben Männern zu erdulden hatten, die sie wie einen Sachbesitz betrachteten, was oftmals durchaus dörflicher Logik entsprach.

*Dachauer Bauernbrautschrank*

Und so möge hier als äußerster Extremfall ein Bericht über bayerische Bauernehen aus der authentischen Feder der Schriftstellerin Lena Christ (1881–1920) folgen:

*Zu dieser Zeit kam von Niederbayern eine zweite Schwester meines Stiefvaters zu uns. Es waren daheim noch mehrere; denn der Vater meines Stiefvaters hatte vierzehn Frauen gehabt, mit denen er neununddreißig Kinder zeugte. Als er mit dreiundzwanzig Jahren das erstemal heiratete, kurz nachdem sein Vater, der reichste Bauer vom ganzen Rottal, unter Hinterlassung von mehr denn einer Million Gulden gestorben war, brachte ihm die Frau noch über hunderttausend Gulden Heiratsgut mit, und als nach einem Jahr ihr das Wochenbett zum Todbett ward, erbte er noch ihr ganzes übriges Besitztum; denn sie war eine Waise. Kurz danach nahm er die zweite Frau, eine Magd, mit der er sechs Jahre lebte und vier Kinder hatte. Als sie an der Wassersucht gestorben war, heiratete er noch im selben Jahr eine Kellnerin, die er aber nach wenigen Monaten davonjagte, als er eines Tages den Oberknecht bei ihr im Ehebett fand. Die vierte Frau, die Tochter eines reichen Gutsbesitzers, holte er sich aus dem bayerischen Wald, verlor sie aber schon nach zwei Jahren, nachdem sie ihm ein Kind geboren hatte. Die Leute erzählten, er habe sie durch sein wüstes, ausschweifendes Leben zugrunde gerichtet. Bald nach ihrem Tode nahm er mit dreiunddreißig Jahren die fünfte Frau, die ihm vier Kinder mit in die Ehe brachte, von denen böse Zungen behaupteten, daß sie von ihm gewesen; denn diese Frau hatte er zuvor als Oberdirn auf seinem Hof gehabt. Während einer fünfjährigen Ehe gebar sie ihm zweimal Zwillinge und einen Buben, an dem sie starb. Man sagte aber auch, sie sei aus Kummer krank geworden; denn um diese Zeit hatte er begonnen, offen ein wüstes Leben zu führen. Als Viehhändler trieb er oft zwanzig bis dreißig Stück Rinder oder auch Pferde zu*

*Der Kammerwagen (Otto Ubbelohde, 1867–1922)*

*Schwälmer Braut*
*(Carl Bantzer, 1857–1941)*

*Markte und hielt danach mit andern Genossen große Zechgelage. Hierbei wurde gewürfelt, und da er sehr hoch spielte, verlor er oft seine ganze Barschaft samt dem Erlös und mußte nicht selten noch Boten heimschicken um Geld.*

*Inzwischen war die Frau, von der er sich hatte scheiden lassen, an der Schwindsucht gestorben, so daß er nun, als er mit neununddreißig Jahren das sechstemal heiratete, wieder kirchlich getraut wurde; doch, noch ehe ein Jahr um war, starb die Frau im Kindbett. Nun holte er sich ein Weib aus Österreich, eine junge, sehr schöne Linzerin. Von ihr berichtet man, daß er einmal, als er den ganzen Erlös für das verkaufte Vieh und all sein bares Geld verloren hatte, sie auf einen Wurf setzte und an einen reichen Gutsbesitzer um tausend Mark für eine Nacht verspielte. Während dieser Nacht soll sich die Frau gar sehr gewehrt und den Gutsherrn so schwer an der Scham verletzt haben, daß er bald darauf sterben mußte. Mit dieser Frau lebte er acht Jahre sehr unglücklich, und nachdem sie ihm zehn Kinder geboren hatte, starb sie an dem letzten. Kurz darauf heiratete er mit fünfzig Jahren zum achtenmal und hatte während einer sechsjährigen Ehe sechs Kinder. Auch diese Frau hatte keine guten Tage bei ihm; denn ihr eingebrachtes Vermögen war gleich dem der anderen Frauen bald verspielt, und nun mißhandelte er sie oder verfolgte sie im Rausch mit seinen Zärtlichkeiten, was das gleiche; denn er war herkulisch gebaut und massig wie seine Stiere. Auch hatte er noch zu ihren Lebzeiten eine heimliche Liebschaft mit einer anderen, die nach ihrem Tode seine neunte Frau wurde, aber schon nach vierjähriger Ehe mit sechsundzwanzig Jahren an ihrem vierten Kinde starb. Obwohl nun im Orte heimlich die Rede ging, daß er seine Frauen auch im Kindbett besuche, davon ihnen das Blut gehend worden wär und daran sie gestorben seien, willigte doch eine Näherin aus der Pfarre in des Vierundsechzigjährigen Heiratsantrag; denn sie hatte schon zwei erwachsene Kinder von ihm. Doch auch ihr wurde das gleiche Schicksal, und sie starb nach zwei Jahren zugleich mit dem Kinde im Wochenbett. Mit siebenundsechzig Jahren heiratete er zum elftenmal, und als die Frau schon nach zwei Monaten gestorben war, ging er mit neunundsechzig Jahren die zwölfte Ehe ein. Mit dieser Frau lebte er vier Jahre und nahm nach ihrem Tode mit vierundsiebzig Jahren die dreizehnte. Diese letzten Ehen waren alle unglücklich; denn daheim prügelte er die Frauen, und in den Wirtshäusern verspielte er alles, was er besaß. Beim Tode der dreizehnten Frau hatte er nichts mehr, und als er jetzt mit neunundsiebzig Jahren in das Armenhaus kam, fand er da eine Armenhäuslerin, die seine vierzehnte Frau wurde. Mit ihr lebte er noch sieben Monate und starb danach als Bettler; sie hat ihn dann noch kurze Zeit überlebt.*[10]

Das mögen Ausnahmen gewesen sein, aber daß ein solcher Lebenslauf überhaupt möglich war, sagt etwas aus über die Einschätzung der Frau als Individuum auf dem Lande.

*Kaffeegesellschaft (Jacob Alberts, 1860–1941)*

## Die Rolle der Frau in der Familie und bei der Arbeit

«Es ist bloß meine Frau ertrunken, sagte der Bauer, ich dachte schon, es wär' ein Kalb in den Teich gefallen!» Solche scherzhaften Redensarten belegen den Stellenwert, den die Frau im bäuerlichen Gefühlshaushalt einnahm – logisch innerhalb agrarisch-wirtschaftlichen Denkens, doch darum nicht weniger abwertend für die Frau als Person.

Daß es freundliche und harmonische zwischenmenschliche Verhältnisse gab, widerlegt nicht die typische Grundeinstellung gegenüber der Frau auf dem Lande, die oft etwas Demütigendes hatte, wenn das auch nicht so empfunden wurde. Sie lebte wie zuvor im Rahmen der gemeinsam wirtschaftenden Haushaltsfamilie mit den ihr zugeordneten Pflichten. Das bedeutete die Beibehaltung der alten Sozialordnungen, wie sie im folgenden Text geschildert sind:

*Ein solcher Winterabendkreis versammelte sich gern um den Feuerherd unseres Hauses; denn meine Mutter bemühte sich, es den Leuten recht behaglich zu machen, weil mein Vater nie ein Wirtshaus besuchte und sie selbst gern zuhörte und auch wohl mitsprach. Den nächsten Kreis um den Feuerherd bildeten die Männer, an den beiden Seiten saßen die Frauen und Mädchen mit ihren Spinnrocken. Vor jedem Manne stand in der Nähe des Feuers eine zinnerne Kanne (Kroos) mit Bier gefüllt. Man begann das Gespräch mit den Neuigkeiten des eigenen und der benachbarten Dörfer. Dann erzählte der Schulmeister, was er vom Pfarrer gehört oder in einem Buche gelesen. Den reichsten Stoff zu rührenden und grausigen Erzählungen, die der Schulmeister wahrscheinlich aus Girtanner schöpfte, gab die Französische Revolution. Bei solchen Erzählungen vergaßen die Frauen und Mädchen den Faden zu ziehen und die Räder zu drehen; denn der Schulmeister übertrieb die Übertreibungen Girtanner's, um die Affekte des Mitleidens und Grausens möglichst zu steigern. Gern hörte man auch die Geschichten von Friedrich dem Großen.*[11]

*Die Märchenfrau (Otto Ubbelohde, 1867–1922)*

Wenn es nicht der Lehrer war, der aus seinem Bildungsborn den anderen Mitteilung machte, so gab es Erzähler aus der Familie, die vielleicht weniger historisch-politische Stoffe als Märchen, Ortssagen und auch Hexengeschichten in ihrem Repertoire hatten. Dabei spielten wiederum die Frauen eine entscheidende Rolle und bewiesen durch ihr Gedächtnis und vielerlei Talente ihre wenig genutzten Begabungen. Oft waren die Frauen nicht nur die Traditionsvermittler, sondern auch besonders begabte schöpferische Erzähler, wenn man z.B. an die Viehmännin denkt, die bevorzugte Gewährsfrau der Brüder Grimm.[12]

Beim Spinnen an den langen Winterabenden und bei vielen anderen Gruppenarbeiten kamen Erzählen und Singen zu ihrem Recht als Arbeitserleichterung und Unterhaltung. Hier konnten die Frauen ihre Phantasie schweifen lassen, auch ihre und der anderen Ängste beschwichtigen und ungeklärte Fragen beantworten mit den ausgestalteten Mitteln der mündlichen Überlieferung und in einem fruchtbaren Spannungsverhältnis zwischen Erzähler und Zuhörerschaft.

Erzählerinnen und Sängerinnen erwarben sich zuweilen ein gehobenes Ansehen nur durch ihre künstlerischen Fähigkeiten, gehörten sie doch oft sozial durchaus zu den unteren Schichten des Dorfes. Das galt besonders für die sogenannten «Brauchweiber», die sich mit allen Sitten und Gebräuchen des Dorfes auskannten, die passenden Reime und Sprüche für Kindtaufen, Hochzeiten, Begräbnisse und Grabsteine im Kopf hatten oder auch frisch «zusammenstellen» konnten, die volksmedizinische Kenntnisse besaßen und auch magische Heilsegen und Beschwörungen ausüben konnten.[13] Doch trugen zuweilen solche Fähigkeiten den Frauen mehr Neid und Mißgunst als Anerkennung ein. Man verschrie sie als Hexen oder «Truden», besonders wenn es sich um die weiblichen Reviere der Krankenbehandlung, des Stalles, der Kühe und der Milchbereitung handelte.

## Hexenwesen und Hebammenverfemung

Hexen zu erkennen, ihren Schadenzauber durch Gegenmittel zu entkräften, sie öffentlich zu denunzieren, ihren Praktiken durch Abwehrmaßnahmen entgegenzuwirken – das waren noch weit bis in die Gegenwart wahre dörfliche Geheimwissenschaften, erwachsen aus Unwissen-

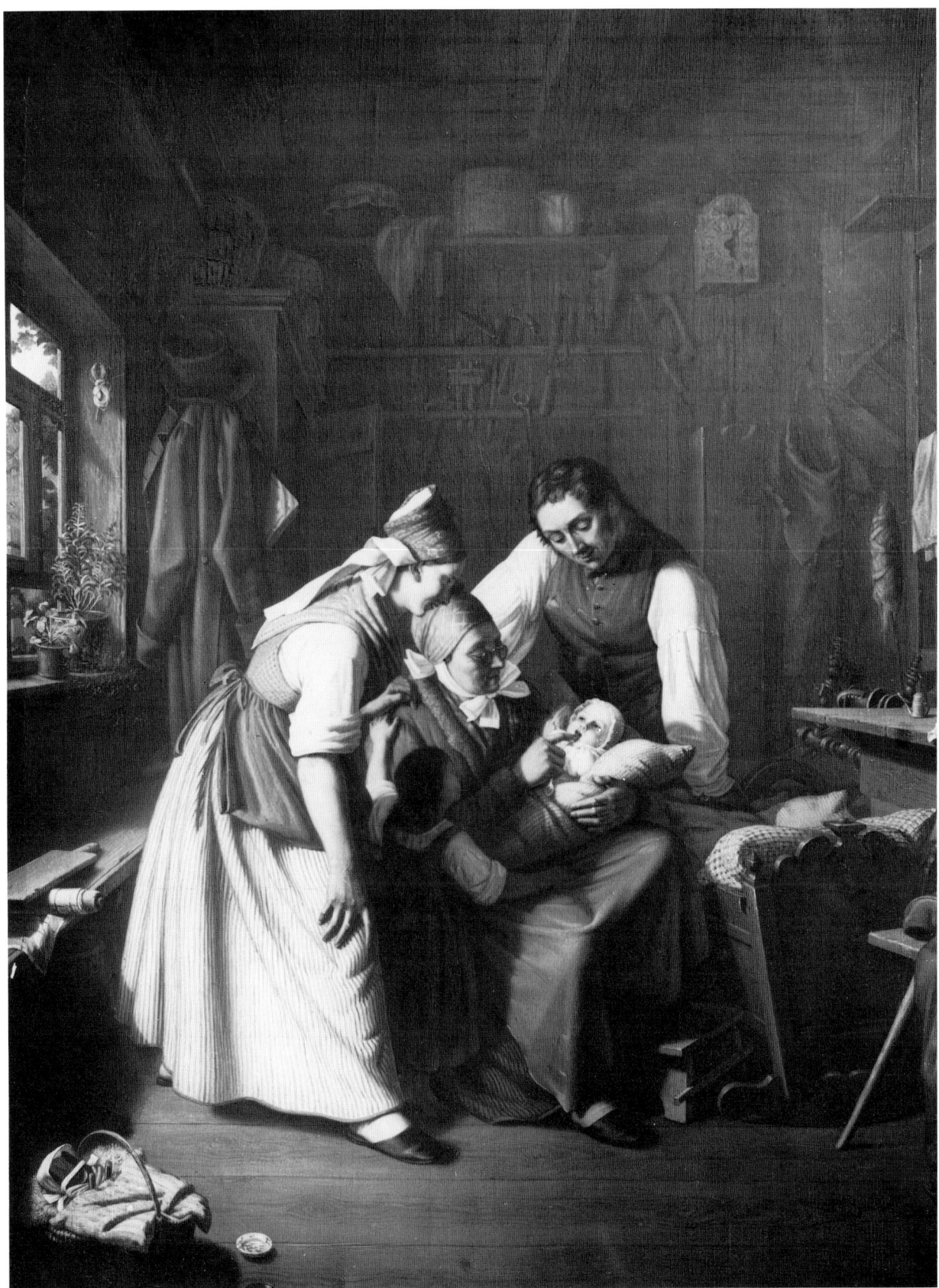

*Bauernromantik*
(Johann Gottlieb Hantzsch, 1794–1848)

heit, Unsicherheit, Angst, Eifersucht und Konkurrenzdenken.[14] Daß die Geschichte des Hexenwesens auch noch auf andere Wege weist, daß einst die volksmedizinischen Kenntnisse, Kräfte und Künste der Frauen von einer mißgünstigen Männerwelt angezeigt und blutig geahndet wurden, daß die Gesellschaft in der Folge und mit der Zunahme einer akademischen Medizin alle Aktivitäten in dieser Richtung verdächtigte, daß sich über das Hexenwesen tatsächlich auch viel Unsinn und Bosheit in das zwischenmenschliche Verhalten auf den Dörfern einschlich – das kann hier nur angedeutet werden.[15] Die Hexen umgab mit Kräutersammeln und Säftesieden der Mythos der magischen Praxis, und gerade das machte sie auch bei den anderen Frauen suspekt, so daß hier Frauen ihre eigenen Geschlechtsgenossinnen jagten. Wohl hatte der letzte Hexenprozeß auf deutschsprachigem Boden 1740 stattgefunden,[16] doch wirkten die mit dem Hexenwesen verbundenen Gesinnungen noch lange nach. Oft waren es im Dorf die alleinstehenden Frauen, auffallend durch einen körperlichen Makel (z.B. ein Buckel) oder ein Attribut körperlicher Schönheit (z.B. rote Haare), die man der Hexerei bezichtigte. Ihre soziale Schwäche oder auch ihre sympathetische Stärke machten sie zu willkommenen Opfern der Dorfgesellschaft, um unverständliche Vieherkrankungen oder sonstige Nöte zu erklären.

Ein wichtiger weiblicher Tätigkeitsbereich, den die Vorstellung von Hexerei betraf, war der Hebammenberuf. Die Herstellung der sogenannten «Hexensalbe» erforderte das Fett ungetaufter Kinder, und so wurden gerade die «weisen Frauen» gerne der Zauberei bezichtigt, zugleich aber wegen ihrer medizinischen Kenntnisse gesucht. Sie waren übrigens auch ausschließlich für Frauenleiden zuständig, denn niemals hätte in diesen Zeiten die Frau einen männlichen Arzt zugelassen, hätte sich ihm je anvertraut und ihm jemals ihre Geheimnisse gesagt.

Die Hebammen leisteten nicht nur Geburtshilfe, sondern verabreichten auch Liebestränke, berieten über Empfängnisverhütung und nahmen Abtreibungen vor, obgleich auf alldem schwerste Strafen standen. Durch die Hexenprozesse wurde auch die Zahl der Hebammen dezimiert. So war in Köln von 1627 bis 1630 jede dritte verbrannte Frau eine Hebamme.[17] Ihnen wurden die Zubereitung und Verwendung von Kräutern und chirurgische Eingriffe untersagt, langsam traten studierte Ärzte an ihre Stelle, jedenfalls in den Städten. Auf dem Lande jedoch behielten die Hebammen als «weise Frauen» noch lange ihre wichtige medizinische Funktion.[18]

Neben den klischeehaften Wertvorstellungen, die eine Frau zum Tod auf dem Scheiterhaufen prädestinierten, waren also auch spezifisch weibliche Lebensbereiche der Diskriminierung und Verfolgung ausgesetzt. Frauen, die «anders» wirkten und anderes taten als der Durchschnitt, erfuhren eine gesellschaftliche Verfemung. Auch auf diese Weise erhielt der Status der Ehefrau, der behäbigen, voll integrierten Bauernwirtin, eine Aufwertung als einzige gesellschaftlich akzeptierte Lebensform für die

*Todesfall (Fritz Syberg, 1862–1939)*

Frau. Ihr Idealbild wurde von den Bilderbogenverlagen in schöner Kolorierung vertrieben und prangte als Wandschmuck in den Stuben (s. Abb. S. 45).

So geschah es, daß gerade begabte Frauenspersonen als isolierte Außenseiter ihre Schläue oder auch ihre medialen Fähigkeiten – und dann auch oft ihr loses und boshaftes Maul – mit sozialer Diskriminierung und Verfolgung bezahlen mußten, denn eine kluge Frau wurde auf dem Dorfe nicht geachtet, wenn ihre Klugheit aus dem alltäglichen Lebensrahmen einer vernünftigen Bäuerin herausfiel. Die Mißachtung steigerte sich besonders dann, wenn die betreffende Frau den unterbäuerlichen Schichten angehörte und durch ihre Fähigkeiten Machtmittel besaß und in ihrer Verzweiflung anwendete, die ihr im hierarchischen Selbstverständnis der Dorfgesellschaft nicht zukamen.

### Die Bauernmägde

Hat das Genrebild von der fröhlichen Bauersfrau des 19. Jahrhunderts bereits durch die Erwähnung der dörflichen Außenseiterinnen beträchtlich an Glanz verloren, so wird die folgende Beleuchtung des Mägdelebens noch manches andere klarstellen, was durch literarische, künstlerische und wissenschaftliche Bauernverherrlichung gar zu rosig angestrahlt worden ist. Besonders eindrücklich pries der Kulturhistoriker und Münchner Professor Wilhelm Heinrich Riehl (1823–1897) das alte Bauernleben als eine hohe Schule der Menschlichkeit, wie er sie verstand, in der die Beziehung zwischen Herr und Knecht, Frau und Magd aufs beste geregelt war.

*Im alten deutschen Bauernhaus redete der Herr den Knecht mit ‹Du› an, der Knecht den Herrn mit ‹Ihr›. Also ganz dieselbe Anrede wie zwischen Vater und Kind. Ja, es kam sogar häufig vor und ist bei abgeschlossenen Bauernschaften noch immer nicht ganz verschwunden, daß das Gesinde seine Herrschaft ‹Vater› und ‹Mutter› anredet. Noch charakteristischer für die ehemalige Familienhaftigkeit des Gesindes ist ein alter Brauch, der sich auf schleswigschen Bauernhöfen vereinzelt erhalten hat. Das Gesinde gibt nämlich nur denjenigen Familienmitgliedern die respektvolle Anrede mit ‹Ihr›, welche im Alter ihm vorangehen: wer jünger ist, und wäre es der Dienstherr selber, den nennt die Magd ‹Du›. Das Gesinde betrachtet sich also geradezu als ein Glied der Familie. Dabei ist freilich vorausgesetzt, daß an ein willkürliches Wechseln des Dienstes gar nicht gedacht wird; das Gesinde weiß, daß es auf Lebenszeit Versorgung im Hause findet.*

*‹Wenn es auf den Herrn regnet, trauft es auf den Knecht.› Das Gesinde soll im ‹ganzen Hause› sein Schicksal als eins erkennen mit dem des Herrn. Auf mehreren Kirchhöfen Südbayerns und Tirols fand ich Familiengräber angesehener, ja vornehmer Leute, in welchen – laut Inschrift – auch die Särge treuer Dienstboten des Hauses beigesetzt waren. Das ganze Haus behauptete sich bis ins*

*Reisigträger (Oskar Glatz, 1872–1958)*

*Kindliche Dienstmagd (Heinrich Giebel, 1865–1915)*

*Bauer und Bäuerin (Wilhelm Altheim, 1871–1914)*

*Grab. In einem bloßen Vertrags- und Mietsverhältnis hatten jene Dienstboten zu ihrer Herrschaft gewiß nicht gestanden, sondern auch zugleich in einem gemütlichen. … Wir dingen eine Magd nicht bloß zur Arbeit, wir fügen sie auch ein in unser Haus, und Friede und Unfriede des Hauses, Sitte und Unsitte der Kinder können vielfach mitbedingt sein durch das Gesinde. Die Autorität des Hausvaters muß auch gegenüber der modernen Dienerschaft bestehen, und der Dienst im Hause hat nicht bloß eine rechtliche und wirtschaftliche, sondern auch seine sittliche und gemütliche Seite.*[19]

Wie schön, wie gut!

Bei näherem Zusehen stellt sich heraus, daß Riehls Verherrlichung der «guten alten Zeit» mit ihrem autoritären Patriarchalismus einer bewußt antiliberalen Tendenz des Kulturpädagogen entsprang, den nach seinen eigenen Worten die Ereignisse von 1848 erst richtig konservativ gemacht hatten. Denn gewiß waren ihm Zeugnisse nicht unbekannt, die die Gefahren jenes Gesellschaftsprinzips aufdeckten, die das Unvermögen vieler Handwerksmeister, Kaufleute und Bauernwirte zu menschlicher Führung erwiesen und zeigten, zu welchen Mißständen die unkontrollierte Form der großen Haushaltsfamilie häufig führen mußte, wenn sie nur auf bedingungsloser Autorität beruhte: eine Gesellschaftsordnung, die, verbunden mit den Vorstellungen der Kirche, das Vaterprinzip für alle Gebiete des Lebens verbindlich machte. Er unterstützte und stabilisierte damit für Stadt und Land einen ungehemmten Patriarchalismus, eine Männerherrschaft, bei der die Frauen nicht nur die Unwissenden und Geführten blieben, sondern ganz selbstverständlich die Unterlegenen waren. Ganz naiv gibt der Schriftsteller Heinrich Hansjakob (1837–1916) eine solche Einschätzung zu erkennen:

*Und die Frauen? Solcher gab es in meiner Jugendzeit nur zwei: die ‹Frau Oberamtmann› und die Frau des fürstenbergischen Rentmeisters Fischer, der in meinem elterlichen Hause wohnte. Alle anderen waren ‹Weiber›, von denen mir in jenen Tagen nur zu Sinnen kam, daß sie im Winter gerne ‹z'Liacht› gingen und fleißig am Spinnrad und mit der Zunge arbeiteten, im Sommer die schönsten Gurken der Umgegend pflanzten und anno 48 noch hitziger als ihre Männer für ‹Freiheit, Gleichheit und Brüderlichkeit› schwärmten.*[20]

Diese Situation wirkte sich besonders für die an sich schon abhängigen Frauen negativ aus, die Mägde auf den Bauernhöfen. Wie sah es tatsächlich mit der Sorge- und Schutzpflicht der bäuerlichen Hausväter aus? Peter Rosegger (1843–1918) schreibt in seiner Autobiographie:

*Liebe Leserin mit Deinen schönen Augen! Wenn es Dich getroffen hätte, wenn Du es gewesen wärst, die dazumal von einer armen Magd in der Strohkammer des Rüsenhofes zur Welt geboren war! Aber wünschen mag ich Dir's nicht. Die kleine Jula gehörte zu jenen Kindern, die keinen Vater haben, weil es für sie sündhaft wäre, einen zu haben. Mutter hatte sie gerade so viel, als es unerläßlich nötig ist, um geboren werden zu können. Eine Bauernknechtin hat mit ihren harten Kräften zu tun, sich selbst zu atzen und zu bedecken, so sagte die Magd, kaum sie vom Bette aufgestanden war, zu ihrem Dienstherrn: ‹Mein Rüsenbauer! Baue Dir drei Staffel in den Himmel, und nimm mir das Kleine ab!›*

*Dachte sich der Rüsenbauer: Das wäre nicht dumm. Drei Staffel in den Himmel und nach etlichen Jahren eine brauchbare Halterdirn und nachher eine eigene Knechtin, die im Haus das Unhandsamste verrichtet und nicht viel kostet. 's täte sich. – Ja,› sagte er, ‹das Kleine nehm' ich Dir ab, aber nur der Staffel in den Himmel wegen tue ich's.› Die Magd schluchzte wohl, als sie in einen andern Hof zog und sich von dem Kinde trennte; aber der Bauer tröstete sie: ‹Geh' nur, geh', mach' kein Wasser an, schaust Dir doch wieder um ein anderes.› Die Knechtin ging und sah nicht mehr um und starb nach kurzer Zeit.*[21]

An diesem authentischen Bericht aus der Steiermark ist mehreres bemerkenswert: die Haltung des Bauern, der die kleine uneheliche Waise als zukünftige billige Arbeitskraft bei sich aufnimmt und damit noch zusätzlich nach außen ein Gott wohlgefälliges Werk ausübt, und die Haltung der Magd, der gar nichts anderes übrig bleibt, als ihr Kind wegzugeben. Vom Kindesvater und seiner Verantwortung ist in dieser Bauerngesellschaft keine Rede. Vielleicht war es der Bauer selbst – oder irgendein Knecht bei einem Kirmesvergnügen. Wenn man die Schlafgelegen-

*Gänserupferinnen (Anna Ancher, 1859–1935)*

heiten der Mägde bedenkt: ein Bett mit Strohsack hinter einer Holzwand, wo jeder abendliche Heimkehrer des Hauses vorbeikam, so trägt auch dieser Eindruck zum Bild des Mägdedaseins bei als einer Situation unterwürfiger Verfügbarkeit.

Die Zahl der unehelich Geborenen auf dem Lande war sehr hoch, besonders in der von Rosegger genannten Steiermark (23,3 auf 100 Lebendgeborene um 1900), hauptsächlich wohl wegen des Anerbenrechts in der Obersteiermark und dem damit verbundenen hohen Heiratsalter der Burschen. Ähnlich lautende Statistiken gibt es für Bayern und Baden.[22]

Doch bleiben alle Statistiken stumm gegenüber konkreten Lebensberichten wie dem folgenden Auszug aus einem oberhessischen Gerichtsprotokoll eines Dorfprozesses über Kindestötung. Die betroffene Magd sagt aus laut Vernehmungsprotokoll von 1856:

*Ich bin in Halsdorf geboren, wann kann ich nicht sagen. Ich meine, ich wäre jetzt 30 Jahre alt. Ich habe meine Eltern früh verloren, meinen Vater habe ich gar nicht gekannt, meine Mutter ist gestorben, wo ich kaum zwei Jahre alt gewesen bin. Nach meiner Mutter Todes bin ich bei meinem Großvater, dem Vater meiner Mutter, gewesen, dann bin ich etwa 11 Jahre in dem Hause des Ökonomen Peter gewesen. Ich habe den Schulunterricht in Halsdorf besucht und zwar bei dem alten Schullehrer, der nachher nach Wohra gegangen ist. Auch bin ich in Halsdorf beim Pfarrer Faust, der jetzt gestorben ist, konfirmiert. Ich war damals noch bei Peters. Nachher bin ich noch in Halsdorf geblieben und habe erst bei dem Bruder des ... (aus Ockershausen, der in Halsdorf wohnt – dessen Vornamen ich nicht weiß) – sowie bei Conrad Theiß dort selbst gedient. Dann habe ich seither in Kirchhain bei Georg Maus aus dem Hofacker, dem Metzger Heinrich Daube und ferner bei Mittlers gedient. Dann habe ich viel hier in Kirchhain auf Tagelohn gearbeitet. Ich habe schon zwei uneheliche Kinder gehabt, eins vor 8 Jahren, das zweite vor etwa 2 Jahren. Beide sind gestorben, das älteste war etwa ¼ Jahr, das zweite nur 5 Wochen alt. Das älteste ist zu Hause in Halsdorf, das zweite in Marburg in der Anstalt geboren. Das älteste Kind hatte einen Ausschlag, das zweite einen wunden Arm, es mußte wohl Erkältung sein, da ich im Winter im Schnee von Marburg gekommen war. Ich kann weiter nichts speziell angeben, woran das Kind starb.*

*Im vorigen Jahr, nachdem ich erst hier auf Tagelohn gearbeitet hatte, habe ich mich vier Wochen vor Michaelis bei Mittlers vermietet. Sieben Wochen nach Weihnachten habe ich mit dem Niederwälder Bursch in der Mühle, wie ich bereits früher angegeben habe, zu tun gehabt. In der ersten Zeit danach habe ich nicht gewußt, daß ich schwanger sei, mein Geblüt habe ich früher schon häufig unregelmäßig gehabt, und ist mir dasselbe manchmal mehrere Monate ausgeblieben, deshalb konnte ich in den ersten Monaten nicht sagen, ob ich schwanger sei. Dann hat mich mal das Kindermädchen bei Mittlers darauf angehalten, es ginge das Gerücht, ich sei schwanger, worauf ich nachgefragt habe. Nun, dann müßte ich auch sehen, wie ich fertig würde. Ich habe nun nachher, als ich mich schwanger fühlte, gerechnet, daß ich sieben Wochen nach Michaelis, was von der Zeit, wo ich mit dem Bursch zu tun gehabt hatte, dann 9 Monate waren, niederkommen würde. Ich dachte daran und wollte mit der Frau Mittler sprechen, indem ich zu meiner Entbindung in die Anstalt nach Marburg gehen wollte. Das Kinderzeug hatte ich noch von früher bei meiner Schwester in Halsdorf liegen, das wollte ich dann gebrauchen. Durch den Vorfall, daß ich an dem Tage beim Seilaufziehen fiel, ist es nun anders geworden. Ich hatte der Frau Mittler nichts von meiner Schwangerschaft gesagt, weil ich dies verschob bis zur letzten Zeit. Bei Mittlers hatte ich so lange denn auch noch mein Unterkommen, was ich so lange als möglich behalten wollte, indem ich anders wo nicht unterkommen konnte. Die Sache war nun so, wie ich bereits früher angegeben habe. Beim Aufziehen des Seiles war ich gefallen und hatte seitdem starke Schmerzen im Rücken gespürt, doch dachte ich noch an nichts Arges. Ich habe nachher noch wie gewöhnlich meine Arbeit getan. Gegen Abend, als es bereits nahe der Dämmerung war, wollte ich das Aschetuch an dem Wasser auswaschen und stand auf den untersten Schwellen der Treppe, die zu dem Wasser führt. Während ich mich, um das Tuch im Wasser hin und her zu schwenken, so bückte, spürte ich heftige Schmerzen und empfand bald mit Schrecken, daß das Kind zur Welt kam. Ich setzte mich nun auf den hinter mir befindlichen Treppentritt und fühlte, daß das Kind bereits aus der Geburt hervor(?)stand, worauf ich mit der rechten Hand*

*Magdbett am zugigen Durchgang*

*danach griff. Ich war so erschrocken und bestürzt, daß ich gar nicht wußte, was ich tat. Während ich nun das Kind an den Kopf faßte, wobei ich jedoch zur Schonung des Kindes nicht hart drückte, schoß es dann mit einem Ruck aus der Geburt hervor, wobei es so einen Ton von sich gab, es kam mir wenigstens so vor. Doch nun wurde es dadurch hinten schwerer, ich wollte es jedoch an dem Kopf, obwohl ich es etwas härter faßte, nicht zu hart fassen, und da schoß mir das Kind aus der Hand ins Wasser. Ich trat alsbald auch in das Wasser und suchte nach dem Kind, konnte es jedoch nicht auffinden, da es schon dunkel zu werden anfing und auch das Wasser von den Rädern unruhig war. Ich habe dann noch in der Küche etwas gearbeitet, war dabei jedoch ganz betrübt und wußte mir nicht zu raten und helfen. Nachher bin ich mit dem Kindermädchen hinauf gegangen, um mich zu Bett zu legen. Das Mädchen fragte noch, wann ich etwa wieder Zahnweh bekäm, was schon mal der Fall gewesen war, dann wollte sie lieber in einem anderen Bette schlafen, worauf ich noch sagte, das könne sie machen wie sie wolle. Ich habe mich darauf allein ins Bett gelegt. Im Hinaufgehen war etwas Blut aus meinen Geschlechtsteilen gekommen, ich sah das am anderen Morgen auf dem Gang. Beim Hinauf- oder Heruntergehen hatte ich mit den nackten Füßen in dieses Blut getreten. Ich hatte nämlich die Strümpfe, weil sie dadurch, daß ich*

*Titelblatt eines Augsburger Druckes von 1851*

*in das Wasser gegangen war, naß geworden waren, noch im Haus ... Am Morgen bin ich wieder bei dem Wasser gewesen, ich habe aber das Kind darin nicht bemerkt.*[23]

Die Frau, Analphabetin, lebt seit frühester Jugend in wechselnden Dienstverhältnissen. Der anstehende Fall ist ihre dritte uneheliche Schwangerschaft, wobei das zweite Kind in der Marburger Entbindungsanstalt zur Welt kam. Diese Anstalt war übrigens Vorläuferin der heutigen Frauenklinik, die der Landgraf von Hessen-Kassel 1791/92 ausdrücklich für uneheliche Geburten gegründet hatte. Und zwar mußten ledige Mütter bei Strafe die dortige Einrichtung benutzen, was ihr einen obrigkeitlichen Zwangscharakter gab und die allgemein abschätzige Einstellung gegenüber dem Spitalwesen noch steigerte. Die ehrbare Bauersfrau gebar ihr Kind ganz selbstverständlich im Ehebett des Bauernhauses; nur die Unbehauste, Ehrlose hatte das Spital aufzusuchen, das zudem in denkbar schlechtem Ruf stand wegen seiner unhygienischen Verhältnisse. Wie es um den ethischen Geist der Anstalt stand, geht z.B. aus der Tatsache hervor, daß man die Frau nach ihrer 2. Geburt mitten im kalten Winter mit dem Säugling zu Fuß mehr als 20 km nach Halsdorf zurückwandern ließ, wobei sich das Kleine offenbar tödliche Erfrierungen zuzog.

Was nun in unserem Zusammenhang: Frauen in der Gesellschaft des 19. Jahrhunderts, besonders betroffen macht, das ist die Mitleidslosigkeit der anderen Frauen in der Nähe dieser armen Magd. Weder das Kindermädchen, das sich offenbar als etwas Besseres dünkte, noch

*Die verlassene junge Mutter (Cornelis Bega, 1620–1664)*

die Dienstherrin, die doch die Schwangerschaft bemerkt haben mußte, nahmen einen helfenden Anteil am Unglück ihrer Geschlechtsgenossin. Im Gegenteil: es war ganz allgemein üblich, uneheliche Mütter aus dem Dienst zu entlassen und ihrem Schicksal anheim zu geben. Wo blieb das gemüthafte «ganze Haus» als Schutzstätte auch für das familienlose Gesinde? Das Gericht fand kein Verständnis für das hilflose Verhalten der Magd, denn es verurteilte sie zu 15 Jahren Zuchthaus, während welcher Zeit sie verstorben ist.

Auch von der Kirche ihrer Gemeinde waren nur sozialmoralische Sanktionen zu erwarten wie Eintragung in ein «Bußbuch» wegen außerehelichen Geschlechtsverkehrs, wobei die Männer sehr viel weniger ins Gerede kamen, aber genug böse Zungen nur allzubald jede ledige Schwangerschaft denunzierten.

Der Fall der Anna Katharina Stuhlmann, unehelich geboren und unehelich gestorben, ist als ein exemplarisches ländliches Dienstbotenschicksal so ausführlich dargestellt worden. Das Bild der stillenden Magd, stammt es auch aus einem früheren Jahrhundert, dürfte doch etwas aussagen über die unbeschützte Hilflosigkeit, in die ein Mädchen bei jeder Notsituation geriet (Abb. S. 91).

Ein Beispiel für die Einstellung der Kirche bietet die vielfache Publikation der Legende von der Geistlichen Hausmagd als Bilderbogen und Traktat, worin ein alter, auf sein asketisches Leben stolzer Einsiedler zu einer einfachen Dienstmagd geführt wird und erkennen muß, daß sie ihm an einfältiger Frömmigkeit weit überlegen ist.[24] Aus Verbreitung und Adaption dieses Stoffes geht manches hervor über die religiöse Werteinschätzung der dienenden Frau und die Problematik ihrer Bildungslosigkeit, über das beschwichtigende kirchliche Angebot eines Ausgleichs durch fromm-asketische Berufserfüllung mit einem Trostversprechen für das Jenseits und dem Versuch einer Aufhebung irdischer Konfliktsituationen und Ungerechtigkeiten durch Assoziationen mit dem Leiden Christi. Tatsächlich wurde so die Ständegesellschaft mit ihren Schranken gerade für die unterste Schicht als unabänderlich bestätigt. Ob konkret mit solchem Trost den Armen und Schwachen geholfen war, bleibe dahingestellt.

Wohl gab es für die einzelnen Länder und später für das Reich Gesindeordnungen, besonders die Preußische Gesindeordnung von 1810–1918, aber sie dienten mehr der Disziplinierung als dem Schutz. Auf dem Bauernhof bestimmte der Bauer, auf dem Gut der Inspektor oder

*Fromme Reisemetapher*

### Um Krankheiten auf der Reise zu vermeiden.

Nimm Wurzeln des Glaubens, grüne Blätter der Hoffnung, Rosen der Liebe, Veilchen der Demuth, Lilien der Reinheit, Wermuth der Reue, Myrrhe der Abtödtung und Holz des Kreuzes.

Binde Alles in einen Bündel mit dem Faden der Ergebung, gib es in das Gefäß des Gebetes, und lasse es am Feuer der Liebe sieden, fülle nach mit dem heiligen Freude und mit dem Mineralwasser der Mäßigkeit und schließe es gut mit dem Deckel des Stillschweigens.

Lasse es über Nacht im Lichte der Betrachtung, nimm davon eine Tasse Früh und Abends, und Du wirst ein langes Leben in vollkommener Gesundheit genießen, wie ich es Dir von Herzen wünsche.

Entnommen aus den Werken des erfahrensten Arztes, des hl. Bernard, und des gelehrten Botanikers des heil. Franz von Sales, und aus der beglaubigsten Apotheke, der liebevollsten Seitenwunde Jesu Christi.

### Tugendübungen.

**Montag:** Die heilige Demuth.
**Dienstag:** Die heilige Bescheidenheit.
**Mittwoch:** Der heilige Gehorsam.
**Donnerstag:** Beständige Liebesakte zum Allerheiligsten.
**Freitag:** Verleugnung des eigenen Willens.
**Samstag:** Maria um Reueschmerz bitten.
**Sonntag:** Den Gedanken an den Himmel festhalten.

## Eisenbahn zum Himmel.

**Abfahrt:** „Zu jeder Stunde."
**Ankunft:** „Wenn es Gott gefällt."

### Billeten-Preis.

1. **Klasse:** Eilzug.
Unschuld und Martyrerthum oder Befolgung der evangelischen Räthe Ordnung, Keuschheit und Gehorsam, Geist der Selbstverläugnung für das göttliche Herz Jesu.

2. **Klasse:** Direkter Zug.
Buße, Gottvertrauen und treue Ausübung der guten Werke Beten, Fasten und Almosen geben, Vertrauen auf das göttliche Herz Jesu.

3. **Klasse:** Gewöhnlicher Zug.
Haltung der Gebote Gottes und der Kirche, Erfüllung der Standespflichten, Ergebung in das göttliche Herz Jesu. —

4. **Klasse:** (äußerst selten.)
Bekehrung auf dem Sterbebette, Abbitte vor dem göttlichen Herzen Jesu.

### Bemerkungen.

1) Es gibt keine Retourbillets.

2) Vergnügungszüge gehen nicht ab.

3) Kleine Kinder, die noch nicht den Gebrauch der Vernunft erlangt haben, zahlen nichts, wenn sie nur im Schooße der kathol. Kirche sich befinden.

4) Passagiere werden gebeten, kein anderes Reisegepäck mitzunehmen, als gute Werke, wenn sie nicht den Zug versäumen oder auf der vorletzten Station (Fegfeuer), wo jedes andere Gepäck abgelegt werden muß, einen unliebsamen Aufenthalt nehmen wollen.

5) Auf der ganzen Strecke und auf jeder Station werden Reisende aufgenommen.

6) Jedes Billet muß den Stempel der heiligmachenden Gnade tragen.

### Um das Mauthhaus zu passiren und geradeaus in den Himmel zu kommen.

Damit euer Gepäck das himmlische Zollhaus unbeanstandet passiren könne, lege zu unterst im Reisesack die Demuth; darüber den Gehorsam; noch darüber etwas betrachtendes Gebet, gerade so viel um eure Kräfte zu stärken; füllet die leeren Räume, welche übrig bleiben, mit der Abtödtung aus; wickelt den Pack in den weiten Mantel des Eifers für das Heil der Seelen, nehmet den Regenschirm der Liebe und dann geht geradewegs zur Station des Gotteshauses.

Nähert euch dort dem Gitterchen des Beichtstuhles und dort holet euer Billet, für welches ihr, ich ermahne euch dazu, fürstlich zahlen sollet, was verlangt wird; laßt es dann von Jesu im Sakramente bestätigen und begebt euch alsdann ruhig auf die Reise; ich drücke euch indessen die Hand und hoffe, euch im Himmel wieder zu umarmen.

### Reise-Beschäftigung.

*Gegenwart Gottes.*

**Montag:** Jesus im Oelgarten blutschwitzend.
**Dienstag:** Jesus an der Geißelsäule.
**Mittwoch:** Jesus im Vorhof des Pilatus.
**Donnerstag:** Jesus mit Dornen gekrönt und gegenwärtig im heil. Sakramente.
**Freitag:** Jesus am Kreuze.
**Samstag:** Der todte Jesus in den Armen Mariens.
**Sonntag:** Der glorreich und triumphirend auferstandene Jesus.

Gutsherr. Das geschah voll und ganz im autoritär-patriarchalischen Verständnis, wie Riehl das als vorbildlich noch in der zweiten Hälfte des 19. Jahrhunderts pries: die Diensboten befanden sich dabei ungeachtet ihres Alters in einer Art von Kindschaftsbeziehung, die sie in einem Zustand andauernder Abhängigkeit beließ. Zur polizeilichen Verstärkung dieser Kontrolle trug seit 1846 die Einführung der Gesindebücher bei – in Stadt und Land –, in die bei Dienstwechsel Zeugnisse der Herrschaft eingetragen werden mußten. Das war gleichbedeutend mit der öffentlichen Sanktionierung einer dauernden unselbständigen Gehorsamkeitspflicht.

Betraf diese Situation männliches wie weibliches Gesinde, so traf die Frauen noch eine weitere Zurücksetzung: sie erhielten einen wesentlich geringeren Lohn – teils in Geld, teils in Naturalien. 1861 war z.B. die Hälfte der gesamten Bevölkerung Preußens (damals 18 491 220) in der Landwirtschaft beschäftigt und davon wiederum die Hälfte als Hilfspersonal und Gesinde – ein Zeichen für den großen Strukturwandel in der Zusammensetzung der Landbevölkerung.[25] Die unverhältnismäßig niedrigeren Löhne der weiblichen Dienstboten und Landarbeiter (meist um ein Drittel) werden durch die zuverlässigen Statistischen Enqueten des Freiherrn von der Goltz von 1875 belegt.[26]

Unverheiratet gebliebene alte weibliche Dienstboten kamen ins Armenhaus oder erhielten das Gnadenbrot im Bauernhof.

*Arme Frau (Theodor Zemplénye, 1864–1917) [rechts]*
*Das Alter (Leopold von Kalckreuth, 1855–1928)*

# III. Gründerzeit

Bürgerdame

*Jenny Bürstenbinder, das ist ihr Vatersname, ... ist der Typus einer Bourgeoise. Sie war talentiert dafür von Kindesbeinen an, und in jenen Zeiten, wo sie noch drüben in ihres Vaters Laden, wenn der Alte gerade nicht hinsah, von den Traubenrosinen naschte, da war sie schon geradeso wie heut und deklamierte den «Taucher» und den «Gang nach dem Eisenhammer» ... bis endlich Treibel erschien und dem Zauber ihrer kastanienbraunen Locken und mehr noch ihrer Sentimentalitäten erlag ... Es ist eine gefährliche Person und um so gefährlicher, als sie's selbst nicht recht weiß und sich aufrichtig einbildet, ein gefühlvolles Herz und vor allem ein Herz für das Höhere zu haben. Aber sie hat nur ein Herz für das Ponderable, für alles, was ins Gewicht fällt und Zins trägt, und für viel weniger als eine halbe Million gibt sie den Leopold nicht fort.*

Theodor Fontane (1819–1898):
Frau Jenny Treibel

Kleinbürgerin

*Für Mutter gab es drei Stände: den Arbeiterstand, den Mittelstand und die Reichen. Ihre eigene Familie hatte sie immer dem Mittelstand zugerechnet. Arbeiter konnten jederzeit ihren Arbeitsplatz verlieren und dadurch in Not geraten. Sie selbst konnte wenigstens ihre Tochter gescheit ernähren. Als Kind der Mittelschicht sollte sie eine Ausbildung haben und ein gutes Geld mit in die Ehe bringen.*

Cornelia Julius:
Lebensbericht der Babette W.
Nürnberg 1981, S. 22

*Die Bourgeoise (Foto, um 1885)*

*Die Kleinbürgerin (Foto, um 1885)*

## Dienstmädchen

*Ein Mädchen, das nicht gehorchen kann, macht trotz Fleiß und anderer guter Eigenschaften einer Herrschaft wenig Freude. Wer nicht entschlossen ist, den Befehlen der Herrschaft nachzukommen, tut besser, auf andere Art sein Brot zu verdienen; denn der Ungehorsam, welcher sich auch gern in Widerspruch ergeht, ist in dienstbarer Stellung eine womöglich noch unangenehmere Eigenschaft als anderswo. Es gilt somit, gern zu gehorchen, nicht mit unwilligem Gesichte, und rasch zu gehorchen. Erfüllte Pflicht – macht froh Gesicht!*

Emy Gordon:
Die Pflichten eines Dienstmädchens.
Donauwörth 1900, S. 119

## Arbeiterin

*Die alte Frau, die auf eine Kette von Leiden und Entbehrungen zurückblickte, die unter schrecklichen Verhältnissen jedes zweite Jahr ein Kind geboren hatte, das sie dann 16 bis 18 Monate an ihren Brüsten nährte, um länger vor einem neuen Wochenbett bewahrt zu bleiben, diese Frau, die verkümmert und frühzeitig von harter Arbeit gebeugt war, konnte sich für ihre Tochter kein anderes Los vorstellen als eine gute Ehe. Ihre Tochter gut zu verheiraten, war ihr Sinnen und Trachten... Heiraten und Kinder bekommen sah sie als die Bestimmung des Weibes an.*

Adelheid Popp (1869–1939):
Jugend einer Arbeiterin.
Berlin–Bonn 1977, S. 87 f.

*Dienstmädchen aus Leitmeritz (Foto, um 1880)*

*Arbeiterin (Foto um 1890)*

# A. Aristokratie, Geldadel, Bildungsbürgertum – und deren Dienstmädchen

Der Kaiser hält Cercle. Ein Hofball in Berlin 1879. In der roten Galauniform der Garde du Corps begrüßt Wilhelm I. eine Stunde lang Damen und Herren der Gesellschaft, bis es Zeit ist für das Buffet (s. S. 99). Er betrachtet gerade mit amüsiert genießerischem Lächeln eine schlanke junge Frau, deren nackte Schultern und eng geschnürte weiße Seidentaille den leuchtenden Mittelpunkt des Gemäldes bilden. Die hochgeraffte lange Schleppe über ihrem herausgedrehten reizenden Hinterteil ergießt sich über das ganze Parkett, eine Attitüde, die dem Maler Adolph von Menzel (1815–1905) Gelegenheit gibt zu zeigen, worauf es dieser Gesellschaft bei ihren Frauen ankam: auf das Sehen und Gesehen werden, auf das repräsentative Äußere, mit dem man sich sehen lassen konnte!

‹Weiber weiblich, Männer männlich› – das ist, wie ihr wißt, einer von Papas Lieblingssätzen, läßt Theodor Fontane (1819–1898) seine Effi Briest ihren Freundinnen mitteilen. Offensichtlich weiß der märkische Landjunker Briest genau, wovon er redet. In dieser ironischen Opposition ist die ganze Selbstherrlichkeit enthalten, mit der von männlicher Seite die Rollen zugeteilt wurden. Was damals als «weiblich» galt und gelten sollte, zumindest in den großbürgerlichen Schichten, wird im folgenden deutlich werden.

Zunächst ein paar Worte über die sozialhistorische Situation. Seit der Reichsgründung 1871 führte wagemutiges Unternehmertum zur Gründung von Banken und Aktiengesellschaften, zu Geld- und Bodenspekulationen. Die 5 französischen Reparationsmilliarden förderten eine Konjunktur, die schon Jahrzehnte vorher im Zusammenhang mit immer neuen Energiequellen, mit wachsendem Verkehr und großartigen Erfindungen begonnen hatte. Die wirtschaftlichen Möglichkeiten eines solchen Aufschwungs erzeugten ein wahres Aufstiegsfieber. Neben dem Bourgeois als einem Bürger, «der über der Wohlfahrt der eigenen Klasse den Rest der Menschheit allmählich vergißt», entstand der Typ des Parvenü, «der weder die Menschheit, noch die eigene Klasse, sondern nur den eigenen Aufstieg im Auge hat».[1]

Die außerordentlich schnelle Kapitalanhäufung in solchen Kreisen war der Hintergrund für das Bedürfnis nach Selbstdarstellung auf allen Gebieten. Den Frauentyp dieser neureichen Bourgeoisie hat Theodor Fontane unvergleichlich in seinem Roman «Frau Jenny Treibel» (1892) porträtiert: Er schildert sie als «den Typus einer Bourgeoise.» Aufrichtig bilde sie sich ein, «ein gefühlvolles Herz und vor allem ein Herz ‹für das Höhere› zu haben. Aber sie hat nur ein Herz für das Ponderable, für alles, was ins Gewicht fällt und Zins trägt ... Wenn es gilt, Farbe zu bekennen, dann heißt es: Gold ist Trumpf und weiter nichts.»[2]

Doch nicht nur Gold war Trumpf, sondern auch der Name! Wenn sich ein Mädchen mit goldenem Hintergrund einen adligen Namen erheiraten konnte, so war sie am Ziel ihrer Wünsche.

*Dann wurde das unerhörte Ereignis kräftig glossiert, daß ein Golzow die Tochter eines Großindustriellen geheiratet hatte. Die erste Unadlige in der Familie, und noch dazu der Sprößling eines ‹Kohlenfritzen!›*
*‹Und der Kerl, der Ernst, hat noch die Frechheit gehabt, mir seine Verlobungsanzeige zu schicken.› Auf Tante Jettchens runzligen Wangen brannten rote Flecke. ‹Aber freilich, wenn von oben das Beispiel gegeben wird! Wenn Se. Majestät selbst mit dem Kanonen-Krupp und den Hamburger Kaffeesäcken fraternisiert! Und amerikanische Milliardärstöchter, deren Väter noch mit dem Bündel auf dem Rücken durchs Land zogen, hoffähig werden!›*[3]

Wenn auch die Aristokratie noch weitgehend die politische Führung innehatte, so stand sie doch auf verlorenem Posten. Denn die Bourgeoisie unternahm es nun, mit ihrem Geld den Lebensstil der Kaiserzeit zu bestimmen. Repräsentation stand an erster Stelle, und als ein Hauptrepräsentationsgegenstand fungierte die Frau, die Gattin, die Gnädige Frau und Gnädigste, der die Herren verehrungsvoll die Hand küßten.

Aber die Epoche war nicht nur das Zeitalter der Großbanken und Großindustrien mit dem Aufsteigermodell der Familie Krupp in Essen, dem Kampf um die führende Position auf dem Welt-Waffenmarkt, der Gründung des Flottenvereins, der unaufhaltsamen kolonialen Expansion. Die Klassengesellschaft differenzierte sich in ungeahnter Weise, und neben dem Bourgeois existierte das Bildungsbürgertum, schon aus Karrieregründen meist ebenfalls konservativ eingestellt, und der sogenannte Mittelstand, von dem im nächsten Abschnitt die Rede sein wird. Aus vorkapitalistischer Ära stammte die Achtung vor dem akademisch Gebildeten, die Ehrfurcht vor akademischen Titeln, und die Titel führten mit standesbewußtem Stolz auch die Ehefrauen. Sie mußten allerdings ein bißchen Betuchtheit mit in die Ehe bringen, wenn der Haushalt einigermaßen standesgemäß geführt werden sollte, was von einem Oberlehrer- oder Professorengehalt nicht möglich war. Doch hatte der kaiserliche akademische Beamte neben seiner bescheidenen materiellen Sicherheit ein hohes Sozialprestige, das für manches andere entschädigte.

Dem Bildungsbürger ist der Hang zum Historismus zuzuschreiben, der den Stil dieses Zeitalters in vieler Hinsicht bestimmte, die Vorliebe für klassizistische Formen, in denen sich humanistische Bildung kundtat. Die Ausgrabungen in Pompeji und Troja gaben hier neue Impulse. Es begann die Freude, aber auch die Möglichkeit für Orientreisen mit Cooks Reisebüro.

## Das Porträt

Nimmt man die Memoiren berühmter und weniger berühmter Leute als direkte Quellen für das zeit- und schichtenimmanente Bewußtsein über die Frauen aus deren eigenem Lebenskreis, so erscheint die Mutter der Erzählenden im allgemeinen als liebreich und gütig, bescheiden, anpassungsfähig und vermittelnd zwischen dem strengen Vater und den Kindern. Nur selten wagt ein Erzähler eine aufrichtige Darstellung, die Individuelles wiedergibt und zugleich die Resultate weiblicher Erziehung schildert, wie der Kulturphilosoph Theodor Lessing (1872–1933):

*Ich habe, so lange ich zurückdenke, an meinen Eltern gelitten. Erst der Tod hat mir das Bild dieser Eltern verklärt und lieber gemacht, je tiefer sie in die Ferne der Vorzeit schwanden. Aber da meine Mutter mehr als dreißig Jahre länger als mein Vater gelebt hat, so hat auch ihre Unzulänglichkeit und Schwäche länger auf mir gelastet, und es liegt die Gefahr nahe, daß einige Bitterkeit meine Aufzeichnungen verfälscht.*
*Trete ich nun mit den alles billigenden Augen des Liebenden vor das Gedächtnis meiner Mutter, dann sehe ich ein rührend wehrloses, ganz harmloses, ganz argloses Wesen, das vermöge seiner Wehrlosigkeit, Arglosigkeit und Duldung Schicksale besteht, welche eine selbstbewußtere, stärkere Natur nie hätte überstehen können.*

*Von ihrem Vater wird sie, einundzwanzig Jahre alt, verheiratet und kommt aus der schwankenden Hand des Vaters in die launenhafte des Gatten. Vom Gatten wird die Schwangere zum Vater zurückgeschickt, vom Vater abermals dem Gatten überantwortet. Damit ist das Wachstum ihrer eigenen Möglichkeiten abgebrochen. Auf sich selber kann sie noch nicht stehn, an Mann und Vater sich nicht mehr lehnen. So vergeht ihr das Leben im künstlichen Halte der Lügen ...*
*Es war der Erfolg, die Macht und das Geld, was beide Eltern herzensträge machte. Es war das Geld, die Macht und der Erfolg, darum sie warben, dahin sie wollten, und was ihnen das im Menschenleben Entscheidende war. Darin unterschied sich mein Elternhaus in nichts von Millionen andern Häusern des Zeitalters. Ich habe nichts so verachten gelernt wie den Erfolg, das Geld und die Macht.*[4]

Diese bittere Muttererinnerung hat zumindest einen zeittypischen Nenner: die Wehrlosigkeit der Frauen, mit der sie aus der Hand des Vaters oder eines Erziehungsinstitutes in die des Ehemannes übergingen, ohne zu einer eigenen Persönlichkeitsentwicklung zu gelangen:

*Mit einemmal kam ihr zum Bewußtsein, daß sie nun nichts mehr zu tun hatte und daß sie niemals wieder etwas zu tun haben würde. Ihre ganze Jugend im Kloster war nichts gewesen als eine Vorbereitung auf die Zukunft, ein Schwelgen in Träumen. Ihre Erwartungen und Hoffnungen auf das Leben, auf das Glück, hatten sie zu jener Zeit so ganz und gar erfüllt, daß sie es nicht merkte,*

*Industriellenporträts – Alfred Krupp und seine Gattin Bertha, geb. Eickhoff (Julius Grün, 1823–1896)*

*wie die Zeit verrann. Später dann, als sie diese strengen Mauern verlassen hatte, zwischen denen ihre Illusionen wie heimliche Blumen aufgeblüht waren, da wurden ihre Träume zur Wirklichkeit. Sie hatte den Mann, nach dem sie sich sehnte, gefunden, geliebt und geheiratet, und all diese Ereignisse hatten sich in wenige Wochen zusammengedrängt, er hatte sie in seinen Armen entführt, ohne ihr auch nur die geringste Zeit zum Nachdenken zu lassen.*

*Nun aber sollte die holde Erfüllung der ersten Tage zur alltäglichen Wirklichkeit werden, das Tor war verschlossen, das aus Traum, Sehnsucht und Hoffnung ins Glück führte. Alles stand bereits fest, und es war kein Raum mehr für unbestimmte Erwartungen.*

*Nichts mehr war zu tun, heute nicht, morgen nicht, und niemals wieder. Dunkel kam ihr dies alles zum Bewußtsein und ernüchterte sie.*[5]

Dieser Text besagt, wie eingleisig öde der Lebensplan bürgerlicher junger Mädchen angelegt war. Hatten sie eine Eheschließung erreicht, so durfte ein Mißlingen dieses Unternehmens nicht vorkommen. Daher die Ergebenheitshaltung vieler Frauen und ihre große Kraft im Ertragen auch fast unerträglicher und demütigender Verhältnisse. Besonders nach außen hin mußte der Schein der glücklichen Ehe, die heile Welt des harmonischen Familienlebens gewahrt bleiben. Das gelang oft nur durch das Schweigen der Frauen, ihren Verzicht auf Gespräche über die sie berührenden Probleme, auf das Austragen von Konflikten in einer Diskussion – und damit wuchs ihre Unfähigkeit, persönliche Dinge überhaupt formulieren und aussprechen zu können. Solch fortgesetzte Verdrängungsvorgänge haben viele von ihnen krank gemacht und führten zu Neurosen und Hysterien, deren familienbezogene Ursprünge Sigmund Freud (1856–1939) zu Ende des Jahrhunderts entdeckte. Er sagt, daß nach dem Ende der ersten Kindheitsperiode (etwa 5 Jahre) ein Stück der Außenwelt in das Ich aufgenommen worden sei und die Funktionen der elterlichen Erziehung als Über-Ich fortsetze, als unser Gewissen. Oft verläuft dann die neue Überwachung noch strenger als die reale elterliche, denn sie zieht das Ich nicht nur wegen seiner Taten, sondern auch wegen seiner Gedanken zur Rechenschaft. Die Überstrenge dieser psychischen Instanz wiederum produziert Schuldgefühle, Ängste vor Liebesverlust bzw. vor Aberkennung der Reputation in der Milieu-Gesellschaft.[6] Da nun die jungen Mädchen des gehobenen Bürgertums kindlich bis zur Hochzeit gehalten wurden und deshalb die Über-Ich-Personifizierung durch den Vater in einer verlängerten Phase erlebten, waren sie tief durchdrungen von der elterlich vermittelten Moral, die sie sich dann selbst in ihrer Ehe fortzusetzen bemühten. Ohne daß eine innere Ablösung vom El-

*Damenbildnis (Wilhelm Friedrich Herter, 1865–1888)*

*Salongespräch (Ernst Heilemann, 1870–?)*

Aristokratie, Geldadel, Bildungsbürgertum 99

*Cercle am Hof Kaiser Wilhelm I. 1879*
*(Adolph von Menzel, 1815–1905)*

ternhaus stattgefunden hätte, wirkten die Neigungen und Anforderungen des sozialen Jugendzustands noch lange fort.

Dieser Wiederholungsprozeß führte zu einer Steigerung des gesellschaftlichen Status der verheirateten Frau, der zu den statistischen Daten des Frauenüberschusses in krassem Gegensatze stand. Im Jahre 1907 – und das ist in den beiden vorangegangenen Jahrzehnten nicht wesentlich anders gewesen – überstieg die Zahl der unverheirateten Frauen über 35 die der alleinstehenden Männer über 45 um etwa 2¼ Millionen.[7] Dennoch nahm im letzten Drittel des 19. Jahrhunderts der soziale und normative Stellenwert der verheirateten Frau weiterhin zu.

Im bürgerlichen Sprachgebrauch setzte sich streng die Unterscheidung «Frau» und «Fräulein» durch, eine sprachliche Opposition also, die eben der damals für weibliche Wesen wichtigsten Unterscheidung Rechnung trug: verheiratet oder nicht verheiratet zu sein. Noch in den ersten Jahrzehnten nach 1800 war weitgehend das angehängte -in üblich gewesen; die Viehmännin hat den Brüdern Grimm Märchen erzählt, also die Frau des Bierbrauers Viehmann – und Luise Millerin fällt Kabale und Liebe zum Opfer, also die Tochter des Stadtmusikanten Miller. Wohl gab es eine Fülle von regional- und sozialgestaffelten Anredeformen, auf die hier nicht näher eingegangen werden kann. «Madam» und «Mamsell» waren weit verbreitet, wobei z. B. die Markthändler eine Frau mit Hut, also eine Bürgerfrau, mit «Madam» ansprachen. Mit Fortschreiten des bürgerlichen Jahrhunderts bevorzugte man dann Anreden, die den Status nicht nur sozial kennzeichneten. «Frau» und «Fräulein» stammten aus dem aristokratischen Vokabular, und statt

*Markteinkauf (Peter Philippi, 1866–1958)*

«Frau Gräfin» hieß es nun «Frau Kommerzienrätin». Die Aristokraten versuchten eine Weile, sich mit «Gnädige Frau» und «Gnädiges Fräulein» abzusetzen, was aber dann auch bald vom Großbürgertum übernommen wurde.

Die Anrede «Frau» hatte jedoch ohne die Beifügung des ehemännlichen Titels bald keinen sozialen Stellenwert mehr; um so deutlicher unterschied sie die Ehefrau von der Nicht-Ehefrau. Eine 60jährige Lehrerin z. B. mußte sich also als «Fräulein» anreden lassen, dazu noch mit dem sächlichen Artikel «das», was letztlich den Hinweis auf einen Durchgangszustand infantiler Abhängigkeit bedeutete. Da außerdem «Fräulein» stets mit «jungfräulich» zusammengedacht wurde, haftete dieser Anrede ein Maß von Fremdbestimmtheit an – durchaus in pejorativem Sinne –, das wohl nicht einmal die Frauenbewegung voll erkannt hat. Zu tief war der bürgerlichen Gesellschaft das Bild von der «Bestimmung der Frau» in Ehe und Familie eingeprägt, in dem sie die private Sphäre, abgeschirmt hinter dichten Samtvorhängen, zu vertreten hatte.

Die Überbewertung des Verheiratetenstatus, die erst in der Gegenwart durch den mutigen Unabhängigkeitssinn junger Menschen endgültig durchbrochen worden ist, zeigte sich in der Gründerzeit auch in der zunehmenden Verfemung geschiedener Frauen (vgl. S. 142).

Daß sich in der zweiten Hälfte des 19. Jahrhunderts die Situation gerade für die Frauen aus dem gehobenen Bürgerstand in ethischer Hinsicht so verschlechterte, hing mit der Sozialgeschichte der Familie zusammen, gehörte es doch nunmehr zur guten Erziehung, so wenig wie möglich von den Realitäten der Welt zu wissen, von Politik, Arbeitsverhältnissen, Sexualität. Immer naiver sollte die Gattin allen sozialen Prozessen der Gesellschaft gegenüberstehen, auch der Berufswelt des Mannes. Das alles lernte sie nur durch die Vermittlung ihres Ehemannes kennen, etwa nach der von Wilhelm Busch formulierten Devise: «Er liest in der Kölnischen Zeitung und teilt ihr das Nötige mit.»

Berufslosigkeit der Bürgerfrau und höheren Tochter war in Imitierung aristokratischer Verhaltensweisen standesbedingt – auch bei bescheidener materieller Lage. Was solche gesellschaftlichen Zwänge für begabte Töchter aus «guter Familie» an seelischen Leiden hervorrufen konnten, hat z. B. Theodor Fontane in seinem Roman «Die Poggenpuhls» in der Gestalt der Sophie eindrucksvoll geschildert.

In Berlin war der Zoologische Garten ein beliebter Treffpunkt zum Anknüpfen von Bekanntschaften:

*Täglich, am frühen Nachmittag, gingen wir vier in den nahen Zoologischen Garten, wo sich die Bewohner des Westens am Neptunteich unter den Musikkapellen ein Stelldichein gaben. Hier traf sich der behäbige Spießbürger mit Freunden und Verwandten, im stillen beglückt, nach der vorschriftsmäßigen Sommerreise wieder ruhig am rotgedeckten Tisch zu sitzen, statt schwitzend und prustend Ausflüge abzuklappen. Hier erschien in schäbiger Eleganz die Offiziers- und Beamtenwitwe, um ihre schon stark angejahrten, interessant verschleierten Töch-*

Aristokratie, Geldadel, Bildungsbürgertum 101

*Die Papageienallee*
*(Max Liebermann, 1847–1935)*

102  Gründerzeit

*Annäherungsversuch*
*(Knut Ekwall, 1843–1912)*

# Aristokratie, Geldadel, Bildungsbürgertum

*ter vor Männeraugen spazieren zu führen. Hier ließen sich mit der Stickerei und dem mitgebrachten Kuchen zu stundenlangem Klatsch all die Überflüssigen nieder, an denen das weibliche Geschlecht so reich ist. Droben aber vor dem Restaurant, wo die weißen Tischtücher weithin sichtbar die Klassen schieden, tauchten elegante Toiletten und bunte Gardeuniformen auf, und Rücken an Rükken mit der vornehmen Frau der Hofgesellschaft saß im Glanz ihrer Brillanten und schwarzen Augen die schöne Otero und ihresgleichen. Jenseits jedoch, auf dem Hügel hinter dem Neptun, fanden die Stillen sich ein, die Musik- und die Naturschwärmer, die Nebenabsichtslosen mit ihren Büchern und ihren Zeitungen. Sie alle sahen unten auf der Lästeralle den bunten Strom kokettierender Jugend an sich vorüberfluten.*[8]

## Hochzeit, Ehe und Familie

In ihrem programmatischen Werk «Frauenleben im deutschen Reich» (1876) beklagt Louise Otto-Peters die Unselbständigkeit vieler junger Frauen und führt sie auf mütterliche Erziehungsfehler zurück. Man dürfe nicht ständig Unterwerfung verlangen, sonst erziehe man nur unzufriedene Geschöpfe, die ihr Lebenlang nicht wissen, was sie wollen und Angst vor der eigenen Entscheidung haben. Nach außen fügsam und hingebend seien sie sich selbst zur Last, besonders aber dem Gatten, obwohl sie sich ihm meist sklavisch unterordnen[9].

Die Forderung nach Selbständigkeit und Freiheit der Entscheidung war zweifellos berechtigt, aber wie sollte ein junges Mädchen solche Tugenden erlernen, wenn ihr ständig das drohende Gespenst im Rücken stand, «sitzenzubleiben» und keinen Ehemann «abzubekommen». Welch hohen Stellenwert der Heiratsantrag für ein junges Mädchen jener Generation besaß, «eine gute Partie zu machen», ist oft von Männern und «glücklichen Ehefrauen» bespöttelt worden. Von Hermann Sudermann (1857–1918) stammt eine erschütternde Schilderung der psychischen Not eines intelligenten, wählerischen Mädchens der besseren Gesellschaft, das sich diesem Problem ausgesetzt sieht:

*Und dann fing sie aus freien Stücken von ihrem Schicksal zu reden an. ‹Ich bin achtundzwanzig und schon ein spätes Mädchen ... Heiraten soll ich durchaus ... drum werde ich 'rumgeschickt ... Überall, wo 'ne gute Partie zu machen ist, da muß ich in die Erscheinung treten ... und war es mal wieder nichts, dann geht die Geschichte von neuem los ... Zwei Schwestern und zwei Tanten habe ich ... die wechseln sich ab ... und alle haben eine Heidenangst, daß ich sitzen bleibe, denn dann lieg' ich ihnen für immer auf dem Halse ... Gelernt habe ich nichts. Dafür war meine Kinderstube zu fein ... Höchstens Hausdame könnte ich werden. Repräsentation nennt man das wohl. Bei einem älteren Witwer ... Es mag auch ein Junggeselle sein ... der sich dann vielleicht in einen verliebt ... Und wenn er auch grau und picklig ist ... Dafür muß man Gott danken, denn das ist die einzige Karriere, die man zu machen hat›.*[10]

War es dann endlich so weit, hatte ein passender Herr um das Mädchen angehalten, so waren dem gewiß lange Prozeduren vorausgegangen, die einerseits die Mitgift des Mädchens und andererseits die finanzielle Solidi-

*Die gute Partie (Tihamér Margitay, 1851–1922)*

*Der Baum der Liebe
(Bilderbogen von Gustav Kühn, Neuruppin)*

tät des zukünftigen Ehemannes betrafen. Thomas Mann (1875–1955) hat das in seinem Roman «Buddenbrooks» im Hinblick auf Tony und den ihr vom Vater zugedachten Herrn Grünlich sehr treffend durch den Mund des Konsuls in einem Gespräch mit seiner Frau formuliert:

*... sie wird sich nett installieren können, wonach ihr der Sinn steht, und ihren Mann schon nach ein paar Tagen lieben ... Er ist kein Beau, nein, mein Gott, nein, er ist kein Beau ... aber er ist immerhin im höchsten Grade präsentabel, und man kann am Ende nicht fünf Beine auf ein Schaf verlangen, wenn Du mir die kaufmännische Phrase zugut halten willst! ... Wenn sie warten will, bis jemand kommt, der eine Schönheit und außerdem eine gute Partie ist – nun, Gott befohlen! Tony Buddenbrook findet immer noch etwas. Indessen andererseits, es bleibt ein Risiko, und, um wieder kaufmännisch zu reden, Fischzug ist alle Tage, aber nicht alle Tage Fangetag! ... Ich habe gestern vormittag in einer längeren Unterredung mit Grünlich, der sich ja mit dem andauerndsten Ernste bewirbt, seine Bücher gesehen ... er hat sie mir vorgelegt ... Bücher, Bethsy, zum Einrahmen! Ich habe ihm mein höchstes Vergnügen ausgesprochen! Seine Sachen stehen für ein so junges Geschäft gut, recht gut.*[11]

Und im Hinblick auf den mäßigen Verlauf der eigenen Geschäfte und die anscheinend hervorragenden Auskünfte über Herrn Grünlich kann er im Gespräch mit seiner Frau die Heirat der offensichtlich widerstrebenden Tony mit diesem Hamburger Kaufmann nur wünschen.

Ehen wurden also keineswegs im Himmel geschlossen, sondern auf sehr materialistischer Grundlage vorbereitet und eingeleitet. War die Verlobung bekanntgegeben, so wurde die Aussteuer vervollständigt. Töchter der großbürgerlichen Klasse waren damit für die Dauer ihres Ehelebens ausgestattet und von Anschaffungssorgen befreit – aber auch der Freude beraubt, mit eigenen Gedanken hauszuhalten.

*Marie aber saß am liebsten, von Leinenzeug umgeben, im Dachstübchen, um Stich für Stich ihre Ausstattung zu nähen, da die Nähmaschine wohl kürzlich erfunden (1845), aber noch lange nicht in Privathäuser gedrungen war. Das Ladenfenster auf der Frauengasse, wo dies neue Wunder in Tätigkeit zu sehen war, ward von früh bis spät von staunenden Zuschauern umlagert.*[12]

Bei der Hochzeit war für die Braut das Brautkleid die Hauptsache. Nach adligem Vorbild (die Kaiserin Eugenie hatte 1853 in weißem Atlas mit einer vier Meter langen Schleppe geheiratet) erschien die vornehme Braut in Weiß mit einem Myrtenkranz im Haar, unschuldig und festlich zugleich.[13]

*Am 23. Januar 1869 wurde ich im Saal des Norddeutschen Lloydhauses getraut, und in Hillmanns Hotel versammelte sich die Hochzeitsgesellschaft, aus beiden Familien, intimen Freunden und meinen Kranzjungfern bestehend. Nach Bremer Sitte war bei einer Freundin, Emmy Büsing, später verheiratete Tewes, das Kranzbinden einen Tag vor der Hochzeit gefeiert – bei welchem der Myrtenkranz von den Freundinnen gewunden – und reizende Gedichte, besonders ein sehr schönes von einem jungen Wätjen gedichtet – vorgetragen wurden. Eine schöne Sitte brachte mir von meinen Freunden ein Ständchen – so daß alle üblichen Feierlichkeiten erlebt, aber nicht genossen wurden. Der Trennungsschmerz erfüllte mein ganzes Wesen, denn ich hing mit so vielen Fäden an Heim und Heimat.*[14]

Erinnerungen im Genrestil der Gartenlaubenlithographien tauchten diesen «schönsten Tag im Leben einer Frau» in rosiges Licht. Aber die glanzvolle und poetische Inszenierung einer bürgerlichen Hochzeit verdeckte meist nur die Hilflosigkeit der jungen Frau, mit der sie sich nun in die Hände eines ihr meist ziemlich fremden Mannes begab:

*Man kann wohl annehmen, daß weitaus die meisten Ehen seitens der Mädchen aus diesen Motiven ganz wahllos geschlossen werden. Gehorsam gegen die Eltern, der Wunsch aus dem Hause zu kommen, die Berechnung, versorgt zu sein, Schutz und Schirm für's Leben zu haben – das sind die herkömmlichen und als ganz ‹honett› geltenden Motive, welche die meisten Mädchen zum Jawort bestimmen. Hat das junge Herz noch nicht geliebt, dann redet es sich aus Pflichtgefühl, Eitelkeit in poetischem Sehnen, in erweckter Sinnlichkeit in eine Art von Liebe hinein, die aber doch durchaus nichts gemein*

*Titelblatt eines Textebuches für Hochzeitsfeiern*

*hat mit jenem allmächtigen Gefühl, das stark genug ist, alle großen und kleinen Prüfungen zu bestehen.*[15]

Es gab auch die Liebe auf den ersten Blick, zumindest in der Erinnerung der Beteiligten, besonders der weiblichen. Vicki Baum (1888–1960) erzählt ganz unehrfürchtig von der Verlobung ihrer noch nicht sechzehnjährigen Großmutter, eine Geschichte, die offenbar zu einer Familienlegende geworden ist mit der Hauptpointe des Triumphes über die ältere Schwester.

*Großpapa machte anscheinend eines schönen Tages bei meinen Urgroßeltern einen Besuch, um um die Hand der ältesten Tochter anzuhalten, wie es schon im Voraus zwischen den beiden Familien vereinbart war. Er erschien zu Pferd, denn beide Familien lebten zu der Zeit auf ihren Landgütern... Er stieg ab, übergab sein Pferd einem Stalljungen und stand noch im Hof, um seine Reithandschuhe mit perlgrauen Glacéhandschuhen zu vertauschen..., als er sah, wie sich im zweiten Stock ein Vorhang bewegte, und er bekam flüchtig ein Gesicht zu sehen, ein kleines Gesicht, Großmamas Gesicht! Es war Liebe auf den ersten Blick.*

*‹Wer um alles in der Welt ist dieser Engel?› fragte Großpapa den Stalljungen sofort. ‹Die gerade heruntergeschaut hat! Das ist die Kleine, die jüngere von den jungen Damen. Geht noch in die Schule›, so wurde er informiert. Inzwischen hatte die ältere Schwester, die voll zimperlicher Erwartung einem jungen Mann entgegensah, dem*

*Freundinnen auf dem Ausflug (Foto, um 1890)*

*sie bis dahin nur auf ein paar Bällen in der Nachbarschaft begegnet war, Großmama von ihrem Beobachtungsposten gewaltsam verdrängt.*

*Großmama war gleichfalls auf der Stelle entflammt. Ich konnte das gut verstehen, denn noch als ich ihn kennenlernte, war Großpapa ein auffallend schöner Mann... Er ließ sich bei Großmamas Eltern melden, trat – Reitanzug, perlgraue Handschuhe usw. – vor sie, verbeugte sich, küßte der Dame des Hauses die Hand und sagte: ‹Gnädige Frau, mein Herr, gestatten Sie, daß ich mir die Freiheit nehme, Sie um die Ehre zu bitten, mir Ihre jüngste Tochter zur Frau zu geben.›*

*Das war natürlich die Klimax in Großmamas Geschichte; was folgte, scheint weniger interessant. Aufruhr, Empörung, Verwirrung, Zank zwischen den Familien, Streit zwischen den Schwestern, Selbstmorddrohungen auf allen Seiten und endlich das Nachgeben. Dann die lange Wartezeit, bis ein anderer Freier für die ältere Tochter gefunden war. Noch längere Wartezeit, bis das Kind seinen sechzehnten Geburtstag erreicht hatte. Ich muß sagen, es war alles ein bißchen zu schön... Sogar ich konnte damals schon den leicht faden Geschmack bei diesem Happy-end deutlich wahrnehmen. Aber ich brauchte nur das Hochzeitsfoto anzuschauen, um Großmamas Märchen zu glauben. Sie war ein Kind, als sie heiratete, und sie blieb es ihr ganzes Leben lang.*

Diese schöne Geschichte hat nicht nur die Qualität eines Familienmärchens, sondern zeigt auch deutlich, wie austauschbar die jungen Mädchen tatsächlich waren, wie sehr die Wahl fürs Leben einer liebenswürdigen Laune entspringen konnte. Die Mädchen wußten zumeist gar nichts vom Leben, und für die Eltern stand das Ziel der standesgemäßen Versorgung an der Spitze.

Daß der «schönste Tag» oft mit einem Schock für die junge, naive und gänzlich unaufgeklärte Braut endete, ist selten zugegeben worden. Vicki Baum berichtet in der ihr eigenen Offenheit von der Hochzeitsnacht ihrer Mutter, also der Tochter jener romantisch Verlobten:

*Ich glaube, daß meine Mutter noch bis zu diesem Tag mit Puppen gespielt hat. Und da auch ihre Mutter ein Kind geblieben war, ließ sie ihre Tochter in die Hochzeitsnacht stolpern, ohne ihr weitere Instruktionen mit zugeben, als daß eine Braut sich in jegliches, noch so unangenehm und unanständig geartetes Tun des Bräutigams zu fügen habe. Für meine Mutter hörte sich das ähnlich an wie die Predigt vor dem ersten Gang zum Zahnarzt. In ihrer unglaublichen Unwissenheit hoffte die kleine Braut wahrscheinlich, ohne wesentliche Belästigungen davonzukommen. Schließlich hatte ja auch der Zahnarzt niemals einen Defekt an ihren kräftigen weißen Zähnen gefunden und ihr niemals weh getan...*

*Jetzt ist sie also – und dies habe ich von ihr selbst – zum erstenmal allein mit ihrem Mann. Ganz Unschuld, Dummheit, Gehorsam, mit den allerfeinsten handgestrickten weißen Seidenstrümpfen, weißen Satinschuhen in Kindergröße, weißem Schleier und weißem Myrtenkranz. Auch Vater bebt vermutlich in seinen Lackschuhen, denn, um Himmels willen, wie machte man den Anfang mit einer Jungfrau? Er stellt ihr ein paar unge-*

*schickte Fragen, entdeckt ihre abgrundtiefe Unkenntnis der Dinge. Es rührt ihn zwar an, doch es macht die ohnehin schwierige Situation noch um – oh – so viel schwieriger. Die Mietdroschke rattert über das Kopfsteinpflaster, es wird dunkel, es regnet, Vater sagt dem Kutscher, er solle eine Fahrt um den Ring machen. Das ist kostspielig, aber es braucht Zeit, um seiner kleinen Frau die schrecklichen Tatsachen des Lebens zu erklären. Ich bin sicher, daß er es mit Methode tat, in echtem Revisorenstil und den rauhen, ungeschminkten Ausdrücken eines älteren Junggesellen.*

*Mama fröstelte, zitterte, seufzte vor Angst, hielt mühsam die Tränen zurück. Woher wußte er nur all diese schmutzigen Dinge? so überlegte sie. ... Bis sie zu Hause anlangten (Flitterwochen entfielen als zu teuer), war Mama zu Stein geworden.*

*Um die Mitte dieser gänzlich viktorianischen Hochzeitsnacht lief sie fort. Zurück zu den Eltern wie so manche andere entsetzte junge Braut. Früh am nächsten Morgen übergab ihr Vater, der Mann von Welt, der stürmische Romantiker, sie ihrem Ehemann erneut zu treuen Händen. Vielleicht mit ein paar zarten Winken, wie man eine noch sehr kindliche, empfindsame Braut behandelte. Und sie fügte sich, ganz wie man es ihr gesagt hatte – und wie Tausende von Mädchen sich einem unerwünschten, ungeliebten Manne fügten.*[16]

Das waren nicht gerade ideale Voraussetzungen für sexuelle Harmonie in der Ehe. Da die jungen Mädchen auf diese Seite des Ehelebens genauso wenig vorbereitet wurden, wie ihre Mütter es gewesen waren, setzte sich die Ansicht fort, daß dies Thema für wohlerzogene Frauen kein Gesprächsstoff sei. Auch in den bürgerlichen Ehebetten mit ihren Baldachinen wird nicht viel gesprochen worden sein, und die rosa Marmorampel war meist erloschen. Lebendige Sinnlichkeit erwartete man nicht von der bürgerlichen Hausfrau, und selten dürfte sie in ihr geweckt worden sein. Das schickte sich nicht.

Und so vertiefte sich auch innerhalb dieser intimsten Begegnung der Ehegatten die familiäre Sprachlosigkeit, die Unfähigkeit, über wichtige persönliche Dinge miteinander zu sprechen, die dann später die Mutter daran hinderte, die Tochter über ihre körperliche Entwicklung aufzuklären. Die allerweiblichsten Gespräche waren in jener Gesellschaft kein weibliches Thema. Käthe Kollwitz (1867–1945) berichtet von der Hilflosigkeit ihrer Entwicklungszeit, so wie sie viele erlebt haben werden:

*Daneben fühlte ich mich dann den Zuständen ausgeliefert, die, ohne sich auf ein bestimmtes Ziel zu richten, den Pubertätsmenschen peinigen. Damals entbehrte ich deutlicher, daß die Mutter nicht Vertraute war. Bei dem moralischen Grundton unserer Erziehung konnte es nicht anders sein, als daß ich – unerfahren in dem Naturwissenschaftlichen des Menschen – meine Zustände als Schuld empfand. Ich hatte das Bedürfnis, mich der Mutter anzuvertrauen, zu beichten. Da ich Lüge der Mutter gegenüber nicht kannte, auch nicht Ungehorsam, meinte ich, wenn ich täglich der Mutter Bericht über meinen Tag erstattete, würde ich an ihrem Mitwissen eine Stütze haben. Aber sie schwieg, und so schwieg ich auch. Die Unkenntnis des Körperlich-Menschlichen blieb mir noch lange Jahre. Vom Kinderkriegen hatte ich die albernsten Vorstellungen. Ich las die Marquise von O. von Kleist, verstand selbstverständlich nicht, worauf sich die ganze Erzählung aufbaut, und war überzeugt und gewärtig, auch ich könnte ganz aus heiler Haut ein Kind bekommen.*[17]

Übrigens gibt es auch Zeugnisse dafür, daß selbst in höchsten Kreisen die unschuldig naiven Mädchenjahre nicht immer im legalen Ehebett endeten – auch das eine Folge der Unaufgeklärtheit dieser Mädchen. Aus der Jugendgeschichte eines 1876 geborenen «eingezahlten Kindes» erfährt der Leser von einer Einrichtung Kaiser Josefs aufgrund zunehmender Aborte und Kindesmorde in der besten Wiener Gesellschaft. Junge uneheliche Schwangere aus Adelskreisen konnten in der Landesgebäranstalt «unter Maske» entbinden, niemand durfte sie nach Namen und Herkunft fragen, dem Kind konnten sie einen beliebigen Namen geben, und die Geheimhaltung ihres eigenen Namens wurde voll verbürgt, wenn sie für das Kind einen Pauschalbetrag einzahlten. Das Kind gehörte dann die ersten zehn Jahre dem Lande Wien und vom 10. bis 14. Lebensjahr der Stadt, wo es entsprechend

*Geschenkbücher für Damen*

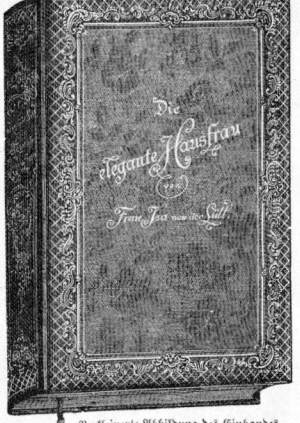

in Pflege gegeben wurde. Auf der Suche nach seiner Mutter hat Max Winter erfahren, daß sie 15 oder 16 Jahre alt war, als sie mit ihrer Mutter in das Landesspital kam.
*In der Gebäranstalt ist der Akt dieser Geburt in dem ‹weißen Buch› verzeichnet. Alle Rubriken des Aufnahmsprotokolls, die sonst von der Herkunft der Mutter erzählen, sind unausgefüllt. Name, Alter, Stand, Religion, Heimat – alle diese Fragen des Protokolls bleiben unbeantwortet. Die Rubriken hüllen sich in das Unschuldsweiß der zahlungsfähigen Moral.*
*... Sie ist die Mutter Nr. 28 von 1876. Sie erhielt diese Protokollzahl, als sie am 25. März in die Anstalt trat. Dann erzählt das Protokoll nur noch, daß sie einen Monat später am 26. April eines Knaben entbunden und daß dieses Kind am 29. April notgetauft entlassen wurde. Unbekannt wohin und an wen. Die ‹Mutter Nr. 28› aber ging, los und ledig aller Pflicht, am 6. Mai aus dem alten Klosterbau. Wie mögen sich doch ihre Freunde und Freundinnen gefreut haben, als sie von der langen Reise so wohlbehalten zurückkehrte, und wie gut mag sie Jahre später die Myrte gekleidet haben!*[18]

Wenn auch die Bitterkeit des «eingezahlten Kindes» verständlich ist, so darf man darüber die Belastung nicht vergessen, mit der ein solches Mädchen, war es nur einigermaßen sensibel, sein Leben verbringen mußte. Die verlogene doppelte Moral dieser Gesellschaft zeigte sich in einer derartigen Einrichtung besonders deutlich.

## Erziehung zur Weiblichkeit

*Da wurde ein Geräusch vernehmbar, die Tür öffnete sich, und auf der Schwelle stand Božena, ein Licht in der Hand, das ihre Züge grell beleuchtete. ... Božena rief: ‹Kommen Sie, Herr! kommen Sie!› Er sah die Botin unverwandt und mit erwartungsvollen Blicken an und keuchte endlich, ohne seine Stellung zu verändern: ‹Es ist ein Sohn – rede! – es ist ein Sohn!›*
*‹Was – Sohn!› erwiderte Božena – ‹Sie sollen kommen, der Frau geht es schlecht.›*
*Heißenstein richtete sich mit Gewalt empor und ging mit heftigen und doch müden Schritten auf die Magd zu. ‹Aber das Kind ...,› rief er, – ‹das Kind ist da – lebt?›*
*‹Ist da – – lebt,› wiederholte sie.*
*‹Ist ein Knabe?!› setzte er hinzu, fast schreiend in bangender Qual.*
*‹Ist ein Mädchen›, sagte Božena. Sie sagte es ruhig und beschwichtigend. Er jedoch außer sich, sinnverwirrt, meinte Hohn und Schadenfreude aus ihrer Stimme klingen zu hören. Mit einer Verwünschung stürzte er auf die Verkünderin der unwillkommenen Botschaft los, stieß sie vor die Brust, daß sie taumelte und ging – nicht zu seiner schwerkranken Frau, nicht zu dem neugeborenen Kinde, sondern zurück in sein Gemach, dessen Tür er hinter sich zuwarf und verriegelte.*[19]

Die Geburt begründete ja in der alten Gesellschaftsordnung bestimmte Rechtsverhältnisse, und so war ein Mädchen schon mit ihrer Geburt auf falschem Wege, begann der Kampf um Anerkennung und Zuwendung. Gratulationsbesuche weiterer Kreise in aristokratischem oder großbürgerlichem Milieu galten meist der Geburt eines Stammhalters, also eines männlichen Nachfolgers für Name, Geschlecht, Vermögen, Geschäft.

*‹Binchen war ein Mädchen›, heißt es in einem Kleinstadtroman der Zeit, ‹also von Natur auch nicht so viel Wert als ein Junge, der doch den Stamm weiter pflanzte und seinen Namen in der Welt, worunter man zunächst die Marburger Bürgerschaft verstand, zu hohem Ansehen bringen konnte. Mehr und mehr jedoch gewann Binchen an Wert, als sie die Aufseherin des acht Jahre jüngeren Bruders wurde›.*[20]

Nun scheint es, als seien auch die Mütter, den Wünschen der Väter folgend, nicht unparteiisch gewesen und hätten sich lieber einen Sohn gewünscht. So erzählte meine 1881 geborene Mutter stets bekümmert, wie unwillkommen sie als 4. Tochter gewesen sei, und daß sich ihre Mutter zur Wand gedreht habe und das Neugeborene gar nicht ansehen wollte, so daß ich als Kind glaubte, sie könne sich an diesen frustrierenden Augenblick, den ich deutlich vor mir sah, erinnern. Daß eine so enttäuschte Einstellung der Mutter dem Kleinkind gegenüber nicht ohne Störung für dessen narzißtisches Wohlbefinden abläuft, läßt sich leicht denken und vermuten, wie oft schon in frühester Kindheit kleine Mädchen seelisch vernachlässigt worden sind.

Kinder nicht aufzuklären, auch nicht anläßlich der Geburt eines Geschwisterchens, galt allgemein als Norm. Ein Hauslehrer geriet in nicht geringe Verlegenheit, als von zwei Brüdern einer «den andern bei mir verklagte, derselbe habe gesagt, der petit Auguste sei aus der Mama ihrem Bauch herausgekrochen. Ich bescheidete mich, mit Strenge zu erwidern: «Ihr müßt kein solches Zeug reden!»[21]

Und Charlotte Berend-Corinth (1880–1967) erzählt von ihrer kindlichen Wahrheitssuche:
*Käte und ich wollten doch nun mal wissen, wo denn die Babys herkämen. Alle fragten sich's untereinander. Weißt du's? Keine in der Klasse wußte es. Zu verrückt ist das! Käte und ich brauchten jetzt derbe Worte. Blöde ist es! Wenn ich Mama fragte, so wurde sie ans Telefon gerufen, wenn ich Marie fragte, wurde die böse, sie schimpfte. Jeh wech aus meine Küche, du mit dein dummes Jefrage. Du siehst doch, daß ich keene habe, woher soll ick es denn nu wissen!*
*Überall kamen Babys an. Überall gab's kleine Brüder und Schwestern. Und man wußte nicht, woher sie kamen. Es muß irgendwas mit dem Doktor zu tun haben, grübelte Käte. Immer war sie grade bei den Großeltern gewesen; wenn sie nach Hause kam, war der Doktor da. Hübsch leise sein, der Klapperstorch hat Mutti ins Bein gebissen, als er dir ein Brüderchen brachte. Wie sieht denn so ein Baby zu allererst aus, Käte? Scheußlich. Und an die Sache mit dem Storch glaub ich nicht; du? Eigentlich doch – weil Mama und Papa ... Ach was! Die lügen! Die sagen auch die blöden Geschichten vom Weihnachtsmann und Osterhasen. Das alles haben sie sich ausgedacht.*[22]

Solche Erinnerungen, die als spaßiger «Kindermund» in zahlreichen Varianten wiederholt werden könnten, sind sehr bezeichnend für diese Epoche. Sie beweisen nicht nur die Körper- und Sexualfeindlichkeit oder -furcht der Eltern und Erzieher; sie zeigen nicht nur, wie allein man die Kinder mit so schwierigen Problemen ließ. Sie offenbaren zumindest eine Ablehnung des tatsächlich Weiblichen als peinlich und damit auch Frauenfeindlichkeit. Sicher war es für ein kindliches Gemüt nicht erträglich und kaum zumutbar, die Mutter in Kindsnöten zu erleben, und deshalb sehr schön, wenn Großeltern oder Tanten als Ausweichstation zur Verfügung standen. Die Rolle der Mutter beim Auftauchen eines neuen Geschwisterchens aber gänzlich zu unterschlagen zugunsten eines exotischen Storches – das paßte in die verklemmte und hilflose Moral dieser Zeit.

*Der Klapperstorch? (Adolph von Menzel, 1815–1905)*

*Im März 1873 drängte sich das zweite Kind ans Licht. Die Entbindung war schwer, aber dann lag ein gesundes Mägdlein in der Wiege. An dieses Ereignis knüpft sich meine erste Erinnerung. Damals war ich zweieinhalb Jahre alt. Mein Vater nahm mich an die Hand, führte mich am Bett der Mutter vorbei und zeigte mir das Schwesterchen, auf dessen Bett die Storchentüte lag. Die Erinnerung an dies Ereignis prägte sich mir unvergeßlich ein.*[23]

Der Adebar, zoologisch ein Sumpfgänger, in der Volksetymologie ein Glückssymbol, brachte also – so die Umfrage des Atlas der deutschen Volkskunde um 1930 – in den meisten deutschsprachigen Gegenden die Babys nach einer Legende, die für die Kinder den Geburtsvorgang verhüllen sollte.[24] Nach trostreichem Begleitbrauch wurde den älteren Geschwistern vielfach bei dieser Gelegenheit eine Storchentüte mit Süßigkeiten beschert. Aufschlußreich ist die Mitteilung, daß die Vorstellung vom Storch als Kinderbringer von Norden nach Süden gewandert ist und sich «bezeichnenderweise immer zuerst bei

*Wöchnerinnenbesuch (Mihály von Munkácsy, 1844–1900)*

den gebildeten Schichten der Stadtbevölkerung durchgesetzt hat»;²⁵ wohl verständlich, daß sich auf dem Lande eine so absurde Mythologisierung eines natürlichen Vorgangs kaum durchsetzen ließ.

In der volkskundlichen Literatur gibt es weitschweifige Ausführungen über die vielfältige Gestalt dieses mythischen Kinderbringers, wie überhaupt Schwangerschaft und Geburt mit so viel Aberglauben und Aberwissen umgeben waren, daß eine vernünftige Sexualaufklärung keinen Platz darin fand. Die Kirche beider Konfessionen und ihre Vertreter betrieben eifervoll die Tabuisierung des Geschlechtlichen und damit auch der Geburt, so daß Mutter und Kinder oft in verzweifelte Nöte gerieten, wenn das bevorstehende «freudige Ereignis» vorbereitend erklärt werden sollte:

*So ganz leichthin fragte Frau Braun, es war im Sommer 1904, sie wusch Geschirr auf, Felix trocknete ab: Sag mal, möchtest du nicht gern ein kleines Brüderchen oder Schwesterchen haben? Das wär doch schön, dann hättest du jemand zum Spielen ...? – Ein Brüderchen – ja. Aber keene Schwester. – Du sollst doch nicht keene sagen! Keine heißt das! sagte Frau Braun, und dann erklärte sie ihm, wie er es anstellen müsse, um zu einem Brüderchen zu kommen: Wenn man ein Brüderchen haben will, dann muß man klaren Zucker vors Fenster legen, bei einem Schwesterchen Würfelzucker. So weiß der Klapperstorch gleich Bescheid, was er bringen soll.
Also klaren Zucker vors Fenster!
Dann mußte ihm Frau Braun die Sache mit dem Klapperstorch noch einmal ganz genau erzählen.
Also da ist ein Teich mit vielen schönen Blumen ringsherum. Und da sitzen die Kinder drin. Wie viele denn? Ach, du mußt mich jetzt nicht unterbrechen, laß mich doch erst mal fertig erzählen. Aber nachher darf ich fragen, ja? Ja. Also da sitzen die Kinder drin. Und dann kommt der Klapperstorch geflogen und nimmt ein Kindchen heraus und bringt es dorthin, wo Zucker vorm Fenster liegt. Aber bloß dann, wenn du brav bist, zu ungezogenen Kindern bringt er nichts. Ja, und dann beißt er die Mama ins Bein – Beißt??!!! ... Ja. Beißt die arme Mama ins Bein, und die Mama muß dann lange krank liegen, im Bett, und kann nicht aufstehen und hat viele Schmerzen. Und wenn du sie vorher recht geärgert hast, dann stirbt sie vielleicht sogar. Ja, es ist schon manche Mama gestorben, weil sie ihr Junge vorher so geärgert hat ... Frau Braun tätigte einen pädagogischen Seufzer. Dann: Siehst du, das muß deine arme Mama nun alles durchmachen, bloß weil du ein Brüderchen haben willst. Und du bist manchmal so unartig! ...
Es gab eine ausgedehnte Diskussion.
Mit dem Ergebnis, daß sich Felix bereit fand, den Zucker doch vorm Fenster zu lassen, aber die Mutter mußte ihm versprechen, daß sie ihn gleich rufen würde, sowie der Klapperstorch käme.*

Nun folgen unzählige Fragen, mit deren Beantwortung sich das Kind das merkwürdige Geheimnis verständlich machen möchte:
*Wie kommen denn die Kinder in den Teich? ...
Was essen denn die Kinder im Teich? ...
Mama, aber warum muß der Klapperstorch die Kinder bringen? Warum holen sich die Leute, die einen kleinen Jungen haben wollen, den nicht selber aus dem Teich, da könnten sie sich doch aussuchen, welchen sie wollen? ...
Wenn der Klapperstorch nun aber mal so ein Kind quetscht? ...
Wenn er aber nun nicht fest zufaßt, dann kann er doch mal eins fallen lassen? ...
Wie is denn das aber im Winter – der Vater hat mir doch erzählt, daß die Störche im Winter nach Afrika fliegen? ...
Wenn er aber nun kommt und ein Kind bringt, und das Fenster is zu, was macht er denn da? ...
Bringt er die Kinder bloß in der Nacht? ...
Nu aber warum bringt er sie denn bloß in der Nacht? ...
Woher weiß er denn, ob's ein Junge oder ein Mädchen is, was er bringt? ...
An einem Oktobermorgen wachte er auf. Schrecklich schrie nebenan seine Mutter – er stürzte an die Tür: die war zugeschlossen. Fremder Leute Stimmen waren in der Wohnung – schrecklich, furchtbar schrie die Mutter – Felix fing an, rasend Hilfe! Hilfe! zu brüllen – nach einer Weile kam der Vater herein: Dummer Flegel! Hältst du's Maul! und verabreichte ihm eine Ohrfeige – schloß die Tür hinter sich wieder zu – Was machten die bloß mit seiner Mutter! – Er brüllte weiter: Hilfe! Mutter! ...
Na, und dann wurde er zu seiner Mutter geführt von einer fremden Frau, die Mutter lag im Bett und sah sehr bleich aus. Mit ganz matter Stimme sagte sie: Felix? Der Klapperstorch hat dir ein Schwesterchen gebracht. ...
Eene Schwester?!!
Ja, ein liebes kleines Schwesterchen. Geh nur mal hin und guck sie dir an!
Seine Schwester lag im Bett des Vaters. Nur der Kopf war zu sehen und winzige Händchen. Der Kopf war sehr groß. Felix stand steif und stierte.*²⁶

Die peinliche Verdrängung alles Geschlechtlichen aus dem familiären Gespräch, die Geheimnistuerei der Erwachsenen, die Selbstbescheidung der Mutter auf die alberne Rolle, vom Storch ins Bein gebissen zu werden: das alles mußte dann bei größeren Kindern, wenn sie «es» erfuhren, den Eindruck des Gemeinen und Zotigen erwecken, was wiederum besonders auf die Mutter bzw. auf die spätere Frau zurückschlug. Zudem war es «eine Grausamkeit, es darauf ankommen zu lassen, daß ein Knabe und ein Mädchen von den physischen und emotionellen Veränderungen, die jene Zeit (die Pubertät) mit sich bringt, überrascht werden, wozu dann wahrscheinlich noch das Gefühl kommt, das Opfer einer furchtbaren Krankheit geworden zu sein».²⁷

War die Geburt schon so entschieden aus dem Gesichtskreis der Kinder fernzuhalten, so mochte sich auch im allgemeinen die Mutter beim Stillen nicht beobachten lassen.

«Vor dem Ball» nennt Edouard Debat-Ponsan (1847–1913) sein pikantes Gemälde, auf dem die junge Mutter in festlicher Robe ihren Kleinen stillt, während der Vater im Abendanzug gründlich gelangweilt am Kamin lehnt und die kleine Kindsmagd etwas geniert darauf wartet, das Baby wieder in ihre Obhut zu nehmen. Es war die Zeit, in der auch das Stillen abkam, weniger aus dem vorgeschobenen Grunde, daß die Mütter zu zart waren, als deshalb, weil es zum bon ton gehörte, eine Amme zu haben, in Wien eine Hanakin und in Berlin eine Spreewälderin in voller Tracht. Ja, diese Tracht als eine Art von großstädtischer Ammenuniform erhielt ihre üppige Ausprägung mit überdimensional gesteckter Haube erst durch ihre repräsentative Funktion beim Spaziergang mit dem neu aufgekommenen Kinderwagen im Tiergarten. Die Spreewälder Amme gehörte so sehr in die Berliner Familien- und Kinderwelt, daß die Bilderbogenfabrik des Gustav Kühn in Neuruppin sogar eine Anziehpuppe mit diesem Motiv druckte.

Im Geiste einer stabilisierenden Kinderaufzucht, ganz orientiert auf die Nachahmung des elterlichen Status, wurde das Puppenspiel zum Hauptinstrument der gutbürgerlichen Mädchenerziehung. Entsprechend groß war die Vielfalt der Puppenproduktion, vor allem in England, Frankreich und Deutschland. Schon seit der Pariser Weltausstellung von 1855 gab es das «Bébé Jumeau», eine bewegliche Babypuppe aus Gußmasse, und ungefähr gleichzeitig kam nach japanischem Muster der «Gelenktäufling» auf den Markt. 1880 wurde in Sonneberg im Thüringer Wald die Puppe mit Kugelgelenkkörper erfunden und kurz danach die Schlafaugen, die dem Biskuitporzellankopf mit Mohair- oder Naturhaarfrisuren eine eigene Natürlichkeit verliehen. Damit war die Spielpuppe in die Kinderstuben eingezogen.[28] Man darf je-

*Vor dem Ball (Edouard Debat-Ponsan, 1847–1913)*

doch über dem Zuwachs an schönem Spielzeug, der auch die herrlichsten Puppenstuben und -küchen umfaßte, nicht vergessen, daß sich gerade an diesem Gegenstand die Klassenunterschiede in voller Schärfe auswirkten. Die Puppenproduktion gruppierte sich in Deutschland um das Zentrum Sonneberg in Thüringen und wurde von Verlegern mit einem großen Stab von Heimarbeitern organisiert, die jedoch als «Händchendrücker», «Babymacher», «Kleidernäher» usw. nicht existieren konnten, wenn nicht die ganze Familie bis zum vierjährigen Kind mithalf. Auf diese Weise ergab sich die makabre Situation, daß Kinder für Kinder arbeiteten, die einen ohne jede Spielgelegenheit, die anderen mit mehr Freizeit und Spielgegenständen, als sie sich wünschen konnten, – ohne daß die eine Gruppe von der anderen auch nur die geringste Ahnung hatte.[29]

Die engagierte Frauenrechtlerin Louise Otto-Peters (1819–1895) fand noch andere erzieherische Nachteile im Puppenspiel:

*... unsere, bis zur Kunst fortgeschrittene Industrie gefällt sich darin, alles Wirkliche nachzuahmen und so alle Moden der Erwachsenen auch auf die Puppenwelt zu übertragen, alle Hausgeräte in minutiöser Form nachzubilden.*

*Man muß in der Tat selbst über diese Puppen staunen, die als Wiegenkinder schreien, die Augen öffnen und schließen, mit Armen und Beinen zappeln oder ‹Papa› und ‹Mama› sagen, im Zimmer umherkriechen oder eine Fülle von Haaren haben, aus denen jede beliebige Frisur sich herstellen läßt – man muß lächeln über diese Küchen mit Spiritusfeuerung in Maschinen und Kochherden, mit allen nötigen Kochgeräten und Vorräten der Speisekammer; echten Schinken, die nach Zollen messen, Flaschenkörbchen mit echten Champagnerflaschen usw. – man kann sie reizend finden, diese Puppenhäuser mit dem elegantesten Salon, in dem weder die Stutzuhr, noch das Album auf dem Lesetische, wie das Schlafzimmer, in dem weder das Waschservice, noch die Wachsstockschachtel von Silber fehlt, und alles nach neuester Façon – und ebenso kann man diese Puppendamen anstaunen, die nach der neuesten ‹Modenwelt› gekleidet sind und einen Koffer mit vollständiger Garderobe für jede Saison besitzen: – aber es sind doch zwei sehr wichtige Bedenken dabei: Das eine, daß der Phantasie nichts mehr übrig bleibt hinzuzutun, daß ihr jede Arbeit erspart wird und sie so ungeübt verkümmern muß; das andere: daß durch das Puppenspiel der Mädchensinn nur auf Äußerliches gelenkt und mit Gewalt darauf hingedrängt wird, an Mode und Luxus Gefallen zu finden und die eigenen Bestrebungen und Wünsche allein auf dies Gebiet zu konzentrieren.*

*Das eigentliche Spiel wie sein Zweck hören fast auf bei dieser Nachahmung des Wirklichen. Statt die eigene Kraft zu üben, selbst zu denken, zu erfinden, zu schaffen, wird dieselbe eingeschläfert, und an die Stelle belebenden Interesses tritt sehr bald Langeweile.*[30]

So richtig manches sein mag, was Louise Otto-Peters hier vorträgt, so scheint mir doch ein positives Moment des Puppenspiels unberücksichtigt zu bleiben: das Liebhabenkönnen des Puppenkindes in seiner lebendigen Rolle, die es im Leben der kleinen Mädchen spielte. Je strenger sich die Erziehungsprinzipien des Adels und patrizischen Bürgertums auf Contenance und Selbstbeherrschung ausrichteten, um so mehr mußte ein kleines Mädchen für seine Gefühle bei anderen Dingen seine Rettung suchen, und eine liebe Puppe konnte da ein großer Trostspender sein.

*Ein gut erzogenes Mädchen zeigt seine Gefühle nicht, pflegte meine Mutter zu sagen, und so vergrub ich mich in die Kissen meines Bettes, wenn ich weinen mußte, und lief in den Garten hinaus, um mich hoch in die Lüfte zu schaukeln, wenn ich mich freute.*

*Eigentliche Freunde und Spielkameraden hatte ich nicht, wohl aber geselligen Verkehr, der mich Sonntags fast immer, schön geputzt, aus dem Hause führte. Im Schloß bei Großherzogs war ich ein häufiger Gast: Prinzessin Viktoria und Prinz Ludwig, zwei blühende Kinder damals, waren lustige Gefährten, und beim Baumplündern zu Weihnachten, beim Eiersuchen zu Ostern hallte das Schloß wider von unserm Lachen und Lärmen, an dem das freundliche Elternpaar stets die meiste Freude hatte. Nur das Kochen in Vickis großer Küche, die das Ideal aller andern kleinen Mädchen war, langweilte mich entsetzlich, – die Fee, die dem Wickelkind die Hausfrauentugenden in die Wiege legt, war offenbar zu meinem Tauffest nicht geladen worden! Da wars bei Max und Marie doch schöner, den Kindern des Prinzen Wilhelm, deren kaiserlicher Großvater ihnen aus Rußland das kostbarste Spielzeug zu schicken pflegte: Eisenbahnen mit richtigen Schienen, Puppen, die laufen und reden konnten, – lauter Dinge, die zu jener Zeit für gewöhnliche Sterbliche unerreichbar waren.*[31]

Die Mädchenerziehung gefiel sich mehr und mehr in einer geradezu unerträglichen Prüderie, die die Offenheit zwischen den Generationen und den Geschlechtern wei-

*Puppenstuben (um 1880)*

Aristokratie, Geldadel, Bildungsbürgertum 113

*Amme auf einem Anziehpuppen-Ausschneidebogen
von Gustav Kühn in Neuruppin*

terhin erschwerte. Von einer bis ins Lächerliche gesteigerten Schamhaftigkeit wurden sogar die Puppen betroffen. So konnte man in der «Gartenlaube» von 1870 in einem Unterhaltungsroman folgende Passage lesen:
*Die jungen Männer wurden vom Diener in den Garten geführt wo Frau und Fräulein Hösli beieinander in einer Laube saßen. Anna war gerade damit beschäftigt, eine Puppe für Franks Kinder anzuziehen. Da die Toilette der kleinen Dame eben erst begonnen hatte und sich noch auf ein etwas knappes, vermutlich von einer kleineren Puppe stammendes Hemdchen beschränkte, warf Anna erschrocken ein Tuch über den anstößigen Lederbalg, als sie die beiden Herren von weitem kommen sah, und raffte in der Eile Strümpfchen, Höschen und was sie erwischen konnte, zusammen. ‹Das ist Victor›, rief sie vergnügt ihrer Mutter zu und zwang sich mühsam, sitzen zu bleiben, – sie wäre ihm so gerne entgegengelaufen, wenn es sich nur geschickt hätte (S. 218).*

In der großbürgerlichen Familie wurde die Beziehung zwischen Eltern und Kindern immer förmlicher, ihre gefühlsmäßigen Bezugspersonen fanden sie oft in den Kinderfrauen und Gouvernanten. Die höhere Schulbildung garantierte den Söhnen die gesellschaftliche Stellung, den Töchtern eine gute Erziehung. Mengen von kostbarem Spielzeug dienten weniger einer Entwicklung kindlicher Eigenheiten als vielmehr dem Erlernen eines standesgemäßen Benimm-Kanons, den zusätzlich bereits sehr früh veranstaltete Tanzstunden den Kindern zur Kenntnis brachten.

*Mit einer Schar kleiner Mädchen und Knaben bekam ich in demselben Winter die ersten Tanzstunden, die abwechselnd in ihren Familien stattzufinden pflegten. Da saßen dann all die Mamas und Großmamas und Tanten ernsthaft im Kreise herum und musterten die junge Generation und spannen Zukunftspläne und wetteiferten mit unserm Tanzmeister, der uns besonders interessant war, weil er in ‹Flick und Flock› den großen Krebs zu tanzen pflegte, in der Ausübung ihrer Erziehungskünste. Sie konnten stolz sein auf ihr Werk: So gut wir französisch parlierten, so zierlich tanzten wir Quadrille und Polka, – der Walzer war als ‹unschicklich› zu jener Zeit in der Hofgesellschaft verboten –, und so tadellos war unser Hofknix. Eine Position in der Gesellschaft war uns gesichert, ja wir besaßen sie, dank unsrer Familienbeziehungen, schon jetzt. Mir war sie etwas so Selbstverständliches, daß jener Hochmut, der nur entstehen kann, wenn man sie als etwas Besonderes ansieht, der daher am sichersten den Emporkömmling kennzeichnet, bei mir gar nicht aufkam.*[32]

Ein heiteres Bild von den Jung-Mädchen-Freuden entwirft Louise Pantenius (1850–1921):
*Wir elf Mädchen vertrugen uns gut und kamen außer den Unterrichtsstunden viel zusammen. Im Herbst begannen die Nähkränzchen, in denen Weihnachtsgeschenke für arme Kinder verfertigt wurden. Diese Nähkränzchen fanden wöchentlich abwechselnd in den verschiedenen Familien statt, und beschert wurde bei Poelchaus. Als wir im Backfischalter waren, richteten Poelchaus Leseabende ein, an denen später auch befreundete Gymnasiasten der oberen Klassen teilnahmen, dort lasen wir dann mit verteilten Rollen. Und wieviel fröhliche Tänzchen gab's im Winter mit einfachster Bewirtung. Limonade und Törtchen oder Plätzchen in den Tanzpausen, zum Schluß Bouillon oder Tee und Berge von Butterbrötchen. Dasselbe Mullkleid wurde immer wieder gewaschen, und nur die Schärpen, bald rosa, bald blau, wechselten ... Gab's ein richtiges Abendessen, so empfanden wir es sehr störend, wir wollten doch tanzen und nicht essen!*[33]

Trotz aller Bemühung, die Schlichtheit solcher Zusammenkünfte zu betonen, kommt doch heraus, wie fein es im Grunde stets in diesen Kreisen zugegangen ist. In der Familienkutsche wurden die Mädchen zu den Kränzchen hingefahren und wieder vom Kutscher abgeholt.

In einem vorgedruckten «Merkbücklein für Tanz-Erinnerungen und Gesellschaften» konnte das junge Mädchen dann gewissermaßen buchhälterisch den ganzen Abend festhalten und eintragen, von wem sie für die einzelnen Tänze engagiert wurde, welche Bouquets und Kotillonorden sie erhielt, was für ein Kleid sie trug: «weiße Seide mit grün und Heckenrosen»! – und wie gut sie sich den ganzen Abend amüsiert habe. Ja, unter der Rubrik: Wie unterhalten? war es sogar möglich, den Herren Zensuren über ihre Tanz- und Konversationsqualitäten zu erteilen.

*Der Abschiedsgruß (Erdmann Wagner, 1842–1917)*

*Der Walzer (Oblatenbild)*

*Ballerinnerungen (Seite aus einem Merkbüchlein)*

So bereiteten Eltern die Töchter auf das Leben einer Dame im Großbürgerstil vor, freigestellt von aller Hausarbeit, erzogen im süßen Nichtstun, in der Kunst der Zeit- und Geldverschwendung für äußere repräsentative Zwecke – und zugleich in einer künstlichen Kindlichkeit konserviert, in einer niedlich naiven Puppenhaftigkeit.

*Um die jungen Mädchen zu schützen, ließ man sie nicht einen Augenblick allein. Sie bekamen eine Gouvernante, die dafür zu sorgen hatte, daß sie gottbewahre nicht einen Schritt unbehütet vor die Haustür traten, sie wurden zur Schule, zur Tanzstunde, zur Musikstunde gebracht und ebenso abgeholt. Jedes Buch, das sie lasen, wurde kontrolliert, und vor allem wurden die jungen Mädchen unablässig beschäftigt, um sie von möglichen gefährlichen Gedanken abzulenken. Sie mußten Klavier üben und Singen und Zeichnen und fremde Sprachen und Kunstgeschichte und Literaturgeschichte lernen, man bildete und überbildete sie. Aber während man versuchte, sie so gebildet und gesellschaftlich wohlerzogen wie nur denkbar zu machen, sorgte man gleichzeitig ängstlich dafür, daß sie über alle natürlichen Dinge in einer für uns heute unfaßbaren Ahnungslosigkeit verblieben. ... ‹Gut erzogen› galt damals bei einem jungen Mädchen für vollkommen identisch mit lebensfremd; und diese Lebensfremdheit ist den Frauen jener Zeit manchmal für ihr ganzes Leben geblieben. ...*

*Aber so wollte die Gesellschaft von damals das junge Mädchen, töricht und unbelehrt, wohlerzogen und ahnungslos, neugierig und schamhaft, unsicher und unpraktisch, und durch diese lebensfremde Erziehung von vornherein bestimmt, in der Ehe dann willenlos vom Mann geformt und geführt zu werden.*[34]

Sozialstatistisch läßt sich nachweisen, daß infolge der langen akademischen Ausbildungszeit das Heiratsalter der Männer verhältnismäßig hoch war, 1–2 Jahre nach Antritt einer festen Stellung; dementsprechend stieg auch das durchschnittliche Heiratsalter der betreffenden Frauen im Kaiserreich auf Mitte zwanzig.[35] Aber das bedeutet nur sehr wenig im Hinblick auf das subjektive Bewußtsein dieser Frauen. Sie blieben «junge Mädchen» bis zu ihrer Heirat, unwissend und nur auf dieses eine einzige Ziel fixiert.

*Ich war wirklich eine ‹junge Dame› geworden; ich fühlte nicht einmal mehr, daß die hoffnungsvollsten Triebe meines Lebensbodens niedergetrampelt waren. ‹Man beurteilt ein junges Mädchen nach seinem Aussehen, weniger nach seinem Wissen›, schrieb ich, mir die Ansichten meiner Tante zu eigen machend, ‹sie wird mit Recht für arrogant gehalten, wenn sie schon eine eigne Meinung haben will.› Mein Tagebuch, das ich seit dem Augsburger Aufenthalt nicht berührt hatte, weil ich es nicht durfte, blieb auch jetzt unausgefüllt ... Mein Leben brauche ich nicht aufzuschreiben, denn die Nachwelt wird es nicht kümmern. Auch Verse mache ich nicht mehr, denn mein Streben ist darauf gerichtet, mein eignes Ich und die Welt um mich so poetisch wie möglich zu gestalten – durch bemalte Teller und Schachteln, bestickte Deckchen und ein mißhandeltes Klavier! – damit ich einmal meinem Mann eine hübsche Häuslichkeit schaffen kann. Mein Mann! – die Tante sorgte dafür, daß meine Träume sich mehr und mehr um ihn drehten, und meine Phantasie, die wir so tief eingesargt wähnten, nach dieser Richtung üppigste Blüten trieb. War nicht das Ziel aller ihrer Erziehungskünste der Mann? War es nicht wie ein glattes Rechenexempel, wenn sie mir auseinandersetzte, warum und wann und wen ich heiraten sollte? Da ich kinderlos bin, wird für dich reichlich gesorgt sein, sagte sie, als wir einmal im Siebentischwald spazieren gingen und ihr Arm schwer und schmerzhaft wie stets auf dem meinen ruhte, aber natürlich erst nach meinem Tode. Jetzt bist du arm, und bei der schlechten Wirtschaft deiner Eltern kannst du kaum auf eine Zulage rechnen. Mach also keine Dummheiten. Sorgen treiben gewöhnlich die Liebe zum Hause hinaus. Und wenn ich versucht habe, dich aus deinem Wolkenkuckucksheim in die nüchterne Alltäglichkeit zurückzuführen, so doch nur, damit du dich nicht mit einer konfusen Leidenschaft verplemperst. Du kannst jetzt die größten Ansprüche machen – verscherze dir das nicht! Ich hörte ruhig zu, ich war so gut erzogen, daß mir das alles selbstverständlich klang.*[36]

Und so posierte dann die junge Dame für den Fotografen: in altdeutscher Bürgertracht und Haube, in der weißen Schürze, die nie schmutzig wurde, mit dem Spinnrad, dessen Technik sie nicht verstand – ein Gretchen ohne Sünde, aber auch ohne Ernst, die Arbeit ein Spiel: eine verlogene Welt, in die die meisten Mädchen der Oberschicht hineinerzogen wurden, ohne deren falsche Töne wahrzunehmen (Abb. S. 170.).

## Soziale Beziehungen und Regeln für das Miteinander

War die Erziehung zur höheren Tochter von zahlreichen Regeln fest geprägt, so galt das in gleichem Maße für die zwischenmenschlichen Beziehungen im Leben einer Frau. Was noch bis in die jüngste Gegenwart zuweilen in kleinstädtischen Tanzstunden im Anstandsunterricht beigebracht wird, galt damals als feste Norm, vermittelt durch Benimmbücher wie z. B. das «Töchter-Album» der Thekla von Gumpert (1810–1897), das seit 1854 jährlich mit erbaulichen und lehrhaften Geschichten und Anstandsregeln erschien – aber auch sogenannte Jung-Mädchen-Romane wie «Backfischchens Leiden und Freuden» der Clementine Helm (1825–1896). Dieses 1863 erschienene Buch erlebte bis 1919 nicht weniger als 100 Auflagen, und zwar wohl kaum wegen seines fesselnden Inhalts – es ist eine eher langweilige Erziehungsgeschichte, allerdings mit strahlendem vorschriftsmäßigem happyend –, als vielmehr wegen der anschaulich verpackten Anstandsregeln, die es zu einem beliebten Geschenk für Backfische machten.[37] Ein Beispiel dafür, was damals so wichtig für das Auftreten eines jungen Mädchens war:

*Dabei blickte ich in den Spiegel und sah nun, wie wenig meine Erscheinung für eine feine Morgenvisite geeignet*

*Brautkleid aus Atlas (1873)*

war. Das Haar hing vom Winde gezaust nach allen Himmelsrichtungen um meine Stirn, der Hut saß schief und hatte eine arge Quetschung beim Kampf mit anderer Leute Regenschirmen erhalten, die Schleifen meines Knüpftuches hingen im Nacken, und der Kragen war eben im Begriff, auf und davon zu gehen. – ‹Daß auch Tantchen gerade bei solch' gräßlichem Wetter Visiten macht!› dachte ich ärgerlich und brachte meine Toilette wieder einigermaßen in Ordnung. Während ich aber hastig noch damit beschäftigt war, fiel mein Blick auf meine Handschuh, und neuer Schrecken durchfuhr mein armes Herz! Ach, in der Eile und Hitze hatte ich ein Paar alte ergriffen, und erst jetzt mußte ich das bemerken! Was würde die Tante sagen, wenn sie das sah, denn sehen würde sie es, ihrem Auge entging ja nichts! Und was sollte die vornehme Geheimrätin von mir denken, vor der ich mich schon so schrecklich blamiert hatte! Anbehalten mußte ich die abscheulichen Dinger, denn ohne Handschuhe, wie ich auf dem Lande ging, das wäre ja ganz unschicklich! (S. 20 f.)

So war es möglich, mit schicklichem Benehmen seinen Stand zu dokumentieren und sich von den unteren Schichten abzusetzen, – eine neue und verschärfte Tendenz im Verhalten des Bürgertums, die es in diesem Maße z. B. gegenüber den Dienstboten früher nicht gegeben hatte. Doch davon wird später zu sprechen sein. Hier noch ein paar Worte über die formalisierten Anstandsregeln. Alle jene äußerlichen Höflichkeitsgesten der Herren, wie Verbeugungen, Tür aufhalten, Päckchen tragen,

Die Gretchenrolle (Foto um 1880)

Handarbeitskränzchen im Kerzenschein (Holzstich nach einer Zeichnung von Werner Zehme, 1859–?)

Platz anbieten, Links begleiten: d.h. auf der Straßenseite gehen usw., kulminierten als feste Benehmensregeln in dieser Epoche. Derartige «gute Umgangsformen», so angenehm sie dem einzelnen auch halfen und so freundlich sie gemeint sein mochten, unterstützten doch nur das alte Rollenverständnis und das Weiblichkeitsbild von der schutzbedürftigen, anschmiegsam-schwachen «kleinen Frau», die ohne männliche Führung in dieser Welt nicht zurechtkommt. Immer noch galt die Etikette, galten die Vorrechte des «Vortritts» – etwa in dem Sinne: Alter vor Jugend, Dame vor Herrn, Vorgesetzter vor Untergebenem, Gast vor Gastgeber, Fremder vor Familienangehörigem, Ausländer vor Inländer usw.[38]

So nützlich die Kenntnis solcher Spielregeln zuweilen auch sein mag: sie isolierten besonders die Mädchen und Frauen als schutzbedürftige hilflose Wesen, denen nicht zufällig oft die männliche Anrede «liebes Kind» galt.

Sie waren aber auch Zeichen jener Beschwichtigungstaktik, mit der die Frau von allem Schmutz der Außenwelt – in jedem Sinne – ferngehalten werden sollte. Die hier in Frage stehende Epoche ist zurecht oft als die Zeit der doppelten Moral beschrieben worden, wobei sich hinter einem äußerlich untadeligen Lebenswandel mancherlei verbergen konnte, was man sich dann hinter vorgehaltener Hand zuflüsterte. Auch von den Vorkommnissen in der eigenen Familie wußte zwar jeder, aber nichts war bekannt.

*Ich hatte bald heraus, was bei Familiengesprächen, die dann plötzlich mit einem Blick auf die Kinder oder mit der Wendung ‹Regardez les enfants!› abgebrochen wurden, mit dem ‹Schaumgutsje› oder ‹Schaumkonfekt› gemeint war. Nämlich keineswegs das Feingebäck, das man in Mainz so nannte, sondern ein besonders hübsches und handliches Hausmädchen, für das der alte Herr nicht nur diesen Kosenamen erfunden, sondern der er auch noch ein Kindlein gemacht hatte. Dessen Versorgung war dann ein Problem der Familie, da die Großmutter von dieser paternité auf keinen Fall etwas wissen sollte. Ich glaube, sie hat tatsächlich nichts davon erfahren, was von viel Takt sowohl des Schaumgebäcks als der Familie zeugt. Zumindest war in der Eppichmauergasse niemals eine Störung ehelichen Friedens zu verspüren.*[39]

Die Leidtragenden in solchen Fällen waren die Frauen, besonders hier das taktvolle Hausmädchen, das wahrscheinlich ganz nobel abgefunden und zum Schweigen verpflichtet wurde. Übrigens war das zu dieser Zeit schon nicht mehr selbstverständlich. Das Allgemeine Landrecht hatte noch den Kindesvater gegenüber einer unbescholtenen Person außer zu Pflegekosten und Alimenten zu einer Abfindung verpflichtet; doch 1854 erfuhr dieses Gesetz durch das «Herrenhaus» einen grundlegenden Wandel und wurde dann unverändert in das BGB übernommen: von einer Abfindung war überhaupt keine Rede mehr, und hatte die Gegenpartei vielleicht mit der «Einrede des Mehrverkehrs» erst einmal die «Unbescholtenheit» der Kindesmutter in Frage gestellt, so stand es schlecht um deren Rechtsansprüche,[40] denn das war ein Männergesetz aus Männerhirnen. Aber – wie gesagt – solche Unmoral wurde von der Bürgerfrau ferngehalten, die nichts wußte und nichts wissen wollte, um unberührt von derartigen Problemen in ihrem Hause zu residieren.

## Wohnen und Gastlichkeit

Dem Hauswesen stand also die Hausfrau vor, doch mehr im repräsentativen als im ehemaligen mitarbeitenden Sinne.

*Mama ging ganz auf im Hauswesen. Wir hatten für die große Wohnung ein perfektes Hausmädchen. Auch in der Küche war eine Perfekte. ‹Friedrich› kam jede Woche zum Bohnern, zum Teppichklopfen. Und dennoch hatte Mama den ganzen Tag ‹zu tun›. Ich verstand es erst später, daß ich im soliden Luxus aufgewachsen war. Die Stühle waren für uns geschnitzt worden, ebenso das riesenhafte Büfett. Es barg Kostbarkeiten. Ich habe auch späterhin selten so schöne Gläser gesehen wie unsere Sektschalen, Rotwein- und Rheinweingläser. Hauchdünn waren sie. Wassergläser, Süßweingläser, Glasteller, alles hatte denselben schönen, fremden Schliff. Die Damasttischtücher zeigten nie einen Fleck. Das Geschirr aus England hatte nie eine angestoßene Ecke. Auch der tägliche Tisch war schön hergerichtet. Niemals zeigte das Silber eine Trübung. Nie war eine Gabel an der Spitze ange-*

*Dem blinden Bettler eine milde Gabe*
(Stahlstich, um 1830)

*Das verführerische Dienstmädchen
(René Reinicke, 1860–1926)*

laufen. ‹Nehmen Sie Salz zum Reinigen des Silbers, Marie.› ‹Jawoll, jnädje Frau›, sagte die Köchin.⁴¹

Wie schon Henriette Davidis (1800–1876) in ihrem viel benutzten Anleitungsbuch geschrieben hatte: die gute Hausfrau dürfe zwar nicht die Arbeiten selbst verrichten, aber sie müsse der Dienerschaft Anleitungen geben können.⁴²

Innerlich entfernte sich die Familie durch neue Arbeitsteilungen immer mehr voneinander und verlor an Intimität. Bei den Gesellschaften der Eltern durfte der kleine Sohn des Hauses vor den Gästen seinen Diener machen im weißen Matrosenanzug, das Töchterchen seinen Knicks im weißen Mullkleid mit Schärpe – aber dann führte das Kinderfräulein sie zurück in ihre Kinderstube. Kinder störten und waren lästig in den üppig ausgestatteten Salons, wo sie die Nippes, die kostbaren Porzellane und Kristalle nur gefährden konnten. Im Taufbild von 1880 des gefeierten Salonmalers Anton von Werner (1843–1915) spiegelt sich ganz unreflektiert diese Gesellschaftsatmosphäre. Auch die Raumgestaltung änderte sich: während sich im Biedermeier ein klarer und origineller Möbelstil ausgebildet hatte, schwelgten die Bürger der Gründerzeit in erborgten Wohnmoden der Vergangenheit: Altdeutsch für das Speisezimmer, Neubarock für das Schlafgemach, Neu-Rokoko und Belle-Epoque für

*Taufgesellschaft
(Anton von Werner, 1843–1915)*

*Drei feingemachte Kinder (Foto Berlin, 1908)*

den Salon. Das Theatralische der Wohnungsinszenierungen in Plüsch und Pomp läßt uns noch heute erschauern. Dabei war vieles nur Fassade und Attrappe und mehr Schein als Sein. Die Wirklichkeit dieser Welt bestand im Fehlen jeden Wirklichkeitsbezuges, im Streben nach dem sozialen Oben und der scharfen Grenzziehung zum sozialen Unten.

*In allem drückte sich ein Adel aus, der sich durch gekaufte, nicht ererbte Altertümlichkeit beweist. Die Geschichtlichkeit wird hier zu einem Wert, mit dem sich die Person wie mit einem Nimbus umgibt. Man will nicht seinen eigenen Stil demonstrieren, sondern als Besitzer anerkannter kunstgeschichtlicher Objekte bewundert werden. Das ist der größte Gegensatz zur Gemütlichkeit und Bequemlichkeit der Biedermeier-Interieurs, durchaus unbürgerlich, gewollt fürstlich. Im Schlafzimmer befindet sich ein Himmelbett mit Baldachin und kostbarem Teppich als Decke. Faltstühle der Renaissance, auf denen unbequem zu sitzen ist, stehen herum. Gotische Türen mit Eisenbeschlägen und reichgeschnitzten Täfelungen versetzen uns in die Stimmung von alten Burgen, durch die man geführt wird, aber in denen man nicht schläft. An der Decke ein Lüsterweibchen, auf dem Nachttisch ein unbequemes, altertümliches Lichtgestell aus Schmiedeeisen, neben dem Bett ein kleines Schränkchen, dessen Tür einen sonderbaren Folianten vortäuscht, um den realen Zweck zu verbergen. Wie schwer muß es sein, hier die Augen zu schließen und sich von dieser schönen Welt zu*

*Gründerzeit-Interieur (Foto um 1890)*

*trennen. Hier bleibt nur ein Paradeschlafen. Man geruht zu ruhen.*[43]

Die Wohnung verlor immer mehr ihren Charakter als Ort unmittelbarer Kommunikation, bezogen auf die Bedürfnisse der wohnenden Personen; zunehmend wurde sie zur Kulisse eines jederzeit vorzeigbaren Familien- und Gesellschaftslebens. Alles war vorgeformt und fertig zu kaufen. Das galt nicht nur für die Ensembles der Zimmereinrichtungen, sondern auch für den Wandschmuck. Reproduktionsgrafik in Ölfarbdrucken berühmter Gemälde, Lithographien großer Meister und, wenn man das Geld dazu hatte, Kopien in Öl schmückten die Wände in jeweils passenden Motiven und Rahmen. Nach dem Werbeslogan «Schmücke Dein Heim» empfahlen entsprechende Ratgeber für den Flur, das Entrée, den Wandspruch oder Haussegen in Brandmalerei, auch als Stickbild; im Salon oder der «kalten Pracht» die echten Ölgemälde mit Landschaften oder Porträts; im Wohnzimmer das zeitgenössische Genrebild; im Speisezimmer Motive, die Genuß und Vergnügen widerspiegeln wie Stilleben, Jagdstücke, Allegorien, Kneipszenen à la Grützner; als Schlafzimmerbilder im Handtuchformat waren religiöse oder märchenhafte Motive beliebt wie der Elfenreigen, und im Kinderzimmer fand man vor allem Märchenbilder und den Schutzengel[44].

Vorbei war die Zeit, da man sich die Möbel nach eigenem Geschmack beim Schreiner bestellte. Dem reichen Bürger standen nun Fabriken zur Verfügung wie der Hoflieferant und Hofdecorateur Carl Müller in Berlin und Leipzig, der in einem gebundenen, goldgepreßten Katalog seiner Kundschaft aus höchsten Kreisen «Complete Einrichtungen vom einfachen bis zum reichsten Genre in jedem Stil, bestem Geschmack und wirklicher Bequemlichkeit entsprechend» anbieten konnte.

*Des Hauses Zier ist Einigkeit,
Des Hauses Glück Zufriedenheit,
Des Hauses Ehre Gastlichkeit,
Des Hauses Segen Frömmigkeit!*

moralisierte der Fabrikant in seinem Katalog, nachdem er wenige Seiten vorher zitiert hatte:

*Willst Du genau erfahren, was sich ziemt,
so frage nur bei edlen Frauen an...*

Nun, diese Frage konnte nur zufriedenstellend beantwortet werden, wenn die edle Frau zuvor Müllers Katalog befragt hatte. Denn für die Hausfrauen der gehobenen Stände erhöhte das Konsumangebot an vornehmen Wohnungseinrichtungen noch die Unselbständigkeit und Abhängigkeit des Geschmacks. Jede Vorhangraffung, jedes Sesselpolster, jede Stuhlanordnung war standardisiert, und man konnte sich höchstens mit der Quantität ähnlicher Dinge überbieten. Eine Gelegenheit, eigenen Geschmack zu entwickeln und etwas Besonderes darzustellen, war auch der reichsten Frau Kommerzienrätin nicht ermöglicht. So ist bei Theodor Fontane z.B. der Speisesaal der Treibelschen Villa mit gelbem Stuck ausgestattet, «in den einige Reliefs eingelegt waren, reizende Arbeiten von Professor Franz. Seitens der Kommerzienrätin war, als es sich um diese Ausschmückung handelte, Reinhold Begas in Vorschlag gebracht, aber von Treibel als seinen Etat überschreitend abgelehnt worden. ‹Das ist für die Zeit, wo wir Generalkonsuls sein werden.› ...»[45]

Die Gelegenheit zur Renommage waren in diesen Kreisen vor allem die Festlichkeiten. Hier konnte man sich an Pracht der Arrangements und Üppigkeit der Tafel noch gegenseitig überbieten. Aber auch der Gästekreis mit Renommierbaron oder Hofdame, mit Vertretern von Oper und Theater, Malern und Sängern war entscheidend für das Ansehen des Hauses, für die Qualität dessen, was man «ein Haus machen» nannte. Hier konnte die Gnädige Frau brillieren. Und da man streng aufs Revanchieren hielt, gab es auch genug Gelegenheit zum Übertrumpfen.

*Nein, es war eine schöne Zeit, und daß sie so schön war, das danke ich zum nicht geringen Teil Anna Kempowski. Nach den Premieren, das war doch selbstverständlich, dann wurde in die Stephanstraße gefahren, und da wurde gefeiert, und zwar tüchtig! Immer war eine große Tafel aufgebaut, mit Kerzen erleuchtet, zwanzig oder dreißig Gäste zu Tisch, das machte diesem Hause überhaupt nichts aus. Da wurden einem die Teller gewechselt und*

*Katalogblatt des Hoflieferanten Müller*

*der Wein nachgeschenkt: Das Leben, das damals geführt wurde, wäre heute gar nicht mehr möglich. Das könnte man sich gar nicht leisten. Eine Köchin und soundso viele Hausmädchen, und alles immer tipptopp!
Nach dem Essen ging man hinüber in die Salons, und dann wurde vorgesungen oder deklamiert:
Alljährlich naht vom Himmel eine Taube ...
Strahlenbeck saß am Klavier – der ging später nach Mannheim –, und dann sangen wir Duette, und die Gäste standen und saßen drumherum.*[46]

Und Kommerzienrat Treibel meditiert darüber, daß er sich zum Glanze seines Diners «zwei adlige Fräuleins eingeladen habe, blaues Blut, das hier in der Köpenicker Straße so gut wie garnicht vorkommt und deshalb aus Berlin W von mir verschrieben werden mußte, ja zur Hälfte sogar aus Charlottenburg».

Es war die Zeit, in der die Hausfrau schon nicht mehr mit «Hausgebackenem» brillierte, sondern möglichst distanziert von allem, was nach Arbeit aussah, sich die feinsten Speisen und Torten aus den vornehmsten Geschäften fertig kommen ließ.

*Das Diner war zu sechs Uhr festgesetzt; aber bereits eine Stunde vorher sah man Hustersche Wagen mit runden und viereckigen Körben vor dem Gittereingange halten. Die Kommerzienrätin, schon in voller Toilette, beobachtete von dem Fenster ihres Boudoirs aus all diese Vorbereitungen und nahm auch heute wieder, und zwar nicht ohne eine gewisse Berechtigung, Anstoß daran. ‹Daß Treibel es auch versäumen mußte, für einen Nebeneingang Sorge zu tragen! Wenn er damals nur ein vier Fuß breites Terrain von dem Nachbargrundstück zukaufte, so hätten wir einen Eingang für derart Leute gehabt. Jetzt marschiert jeder Küchenjunge durch den Vorgarten, gerade auf unser Haus zu, wie wenn er mitgeladen wäre. Das sieht lächerlich aus und auch anspruchsvoll, als ob die ganze Köpenickerstraße wissen solle: Treibels geben heute ein Diner. Außerdem ist es unklug, dem Neid der Menschen und dem sozialdemokratischen Gefühl so ganz nutzlos neue Nahrung zu geben.›*[47]

## Küche und Dienstmädchen

Die Hintertreppe als Gegenstück zum «Aufgang nur für Herrschaften» – das entsprach voll und ganz dem Klassencharakter dieser Gesellschaft. Gründlich hatten sich die Vorstellungen über die Beteiligung der gehobenen Bürgerfrau und der höheren Tochter an der Hausarbeit im Verlauf der zweiten Hälfte des 19. Jahrhunderts geändert. Als entscheidendes Indiz für die sozialen Kämpfe und Klassenunterschiede sei das Dreiklassenwahlrecht genannt, das von 1849 bis 1918 Gültigkeit besaß. Es beinhaltete eine Einteilung der Wähler in drei Klassen nach der Höhe ihrer Steuerzahlungen:

Die reichen Leute in Klasse I umfaßten etwa 5% der Bevölkerung;

der Mittelstand mit Klasse II erfaßte etwa 13% der Bevölkerung;

die große Mehrzahl der Besitzlosen, Klasse III, etwa 82%.

Jede dieser drei ungleichen Gruppen wählte eine gleiche Anzahl von Wahlmännern – eine kaum glaubhafte Ungerechtigkeit, und auch im Ausland bezeichnete man dieses deutsche Dreiklassenwahlrecht als «Hort der Reaktion». Es war ungleich, indirekt und öffentlich – während das heutige allgemein ist, direkt und geheim. Hinzu kommt, daß die Frauen bis 1918 überhaupt kein Wahlrecht hatten!

In einer derartig organisierten und regierten Gesellschaft verstanden sich die beiden oberen, zahlenmäßig kleinen Klassen, dem alten ständischen Denken folgend, ganz selbstverständlich als dem Bestehenden verhaftet und suchten auf jede Weise, den Status quo zu stabilisieren. Noch das Einwohnerverzeichnis im Berliner Adreßbuch von 1896 vermerkt: «Aufgenommen sind alle selbständigen Einwohner mit Ausschluß der Gesellen und Arbeiter.» Von Dienern und Dienstboten ist nicht einmal im negativen Zusammenhang die Rede.

Die bürgerliche Hausfrau identifizierte sich voll mit diesen autoritären Prinzipien, die ja zugleich die Interessen ihres Mannes unterstützten. Sie reproduzierte damit die herrschende Ordnung in der Gesellschaft. In einer der ersten wissenschaftlichen Untersuchungen über die soziale Gruppe der Dienstboten, geschrieben von dem Volkswirt Oscar Stillich, heißt es:

*Speisekarte zu einem Diner im Hause Franz Stuck, 1896*

‹Die meisten bürgerlichen Frauen kommen mir vor wie die Kinder, die in der Stube mit ihren Puppen spielen und nicht merken, daß draußen ein hitziger Kampf tobt›, und so wirft er den Hausfrauen vor, daß sich ihr Interesse an der Dienstbotenfrage in der Diskussion über gute oder schlechte Leistungen erschöpfe, über fleißiges oder faules Personal, aber nicht über Menschen und ihre Bedürfnisse. Und weiter führt er aus: ‹Die Flutwelle sozialen Empfindens, die im 19. Jahrhundert über Westeuropa dahinging, hat auf das Denken der Frauen der besitzenden Klassen wenigstens ihren Dienstboten gegenüber wenig oder keinen Eindruck gemacht.›[48]

Diese erschreckende Beobachtung macht nicht nur zweifeln an der vorgeblichen Identität von Weiblichkeit und sozialem Empfinden – sie deutet zeitgeschichtlich auf ein Phänomen hin, das die Verschärfung der Klassengegensätze begleitete: die verachtungsvolle Abwertung der körperlichen Arbeit seitens der Frauen, der «Damen» im gehobenen bürgerlichen Haushalt. Der Stellenwert der Arbeit hatte sich gegenüber dem in der einstigen Haushaltsfamilie verschoben. Mit der Entfernung der Berufsarbeit aus der häuslichen Lebenswelt ging ein Wertverlust von Arbeit als gesellschaftlicher Kategorie überhaupt einher. Das betraf besonders die weiblichen Dienstboten und veränderte ihre Beziehung zur Herrschaft, ihren Tageslauf, ihre Freizeit, ihre Wohn- und Lebensformen.

Die meisten der großstädtischen Dienstmädchen kamen damals vom Land: aus kleinen Städten und Dörfern. Sozial entstammten sie den Kreisen der Handwerker und kleinen Beamten, Landarbeiter, Tagelöhner und kleinen Landwirte: also der Unterschicht der Kleinstädte und der klein- und unterbäuerlichen Schicht der Dörfer. Dort waren sie meist schon im Dienst beim Bauern gewesen und gingen dann wegen des besseren Lohnes, aus Neugier oder auch wegen eines unehelichen Kindes in die Fremde, in die Stadt. Als Magd auf dem Lande hatten sie in ihrer vertrauten Umgebung gelebt mit anderen Mädchen ihresgleichen; sie hatten bei Menschen gedient, die auch aus dörflichen überschaubaren Lebensverhältnissen kamen. Ihren Feierabend verbrachten sie mit anderen Mägden und Knechten, die die gleichen Wertmaßstäbe, Probleme, Konflikte, aber auch Freuden hatten wie sie. – Als Dienstmädchen in der Stadt dagegen fanden sie sich isoliert ohne eine ihnen verwandte Gruppe. Von ihrer Herrschaft, die in einem ganz anderen Milieu lebte, konnten sie nur selten eine Hilfe erwarten. Von den Fabrikarbeiterinnen aber als einer ihnen gleichgestellten Sozialgruppe lebten sie ebenfalls getrennt, besaßen zwar im Gegensatz zu mancher Arbeiterin eine gewisse häusliche Geborgen-

*Puppenküche (Ende des 19. Jahrhunderts)*

heit, hatten satt zu essen und zuweilen die Ansprache einsichtiger und gütiger Hausfrauen. Doch das gesellschaftliche System im allgemeinen führte zu ihrer Degradierung als «Dienstbolzen», der nur zur Arbeit da war.

Hier beginnt übrigens eine unerwartete Parallelität zwischen den Lebenssituationen von Gnädiger Frau und Dienstmädchen, die nicht den Klassencharakter ihrer Beziehung betrifft, sondern die gesellschaftliche Vereinzelung, die in verschiedener Weise beide erreichte. Vor der Industrialisierung war auch die bürgerliche Haushaltsfamilie wie die Bauernfamilie eine Produktionsgemeinschaft gewesen: als Handwerks- und Handelsunternehmen, als Kaufmannskontor, als Fuhrunternehmen oder was auch immer. Wirtschaft und Haushalt bildeten im volkswirtschaftlichen Sinne eine Einheit, in die Frau und Magd genauso integriert waren wie die männlichen Mitglieder der Haushaltsfamilie.

In der zweiten Hälfte des 19. Jahrhunderts nun hatte sich die häusliche Produktionsgemeinschaft zu einer Konsumtionsgesellschaft gewandelt; der Haushalt stand ganz abseits vom produktiven Wirtschaftsleben, an dem seine Mitglieder nur als Konsumenten teilnahmen. Diese Isolation betraf die Hausfrau, die abgesondert von den öffentlichen Interessen ihres Mannes lebte und nur äußerlich seinen «Stand» zu repräsentieren hatte, ohne effektiv an seinem Berufsleben teilzuhaben. Ja, es gehörte sogar zum guten Ton, zum Idealbild weiblicher Naivität, möglichst wenig Genaues vom Beruf des Mannes zu wissen, von Technik und Politik, vom Leben der unteren Klassen. Und die Arbeiten im Hause vom Putzen und Kochen bis zur Wäsche mußte sie wohl befehlend anleiten können, jedoch sie selber auszuführen war nicht ladylike. Dazu hatte man eben mindestens einen, besser mehrere Dienstboten.

In dieser Tatsache der Absonderung ähnelte die Situation des Dienstmädchens derjenigen der Hausfrau, wenn auch die Relationen andere waren: ihre Isoliertheit betraf ihre Familie, ihre Altersgenossinnen, ihre soziale Klasse. Und wie die Hausfrau auf ihr Heim und ihre Repräsentationspflichten reduziert war, so das Mädchen auf die Haushaltsarbeit, eine Tätigkeit, über die sich nun die Hausfrau in einer Art von Selbstschutz und zur Erhöhung ihrer Position erhob – wie Frau Jenny Treibel, die sich bei Gesellschaften ein Kissen unterschiebt, um den besseren gebieterischen Überblick über ihr Personal zu haben! Das Dienstmädchen aber erfuhr keine durch die Arbeit verbundene Gemeinsamkeit, sondern spürte nur die Zurückweisung auf ihr Arbeitsressort, dessen positive Ergebnisse als selbstverständlich erwartet, dessen Anstrengungen aber nicht geachtet wurden.

In Effi Briest (1895) beschreibt Fontane in der Gestalt der Roswitha eine gewöhnliche Dienstmädchenherkunft, die Ausstoßung aus dem heimatlichen Milieu wegen einer unehelichen Schwangerschaft:

*Ja, zuerst ist es wohl immer dasselbe, und ich will mir auch nicht einbilden, daß es mit mir was Besonderes war, ganz und gar nicht. Aber wie sie's mir dann auf den Kopf zusagten und ich mit einem Male sagen mußte: ‹ja, es ist so,› ja, das war schrecklich. Die Mutter, na, das ging noch, aber der Vater, der die Dorfschmiede hatte, der war streng und wütend, und als er's hörte, da kam er mit einer Stange auf mich los, die er eben aus dem Feuer genommen hatte, und wollte mich umbringen. Und ich schrie laut auf und lief auf den Boden und versteckte mich, und da lag ich und zitterte und kam erst wieder nach unten, als sie mich riefen und sagten, ich solle nur kommen. Und dann hatte ich noch eine jüngere Schwester, die wies immer auf mich hin und sagte ‹Pfui›. Und dann, wie das Kind kommen sollte, ging ich in eine Scheune nebenan, weil ich mir's bei uns nicht getraute. Da fanden mich fremde Leute halb tot und trugen mich ins Haus und in mein Bett. Und den dritten Tag nahmen sie mir das Kind fort, und als ich nachher fragte, wo es sei, da hieß es, es sei gut aufgehoben. Ach, gnädigste Frau, die heilige Mutter Gottes bewahre Sie vor solchem Elend.*[49]

Das war eine durchaus gängige Vorgeschichte für ein Großstadt-Dienstmädchen. Wenn es dann vom Lande in die Stadt kam, so ging es gewöhnlich zu einer Stellenvermittlung, und wenn der Kontrakt unterschrieben und in das Dienstbuch eingetragen war, konnte es bei einer Herrschaft beginnen.

Das Reich der Dienstmädchen war die Küche. Die sogenannten «Mädchenzimmer» lagen meist hinter der Küche, waren klein und oft unbeheizbar, aber doch noch besser als der berüchtigte Berliner Hängeboden, der in einer Enquête von Berliner Dienstmädchen um 1900 etwa so beschrieben wurde: «Ich schlafe auf einem Hängeboden, 2½ Meter lang, ebenso breit und 1½ Meter hoch. Der Hängeboden befindet sich überm Closet. Die Treppe besteht aus einer losen Leiter. Das Fenster geht nach einem engen Lichthof, wohin sämtliche Closetfenster des ganzen Hauses münden.» So wohnten die Mädchen, die jeden Tag die Repräsentationsräume der Herrschaft zu säubern hatten.

Im bürgerlichen Haushalt vollzog sich besonders dicht die Begegnung zweier einander fremder sozialer Gruppen mit getrennten Niveaus des Denkens und Verhaltens, der Wertvorstellungen und des gesellschaftlichen Bewußtseins. Die Landmädchen waren auf dieses Erlebnis nicht vorbereitet und mußten versuchen, sich irgendwie zu arrangieren und anzupassen. Konflikte konnten meist nur subjektiv und innerhalb der Familie gelöst werden. Wohl hatten die Mädchen das Recht, mit Beschwerden zur Polizei zu gehen; da sie jedoch oft, verängstigt und ungeschickt, ihre Geschichte nicht überzeugend vortragen konnten, erhielten sie nur selten Hilfe. Ein Berliner Dienstmädchen schildert ihre Erlebnisse am Arbeitsplatz:

*Im März 1882 kam ich nach Berlin. Ich war hier vollständig fremd. Eine Schutzmannsfamilie, die jeden Sommer nach meiner Heimat zu Besuch kam, hatte mir zugeredet, nach Berlin zu kommen, wo die Arbeit doch viel besser bezahlt wird als in irgendeiner anderen Stadt. Das war gewiß gut gemeint. Ich selber wollte auch lieber in Berlin Stellung nehmen als in einer Kleinstadt. ... Seitdem mein Vater tot war, kannten sie (die alten Freunde) uns nicht mehr, da meine Mutter als arme Witwe mit 9*

Kindern hilflos dastand und die Verwandten sich fürchteten, uns etwas geben zu müssen ... Ich freute mich also sehr, nach Berlin zu kommen und viel Geld zu verdienen, damit ich meine arme Mutter unterstützen konnte ... Daher fand ich auch nichts dabei, als ich in ein Haus kam, wo 6 Kinder waren. Ich nahm die Stelle als Stütze der Hausfrau an und erhielt 50 Taler jährlich. Außer mir war noch ein 17jähriges Mädchen da, die die groben Arbeiten machen sollte ... Ich war gewöhnt, früh aufzustehen. Im Sommer gingen wir beide Mädchen um 5, oft auch schon um 4 Uhr an die Arbeit, und ehe die Gnädige Frau aufstand, hatten wir oft schon die Wäsche fertig. Wir mußten, da es sonst zu viel geworden wäre, die Woche zweimal waschen, denn es war ja von 9 Personen Wäsche. ...

Jetzt höre ich eines Morgens, als die Kinder zur Schule waren, einen furchtbaren Krach in des Herren Arbeitszimmer. Da hatte die Frau das arme Mädchen hineingezerrt und zum Herrn gesagt, das Mädchen hätte ihr heute früh Geld aus dem Portemonnaie in der Tasche gestohlen. Das Mädchen weinte und bat, sie möchten ihr doch Glauben schenken, sie wisse von nichts. Herr M. verabfolgte ihr eine Ohrfeige, wo die 5 Finger auf der Backe zu sehen waren. Das Mädchen ging zur Polizei. Der Herr Leutnant sagte ihr, sie solle nach Hause gehen und sich von der anderen Seite noch eine Ohrfeige dazu geben

*Hausmädchen (Anton von Werner, 1843–1915)*

*Das Kaffeekränzchen (gestelltes Foto, um 1890)*

## Jahresetat eines Beamtenhaushalts um 1890

| | Mark |
|---|---|
| Einnahme nebst den Zinsen von 9000 Mk. | |
| Ausgaben: | |
| Wohnung (mit Mietsteuer) | 1225,— |
| Heizung | 140,— |
| Beleuchtung | 45,— |
| Essen (170 Mk. monatlich) | 2040,— |
| Wäschereinigung | 45,— |
| Mädchen für alles (monatlich 10 Mk., wird stets in der Provinz gemietet) | 120,— |
| Dienstboten-Krankenversicherung | 6,— |
| Bekleidung und Beschuhung: | |
| für die Hausfrau | 85,50 |
| für den Hausherrn (nur Beschuhung) | 17,— |
| für die Knaben | 95,— |
| Schulgeld für die Knaben | 240,— |
| Schulbücher, Hefte, Federn u.s.w. | 24,75 |
| Taschengeld: | |
| jedem Knaben monatlich 50 Pfg. | 12,— |
| für die Hausfrau monatlich 10 Mk. | 120,— |
| für den Hausherrn monatlich 15 Mk. | 180,— |
| Steuern nebst Witwenkasse | 254,— |
| Neu-Anschaffungen von Geschirr u.s.w. | 28,75 |
| Zur Verbesserung von beschädigtem Zimmergerät, verdorbenen Schlössern u.s.w. | 116,20 |
| Nähsachen u.s.w. | 131,85 |
| Weihnachten und Geburtstage | 152,50 |
| Vereine | 40,— |
| Zeitungen | 26,— |
| Postwertzeichen | 9,15 |
| Arzt und Apotheke (dabei sechs Flaschen Chinawein mit Eisen) | 76,30 |
| Einige juristische Werke | 27,— |
| Wohltätigkeitsausgaben (Vereine, Sammlungen) | 46,— |
| Sparkasse für jedes Kind seit der Geburt vierteljährlich 5 Mk. | 60,— |
| Reserve monatlich 5 Mk. zurückgelegt | 60,— |
| Pferdebahn | 82,50 |
| Vergnügungen (einmal nach Potsdam, einmal nach Erkner, zweimal im Zoologischen Garten, Beträge für die Knaben bei Schulausflügen, einmal im Schauspielhause) | 62,— |
| Die Jahresgesellschaft | 82,50 |
| Gesamtbetrag: | 5450,— |

lassen, wie es einer Diebin gebühre. Darauf schrieb das Mädchen an seinen Vormund. Dieser kam und wollte den Herrn zur Rede stellen über sein Verhalten. Er wurde aber hinausgewiesen mit der Drohung, wenn er noch einen Ton sage, würde er wegen Hausfriedensbruch angezeigt. Der Vormund war ein armer Mann, das Mädchen eine arme Waise – damit war die Sache abgetan. Die ganze Ursache der Beschuldigung war die, daß sie das Mädchen zur Reise los sein wollten.⁵⁰

Da war also – außer der Ohrfeige – nichts mehr an patriarchalischem Familiensinn für das «ganze Haus» zu spüren. Die immer noch gültige preußische Gesindeordnung von 1810 setzte aber einen solchen Geist der gegenseitigen Schutz- und Treuepflicht voraus, während die Gesellschaft der Gründerzeit die Beziehung Herrschaft – Dienstboten längst in ein kaltes Lohnempfängerverhältnis ohne Tarifrechte und nur auf Abhängigkeit gegründet verwandelt hatte. Die Dienstmädchen, zu Gehorsamkeit erzogen, durchschauten nicht diese sozialen Prozesse; die Liste ihrer Pflichten akzeptierten sie meist widerspruchslos als Teil der gängigen Gesellschaftsordnung.

Die ambivalente Situation, in der sich das herrschaftliche Dienstmädchen befand, ließ ihr, wollte sie in ihrem Beruf so etwas wie Karriere machen, nur den Weg der Anpassung an die Forderungen und Vorstellungen der Familie, in der sie diente. Im Hause der Effi Briest arbeiteten zwei Mädchen, die schon erwähnte Roswitha und Johanna, ein Prototyp jener Dienstmädchen, die fast noch strenger als die Herrschaft auf herrschaftlich feines Benehmen achteten und auch die Herrschaftskinder in diesem Sinne erziehen halfen:

*Von Haltung und Anstand getragen, lebte sie ganz in dem Hochgefühl, die Dienerin eines guten Hauses zu sein, wobei sie das Überlegenheitsbewußtsein über die halb bäuerlich gebliebene Roswitha in einem so hohen Maße hatte, daß sie, was gelegentlich vorkam, die momentan bevorzugte Stellung dieser nur belächelte. Diese Bevorzugung, – nun ja, wenn's dann mal so sein sollte, war eine kleine liebenswürdige Sonderbarkeit der gnädigen Frau, die man der guten, alten Roswitha mit ihrer ewigen Geschichte ‹von dem Vater mit der glühenden Eisenstange› schon gönnen konnte. ‹Wenn man sich besser hält, so kann dergleichen nicht vorkommen.› Das alles dachte sie, sprach's aber nicht aus. Es war eben ein freundliches Miteinanderleben. Was aber wohl ganz besonders für Frieden und gutes Einvernehmen sorgte, das war der Umstand, daß man sich, nach einem stillen Übereinkommen, in die Behandlung und fast auch Erziehung Annies geteilt hatte. Roswitha hatte das poetische Departement, die Märchen- und Geschichtenerzählung, Johanna dagegen das des Anstands, eine Teilung, die hüben und drüben so fest gewurzelt stand, daß Kompetenzkonflikte kaum vorkamen, wobei der Charakter Annies, die eine ganz entschiedene Neigung hatte, das vornehme Fräulein zu betonen, allerdings mithalf, eine Rolle, bei der sie keine bessere Lehrerin als Johanna haben konnte.*

Die enge Bindung an die herrschaftliche Familie gedieh sicher oft zu einer gemüthaften Beziehung, besonders von seiten der kleineren Kinder, die zuweilen ein näheres Verhältnis zum Mädchen als zu der gesellschaftlich viel beanspruchten eigenen Mutter hatten. In Fontanes Effi-Briest-Roman erscheinen die Ereignisse als Folge gesellschaftlicher Zwänge und spiegeln sich im Verhalten der Dienstmädchen wider, wie es tatsächlich oft geschehen sein mag. Als Effis «Schritt vom Wege» bekannt wird und die große gesellschaftliche Ächtung einsetzt, beauftragt Instetten das Mädchen Johanna:

*… Und dann, Johanna, noch eins: die Frau kommt nicht wieder. Sie werden von anderen erfahren, warum nicht. Annie darf nichts wissen, wenigstens jetzt nicht. Das arme Kind. Sie müssen es ihr allmählich beibringen, daß sie keine Mutter mehr hat. Ich kann es nicht. Aber machen Sie's gescheit. Und daß Roswitha nicht alles verdirbt. Johanna stand einen Augenblick ganz wie benommen. Dann ging sie auf Instetten zu und küßte ihm die Hand. – Als sie wieder draußen in der Küche war, war sie von Stolz und Überlegenheit ganz erfüllt. … (Es) beschäftigte sie doch, über jedes andere hinaus, der Triumph einer gewissen Intimitätsstellung zum gnädigen Herrn.*

Das Mädchen Johanna schließt sich also mit entschiedener Unversöhnlichkeit, ja sogar mit einem gewissen Triumph, der herrschenden Gesellschaftsordnung mit ihrem Ehrenkodex an. In der gesellschaftlichen Ablehnung ihres Standes, die Effi noch grausamer trifft als die so oft erwähnte glühende Eisenstange des Dorfschmieds, bewährt sich nun Roswitha. Sie ist die einzige, die die innere und äußere Freiheit besitzt, ihrem menschlichen Gefühl zu gehorchen und sich der verfemten Effi zuzuwenden: sie

*habe mal sehen wollen, ob der gnädigen Frau was fehle … und sie wolle dafür sorgen, daß es der gnädigen Frau wieder gut ginge. … und dann, gnädige Frau, Sie brauchen sich wegen meiner nicht zu fürchten, als ob ich mal denken könnte: ‹für Roswitha ist das nicht gut genug.› Für Roswitha ist alles gut, was sie mit der gnädigen Frau teilen muß.*[51]

Dies ist ein klassisches Beispiel für die Möglichkeiten des Verhaltens von Dienstboten, und sicher war Johannas Reaktion die übliche und Roswithas die Ausnahme. So ist Fontanes Effi Briest nicht nur ein Gesell-

*Erste Seiten eines Dienstbuches für Dienstmädchen*

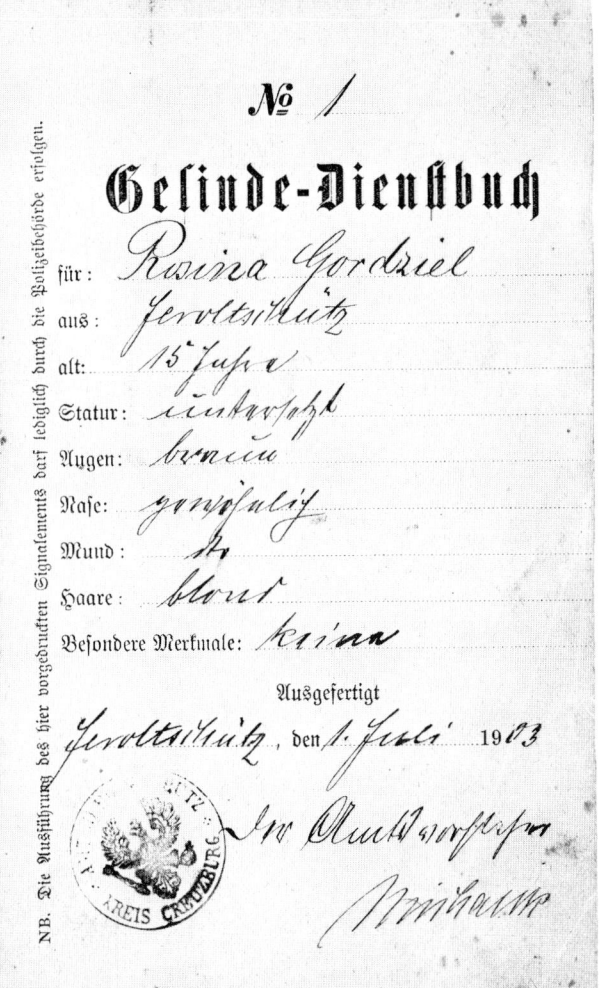

schaftsroman im Hinblick auf den harten Ehrenkodex der oberen Schichten, sondern auch ein hohes Lied auf die Herzensstärke eines einfachen Dienstmädchens.

Wie sollte jedoch ein Dienstmädchen jener Zeit lernen, selbständig zu denken und eigene Wege zu gehen? Wenn sie Glück und eine freundliche Hausfrau hatte, so ging es ihr vielleicht wie dem Rikele bei Tony Schumachers Großmutter:

*Die Verhältnisse brachten es mit sich, daß des Abends, wenn draußen die Arbeit getan war, das Rikele mit seiner Näharbeit oder Flickerei sich ins Zimmer setzen durfte, teils um des warmen Zimmers willen, teils aber auch, um die Lampe mit zu benutzen. Da hielt sich dann Großmut-*

*Kindermädchen mit Kind im Zoo*
*(Eduard Thöny, 1866–1950)*

*ter für nicht zu gut, ein vertrauliches, scherzhaftes oder belehrendes Wort an das Mädchen zu richten. ... und sie schätzte das Mädchen nicht für zu gering, auch einmal ein Dichterwort mit unterlaufen zu lassen. Großmutters Jugend war in die Begeisterungszeit für Schiller und Goethe gefallen, sie konnte mit ihrem herrlichen Gedächtnis ganze Abschnitte auswendig, und das Rikele sprach noch im Alter mit Dank und Freude davon, wie schön es gewesen sei, wenn die gnädige Frau ein oder das andere Gedicht ihr vorgesagt habe. Wer nun aber glauben könnte, es habe dieses enge Zusammenleben von Frau und Dienstmädchen etwa einen schädigenden Einfluß auf den Respekt der letzteren gemacht, der irrt sich gewaltig. Großmutter war trotz der so einfachen äußeren Verhältnisse durch und durch die vornehme Dame. Sie*

*Familie und Dienstmädchen (Oskar Gräf, 1861–1902)*

hat es verstanden, ohne viel Worte, nur durch ihre Art, die Mädchen vollkommen in den richtigen Schranken zu halten, und sie hätten es zum Beispiel nie gewagt, anders als: ‹um gnädige Erlaubnis› zu bitten, und: ‹untertänigst› zu danken.[52]

Wurde hier ein Mädchen nach dem Geschmack der Herrin mit Schiller und Goethe gebildet, so war wohl häufiger die simple Behandlung als unmündiges Kind, das widerspruchslos zu gehorchen hatte. Das brachte in den Städten wie auf dem Lande Gefühle der Verpflichtung für die Moral der Dienstmädchen mit sich, was sich besonders auf männliche Besuche über die Hintertreppe bezog. Der Soldat in der herrschaftlichen Küche bei Wein und Braten aus der herrschaftlichen Speisekammer war ein Topos der damaligen Witzseiten. Realistisch berichtet Margret Boveri (1900–1975) in ihren Kindheitserinnerungen von ihrem innigen Verhältnis zur Köchin Minna.

*Minna hatte ein Gspusi, einen Soldaten, den sie nur heimlich treffen konnte; die Dienstherrinnen fühlten sich damals für die Moral ihrer Mädchen verantwortlich. Minna zuliebe tat ich noch etwas, worüber ein leises Schuldgefühl mir bis heute nachgeht. Meine Großmutter, die Mutter meines Vaters, zu der ich ein gutes, wenngleich respektvolles Verhältnis hatte, lag nach einer Nierensteinoperation in einer Würzburger Klinik. Gelegentlich wurde ich hingeschickt, um ihr etwas zu bringen. An*

*Der Feinschmecker (Eduard Schulz-Briesen, 1831–1891)*

diesem Nachmittag war ich mit Minna verabredet, sie nach dem Krankenbesuch an einer bestimmten Straßenecke zu treffen. Ihr Soldat wollte auch kommen, endlich sollten wir uns kennenlernen. Ausgerechnet an diesem Tag hatte die Großmutter Lust, sich länger mit mir zu unterhalten. Vor der Wahl zwischen ihr und Minna wählte ich Minna.[53]

Der Soldat in der Küche war also verpönt. Merkwürdigerweise versagte aber das moralische Verantwortungsgefühl für die Dienstmädchen, wenn man sie ganz selbstverständlich als erste sexuelle Erfahrung für den jungen Herrn der Familie zur Verfügung haben wollte, «damit er sich keine von der Straße nehmen müsse».[54] Darüber berichten zahlreiche Lebenserinnerungen von Fallada (1893–1947) aus Berlin bis Zuckmayer (1896 bis 1977) aus Mainz.

*Eine ganz eigene Anziehungskraft aber übten die Dienstmädchen aus, wobei das Geschlecht noch gar keine oder höchstens eine ganz unbewußte Rolle spielte: ihr langgezogener, trauriger oder auch kecker, übermütiger Gesang, den man ironisch nachahmte und von dem man doch die echten Volkslieder kennenlernte – die gleichen wohl, die Georg Büchner in seiner Jugend gehört hatte –, ihre herberen bildstärkeren Dialekte, denn die meisten kamen ja aus kleinen Dörfern, vom Odenwald oder aus dem Taunus oder vom Vogelsberg – ihr merkwürdiges, rätselhaftes Wesen, das zwischen unerklärlichem langem Weinen und wilder Lachlust, zwischen ernsthafter Frömmigkeit und vertracktestem Aberglauben hin und her schwankte – der verlegene Soldat, der sie manchmal gegen Abend besuchte, in der Küche gefüttert wurde und sie im Hausflur an den derben Händen hielt – und ihre*

*Dienstmädchenliebschaft* (Hugo Händler, 1861)

*Der Soldat in der Küche*
(Witzzeichnung aus den ‹Fliegenden Blättern›, 1908/09)

großen Schließkörbe aus Rohr- oder Weidengeflecht, in denen sie ihre Wäsche und ihre Heimlichkeiten bargen – sie lebten im selben Haus, waren ihrer Herrschaft treu ergeben und schienen doch aus einem anderen Erdteil, aus einer völlig anderen Welt zu sein. Sie trugen, außerhalb der Küche, blendend weiße Schürzen und hatten, wenn sie servierten, die langen Zöpfe sorgsam aufgesteckt. Aus ihrem Zimmer mit den Eisenbetten und den karierten Plumeaus roch es süßlich und säuerlich zugleich. Zu Weihnachten bekamen sie große Teller mit ‹Guts› und Kleiderstoffe oder Ohrringe, dann waren sie gerührt und küßten meiner Mutter die Hand. Manchmal ging eine, um zu heiraten, und auch dann wurde viel geweint.*

Und zwei Seiten später berichtet Zuckmayer von sich und seinen Jugendgenossen:

*So machten viele der Heranwachsenden, falls sie nicht bei einer ländlichen Kerb, den manchmal recht saturnalischen Kirchweihfesten, ihre Unschuld in der Scheune an eine tanzverschwitzte Bauernmagd verloren, die erste Erfahrung ihres Lebens in den Betten der Dienstmädchen – vielleicht dem heute gängigen Sport im verschlossenen Auto immer noch vorzuziehen.*[55]

Welche Poesie der Darstellung und zugleich welch unerhört naive Mißachtung einer anderen Menschenklasse, an deren Gesten und Gerüche man sich nur ganz entindividualisiert im Plural wie an exotische Völkerschaften erinnern kann! Für die Ersterfahrungen des Sohnes waren ihre Betten von der «Herrschaft» sogar erwünscht. Dagegen mußte es streng geheim bleiben, wenn der Hausherr mit dem Dienstmädchen tändelte. So lebten die Mädchen oft in einer für sie unüberschaubaren Zwischenwelt der Werte und Normen, in der man sich am leichtesten durch Folgsamkeit zurechtfand. Wie man sich verhalten sollte, sagte einem die gnädige Frau, die sich ihrerseits aus den betreffenden Benimmbüchern informierte.

Frieda von Kronoff gibt 1910 in ihrem Buch über «Lebensart. Ein Wegweiser des feinen Taktes» genaue Anweisungen über Kleidung und Verhalten des idealen Dienstmädchens:

*Das Dienstmädchen soll reinlich, nett gekleidet, sorgfältig frisiert und pünktlich sein. Putz im Hause oder am Arbeitskleid darf nicht gestattet werden. Ein Wettstreit in Kleidung und Haartracht mit der Herrin oder der Tochter des Hauses werden niemals geduldet. Es paßt nicht, daß Haustochter und Dienstmagd denselben Rufnamen haben. Entweder nenne man in solchem Fall das Haustöchterlein mit einem zweiten oder Kosenamen, oder man rufe das Dienstmädchen mit dem Taufnamen der Vorgängerin an. ...
An Ausgangssonntagen können die Dienstboten tragen, was sie wollen, doch nur außerhalb des Hauses. Innerhalb desselben haben sie sich alles gesuchten Putzes zu enthalten. Ebenso muß das den Kindern oder Töchtern des Hauses zur Begleitung beigegebene Hausmädchen sich in seinem Äußeren durchaus als Dienerin kennzeichnen.*[56]

Es gab also nur eine Minna oder Rosa in der Familie, ein dienendes Wesen ohne Gesicht und Individualität, abgesondert und isoliert durch Kleidung und Lebensweise. Erst um die Jahrhundertwende schlossen sich die Dienstmädchen zu Vereinen zusammen, um sich bessere Dienstverträge und soziale Sicherungen zu erkämpfen. Solch Vorgehen war ihnen neu und ungewohnt und gelang nicht ohne äußere Hilfe, denn im städtischen Haushalt herrschte wie auf dem Lande eine vertikale Hierarchie: die Köchin stand in der Rangordnung über dem Stubenmädchen und das Kindermädchen über der Köchin. Die Zusammenkünfte der Dienstmädchen auf der Hintertreppe eines Mehretagenhauses oder – ehe die Wasserleitungen gelegt waren – am Brunnen beschränkten sich zumeist auf den Austausch von Liebesgeheimnissen, Kolportageromanen, Klatschgeschichten und Verabredungen für den nächsten Ausgang.[57] Nur selten gelangten sie zu einem deutlichen Bewußtsein ihrer Situation und – falls mehrere Dienstboten vorhanden waren – zu einem solidarischen Eintreten für ihre Interessen. Und noch seltener finden sich Berichte über solche Szenen, höchstens im Zusammenhang mit der Arbeiterinnenbe-

*Beim Auslaufbrunnen
(Felician Freiherr von Myrbach-Rheinfeld, 1853–1940)*

wegung. In einem reichen Hause mit drei Dienstmädchen hatte man z.B. am Weihnachtsabend dem Personal in einem Nebenzimmer beschert und es dann beauftragt, ein Souper für Gäste am 1. Weihnachtsfeiertag vorzubereiten. Die Mädchen besprachen sich und kamen überein, daß sie am Weihnachtsabend frei sein wollten. Sie begründeten das damit, daß die Rednerin in einer ihrer Versammlungen gesagt hätte, auch Dienstmädchen seien Menschen! Die Herrschaft gab ihnen nicht frei, aber bestrafte sie auch nicht, wie lobend angemerkt wird.[58]

Von einem anderen Zwischenfall mit Folgen berichtet Hans Fallada (1893–1947) aus seiner Berliner Jugendzeit. Es handelt sich um den Abschluß einer Abendgesellschaft bei Kollegen seines Vaters, einer Berliner Amtsgerichtsratsfamilie:

*Fuhren die Gäste dann in ihre Kleider, so stand auf dem Flur, diskret abseits, ein Tischchen, darauf ein Teller oder besser noch, weil unauffälliger, ein zinnernes Schüsselchen. Und während die Frauen vor dem Spiegel ihre Spitzentücher über der lockengebrannten Frisur zurechtlegten, traten die Herren sachte vor diese Opferschale und ließen so leise wie möglich ihren Beitrag hineingleiten. Dabei lag über dem Ganzen ein Anschein von etwas nahezu Verbotenem: das Geld durfte nicht klappern, der Herr tat so, als sei er mit seinen Handschuhen oder mit einem Bilde an der Wand über der Opferschale beschäftigt. Denn Trinkgelder, noch dazu im Hause eines Kollegen, zu geben, war nicht recht fein, wie auch Geldbesitzen zwar wünschenswert, aber davon zu reden, als ‹shocking› galt.*

*Trotz all dieser Vorsicht war der Trinkgeldgeber sich völlig darüber klar, daß sein Tun diskret, aber genau beobachtet wurde, einmal von Kollegen, die sich über die Höhe ihres Beitrags nicht klar waren, zum andern aber von den in die Mäntel helfenden Lohndienern und den Dienstmädchen, die den Damen bei ihrer Toilette beistanden. Denn deren Ernte war es, die sich dort sammelte ...*

*War aber der letzte Gast gegangen, fielen alle Bande frommer Scheu. Schamlos offen wurde von den Lohndienern unter dem achtsamen Geleit der Mädchen der Teller in die Küche getragen und unter oft recht heftigen Wechselreden zur Teilung geschritten. Schon bei der Prozession wurden manchmal recht abfällige Reden laut; die ‹Popligkeit› und ‹Gnietschigkeit› mancher Gäste wurde heftig angeprangert: die Herrschaft tat gut, solchem zuchtlosen Treiben fern zu bleiben ...*

*Sofort nach dem Fortgang des letzten Gastes, des Kammergerichtsrates Elbe mit Frau, wurde entdeckt, daß der Teller mit den Trinkgeldern seines Inhalts beraubt worden war. Ratzekahl stand er da im diskreten Winkel, nicht eine jämmerliche Mark lag noch auf ihm!*

*Und ehe Frau Siedeleben noch ein Wort zu dieser Katastrophe hatte äußern können, war der wildeste Streit im Gange: die Mädchen beschuldigten die Lohndiener. Die Lohndiener aber waren gesonnen, gegen die Mädchen handgreiflich zu werden, um ihnen den vermeintlichen Raub abzujagen. Jede Partei kämpfte mit der äußersten Erbitterung, ging es doch um einen Gesamtbetrag von über hundert Mark, und das war damals noch sehr viel mehr Geld als heute. Die Mädchen bekamen Zuzug aus der Küche durch Köchin und Abwaschfrau, wild tobte der Kampf. Schließlich suchten sie einander die Kleider ab: ergebnislos. Dann kam die Wohnung dran, die bei dieser Gelegenheit in eine Wüste verwandelt wurde – ohne Resultat. In der Küche erneute sich, es war mittlerweile vier Uhr morgens geworden – der Streit ...*

*Die Sechse klopften an die Tür, traten recht trotzig ein und teilten mit, daß sie jetzt der Ansicht seien, einer von den letzten Gästen müsse das Geld eingesteckt haben. Sie hätten alles bedacht, in den letzten fünf Minuten sei keiner von ihnen dem Teller auch nur nahe gekommen, sie verlangten Namen und Adresse der letzten Gäste.*

*Du lieber Himmel – wie flammte da das Ehepaar Siedeleben einträglich auf! Die Ehre des Kammergerichts war beschmutzt, die Achtung vor den Freunden des Hauses verletzt – und von wem? Von wem? –! Oh, es wurde nicht an Worten und Beschimpfungen gespart, alte Geschichten wurden ausgegraben, Haß entlud sich, heimliche Naschereien wurden zu Kriminalverbrechen – wer schließlich wen hinauswarf, wird ewig ungeklärt bleiben; ob die Dienstboten sich selbst entließen oder entlassen wurden, darüber gibt es zwei nicht zu vereinigende Lesarten. Um sechs Uhr morgens saß Kammergerichtsrat Siedeleben völlig erledigt an seinem Schreibtisch, machte*

*Die Köchinnen (Hugo Bürkner, 1818–1897)*

Aristokratie, Geldadel, Bildungsbürgertum – und deren Dienstmädchen 133

*Das Dienstmädchen*
*(Auguste Renoir, 1841–1919)*

*Gesindebücher fertig, zahlte Löhne aus (und eine Entschädigung für entgangenes Trinkgeld, von der seine Frau nichts wissen durfte), während seine Frau unterdes das Packen der Mädchensachen mit argwöhnischem Auge beaufsichtigte. Gegen sieben Uhr lag das Ehepaar endlich im Bett. Leider schlaflos – wo war das Geld? Wie bekam man die Wohnung wieder in Ordnung? Woher kriegte man mitten im Monat schnell Ersatz? Wie hielt man diesen Zwischenfall vor den Kollegen geheim?*[59]

In dieser Geschichte kulminiert noch einmal das Mißverhältnis der sozialen Beziehungen zwischen zwei so eng miteinanderlebenden Klassen: die einen betrachten das Trinkgeld an Dienstboten als Almosen, die anderen die Entschädigung nach einem überlangen Arbeitstag als Rechtsanspruch; die einen nehmen ohne zu zögern ihre eigene Gesellschaftsklasse in Schutz, die anderen erwarten ein Eintreten für die dienenden Mitglieder des «ganzen Hauses». So konnte es nicht weitergehen, und es fingen also auch die Dienstmädchen an, sich zu regen. Sie wollten nicht mehr an die unterste Stelle einer patriarchalen Autoritätstreppe gesetzt werden – gerade wie die Kinder der Familie, nur ungeliebt und mit keineswegs kin-

*Dame im Schleppkleid um 1869*
*(Anton Romako, 1834–1899)*

dermäßigen Arbeitsforderungen. Sie begannen, Vereine zu gründen, für ihre Rechte zu streiten und sich als eine eigene Berufsgruppe zu verstehen. Wichtig in der Geschichte ist stets das Leben der unterprivilegierten Bevölkerungsgruppen. Die zagen Emanzipationsversuche der Dienstmädchen entsprachen den Bewegungen in der Gesellschaft – sie waren ihr immanent. Langsam verringerte sich der Abstand zu den Arbeiterinnen und damit auch das Verlorensein der Dienstmädchen in einer intim familiären und doch fremden Umwelt. Die menschliche Nähe gewann an Bedeutung.

Dazu kamen wirtschaftliche Veränderungen. Während in den Gründerjahren ein großes Angebot an Dienstmädchen herrschte, und jede, die vom Land kam, froh war, eine Stelle zu erhalten, ging die Zahl der verfügbaren Mädchen um die Jahrhundertwende zurück.[60] Das lag am Nachlassen der Landflucht im allgemeinen, an der – wenn auch geringfügigen – Verbesserung von Lohn und Arbeitszeiten der Fabrikarbeiterinnen. Es lag aber wohl auch an den gesellschaftlichen Veränderungen überhaupt. Auf der einen Seite wuchs die Zahl der Bürgerfrauen und -töchter, die es nicht mehr als einen Standesverstoß betrachteten zu arbeiten oder zumindest ihre Wirtschaft selbst zu besorgen – die das Prestige-Dienstmädchen abschafften und vielleicht durch eine Zugehfrau ersetzten. Es wuchs aber auch die Zahl der Kleinbürgerfamilien, die ihre Töchter einen Beruf erlernen ließen und sie nicht unausgebildet «in Dienst» schickten.

Damit soll nicht mehr gesagt sein, als daß sich das starre hierarchische System ein wenig lockerte. Der Machtmechanismus von oben nach unten funktionierte nicht mehr völlig reibungslos.

Am Schluß dieses Kapitels steht ein Symbolbild, das berühmte Gemälde des französischen Impressionisten Auguste Renoir (1841–1919): Blaue Regenschirme. Eine Straßenszene im Regen, enggedrängte Menschen unter Schirmen; im Vordergrund ein Dienstmädchen, das mit dem Korb zum Einkaufen geht; hinter ihr mit feingemachten Kindern eine Bürgerdame, die keine Notiz von ihr nimmt; auf der anderen Seite ein Herr in Zylinder und Lederhandschuhen, der unter seinem Schirm begehrliche Blicke auf das Mädchen wirft. Nur zwei Personen sehen den Betrachter an: das kleine gut versorgte, kecke Mädchen mit Hütchen, warmem Mantel und Schal und das Dienstmädchen mit bloßem Kopf und vorsichtig gerafftem einfachen Jackenkleid, das gequält und hilfesuchend aufblickt, am Arm den trostlos großen und erwartungsvoll leeren Korb. Trotz der dichten Menschenmenge wirkt die junge Frau ganz allein und völlig isoliert, unbehütet und unbeschirmt. Die außerordentliche psychische Stimmung dieses Bildes erfüllt eindrücklich eine Forderung des Impressionismus, gesellschaftliche Situationen mit den Mitteln der Kunst zu entschleiern und zu veröffentlichen (Abb. S. 133).

## Mode und Kleiderluxus

Stolz und abweisend blickt die Dame unter ihrem Spitzenhut mit fest geschlossenen Lippen auf den Betrachter. Der Wiener Maler Anton Romako (1834–1899), Schüler von Waldmüller, konnte sich gegen den Modemaler der vornehmen Kreise: Hans Makart (1840–1884), nicht durchsetzen, vermittelt jedoch bereits mit einem Hauch von Expressionismus ein weit realeres Gesellschaftsbild ohne pompöses Schwelgen in üppigen Requisiten. Man spürt die Eleganz des blauen Schleppenkleides, das die Besitzerin wohl zu tragen versteht – die Lässigkeit des weißen Seidenschals, den sie unterhalb der Schultern umgeschlagen hat. Teure Stoffe, fließende Linien, unaufdringliche Vornehmheit zeigen sich in diesem Bild – aber auch der Hochmut einer Gesellschaftskaste, die nur zum Wohlleben geschaffen schien und von Arbeit nichts wußte (Abb. S. 134).

Der hier gezeigten Modelinie (etwa 1870) ging nach der schlichteren Kleidungssilhouette des Biedermeier eine Wiederbelebung der Krinoline voraus, die man nach den lauten Rufen nach Natürlichkeit zu Anfang des Jahrhunderts nicht erwartet hätte. Drei Meter Durchmesser der Krinoline machten die Damen zu unnahbaren Göttinnen; mit den stützenden Stahlrippengestellen statt der Walfischbeinstative, dem «panier» der Rokokozeit, zeigten sie sich scheinbar modern als Angehörige des Industriezeitalters! Die Gestelle wurden vor allem in Sachsen hergestellt unter Verwendung von Kilometern von Draht. Der Name «Krinoline» kommt von «crin» = Roßhaar, das zur Versteifung der Unterröcke gedient hatte, ehe die leichteren und bequemeren Stahlkörbe aufkamen. Dazu machte sich die Erfindung der Anilinfarben bemerkbar, die ganz neue Farbmöglichkeiten für die Kleiderstoffe eröffnete.

Das große Vorbild der Krinolinendamen war, wie schon bemerkt, die schöne Kaiserin des 2. französischen Kaiserreiches, Eugenie (1826–1920), die der Pariser Mode wieder neue Weltgeltung brachte. Denn als die bürgerliche Revolution in Deutschland endgültig gescheitert war, begannen sich die Klassenunterschiede in der Mode wieder mächtig zu entfalten, und Paris übernahm von neuem die Führung. Mit der Epoche des zweiten Rokoko (etwa 1850–1870) stieg als herrschendes Mo-

*Die neue Krinoline (Honoré Daumier, 1808–1879)*

deelement nach 100 Jahren noch einmal die Krinoline auf den Thron. Sie erforderte enorme Stoffmengen, besonders nachdem Kaiserin Eugenie den Reiz des Volants entdeckte. 1859 trug sie an einem Ballkleid 103 Volants und brauchte dafür 450 m leichten Tüllstoff! Man konnte wieder zeigen, wie reich man war und daß es auf Stoffmeter nicht ankam. Doch wäre es falsch, dieser Mode – besonders für junge schlanke Damen – nicht auch ihre Reize zuzusprechen: sie war anmutig, durchsichtig, elegant, und man mußte sie zu tragen wissen. Wieder einmal war die Mode die Kleidung der Herrschenden. Daß diese ausschweifenden Röcke von vielen Seiten Widerstand und Spott und Hohn ernteten, läßt sich denken. Friedrich Theodor Vischer (1807–1887), streitbarer Demokrat und Professor für Ästhetik in Tübingen, war so etwas wie der Wortführer einer Anti-Krinolinenbewegung:

*Die Krinoline ist impertinent. Impertinent natürlich schon wegen des großen Raumes, den sie für die Person in Anspruch nimmt. Allein das ist noch viel zu allgemein, zu abstrakt gesprochen; nein impertinent wegen der ungeheuer herausfordernden, augenfälligen Beziehung auf den Mann. ‹Willst du›, so spricht die Krinoline zum Individuum männlichen Geschlechts, das ihr in die Nähe kommt, hinunter übers Trottoir, oder willst du's wagen, mich anzustreifen, zu drücken? Willst du da neben mir auf dem Parkettsitz mein Kleid auf den Schoß nehmen oder darauf sitzen? Fühlst du die eisernen Reifen? Fühlst du die uneinnehmbare Burg, ... den entsetzlichen Gürtel der Tugend, der an deine Waden drückt?*[61] (s. Abb. S. 135)

Krinolinenphantasie (Honoré Daumier, 1808–1879)

Zu Hause erwartete diese Frauen, die so unangepaßt die Straßen mit ihren Rocksäumen fegten, der Salon im Stil des neuen Rokoko mit überladenen Drapierungen und unechten Antiquitäten.

Nach dem Krieg von 1870/71 ging die Pariser Modegeltung zunächst zurück. Eine neue Silhouette löste Begeisterung aus: die enorme Weite der Röcke wurde völlig nach hinten verlagert, wodurch die Figur größer und schmaler erschien. Die Damenmode der Gründerzeit entsprach dann voll und ganz dem überladenen prunkliebenden Geschmack bei fast allen Zivilisationsgütern. Seit den siebziger Jahren war die Tournure modern, die stoffreiche Betonung der rückwärtigen Rockdekoration bei sehr enger, korsettierter Taille. In der Mode wechseln ja die erotischen Sensationen von Busen oder Hüften zu Beinen oder Hinterteil. Und in diesen Jahrzehnten war eine fast durchgängige Hervorhebung der Hinterfront en vogue – etwa nach Wilhelm Busch:

*Wie sie schauen, wie sie grüßen!*
*Hier die zierlichen Mosjös,*
*Dort die Damen mit den süßen,*
*himmlisch hohen Prachtpopös.* (Fromme Helene)

Wohl begann, von England ausgehend, in diesen Jahren eine weibliche Sportkleidung aufzukommen: im Sommer Baumwoll-, im Winter Tweedkleidung für Krocket und Lawntennis, für Schlittschuhlaufen und Radfahren, ja sogar Badeanzüge für den Strand. Aber über weitere Röcke und Blusen mit größerer Bewegungsfreiheit ging die Kleidungsemanzipation meist nicht hinaus. Pumphosen mit Ringelsocken für das Radeln waren so sehr dem Spott der Straße ausgesetzt, daß sie bald wieder verschwanden. Zu tief hatte sich die Scheinmoral dieser Zeit, die bereits das Zeigen eines nackten Fußes als obszön kritisierte, in fast allen Gesellschaftsschichten verwurzelt:

*An einem anderen glühheißen Sommertag gab das Grenadier-Regiment ein Fest im Jagdschloß von Friedrichstal. Heiß und ermattet vom Tanz und vom Spiel gingen wir alle zum Neumühler See herunter, wo die Buchen und Birken über dem Uferweg dichte Lauben bilden. Allmählich verstreute sich die Menge hier- und dorthin; wir blieben nur zu fünfen beieinander, – zwei Mädchen und drei Herren. An einer dichtumbuschten Bucht lagerten wir, und die Lust packte mich, die Füße im Wasser zu kühlen. Meine Gefährtin errötete dunkel bei meiner Aufforderung, es mir nach zu tun. ‹Du, das ist unpassend›, flüsterte sie mir leise zu. ‹Unpassend?› wiederholte ich laut, ‹zeigst du vielleicht nicht deine Hände, deine Arme, deinen Hals, – warum nicht deine Füße?› – ‹Bravo, bravo›, applaudierte einer der Herren. Das stachelte mich auf, und keck von einem zum anderen blickend fuhr ich fort: ‹Soll ich euch sagen, was wir alle wissen und ihr nur nicht zu sagen euch getraut? – Wir schämen uns nur unserer Häßlichkeit –›. Damit hatte ich rasch Schuhe und Strümpfe abgestreift.*
*Eine beklemmende Stille trat ein; ich wagte nicht, mich umzusehen, mein Blick haftete auf meinen nackten Füßen, als sähe ich sie zum erstenmal, – sie waren so weiß,*

*so schrecklich weiß! – mir stieg das Blut bis in die Stirne. Ich berührte scheu das Wasser mit den Zehen. ‹Es – es ist – zu kalt›, brachte ich mühsam hervor und zog die Füße rasch unter die Kleider. Ein Geräusch verriet mir, daß die Herren sich entfernten; die Kleine neben mir, noch röter und verlegener als ich, half mir rasch beim Anziehen und lief dann auch davon. Langsam erhob ich mich, – die Glieder waren mir schwer.*⁶²

Welche Körperangst spricht aus dem Erlebnis! Junge Mädchen und Frauen, die sich mit tief entblößten Schultern und Busen – man denke an Menzels Hofballbild – öffentlich zur Schau stellten, den Ausschnitt immer genau im männlichen Blickwinkel, beschworen einen kleinen Skandal herauf beim Zeigen eines nackten Fußes! Was hat das in der Zeichensprache der Kultur, die sich oft unbewußt artikuliert, zu bedeuten?

Will man zu einer vorsichtigen Interpretation gelangen, so darf man vielleicht die Erotik des großen Dekolletés als auf Mutterschaft gerichtet definieren – diejenige des gezeigten Beines dagegen als mehr steril und darum auch mehr von den Frauen selbst bestimmt. Das heißt aber nichts anderes, als daß die Damen jener Zeit mit ihrem freimütig dargebotenen, hochgeschnürten Busen sich voll einverstanden erklärten mit der Rolle, die die Männerwelt ihnen seit eh und je zuschrieb: verfügbare Objekte der Sexualität mit dem Ziel der Mutterschaft im Sinne der Fortsetzung der betreffenden Familie zu sein.

Diese weibliche Qualität verband sich damals mit all den anderen Eigenschaften der Repräsentationsfähigkeit: des «Ein-Haus-machen»-könnens – des Herrschens und Organisierens innerhalb des Hauses, ohne sich die Finger zu beschmutzen –, der Kindererziehung zu den gleichen Vorstellungen und Idealen. Die exklusive Mode jener Zeit, die eine Mode der oberen Zehntausend war, drückte das erstrebte typisch Weibliche auf ihre Weise aus: den aristokratischen, bzw. geldaristokratischen Stand des Gatten zu repräsentieren, der ihr im dunklen Gesellschaftsanzug als Teilnehmer einer technisch-geschäftlichen Welt den entsprechenden Hintergrund gab; sie schön, elegant, in teuren Stoffen und teurem Schmuck, unnahbar und doch verführerisch, wissend und doch naiv, unterwürfig und doch herrschend, seine Gattin in jedem nur möglichen besitzanzeigenden Sinne.

Es gehörte übrigens zum guten Stil dieser Gesellschaftskaste, all den Kleiderluxus trotz Erfindung der Nähmaschine von Hand arbeiten zu lassen in den Ateliers der Couturiers der europäischen Metropolen. Die kolorierten Stahlstiche der Modejournale, eine aus England eingeführte Neuerung, publizierten präzise alle stofflichen Nuancen und raffinierten Ornamentierungen.

Während einer kurzen Zwischenepoche in den achtziger Jahren schien sich die Mode mit kaum gebauschten, wenig drapierten, fast glatt fallenden Röcken zu beruhigen. Dann aber, beinahe 100 Jahre nachdem der überladene Reifrock des Rokoko dem Chemisenkleid des Em-

*Das große Décolleté (Adolph von Menzel, 1815–1905)*

*Cul de Paris (Modekupfer)*

pire gewichen war, gebar auch die Mode des 19. Jahrhunderts nochmals eine Mißgeburt, die sie nur mit Hilfe eines «cul postiche», eines umfänglichen rückwärtigen Polsters für einige Zeit am Leben erhalten konnte. Mit dem Cul de Paris der späten achtziger und neunziger Jahre erlebte sie eine letzte Blüte. Als eine stilistisch absurde Kleidungsform erforderte diese Modetorheit viel Stoff und hohes schneiderisches Können: über Roßhaarpolstern und eingenähten Federn bauschten sich Falten und Raffungen wie bei den Portieren der Salons. Solchen Aufwand konnten sich nur die Damen der Gesellschaft leisten – übrigens auch die stolzierenden Bewegungen, die derartige Kleider erforderten. Wie bückte und setzte man sich in diesen merkwürdigen Futteralen? Sie waren das Zeichen einer äußersten, nicht mehr ernst zu nehmenden Abkehr vom realen Leben (s. Abb. S. 137 r.).

Nachdem der Cul de Paris in den neunziger Jahren verschwunden und die Taille wieder zu ihrem Recht gekommen war, verwirklichten die Couturiers noch einmal eine stoffverschwenderische Laune für reiche Leute: die Keulenärmel. Wie schwer es damals war, Modegesetze zu durchbrechen, beschreibt Adolf Damaschke (1865 bis 1935) in seinen Lebenserinnerungen:

*Professor Lehmann hatte das große Glück, eine Gattin zu besitzen, deren stille, anspruchslose Art überall Achtung und Zuneigung weckte, und die mit einer bedingungslosen Liebe ihrem Manne ergeben war. In jener Zeit verlangte die Mode sogenannte ‹Keulenärmel›. Wer da weiß, wie trotz aller Demokratie die Herrschaft der Mode noch schlechthin unumschränkt ist, kann ermessen, was es bedeutet, daß Frau Lehmann auf Wunsch ihres Gatten allein in der Kieler Gesellschaft zum Entsetzen aller Freundinnen und aller Schneiderinnen enge glatte Ärmel trug.*[63]

Betrachtet man die Mode als ein Gestaltungsprinzip gesellschaftlicher Entwicklung, so zeigt sich für die Epoche der Gründerzeit besonders deutlich der Systemcharakter kultureller Güter und ihrer sozialen Beziehungen. Nur eine im höchsten Maße differenzierte Gesellschaft mit antagonistischen, d. h. feindlich einander gegenüberstehenden Klassen konnte für ihre herrschende Schicht dermaßen abgehobene Kleidungszeichen erdenken – wie einst in den Zeitaltern der Aristokratenherrschaft. Daß viele Frauen der Oberschicht solche modischen Angebote widerspruchslos annahmen, beweist ihr festes und unreflektiertes Verhaftetsein in den männlichen Gesetzmäßigkeiten ihres Standes.

*Keulenärmel – ja oder nein? (Modekupfer)*

*(Foto um 1895)*

## Bildung und Beruf – die bürgerliche Frauenbewegung

Die Schicht, die solchen Kleiderluxus treiben konnte und wollte, war verhältnismäßig klein. Immer größer wurde aber die Zahl der Frauen, die die Beengung ihrer Lebensmöglichkeiten nicht mehr ertragen mochten. «Ich suche Menschen wie Diogenes», schrieb die junge Lily Braun an ihre Kusine, «und sehe dabei immer deutlicher, daß unsere miserable Erziehung uns um das Beste im Leben betrogen hat. Das bißchen Kunst und Wissenschaft hat man uns nur gelehrt, damit wir darüber schwatzen können. Es ist kein Teil unserer selbst geworden; es bleibt in Museen und Büchern wie die Religion in der Kirche».[64]

Die Bildungsgüter, die man den jungen Mädchen vermittelte, waren die gleichen geblieben, ja – vielleicht hatte sich die künstlerische und geistige Sensibilität der jungen Frauen noch mehr verflacht. Klavier- und Gesangsunterricht gehörten nach wie vor zur guten Erziehung, zur angelernten Fähigkeit, um sich bei Gesellschaften ins rechte Licht zu setzen:

*Die Kommerzienrätin ... forderte die beiden Fräulein Felgentreus auf, doch einige der reizenden Sachen zu singen, die sie neulich, als Ministerialdirektor Stockenius in ihrem Hause gewesen, so schön vorgetragen hätten; Freund Krola werde gewiß die Güte haben, die Damen am Klavier zu begleiten. Krola drückte sofort seine Zustimmung aus ... Von Genuß konnte keine Rede sein für ihn, nur von Amüsement, und weil er einen angeborenen Sinn für das Heitere hatte, durfte man sagen, sein Vergnügen stand jedesmal dann auf der Höhe, wenn seine Freundin Jenny Treibel, wie sie das liebte, durch Vortrag einiger Lieder den Schluß der musikalischen Soirée machte. Das war aber noch weit im Felde; vorläufig waren noch die beiden Felgentreus da, von denen dann auch die ältere Schwester, oder, wie es zu Krolas jedesmaligem Gaudium hieß, ‹die weitaus talentvollere›, mit ‹Bächlein, laß dein Rauschen sein› ohne weiteres einsetzte. Daran reihte sich: ‹Ich schnitt es gern in alle Rinden ein›, was, als allgemeines Lieblingsstück zu der Kommerzienrätin großem, wenn auch nicht geäußertem Verdruß von einigen indiskreten Stimmen im Garten begleitet wurde. Dann folgte die Schlußnummer, ein Duett aus ‹Figaros Hochzeit›. Alles war hingerissen ...*[65]

Wie Fontane hier ironisch andeutet, ging es also vor allem darum, mit der «Kunst» in der Gesellschaft zu brillieren und seinen Wert auf dem Heiratsmarkt zu erhöhen.

Nach wie vor war außerdem der Beruf der Klavierlehrerin neben dem der Gouvernante, Lehrerin und Gesellschafterin der einzig mögliche für eine junge Dame aus gutem, aber nicht vermögenden Hause. Und noch einen anderen typischen weiblichen Beruf gab es auf dem Felde der Musik, der standesgemäß war: den der Harfenistin.

*Es war gelegentlich die Rede davon gewesen, daß Bertha Harfe spielte, aber niemand hatte weiter darauf geachtet. Jetzt stellte sich heraus, daß eine so absolut nutzlose Tätigkeit wie Harfespielen lukrativ sein konnte. Gute Harfenisten waren rar, so rar, daß sogar die besten Orchester manchmal Harfenistinnen anstellten und obendrein gut bezahlten. Es waren die einzigen weiblichen Wesen, denen man in jenen Tagen, da ein Opern- oder Symphonieorchester eine rein männliche Domäne war, diese Ehre zugestand.*[66]

Aber das waren nur Notbehelfe, Auswege für einzelne. Im allgemeinen galt nach wie vor, was Lily Brauns Vater seiner Tochter gegenüber ausspricht:

*Wie ein Vorwurf ist das für mich, – daß ich nicht besser für dich sorgte! Wärst du ein Mann, so hätte ich dich schon auf Wege geführt, die einen Lebensinhalt gewährleisten, aber so – du bist nur ein Mädchen – nur für einen einzigen Beruf bestimmt, – alle anderen wären doch nichts als traurige Lückenbüßer.*[67]

So predigten es alle Erziehungsbücher, alle Jungmädchen- und Frauenromane. So klang es aus dem Familienblatt «Die Gartenlaube»,[68] deren Lieblingsschriftstellerin Eugenie Marlitt (1825–1887) ihre Romane dort zuerst in Fortsetzungen veröffentlichte. Später standen sie

*Madame in der Bibliothek (Conrad Kiesel, 1846–1921)*

goldgepreßt in langer Reihe in den bürgerlichen Bücherschränken und versprachen ihren Leserinnen immer das gleiche: mit Bescheidenheit, Ehrlichkeit, Frömmigkeit, Häuslichkeit gewinnt auch ein unvermögendes bürgerliches Mädchen das Herz eines hochgestellten Gatten und darf von seinen Lippen den Heiratsantrag vernehmen:

*Er hatte längst ihre beiden Hände ergriffen und hielt sie gegen seine Brust. Sie ließ es widerstandslos geschehen und bejahte mit bebenden Lippen seine Frage. ‹Und wollen wir nicht überhaupt alles vergessen, meine süße kleine Goldelse, was sich zwischen Anfang und Schluß gedrängt hat? Mein liebliches blondes Mädchen, die Wonne meiner Augen, meine kleine Elisabeth Ferber steht wieder vor mir ... Hier ist meine Hand als Bürge eines unaussprechlichen Glückes ...› Tränen stürzten aus ihren Augen, und sie schlang ihre Arme um den Hals dessen, der sie jubelnd an seine Brust zog.*[69]

Aus allen Zeugnissen dieses Jahrhunderts geht immer wieder die unabdingbare Bedeutung der Heirat als Lebensziel hervor, das Finden eines passenden Versorgers. Die Stellung einer Frau in der bürgerlichen Gesellschaft wurde nur durch ihren Gatten bestimmt. Eine «alte Jungfer» konnte lediglich mit Mitleid in gesellschaftliche Kreise aufgenommen werden. Dabei gab es aufgrund des ständigen Frauenüberschusses mehr als genug «Übriggebliebene». Um 1867 waren z.B. in Bremen angeblich 50% der Frauen zwischen 15 und 50 Jahren nicht verheiratet, was allerdings auch mit dem steigenden Heiratsalter zusammenhängen mag (vgl. S.116); in Berlin waren zum gleichen Zeitpunkt von 1000 Frauen 530 verheiratet, 322 ledig (davon 90 berufslos), 148 verwitwet (davon 25 berufslos). In ganz Preußen standen 2173006 verheirateten Frauen zwischen 20–40 Jahren 1483494 unverheiratete Frauen der gleichen Altersgruppe gegenüber.[70] Wie sehr alle diese Frauen unter den herrschenden gesellschaftlichen Vorstellungen zur Ehe drängten, läßt sich denken.

Am deutlichsten hat der konservative Sozialpolitiker Wilhelm Heinrich Riehl (1823–1897) die herrschende Stimmung der Gesellschaft zur Stellung der Frau in seinem Familienbuch von 1855 artikuliert. Über seine Rolle in der Familiensoziologie ist letzthin zu Recht viel Kritisches geschrieben worden, was hier nicht wiederholt zu werden braucht. Seine antiemanzipatorischen Einstellungen sind bekannt wie auch seine vergeblichen Wiedererweckungsversuche einer patriarchalistischen Hausfamilie, in der die alleinstehenden Frauen als alte gütige Tanten ihren Platz finden sollten[71]. Aber als eine Stimme für viele möchte ich seine Meinung über die gebildete intelligente Frau und ihren Platz in der Gesellschaft in Erinnerung rufen:

*Eine Frau mag in künstlerischer und wissenschaftlicher Bildung ihren Geist aufs reichste entfalten; aber diese Bildung soll ihr nur in seltenen Ausnahmefällen Selbstzweck sein, die Frau soll nur ganz ausnahmsweise Profession davon machen. Dann wäre aber solche Bildung nur ein müßiger Putz des Geistes? Keineswegs. Der Mann, die Familie, die Freunde, die ganze Umgebung einer Frau werden mittelbar die reichsten Früchte edler, durchgebildeter Weiblichkeit ernten. Herrschen soll die Frau, indem sie dient, den Mann aus seiner Beschränkung herausreißen, indem sie sich selbst beschränkt, Einflüsse üben, wo sie nur Einflüsse zu empfangen scheint. Das glänzendste Beispiel solch echt weiblicher Wirksamkeit in den höchsten Ebenen des Geisteslebens gibt uns die neuere Kulturgeschichte in dem Verhältnis der Freundin Goethes, Charlotte von Stein, zu dem Dichter ... sie hat Teil an der Unsterblichkeit des Poeten, den sie bestimmen half, indem sie sich von ihm bestimmen ließ; und indem sie im Hause blieb, ist sie doch auch vor die Nation getreten, und ihr Name wird genannt werden, solange man Goethes Namen nennt.*[72]

Abgesehen von der Unangemessenheit des Beispiels, das jedem Herrn X. seine Charlotte hinzuzugesellen wünscht, offenbart sich in diesem Passus das Leitbild von der «dienenden Frau», das z.T. bis heute Geltung bewahrt hat. Die Vorstellung von der geheimen, durch selbstloses Dienen erlangten Herrschaft paßte in jene von Männern bestimmte Welt und hat sicher tatsächlich vielen Frauen zum trostreichen Maßstab gedient. Sie paßte aber auch in jene verlogene Szene, in der man sich nicht mit offenem Visier begegnete, sondern stets die biblische These von der Ungleichheit der Geschlechter zu Ungunsten der Frauen vertrat. So sei Riehl mit den leidenschaftlichen Worten einer bedeutenden Zeitgenossin geantwortet, George Sand (1804–1876):

*Aber das ist unwahr, – diese Unfähigkeit und diese Frivolität, die ihr uns vorwerft, ist eine Folge der schlechten Erziehung, zu welcher ihr uns verurteilt habt, und ihr*

*Lesendes Mädchen (Lovis Corinth, 1858–1925)*

*Frauenromane der Marlitt (Gartenlaube 1875)*

*vergrößert das Übel, indem ihr es als etwas Unabwendbares hinstellt. Versetzt uns in bessere Verhältnisse; gebt diese auch den Männern; macht, daß diese rein, ernst und willenskräftig sind, und ihr werdet sehen, daß unsere Seelen gleichgebildet aus der Hand des Schöpfers hervorgegangen sind.*[73]

Doch davon war die Gesellschaft weit entfernt. Die weiblichen Lebensläufe wurden mit völlig anderen Augen gesehen und eingeschätzt als die männlichen. Eine «alte Jungfer» konnte in dem damaligen System ihr Leben gewissermaßen als «verfehlt» betrachten, während ein alter Junggeselle auf dem gesellschaftlichen Parkett durchaus nicht verpönt, sondern sogar sehr beliebt war. Es verschärfte sich also die Rollenteilung der Geschlechter nicht nur im Hinblick auf den Bereich der Tätigkeiten, sondern auch auf das subjektiv menschliche Bewußtsein ganz allgemein, und das 19. Jahrhundert ist zunehmend in seiner zweiten Hälfte erfüllt von einem ständig wachsenden, durch keinerlei wirtschaftliche Basis legitimierten Patriarchalismus, der sich vor allem auch in den Rechtsordnungen niederschlug.

Seit dem Erlaß des Preußischen Allgemeinen Landrechts 1794 galt die Eheschließung als ein privatrechtlicher Vertrag aufgrund der freien Einwilligung beider Teile (§ 38). Das war ein Erfolg naturrechtlichen Gedankengutes und hätte theoretisch zu einer zunehmenden Gleichberechtigung und Partnerschaft zwischen den Geschlechtern führen können, waren doch nunmehr nicht die beiden beteiligten Familien für die Eheabschließung verantwortlich, sondern die beiden Privatpersonen Mann und Frau. Aber diese Konsequenzen traten kaum ein. Die Gesetze wollten weniger das Privatglück der Beteiligten fördern als vielmehr ihre Verdienste für die Bevölkerungspolitik des Staates, und so hieß es in § 1 des Familienrechtsteils, daß der «Hauptzweck der Ehe die Erzeugung und Erziehung der Kinder» ist. Damit war die Frau eindeutig auf ihre Mutterrolle zurückgewiesen. Als selbständige Rechtsperson erschien sie übrigens auch nicht auf dem Gebiet des Güterrechts; bis zur Einführung des BGB um 1900 galt es «als wirtschaftliches Bedürfnis, ... die Verwaltung des gemeinschaftlichen Vermögens in eine Hand zu legen, und diese ist die des Mannes». Das bedeutete auch die «Geschlechtsvormundschaft» als die vor Gericht notwendige Vertretung der Frau durch einen Mann, ihren Vater oder Ehemann.[74] Zwar wurde dieser Paragraph 1875 aufgehoben, jedoch die «väterliche Gewalt» bestand auch rechtlich weiter. Damit hatte sich ein patriarchalistisches, reaktionäres, frauenfeindliches Familienrecht aufs neue durchgesetzt.

Das gleiche galt für die Ehescheidung, die ja stets auch eine ökonomische Seite hatte. (Von der Unehelichenfrage wurde schon in anderem Zusammenhang gesprochen.) Die liberalen Bestimmungen des ALR zum Thema Scheidung waren für Altar und Thron immer ein Stein des Anstoßes gewesen und von der Gesellschaft nie akzeptiert worden. Wie sich solche unkonventionellen Verhaltensweisen auswirkten, hat z.B. der Theologe Willibald Beyschlag (1823–1900) anschaulich in seinen Lebenserinnerungen geschildert:

*... sie hatten sich ihre Liebe gestanden, und Kinkel hatte seiner seither schon vernachlässigten Braut aufgesagt. Dieser Bruch eines offenkundigen Verlöbnisses ohne alle Schuld der Braut, die Neuverlobung mit einer geschiedenen oder vielmehr noch im Scheidungsprozeß liegenden Frau, dazu der erschwerende Umstand, daß es ein Lehrer der evangelischen Theologie war, der sich auf diese Weise mit einer Katholikin verband, hatte gerechten Anstoß erregt und die Gunst, welche sich dem aufstrebenden jungen Gelehrten seither in reichem Maße zugewendet hatte, nahezu vernichtet. Die Vorsteherin eines Pensionats, in welchem Kinkel unterrichtete, kündigte ihm auf; die Kölner Gemeinde, deren sonntäglicher Hilfsprediger er war, entließ ihn; die Professoren der Fakultät erklärten ihm nach vergeblichen väterlichen Vorstellungen, daß sie gegenüber dem erregten großen Ärgernis ihn wenigstens für Bonn zu keiner Professur vorzuschlagen vermöchten.*[75]

Scheidungen galten in der zweiten Hälfte des 19. Jahrhunderts noch mehr als Skandale wie zu Anfang, und Cosima von Bülows Scheidung und Wiederverheiratung mit Richard Wagner (1869/70) erregte die Gemüter über die Maßen. – Theodor Fontane hat in «Effi Briest» das Schicksal einer geschiedenen Frau gesellschaftskritisch erzählt: verbannt von ihrem Mann, der weder willens noch fähig ist zu einem klärenden Gespräch, verurteilt von ihren Eltern, die sich ohne menschliches Verständnis auf die Seite ihrer Kaste stellen, geht Effi zugrunde.

Gegen all diese deprimierenden Regeln und Gesetze, vor allem aber gegen die ungleichen Bildungschancen und die Berufsunfähigkeit der bürgerlichen Frauen kämpfte nun in jahrzehntelangem Ringen um ein gewisses Maß an Gleichberechtigung in persönlicher und politischer Hinsicht die bürgerliche Frauenbewegung und mit teilweise anderen Zielen die proletarische Frauenbewegung, auf die später eingegangen wird.

Dieser deutschen Reformbewegung waren französische und englische Aktivitäten vorausgegangen mit einer «Erklärung der Frauenrechte» im Zusammenhang mit der Französischen Revolution. In Deutschland entstand das erste politische Programm in Verbindung mit den demokratischen Bewegungen von 1848, als Louise Otto-Peters die Erziehung der Frau zu selbständiger wirtschaftlicher und geistiger Arbeit im Dienste nationaler und sozialer Ideale forderte. 1865 wurde in Leipzig der «Allgemeine Deutsche Frauenverein» gegründet, dessen Programm mit einem Plädoyer für die weibliche Arbeit begann:

*Die erste deutsche Frauenkonferenz erklärt die Arbeit, welche die Grundlage der ganzen neuen Gesellschaft sein soll, für eine Pflicht und Ehre des weiblichen Geschlechts, sie nimmt dagegen das Recht der Arbeit in Anspruch und hält es für notwendig, daß alle der weiblichen Arbeit im Wege stehenden Hindernisse entfernt werden.*

1866 folgte die Gründung des Lette-Vereins in Berlin, der sich ausschließlich der weiblichen Erwerbstätigkeit widmete, und des «Vaterländischen Frauenvereins»,

# Seminar der Rose'schen höheren Töchterschule.

Klasse A.

Halbjährliches Zeugnis: Weihnachten 1899

für Fräulein Margot Steiner, seit Michaelis 1897 im Seminar.

| Fach | Note | Lehrer |
|---|---|---|
| Religion | Genügend | Haselberg |
| Deutsch | Im ganzen gut | Stein |
| Rechnen | Genügend | Weber |
| Geschichte | Gut | E. Krüger |
| Geographie | Im ganzen gut | Braun |
| Physik | | |
| Naturgeschichte | Gut | Piper |
| Pädagogik | Gut | Ch. Rose |
| Psychologie | Gut | Stein |
| Französisch | Schriftlich: i. g. gut. Mündlich: Gut | Ch. Rose |
| Englisch | Gut | Ch. Rose |
| Handarbeit | Gut | M. Erfurth |
| Zeichnen | Im ganzen gut | L. Krull |
| Singen | Genügend | M. Franck |
| Turnen | Im ganzen gut | M. Erfurth |
| Probelektion | Genügend | Ch. Rose |
| Betragen | Sehr gut. | |

### Folge der Prädikate

1. sehr gut. 2. gut. 3. im ganzen gut. 4. genügend. 5. ungenügend.

Siegel der Anstalt:

Unterschrift der Vorsteherin:

Charlotte Rose.

*Seminarzeugnis einer angehenden Lehrerin*

dem später die Kaiserin vorstand und der vor allem in konservativem Geiste krankenpflegerische Dienste im Kriegsfall betraf. Von einer politischen Emanzipation und Gleichberechtigung war bei diesen beiden letzteren Verbänden überhaupt keine Rede. In jenen Jahrzehnten begann also zunehmend die Ausbildung von Bürgertöchtern zu Lehrerinnen, als welche sie freilich nur in untergeordneter Position eingesetzt werden konnten; «die Leitung der öffentlichen Schulen lag immer, die der privaten Schulen meist in den Händen eines Direktors, das Kollegium war überwiegend männlich, und die Lehrerin mußte gehorchen wie die Gattin und Tochter zu Hause, denn man betrachtete die Schule als eine Fortsetzung des Elternhauses...»[76]

Da zudem die Lehrerinnen sehr viel schlechter bezahlt wurden als ihre männlichen Kollegen, versuchten manche, sich mit Hilfe ihrer Eltern auf eigene Rechnung eine kleine Privatschule einzurichten, was damals durchaus möglich war.

*Der Vater war stolz auf diese Tochter. Als sie kaum die Schule verlassen hatte, wurde sie schon Lehrerin. Die beiden Töchter vom Kupferstecher Gruner fanden sich als erste Schülerinnen bei ihr ein und machten ihr Freude durch ihr feines Betragen und ihren großen Fleiß. Als sie in eine Töchterschule kamen, meldeten sich neue Schüler; das jüngste Töchterchen Gertrud vom Bildhauer Rietschel wurde Suschens Schulkameradin. Ich wünschte auch dabei zu sein und freute mich, wenn wir mit Schiefertafel und Rechenmaschine nach dem hübschen Hause neben der Terrasse wanderten...*

*Nach einem halben Jahre wurde dieser [Unterricht] bei uns abgehalten und nach und nach die Schulausstattung dazu angeschafft, und zwar in Großmutters Stübchen, das Gretchen vom Vater erhielt. ‹Es ist dein Erbteil›, sagte der Vater; ‹meine Mutter wünschte es so. Und du bekommst auch noch statt der Stühle und des Tisches neue Schulbänke hinein, die wir bei Hahnefeld bestellen.› Ich fühlte mich als eine sehr wichtige Person, die durch ihr Längenmaß die Höhe der Bänke angeben sollte, und schritt mit erhobenem Haupte zwischen Vater und Gretel nach der alten Kreuzschule zu Meister Hahnefelds Tischlerwerkstätte. Dort war langes Probesitzen auf halbfertigen Bänken für die kleinen Kreuzschüler, deren Größe für unsere erste Klasse bestellt wurde. ‹Na also, Herr Rektor, zweie für die Riesen, und dann machen wir noch zweie für die Zwerge!› Damit verabschiedeten wir uns von dem freundlichen Manne, der dem Riesenkind noch ‹ein schönes Kompliment› an Frau Muttern auftrug. Auf dem Heimwege sprach Vater noch viel mit Gretel, was ich aber nicht verstand; ich sah sie nur einmal lachen, was selten bei Gretel vorkam. Dann schlüpfte sie noch zum Buchbinder Mooser, der schräg über von uns wohnte, und holte dort Wandkarten ab für den Anschauungsunterricht der ‹Zwerge›.*

*Es dauerte lange, bis die Schulstube in Ordnung kam; die beiden Dienstmädchen hatten zu scheuern, Gretel zu putzen und zu ordnen. Sie war nicht nur eine tüchtige Lehrerin; die Welt, die sie umgab, sollte auch ganz be-*

*Drei Studentinnen (Foto 1908)*

sonders sauber und reinlich sein. Ihre hellbraunen Augen blickten streng umher, ob nicht irgendwo ein Stäubchen oder ein Fädchen zu entdecken war.⁷⁷

Mit einer solchen Einrichtung hatte ein junges Mädchen das höchste damals mögliche Maß an Freiheit erreicht. Wenn sie aber das «Lehrerinnenzölibat» aufgab, um zu heiraten, so mußte sie auch ihren Beruf aufgeben.

Neben diesen bescheidenen Bestrebungen ging der Kampf um höhere Schulbildung und Frauenstudium einher. Er begann mit einer Resolution des Allgemeinen Deutschen Frauenvereins: «Der Verein wolle sich auf dem Wege der Petition an Regierungen und Kommunalbehörden dahin verwenden, daß die bestehenden Unterrichtsanstalten auch dem weiblichen Geschlecht zugänglich, auch solche für das weibliche Geschlecht besonders gegründet würden, um dasselbe höherer Bildung teilhaftig und besser erwerbsfähig zu machen.»⁷⁸

Das Frauenstudium, besonders der Medizin, forderte erstmals ein Antrag von 1868, aber all diese zagen Versuche blieben im Gestrüpp einer von Männern gemachten Regierungspolitik und -verwaltung hängen; wohl wurden 1871 in Leipzig und Heidelberg einige Hörerinnen angenommen, während in der Schweiz schon seit 1840, in den angelsächsischen Ländern seit 1850, in den nordischen Ländern seit 1870 Frauen studieren durften. Aber ein Studium blieb in Deutschland deshalb vergeblich, weil die Abschlüsse hier nicht anerkannt wurden, wozu folgender Fall der Dr. Anna Dahms zitiert sei:

Nach den Bestimmungen der Reichsgewerbeordnung waren die nicht in Deutschland approbierten Ärztinnen den Kurpfuschern gleichgestellt und unterlagen entsprechenden Beschränkungen. Dr. Anna Dahms, preußische Staatsbürgerin, richtete ein Gesuch an die Universität Berlin mit der Bitte, in Berlin das medizinische Staatsexamen ablegen zu dürfen; es wurde abschlägig beschieden ... 1879 folgte Dr. Dahms deshalb einem Ruf nach Schottland, da ihr in Hamburg von Behörden und Ärzten durch eine feindselige, die Gewerbeordnung radikal ausnützende Haltung die Ausübung ihres Berufes unmöglich gemacht wurde.⁷⁹

So schlossen sich in Deutschland die Universitätspforten wieder für die Frauen. 1897 vereinigten sich die Frauenorganisationen zum «Internationalen Frauenbund», ohne daß den deutschen Mitgliedern bis dahin die Berechtigung zum Frauenstudium gelungen wäre. Im Gegenteil fühlten sie sich als «Frauenrechtlerinnen» und «Blaustrümpfe» zahllosen borniertien Angriffen ausgesetzt und wurden zu Witzblattfiguren einer männlich manipulierten Öffentlichkeit, die nur eine scharfe Alternative zwischen «Weiblichkeit» und Studium zu akzeptieren bereit war. Zwei authentische Zeugnisse können die Stimmung der damaligen Zeit belegen. Lily Braun berichtet nach ihrer Begegnung mit einem fortschrittlichen Universitätsprofessor:

*Ein kurzes Zeremoniell: ‹Fräulein von Kleve möchte dich kennen lernen, Georg, – sie ist Schriftstellerin.› Des Professors Gesicht schien sich noch mehr zu erhellen. ‹Dann freue ich mich doppelt Ihrer Bekanntschaft. Jede arbeitende Frau ist ein Gewinn für unsere Gesellschaft.› – ‹Auch*

*Drei höhere Töchter (Foto 1908)*

*ein Gewinn für die Kunst und die Wissenschaft?› meinte ich zweifelnd.*
*‹Gewiß! Sobald alle Universitäten und Akademien ihnen offen stehen, wie den Männern!› Ich sah ihn verwundert an. Nur aus Witzblättern hatte ich bisher vom Frauenstudium erfahren, und hie und da war mir eine russische Studentin mit ausgetretenen Stiefeln, zerfranstem Rock und kurz geschorenen Haaren begegnet, die meine tiefe Abneigung gegen die Verleugnung der Weiblichkeit nur steigerte.*[80]

Und Ricarda Huch (1864–1947), die 1892 in Zürich promovierte, erzählt von ihrem Studium in der Schweiz:
*Ich hatte mir, bevor der Gedanke an das Studium auftauchte, die Haare abschneiden lassen, weil ich mit den vielen, die ich hatte, nichts anzufangen wußte und sie mir eher unbequem waren. Zu Beginn der Studienzeit ließ ich sie wieder wachsen, weil es unter uns Studentinnen Grundsatz war, uns in keiner Weise von anderen jungen Mädchen zu unterscheiden. Damals galt es bei vielen noch für unweiblich zu studieren; es sollte deshalb jede als männlich zu deutende Note in der äußeren Erscheinung und im Auftreten vermieden werden.*[81]

Die größte Sorge galt also der Tatsache, als studierende Frau äußerlich nicht aufzufallen!

1900 fing das Schweiz-nahe Baden an, seine Universitäten den Frauen zu öffnen – erst 1908 folgte Preußen mit Berlin! Es sei übrigens dieser Datenliste hinzugefügt, daß damit noch keineswegs eine absolute Studienfreiheit der Frauen erreicht war. So gab es z.B. Professoren in Berlin wie den Altgermanisten Gustav Roethe (1859–1926), der keine Frauen zu seinen Seminaren zuließ im Gegensatz zu seinem berühmten Kollegen Erich Schmidt (1853–1913) von der Literaturgeschichte, der seinen «schlechten» Ruf durch besonders heikle Histörchen in seinen Lehrveranstaltungen auszugleichen suchte, die man sonst «in Damengesellschaft» nicht erzählte. Mit solchen Herrenwitzen erschwerte er die Situation seiner wenigen weiblichen Hörerinnen, machte sie vor ihren lachenden männlichen Kommilitonen peinlich erröten, entmutigte sie und wiederholte in der Mikrostruktur einer Vorlesung das alte Machtgefälle. Die witzige Luise Berthold (geb. 1891), Professorin in Marburg, würdige Schülerin und Nacheiferin von Helene Lange, erinnert sich in diesem Zusammenhang aus ihrer Berliner Studienzeit, daß beim Universitätsjubiläum 1910 in einer Festzeitung die Frage diskutiert wurde, was Schillers Frauengestalten wohl studiert hätten, wenn sie hätten studieren dürfen. Da hieß es u.a.:

*Zutritt zu der Germanistenklasse*
*ist Luise Millerins Begehr.*
*Ach, Luise, Du bist viel zu blasse,*
*ohne Roet(h)e ist das Studium schwer!*[82]

Es soll mit diesen mehr beiläufigen Bemerkungen nur gesagt sein, daß mit der bildungshistorischen Feststellung: ab 1908 waren Frauen an der Berliner Universität zum Studium zugelassen – noch keineswegs Endgültiges über die Einstellung der Gesellschaft zu den Bildungsrechten der Frau ausgesagt ist.

*Der «Blaustrumpf» im Witz (Fliegende Blätter, 1908/09)*
*«Aber ich bitt' Sie, mit so einem lieben G'sichterl studiert man doch nicht!»*

Zu den gesellschaftlichen Vorurteilen gegenüber dem Frauenstudium kamen sicher auch wirtschaftliche Überlegungen. Manche schafften doch den Abschluß – z.B. des medizinischen Studiums.
*Nun ändert man die Art der Argumentation und betont, daß die Ausübung der Medizin den zarten Nerven einer Frau und ihrem Schamgefühl nicht zumutbar wäre. Zur selben Zeit aber läßt man Frauen uneingeschränkt den Beruf der Krankenschwester ergreifen. Es scheint, daß die schrecklichen Wunden verbinden, an Totenbetten wachen, die alten und jungen Kriegsverwundeten zu waschen in keinem Fall das weibliche Schamgefühl verletzen oder die Nerven der so empfindlichen Frauen zerrütten kann, solange sie männlichen Ärzten untergeordnet sind und nur lächerliche Gehälter und nicht ansehnliche Honorare bekommen. – Es tut sich also eine Kluft auf zwischen dem Wissen, von dem man zugeben muß, daß es von Frauen erworben werden kann, und dem Können. In demselben Maß, in dem ein Beruf Reichtum und Ansehen bringt, wird er Frauen nur mehr unter Schwierigkeiten zugestanden.*[83]

In Deutschland dauerte es bis nach dem Zweiten Weltkrieg, daß Frauen sich an Universitäten habilitieren durften. Ein Rückblick auf die Verdienste der bürgerlichen Frauenbewegung wird ihre befreiende ermutigende

Funktion voll anerkennen dürfen. An Frauen wie Helene Lange (1848–1930) ist nur mit Bewunderung zu denken, an ihre große Leistung für die geistige Bildung der bürgerlichen Mädchen, denen sie mit ihren Büchern und als Vorsitzende des Allgemeinen Deutschen Frauenvereins ganz neue Lebensperspektiven eröffnete. Dennoch blieb diese Bewegung auf halbem Wege stehen. Die Alternative: Beruf *oder* Ehe und Mutterschaft bestimmte schließlich ihre Ziele, einen Beruf zu erkämpfen nur für die noch nicht verheirateten oder alleinstehenden Frauen.

Selbst eine so weitsichtige Frau wie Helene Lange betont noch in ihren Lebenserinnerungen die Ersatzfunktion der vielen sozialen Frauenberufe für die «psychische Mütterlichkeit» der Unverheirateten.[84] Daß sie damit im Grunde Männerideen unterstützte, erkannte sie nur halb.

So hat die bürgerliche Frauenbewegung nach ihren ersten großen Anläufen, besonders in den sechziger Jahren, doch letzten Endes die herrschende Gesellschaftsordnung nicht durchbrochen. Auch ihre Vorkämpferinnen bangten um den Erhalt des «Weiblichen», waren von der Besonderheit des weiblichen Wesens überzeugt, und nur eine Minderheit setzte sich für völlige Gleichberechtigung und Emanzipierung ein. Die Furcht, verlacht und als Kämpferinnen um einen oberflächlichen Rollentausch mißverstanden zu werden, hemmte viele Frauen in ihren Entscheidungen. Auch in der behördlichen Öffentlichkeit fanden sie keine Unterstützung. Noch 1898 (erst 1908 wurden in Preußen höhere Mädchenschulen in das öffentliche Schulwesen übernommen) äußerte sich das Preußische Kultusministerium zur Einrichtung eines Mädchengymnasiums in Breslau wie folgt: Das Ziel einer solchen Anstalt sei gerichtet «auf die Vermittlung einer allgemeinen, nicht berufstätigen weiblichen Bildung auf sittlich-religiöser Grundlage ..., (auf) Schulen, die ihre Schülerinnen nicht zu Konkurrentinnen der Männer, sondern zu deren Gehilfinnen, nicht zu Gelehrtinnen, auch nicht zu gelehrten Blaustrümpfen, sondern zu tüchtigen deutschen Hausfrauen machen sollen».[85]

Dennoch erschien wie ein heller Schein am Lebenshorizont der Frauen durch diese Reformbewegung die Tatsache, daß auch sie selbständig ein vollwertiges Leben führen können, daß die Gesellschaft langsam weibliche Erwerbsarbeit auch in Bürgerkreisen zu akzeptieren begann. Gertrud Bäumer (1873–1954) schreibt über diese Zeit:

*Was ‹Die Lehrerin› [neue Zeitschrift] angeht, so empfand ich es seltsam überraschend, die eigene Existenz als Mittelpunkt einer Zeitschrift und sich selbst gedruckt und ausgesprochen zu sehen. Man kann später gar nicht mehr erklären, worin dies Neue, Beglückende und Bestürzende eigentlich bestand. Nahm man es als ein Zeichen dafür, daß eine neue Lebens- und Wirkensform der Frau nun zum bleibenden Typus erstarken wollte?*[86]

## Das Alter

Das Schicksal der unverheiratet Gebliebenen glich sonst in diesen Kreisen dem üblichen Ablauf:
*Im Großelternhaus lebte – zwei Stock hoch – in einer der altmodisch gemütlichen Stuben die Tante Berta. Es war eine Schwester der Großmutter, klein, mit sehr schön*

*Wohnzimmer einer alten Dame
(unbekannter Künstler, um 1880)*

*geformtem Kopf, uns Kindern damals schon alt vorkommend. Wie früher immer blieben die unverheirateten Mädchen bei den Eltern oder halfen bei Geschwistern aus. So lebte sie bei Rupps, ihr Helfen war aber weniger auf praktischem als auf geistigem Gebiet. Der Großvater, der gegen öffentlichen Schulunterricht war, hatte zwar die beiden Söhne auf die Schule gehen lassen, die Mädchen unterrichtete er selbst. Hierin half ihm die Tante Berta, sie unterrichtete im Englischen und Französischen; ob auch in anderen Fächern, weiß ich nicht. Sie unterrichtete nach genau vom Großvater vorgearbeitetem Plan. Die Mutter, weiß ich, war besonders im Englischen gut bewandert und kannte die englische Literatur gut. Shakespeare, Byron, Shelly hatte sie englisch gelesen. Bei dieser alten Tante Berta waren wir Kinder sehr gern. Ihre Stube hatte die gemütlichen alten Möbel, ein Sofa mit Seitenlehnen, in denen noch Schube waren. Sie besaß den ganzen Goethe in der kleinen Cottaschen Originalausgabe, einen Gipsabguß der Amazonengruppe vor der Nationalgalerie und einen Goethe mit Cellinis Illustrationen. Auch hatte sie im Sommer sogar noch immer etwas weihnachtliche Pfeffernüsse. Sie lehrte Lise und mich das erste Nähen – wir besäumten Taschentücher –, und es gab immer vielerlei zu besprechen mit ihr. Es war eine kluge alte Jungfer, wie Kinder sie oft gern haben, die von der beschäftigten Mutter und auch noch von Großmutter mit Vorliebe in die stillen altmodischen Stübchen solcher alten Tanten schlüpfen, wo es noch Dinge gab wie Lichtputzscheren usw.*[87]

*Mittelstandsfrau beim Fotografen (um 1900)*

## B. Mittelstandsfrau und Kleinbürgerin

### Das Porträt

Im Gegensatz zu dem auf S. 69 abgebildeten Mayschen Bilderbogen, der eine Treppe arbeitender Frauen darstellt, begnügt sich das Wandbild «Stufenalter der Frau» mit den traditionellen Lebensalterstationen. Das Motiv ist in Mitteleuropa bereits seit dem 15. Jahrhundert bekannt und in immer neuen aktualisierten Varianten verbreitet worden. Die Firma May in Frankfurt ließ sich Ende des 19. Jahrhunderts von ihrem Hausmaler Fridolin Leiber eine neue modernisierte Vorlage für den Öldruck zeichnen, die ein Welterfolg wurde und sich mindestens bis 1914 als Wandbild in der unteren Mittelschicht großer Beliebtheit erfreut.[1] Daß eine so einfache Darstellung vom konfliktlosen und total normierten Lebensablauf einer guten Hausfrau und Mutter derartig auf dem Bildermarkt einschlug, sagt etwas aus über die Weltvorstellungen dieser Sozialschicht. Gemächlich wünschte man im ruhigen Strom des vorgeplanten Lebens dahinzuschiffen – mit offenem und neugierigem Blick auf das hügelige Ufer zur Rechten, wo die Großbürger ihre prunkhaften Kulturzeichen prahlerisch für jeden sichtbar inszenierten, – aber ängstlich abgewendet vom linken flachen Ufer, wo das Proletariat notdürftig seinen Lebensunterhalt erwarb. Mit dieser Haltung der Distanz nach unten, wo Solidarität am Platze gewesen wäre, und bemühter Anpassung nach oben, wo wiederum kritische Distanz dieser Gruppe wohl angestanden hätte, zeigte der Kleinbürger die widersprüchliche Ambivalenz seines sozialen Bewußtseins (s. Schutzumschlag-Rückseite).

Wie ist die Bevölkerungsgruppe der mittleren und kleinen Handwerker und Kaufleute, der kleinen Angestellten, Beamten und Angehörigen von Dienstleistungsberufen in der Kaiserzeit zu definieren? Wirtschaftlich waren sie Teilnehmer des industriezeitlichen Bürgertums, die nur über geringen oder gar keinen Grund- und Kapitalbesitz verfügten, über wenig Produktionsmittel, daher auch kaum über gesellschaftlichen Einfluß – und Menschen, die zusätzlich wegen ihrer geringen Bildung kaum für bessere gesellschaftliche Positionen in Frage kamen. Es gab auch selbständige kleine Familienbetriebe, von denen aber viele mehr und mehr auf Reparatur- und Unteraufträge angewiesen waren. Die Unfähigkeit, konjunkturelle Entwicklungen selbst beeinflussen zu können, erzeugte in dieser Gruppe Gefühle der Hilflosigkeit und Existenzangst, die man mit verdoppeltem Statusbewußtsein nach außen auszugleichen suchte. Versehen mit einem konformistisch-privatistischen und unselbständigpolitischen Bewußtsein neigten sie zu sozialen Vorurteilen und Stereotypen und betrachteten sich gern als die Vertreter eines «gesunden Volksempfindens».[2] Im Widerstreit zwischen Bourgeoisie und Arbeiterschaft versuchten Teile des Kleinbürgertums, Vermittlungsaufgaben wahrzunehmen. Jedoch der mehrheitlich empfundene Wunsch, aufzusteigen und dem bürgerlichen Vorbild nachzueifern, verhinderte meist eine autonome Lebensplanung und -gestaltung. Das Konkurrenzdenken innerhalb der Gruppe, der nach Ordnung, Pünktlichkeit, Sauberkeit, Sparsamkeit und gutem Ruf gestaffelte Katalog ihrer Normen und Werte drängte sie zur Absicherung ihrer Grenzen und einer unüberbrückbaren, ängstlichen Anpassung an bürgerliches Denken.

Wenn es richtig ist, daß die Position eines Menschen in der Gesellschaft von den objektiven Merkmalen Besitz, Einkommen, soziale Herkunft, Bildung und Beruf bestimmt ist, so war für den damaligen Kleinbürger ganz sicher das zusätzliche subjektive Merkmal des bürgerlichen Prestige von allergrößter Bedeutung.

Statistisch ist diese schwankende Gruppe schwer festzulegen. Daß sie bedeutend größer war als alle bisher erwähnten Sozialschichten, steht außer Zweifel. Welche Rolle spielten nun die Frauen in kleinbürgerlichen Familienzusammenhängen und für das Problem der weiblichen Berufsarbeit?

## Arbeit und Beruf

Wie schon in den vorangegangenen Epochen zeichneten sich die Kleinbürgerfrauen durch Arbeitsfleiß aus, sei es als Mitarbeiterinnen ihres Mannes in einem Familienbetrieb, sei es als Hausfrauen, die nur die Hilfe ihrer heranwachsenden Kinder zur Verfügung hatten, sei es als Heimarbeiterinnen. Heinrich Seidel (1842–1906) beschreibt das Idealbild einer solchen arbeitsamen Kleinbürgertochter:

*Als ich endlich Platz gefunden hatte und mich umsah, da durchfuhr es mich wie ein Schreck und gab mir einen Schlag auf das Herz, denn mir schräg gegenüber saß ein Mädchen, das ich wohl kannte, hier aber nicht erwartet hatte. Zwar hatte ich sie nie gesprochen, desto öfter aber gesehen, denn so lange ich in Berlin war, seit drei Jahren, wohnte ich ihr gegenüber. Als ich zuerst auf sie aufmerksam wurde, war sie vierzehn Jahre alt und noch ein Kind, das kurze Kleider trug. Trotzdem besorgte sie die ganze Wirtschaft des Vaters, der, obwohl ihm das Haus gehörte, nur eine kleine Wohnung inne hatte und sich kein Mädchen hielt. Wenn ich an meinem Schreibtisch am Fenster bei der Arbeit saß, konnte ich, da die Straße nicht breit war, einen Teil der gegenüberliegenden Wohnung übersehen und hatte meine Freude daran, mit welchem Fleiß und Ernst und welcher hausmütterlichen Verständigkeit das Kind bei der Arbeit war. Auch auf der Straße sah ich sie zuweilen, wenn sie mit wichtiger Miene und einem großen Korbe auf den Markt ging, wo sie trotz ihrer Jugend geschickt einzukaufen wußte und mächtig zu handeln verstand wie eine Alte. Niemals sah ich sie müßig, denn wenn alle andere Arbeit, wie Reinmachen, Fegen, Scheuern, Einholen und Kochen besorgt war, saß sie am Fenster und nähte oder strickte mächtige graue Strümpfe für den Alten oder zarte weiße für sich. Ich dachte mir, das müsse einmal eine ganz ausgezeichnete Hausfrau geben und stellte mir vor, so müsse meine Mutter als Kind gewesen sein. Auch sie sah öfter zu mir herüber, und wenn ich ihr auf der Straße begegnete, da merkte ich, daß sie mich kannte. So waren drei Jahre vergangen, sie war siebzehn Jahre alt geworden, und nun saß sie mir mit einemmale ganz unerwartet gegenüber, und wir wurden beide rot, ohne recht zu wissen warum. Ich muß nur gleich sagen, daß sie nicht hübsch war, aber doch mochte man sie gerne ansehen, weil so eine angenehme Güte in ihrem Gesicht war.*[3]

Das ist das Porträt der Kleinbürgerin, nicht hübsch, aber mit gütigen Zügen, wozu der schlichte glatte, langsam ergrauende Scheitel gehörte.

## Einleitung der Ehe und Hochzeit

Die Notwendigkeit der Eheschließung war für das Kleinbürgermädchen genauso zwingend wie für ihre großbürgerliche Geschlechtsgenossin im Hinblick auf das soziale Ansehen in ihrer Gesellschaftsschicht. Aber da sich die Mädchen meist in irgendeiner Weise erwerbstätig beschäftigten und nicht nur hinter «weiblichen Handarbeiten» saßen, hatten sie mehr ungezwungene Gelegenheit zum Kennenlernen eines zukünftigen Ehepartners. Auch waren sie oft freimütiger, wohl auch aufgeklärter und nicht so unerfahren wie die Bürgertöchter, wußten mehr vom «Leben», denn sie hörten von kleinauf die Gespräche der Erwachsenen und lebten nicht so künstlich abge-

*Bei der Handarbeit (Wilhelm Auberlen, 1860–1948)*

kapselt von den Realitäten des Tages. So lernten die Mädchen auf dem Markt die Händler kennen, beim Arbeitsgespräch des Vaters einen Handwerksgesellen, beim Wareaustragen andere Gleichgestellte, beim Tanzvergnügen einen Soldaten, an der Haustür den Briefträger. Daß nach außen genauso auf Tugend und Anstand gehalten wurde wie in den höheren Kreisen, versteht sich, denn das gehörte zum bürgerlichen Image. Aber wie aufgesetzt solche Verhaltensweisen oft waren, zumal auf dem Großstadtpflaster, erzählt aus Wien Arthur Schnitzler (1862–1931) mit dem Zynismus des akademisch-offiziersmäßigen Lebemanns:

*Es ging gegen Ende des Faschings, als ich meinen Freund Louis auf ein Vorstadtkränzchen begleitete ... Die Drei-Engel-Säle, in denen der Hausball stattfand (wie derlei Veranstaltungen hießen, auch wenn jeder Fremde für geringes Entgelt an der Kasse ein Billet lösen konnte), zeichneten sich nicht so sehr durch Glanz und Vornehmheit als durch eine gewisse altväterliche Gemütlichkeit aus. Im Hauptlokal wurde getanzt, in den angrenzenden Wirtshausräumen saßen bei Speis und Trank die Honoratioren, sonntäglich angetan. Ballväter, -mütter und sonstige Verwandte, größtenteils einem mittleren, wohlhäbigen Bürgerstand angehörig, und überall mischte sich Bier- und Zigarrenduft mit dem Geruch von Blumen und bescheidenen Parfums, den die tanzenden Töchter in ihren hellen oder bunten Sommerkleidern um sich verbreiteten. Fehlte es auch unter den Tänzern keineswegs an Hausherrnsöhnen vom Grund und anderen Vorstadtelegants, so traten wir zwei Einjährig-Freiwilligen in offiziersmäßiger Uniform ... in diese Gesellschaft ... wie Erscheinungen aus einer anderen, etwas höheren Welt ... Ich für meinen Teil beeilte mich, eine sehr hübsche Blondine zum Tanz aufzufordern; und als wir in einer Pause, hin und her spazierend, zufällig in einen Nebenraum gerieten, der eigentlich einer riesigen Rumpelkammer glich, mit einem langen ungedeckten Tisch, umgestürzten Sesseln, unbeleuchtet, an anderen Tagen offenbar als eine Art Klublokal in Anspruch genommen, wurde unsere Unterhaltung so lebhaft, daß wir den Raum nach einigen Minuten schon um vieles vertrauter verließen, als wir ihn betreten hatten. Wir wiederholten den Besuch in jeder Tanzpause, verweilten gelegentlich aber auch an dem Wirtshaustisch, wo Annis Vater, ein kleiner, graubärtiger*

*Kleinbürgerfrauen (Fotos um 1900)*

Herr im Bratenrock, der ernsthaft ein Glas Bier nach dem andern trank und seine Zigarre aus einem langen weißen Spitz rauchte, und Annis Mutter, deren Erscheinung mir nicht im Gedächtnis verblieben ist, dem Treiben der Jugend zusahen; – ohne sich im geringsten zu beunruhigen, wenn das Töchterchen mit seinem Tänzer, der nun immer der gleiche war, auf kürzere oder längere Zeit aus ihrem Gesichtskreis oder auch aus dem Ballsaal verschwand ... Alle Gestalten dieser holden Karnevalsnacht sind mir wie Schatten, unter denen ich mich und die blonde Anni als die einzig Lebendigen im Tanz dahinschweben oder in einer halbdunklen Ecke einander küssen und herzen sehe, während ernsthaft und verschlafen, mit kaltgewordener Zigarre, das Glas Bier vor sich auf dem Tisch, der graubärtige Vater in seiner gleichgültigen und entrückten Episodenrolle sich bescheidet.

*Vorstadtball (Wilhelm Busch, 1832–1908)*

Und rundherum und auf und nieder
Im schönen Wechselspiel der Glieder
Die ahnungsvolle Kunst zu üben,
Die alle schätzen, welche lieben. –

Hermine tanzt
wie eine Sylphe,
Ihr Tänzer
ist der Forstgehilfe. –

Auch dieses Paar
ist flink und niedlich,
Der Herr benimmt sich
recht gemütlich.

Hier sieht man
zierliche Bewegung,
Doch ohne tiefe
Herzensregung.

Daß Anni trotz ihres unschuldvollen Gesichtchens und ihrer kindhaften Gestalt schon manches erlebt hatte, darüber durfte ich mich nach der Unbedenklichkeit, mit der sie in der ersten Stunde unserer Bekanntschaft meine Zärtlichkeiten erwidert, und der glühenden Erfahrenheit ihrer Küsse keiner Täuschung hingeben, und auf dem ersten abendlichen Spaziergang, wenige Tage später, vertraute sie mir mit der halben Aufrichtigkeit, die bei der Einleitung solcher Beziehungen nicht wohl zu umgehen ist, und die zugleich einen Reiz mehr bedeutet, daß sie zwar schon einigen Männern sehr nahegestanden, aber nur einen wahrhaft geliebt habe und eigentlich noch immer liebe: einen zu jener Zeit ziemlich populären, übrigens verheirateten Kapellmeister eines kleinen Orchesters, das in Wirtshäusern zum Tanz oder auch nur zur Unterhaltung aufzuspielen pflegt. Von diesem Vorstadt-Don-Juan war sie in die Hoffnung gekommen, hatte es aber vorgezogen, ihrem Zustand ein gewaltsam-vorzeitiges Ende zu bereiten; und so gehörte sie, in der mahnenden Erinnerung jenes peinlichen Zwischenfalls und durch ihr Temperament doch immer wieder in neue Liebesabenteuer getrieben, zu den fast bedauernswerten

*Kleinbürgertochter (Wilhelm Busch, 1832–1908)*

weiblichen Geschöpfen, die von einem Monat zum andern in einem steten Wechsel von Leichtsinn und Angst dahinzuleben verdammt sind. Doch war in ihrer Seele Leichtsinn das stärkere Element; und so verlief auch unser nur kurz währendes Verhältnis, abgesehen von wenigen unruhvollen Tagen, in deren Sorgenbann sie sich mit einem rasch wieder gebrochenen Eid verschwor, mir jemals wieder anzugehören, beinahe ungetrübt; und da ich für meine Person mich völlig ohne Verantwortung fühlte ..., so zählen die spärlichen Stunden, die mir in Annis Armen vergönnt waren, zwar nicht zu den leidenschaftlichsten und tiefsten, doch zu den angenehmsten und heitersten meiner Jugendzeit. Und wäre ich etwa in einem bösen Prüfungstraum verpflichtet, einem pedantischen Literaturprofessor unter den Mädchen, die ich gekannt, eines als das eigentliche Urbild des süßen Mädels zu bezeichnen, so könnte es nur die kleine, blonde Anni sein, mit der ich mich auf einem Familienball in den Drei-Engel-Sälen im ersten Walzer fand und verstand, die verdorben war ohne Sündhaftigkeit, unschuldsvoll ohne Jungfräulichkeit, ziemlich aufrichtig und ein bißchen verlogen, meistens sehr gut gelaunt und doch manchmal mit flüchtigen Sorgenschatten über der hellen Stirn, als Bürgertöchterchen immerhin nicht ganz wohl geraten, aber als Liebchen das bürgerlichste und uneigennützigste Geschöpf, das sich denken läßt. Und war sie eben noch in dem behaglichen, wohlbeheizten Kämmerchen, in das sie

*Das Brautkleid (Paul Spangenberg, 1843–1918)*

mir immer erst nach einigem Zögern folgte, im Zauber der Stunde selig verloren, die ausgelassen-zärtliche Geliebte gewesen, so mußte sie nur über die schwach beleuchtete Treppe, durch den halbdunklen Hausflur, aus der verschwiegen-dämmerigen Nebengasse in den nüchtern-grellen Laternenschein der Hauptstraße treten, um sich, ein unauffälliges, kleines Bürgerfräulein unter vielen anderen, mit unbefangen hellem Aug, in das Gewimmel der abendlichen Geschäfts-, Spazier- und Heimwärtsgänger zu schicken; und eine Viertelstunde darauf erschien sie gewiß, zwar etwas verspätet, aber harmlos lustig und Lustigkeit um sich verbreitend, als das brave, schlimme Töchterchen am Familientisch und brachte, ob man's nun glauben wollte oder nicht, eine schöne Empfehlung von dem Kaufmann, wo sie irgend was besorgt, oder einen Gruß von der Freundin, mit der sie sich wie gewöhnlich ein bißchen verplaudert hatte. Und merkte die Mutter vielleicht, während das anmutige Kind mit Appetit ihr aufgewärmtes Nachtmahl verzehrte, daß die Zöpfe nicht genauso gesteckt waren wie am Nachmittag, da man sich nach dem Kaffee so eilig davongemacht hatte, so unterließ sie lieber naheliegende Bemerkungen und Fragen, warf einen Seitenblick auf den seit jeher so vertrauensvollen Vater ...[4]

Das ist eine zwar zynisch-herablassende, aber wohl realistische Vorstellung einer Tochter aus dem unteren Mittelstand.

In Kleinstädten mögen sich die Dinge freilich gänzlich anders abgespielt haben. Mit einer Mesalliance endeten solche Beziehungen selten oder nie. Mit welch egoistischer Unverfrorenheit Fedor von Zobeltitz (1857–1934) von seiner taktvollen jahrelangen Liebschaft erzählt, sei hier exemplarisch zitiert:

*Mit einer hübschen Soubrette des Theaterchens hatte ich damals eine kleine Liebschaft angeknüpft, die mich jahrelang vor andern Dummheiten geschützt hat. Ich bewahre ihr heute noch ein freundliches Gedenken. Was sie beendete? Ein paar gutgemeinte Serviettenringe. Jawohl. Eines Tages brachte meine kleine Freundin diese ersten beiden Stücke eines künftigen gemeinsamen Haushaltes mit. Daran erkannte ich die Verschiedenheit unserer Auffassung des schwebenden Verhältnisses und begann vorsichtig und schmerzlos abzubauen. Sie war ein taktvolles Geschöpf – bis auf die Serviettenringe; sie begriff und machte es uns beiden nicht unnütz schwer.*[5]

So verplemperte manches Mädchen ihre Jugendjahre mit einem «besseren Herrn» und konnte noch von Glück sagen, wenn sie ohne allzu großen Schaden aus einer solchen Beziehung wieder herauskam:

*Schon auf einem meiner ersten Bälle, zu Anfang des Jahres 80, hatte ich eine üppige, rotbäckige Blondine, Wirtstochter aus Purkersdorf, kennengelernt. Wir trafen nachher ein paarmal an Winter- und Frühlingsabenden im Weghuberpark, im Jahre darauf wieder auf Bällen zusammen, und ohne Zweifel war nur unsere, vielleicht auch meine Unerfahrenheit schuld daran, wenn unsere Zärtlichkeit, die schon in der ersten Tanznacht recht weit gediehen war, sich auch weiterhin innerhalb recht unschuldiger, wenn auch nicht ungefährlicher Grenzen hielt*

Mittelstandsfrau und Kleinbürgerin 153

und endlich erlosch, ohne zur rechten Flamme ausgeschlagen zu haben. Viele Jahre später erst sah ich sie zum letztenmal in dem ländlichen Wirtsgarten ihrer Eltern wieder, wo ich auf einem Ausflug in Gesellschaft meines Bruders und eines Bekannten einkehrte. Sie bediente die Gäste, stellte auch uns das Bier auf den Tisch, und als ich sie fragte, ob sie sich meiner erinnere, nickte sie, nannte kühl meinen Namen und wandte sich unbewegt den anderen Gästen zu.[6]

Beim Heiraten dann ging es freilich nicht nach Schönheit und Süße, und ein Handwerksmeister oder Kaufmann hielt auf die passende Verbindung nicht anders wie ein Aristokrat:

*Schon seit ein paar Jahrhunderten war das alte Haus mit dem spitzen Giebel und den vorgeschobenen Stockwerken immer vom Vater auf den ältesten Sohn übergegangen und nur einmal eine Ausnahme von der Regel gemacht worden, als der Erbfolger, der lange in der Fremde gewesen war, sich nicht von dem Vorsatz abbringen ließ, ein bildschönes, aber blutarmes Mädchen von auswärts zu heiraten. Solch ein Gewächs, von dem man nicht einmal genau wußte, wo und wie's aufgezogen worden war, duldete aber der alte Wicker nicht in seiner Nähe.*[7]

Beim Aussuchen der jungen Frau müßten die alten Leute das erste und das letzte Wort zu reden haben, und als der Älteste sich seinen Eltern nicht fügt, wird er kurzerhand enterbt, und der zweite erhält Haus und Werkstatt.

Das Mehr-Scheinen als Sein war besonders typisch für diese Schicht und damit das Aufgesetzte und oft Lächerliche ihres Verhaltens. So beschreibt Heinrich Seidel die Furcht eines jungen Mädchens vor ihrem Vater, dem Hausbesitzer, der vielleicht den Heiratsantrag ihres netten jungen Freundes abweisen könnte. Als sie hörte, er wolle

*mit ihrem Vater sprechen, da erschrak sie doch sehr. ‹Wenn es nur gut abläuft›, meinte sie, ‹er hat solchen Stolz als Hausbesitzer.› Das war nun eigentlich gar nicht nötig, denn er gehörte damals noch zu der Sorte, denen jede leerstehende Wohnung schlaflose Nächte macht und*

*Trauungsbuch von 1901*

154 Gründerzeit

*Kleinbürgerliche Hochzeitsfotos*

*die von dem geringen Überschuß, der ihnen nach Auszahlung der Hypothekenzinsen bleibt, sich mühsam durchbringen. Er hatte einen einträglichen kleinen Grünkramhandel betrieben und machte es wie viele in Berlin. Als er eben so viel erworben hatte, daß er die notwendige Anzahlung leisten konnte, kaufte er ein Haus und setzte sich damit zur Ruhe, ging in einem blauflanellenen Schlafrock, einer gestickten Hausmütze und auf Filzparisern mit einer langen Pfeife herum und dachte Tag und Nacht darüber nach, wie er seine Mieter höher schrauben könne.*[8]

Das war das Ideal eines Kleinbürgerlebens.

Geheiratet wurde in diesen Kreisen meist im schwarzen Kleid mit weißem Schleier, während, wie gesagt, in höheren Ständen das weiße Brautkleid schon mit der Biedermeierzeit in Mode kam. Aus einem schwarzen Tuch- oder Seidenkleid bestand die Festkleidung der kleinbürgerlichen Frau ein ganzes Leben hindurch. So trat sie auch vor den Altar, und nur Schleier und Myrtenkranz bekundeten das Besondere dieses Festes.

### Eheleben und Geselligkeit

In der Ehe nun integrierte sich das Mädchen als bürgerliche Hausfrau voll in ihre gesellschaftliche Schicht und dichtete die Grenze nach unten ab durch Reputierlichkeit und starre Verteidigung eines Tugendkatalogs, beliebtes Thema beim regelmäßigen Kaffeeklatsch der Nachbarinnen und Verwandten. Zudem gab es eine Fülle von geselligen Gelegenheiten, auf denen man sich in seinen Kreisen zeigen konnte wie die Großbürger in den ihrigen, – z.B. die Konzert-Cafés wie Bilse in Berlin:

*Das Konzert begann, und kaum fingen die Musiker an zu spielen, als die Bergfeldt einen Strickstrumpf aus der Tasche holte und darauf losstrickte, als wollte sie das Entree wieder verdienen. So lange die Musik langsam und feierlich war, strickte sie ganz ruhig, aber als nachher ein Walzer gespielt wurde, fuhr ihr der Takt in die Finger, und sie ließ so viele Maschen fallen, daß ihre Auguste alles wieder auftrennen mußte, was sie fertig gebracht hatte. Nun konnte ich mir auch erklären, warum der Strumpf so grau aussah.*
*Ich bin ja sehr für den häuslichen Fleiß und hasse das Müßiggehen, aber wenn man seinen Geist im Konzert bilden will, kann man doch die Aufmerksamkeit nicht zwischen einer Symphonie und dem Strumpf teilen. Auch glaube ich nicht, daß Beethoven seine himmlischen Eingebungen komponierte, damit dazu gestrickt werden sollte ... In den Zwischenpausen unterhielten wir uns sehr gut. Emil ließ sich mit meiner Betti in ein umfassendes Gespräch über die deutsche Literatur ein, und da Betti erst kürzlich etwas von der Marlitt gelesen hatte, so wußte sie recht gut Bescheid; sie fand auch, daß die Marlitt ihre Charaktere außerordentlich schildert und hielt es für durchaus richtig, daß der Baron erschossen wurde und der brave charaktervolle Ingenieur die Gräfin kriegte. Wenn die Kinder etwas lernen, können sie nachher auch ein Wort mitsprechen.*[9]

### Kindererziehung

Wie in der Großbürgerfamilie lag auch hier die Kindererziehung in der Hand der Frauen – freilich in direkter Weise und ohne Vermittlung von Angestellten. Doch im Erziehungsstil orientierten sie sich, wenn es die materiellen Mittel nur irgend erlaubten, nach oben.

Die durchschnittliche Kinderzahl der kleinbürgerlichen Kaiserzeitfamilie läßt sich nicht genau feststellen, doch dürfte sie größer gewesen sein als gegen Ende des Jahrhunderts in höheren bürgerlichen Kreisen, wo sie von 5,9 auf ca. 3 Kinder pro Familie sank. Die Kleinbürgerfrauen hielten möglichst darauf, im Haus mit einer Hebamme zu gebären, denn das Spital aufzusuchen, wäre unter ihrem «Stand» gewesen.

Groß war noch die Kindersterblichkeit. Der Bilderbogenverlag Burckhardt in Weißenburg im Elsaß vertrieb eigens ein koloriertes Gedenkblatt «Zur Erinnerung an unser geliebtes Kind», auf dem auf vorgedruckten Zeilen Name und Sterbedatum eingetragen werden konnten und ein sechsstrophiges Sterbegedicht mit der Hoffnung auf ein Wiedersehen im Himmel (in drei Sprachen) den Abschied erleichtern sollte. In passendem Rahmen hingen solche Blätter als Wandschmuck in den Stuben, zusammen mit dem Hochzeitsfoto und einem Militärerinnerungsbild, meist wohl besonders auf Initiative der Frauen, die hierin eine familiäre Identifikation ihrer Wohnumgebung erblickten, wenn auch in vorgeformten Mustern (Abb. S. 156).

*Braut in Weiß*
*(Ludwig Richter, 1803–1884)*

*Erinnerungsbild an ein gestorbenes Kind
(Weißenburger Bilderbogen)*

Überhaupt zeigten sich vielleicht am stärksten neben den geistigen auch die materiellen Unterschiede zwischen Groß- und Kleinbürger in der Wohnkultur, denn hier kam es auf den Geldbeutel und nicht auf die sozialpsychologische Einstellung an. Die Tannenbettstelle, «zweischläfrig», nußbaum- oder mahagoniimitiert, mit Muschelaufsatz für 17 Mark stach gewaltig ab vom neubarocken Betthimmel der Kommerzienrätin – doch sicher noch mehr vom Matratzenlager der Arbeiterfamilie, deren Oberhaupt zu dieser Zeit etwa 30 Pfennig Stundenlohn verdiente.

## Wohnweise

Die Wohnverhältnisse gestatteten dem Kleinbürger oft kein eigenes Schlafzimmer, und so war ein gutes Bett durchaus ein repräsentables Möbelstück auch für die Wohnstube. Die Paradedecke dafür in Handarbeit zu gestalten, war Sache der Hausfrau. Daß zuweilen die Wohnzimmer zur Aufbesserung des Monatseinkommens vermietet wurden, gewissermaßen als geheimer finanzieller Beitrag der Hausfrau, hat Erich Kästner (1899–1974) in seinen Kindheitserinnerungen erzählt:
*Die Wohnung war schon klein genug, aber das Portemonnaie war noch kleiner. Ohne Nebenverdienst, erklärte sie [die Mutter] meinem Vater, gehe es nicht. Der*

*Kaffeeklatsch (Christian Wilhelm Allers, 1857–1915)*

*Papa war, wie fast immer, einverstanden. Die Möbel wurden zusammengerückt. Das leergewordene Zimmer wurde ausstaffiert. Und an die Haustür wurde ein in Winters Papiergeschäft erworbenes Pappschild gehängt: Schönes sonniges Zimmer mit Frühstück ab sofort zu vermieten. Näheres bei Kästner, 3.Etage.*[10]

Beim bessergestellten Mittelstand bildete die Wohnstube am Nachmittag und Sonntag den Aufenthaltsraum der ganzen Familie, wie es das Schulwandbild demonstriert. Der Vater auf dem Sofa liest die Zeitung, und die Mutter hat zu nähen – so bestimmt es die Rollenverteilung. Die Tochter übt Klavier, und der Sohn spielt mit dem Anker-Steinbaukasten, der bis zum Abendbrot wieder eingeräumt sein muß. Nur der Großvater im Schlafrock unterbricht seine Lektüre, um dem Enkel zuzuhören (s. Abb. S. 161).

Ein harmonisches Familienbild in der traditionellen Struktur, die die Schulfibeln vermittelten und befestigten.

## Die Nähmaschine

Die Nähmaschine der Mutter als Wohnzimmermöbel am hellen Erkerplatz war eine gängige Erscheinung, verdienten doch die Kleinbürgerfrauen häufig als Heimarbeiterinnen ihr Teil zum Familienunterhalt dazu wie z.B. Erich Kästners Mutter mit dem Nähen von Leibbinden für eine medizinische Fabrik oder von Regenschirmen wie Alfs Mutter:

## Leonhard Tietz. Köln a. Rh.

### HOLZ-BETTSTELLEN.

Zum Verkauf gelangen nur ausgetrocknete Bettstellen.

| Sämmtliche Bettstellen sind auf das dauerhafteste lackirt bezw. polirt. |

Nr. 300. **Tannen-Bettstelle**, herzform, nussbaum, mahagoni oder kirschbaum Anstrich, 1 schläfig, Mk. 9.—. 1½ schläfig Mk. 9.50. 2 schläfig Mk. 10.—.

Nr. 330. **Tannen-Bettstelle** mit Muschelaufsatz, nussbaum oder mahagoni imitirt. Grösse: 1½ schläfig Mk. 16.—. 2 schläfig Mk. 17.—, hervorragend billig!

Nr. 350. **Schwere, altdeutsche Bettstelle** mit Muschel-Aufsatz, nussbaum imitirt, mit bestem Doppellack gestrichen, schweren Dielenseiten. Grösse: 1½ schläfig Mk. 21.—. 2 schläfig Mk. 22.—.

**Für Braut-Ausstattungen sehr geeignet.**

### Polirte Bettstellen.

Nr. 400. **Nussbaum-Bettstelle** mit Deckleiste, aussergewöhnlich preiswürdig.
Grösse: 1½ schläfig Mk. 34.—.

Nr. 430. **Feine Nussbaum-Muschel-Bettstelle**, matt und polirt, mit hohem Haupt.
Grösse: 1½ schläfig Mk. 40.—.

Nr. 440. **Dieselbe Bettstelle**, mit höherem Haupt, matt und polirt, jedoch innen eichen.
Grösse: 1½ schläfig Mk. 46.

| **Nur gute Waare!** | Es liegt in Ihrem **eigenen Interesse**, vor **anderweitigem Einkauf** meine Bettstellen zu besichtigen bezw. die Preise zu vergleichen. | **Auffallend billige Preise!** |

*Anzeige und Preisliste von Leonhard Tietz, Köln 1896*

*Sie machte ihren Kindern gern eine kleine Freude, brachte oft von den paar Pfennigen, die sie verdiente – sie nähte Schirme, abends, wenn sie mit der Wirtschaft fertig war, bis zwölf Uhr oder auch bis drei, je nachdem wie dringend Geld gebraucht wurde – sie brachte oft eine Leckerei mit, ein billiges, liebes Spielzeug, überraschte froh mit erfüllten Wünschen.*
*Aber sie war schwach und kränklich. Keuschheit bis ans fünfundzwanzigste Lebensjahr – das Nähmaschinentreten durch viel Jahre der Not, ohne Erholung, ohne Ferien – die Erbärmlichkeit der Ehe – eine Abtreibung bei einem Pfuscher, an der sie beinahe gestorben wäre, und ihr Junge konnte damals kaum laufen! – das hatte ihre Nerven gründlich zerrüttet.*[11]

So verlief auch für sie das weibliche Leben hinter den verschlossenen Türen des bürgerlichen Wohnzimmers. Berufliche Aktivitäten seien hier als versteckte Erwerbstätigkeit erwähnt, mit der diese Frauen ein wenig Selbständigkeit und materielle Beweglichkeit erlangen wollten. Wenn sie sich auch nicht offen zur Berufstätigkeit bekannten – das verbot ihre kleinbürgerliche Moral –, so war ihnen doch die Arbeit vertraut und erfüllte ihre Lebenswelt – im Gegensatz zu ihren großbürgerlichen Geschlechtsgenossinnen. Dieser Tendenz folgte auch die Werbung für den Ankauf einer Nähmaschine. Das Berliner Frauenmagazin «Bazar» unterstützte 1862 das Selbstbild von der arbeitsfreien Idylle des bürgerlichen Familienlebens, indem es schreibt: «Wer könnte also leugnen, daß durch die Einführung der Nähmaschine in die Familie das Problem gelöst ist, die Arbeit nicht als drückende Last, sondern als spielenden Zeitvertreib und Vergnügen erscheinen zu lassen.»[12] – (Von der Arbeit der Näherinnen als Beruf und von Heimarbeit überhaupt wird noch später die Rede sein.)

## Die Wohnküche

Oft stand die Nähmaschine übrigens auch in der Wohnküche, dem Schmuckkästchen der Kleinbürgerhausfrau.

*Meine Küche nett und rein*
*soll eine Musterküche sein!*

stand auf gestickten Wandbehängen. Und dieser Anspruch war auch zu erfüllen, seitdem sich in der Gründerzeit der geschlossene Kochherd durchgesetzt hatte, größtenteils mit Gasbetrieb. Mit der größeren Sauberkeit aber war nun den gestickten Textilien der Einzug in die Küche eröffnet, und bald bedeckten sie jeden freien Wandplatz. In Schling- und Kreuzstich entwickelte sich eine geradezu überwältigende Stickmode, besonders für Küche, Schlafzimmer und Wäscheschrank, mit der sich die Frauen noch einmal selbst auf ihre Hausfrauenrolle in angemessener dekorativer Ästhetik festlegten und reduzierten.
*Meine beiden Töchter hatten sich rechtzeitig mit den nötigen Stickmaterialien zur Weihnachtszeit versorgt, und da heutzutage nicht bloß die Wischtücher und Topflappen, sondern sogar die Scheuerwische mit neu-altdeutschen Mustern verziert werden, so widersetzte ich mich der Stickerei auch nicht. Sie ist einmal Mode und immer*

noch besser, als das zeitraubende Romanlesen, denn was geht es jemand an, ob sich Zweie kriegen oder sich nicht kriegen, die man doch nicht kennt?[13]

An erster Stelle war die Küche «der Hausfrau Stolz», auch der kleinbürgerlichen, denn

*Ist klein der Herd,*
*wenn alles blitzt,*
*kann glücklich sein,*
*wer ihn besitzt.*

*Am Fenster (Fritz von Uhde, 1848–1910)*

*Hausfrau an einer Tretnähmaschine (Foto um 1900)*

Den ganzen Umfang dieser in jedem Sinne beschaulichen, aber im Geist der Emanzipation ganz und gar nicht erbaulichen Küchenkultur hat eine Frankfurter Ausstellung 1979 geradezu überwältigend demonstriert.[14]

## Kleidung und Lebensweise

Es gibt – wie auch schon belegt werden konnte – wohl kein deutlicheres Zeichen für soziales Verhalten als Kleidung, besonders in Zeiten, in denen sich das ständische Bewußtsein der Gruppen noch so stark voneinander abhob. Die Kleinbürgerin folgte in bescheidenem Maße der modischen Linie, ohne jedoch Extravaganzen wie Tournure oder Cul de Paris mitzumachen. Sie hatte ihr hochgeschlossenes gutes Schwarzes, selbstgemacht oder auf Façon genäht, und setzte zum Ausflug den Kapotthut auf. Sonst behalf sie sich mit Rock und Bluse und vielen großen Kleiderschürzen, mit Umhängen und Mantillen. Das Bild von Peter Philippi (1866–1958) spiegelt Kleidung und Gestik dieser Frauen wider: die alte Witwe mit Haube und Umschlagtuch in ihrer freundlichen Stube bewirtet mit dünnem Tee ein Fräulein in Samtjakett und Kapotthut, die so steif und ehrpusselig auf ihrem Stuhle sitzt, wie sie glaubt, daß man als wohlerzogenes Fräulein sitzen müsse.

Aber das ist nur die eine Seite des kleinbürgerlichen Frauenlebens. In einer Kleinstadt wie Marburg ohne nennenswerte Industrie besetzten die Kleinbürger die unterste Stufe der sozialen Treppe, und viele von ihnen hatten hart um ihre nackte Existenz zu kämpfen. Aus der Zeit um 1900 berichtet eine alte Frau:
*Meine Mutter mußte schwer rechnen. Es hat ihr niemand geholfen, sie kriegte damals 10 Mark Waisengeld. Was*

*Besuch (Peter Philippi, 1866–1958)*

*Stickbilder für Küche und Stube*

*Kleinbürgerfamilie in der Küche (Foto um 1900)*

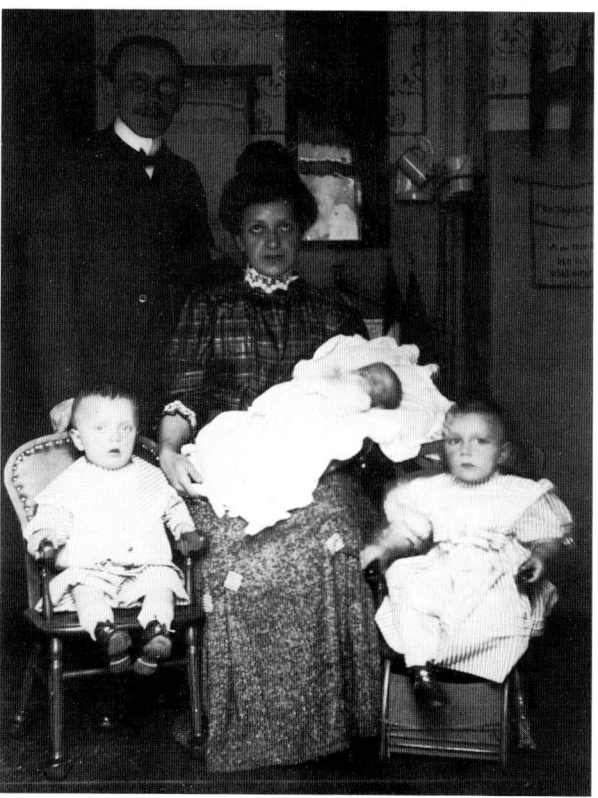

Mittelstandsfrau und Kleinbürgerin 161

*Die städtische Stube – Sonntagnachmittag in der Familie
(Schulwandbild um 1900)*

*kriegen sie heut all! Durch die Krankheit meines Vaters nachher ging's ihr sehr schlecht. Und jetzt mußte sie jeden Tag waschen gehen – das können Sie sich mal merken, mit der Hand! Drei Kessel voll Wäsch' kriegte die gekocht, die mußte sie waschen, und abends, wenn sie nach Hause kam, dann bracht sie ihr Abendbrot für ihre Kinderchen mit. Sie hatte vier Kinder! Ich kann Ihnen sagen, es war nicht so einfach. 80 Pfennig hat sie am Tag verdient. Die hat tags gewaschen, und nachts hat sie Neubauten geputzt, wissen Sie, wenn 'n Bau uffgestellt war, der mußte gereinigt werden. Meine Mutter hat Tag und Nacht gearbeitet. Meine Mutter ging morgens fort und kam abends nach Haus, wir war'n uns überlassen.*[15]

Aber obgleich diese alten Frauen, die nach ihren Erinnerungen befragt wurden, so Schweres zu berichten hatten, betonten sie doch immer wieder: «Das war schön!» Das Bedürfnis nach gelebter Harmonie, nach einer heilen Welt durchzog die bürgerliche Gesellschaft von ihren obersten Schichten bis zu den untersten und wurde von allen ihren Frauen gehegt und gepflegt, wenn auch meist als nostalgisch imaginäres Wunschbild.

*Mittelstandsfrau (Foto um 1900)*

## C. Arbeiterin und Proletarische Frauenbewegung

### Allgemeine Lebensbedingungen

Wenn nun die Arbeiterin die Bühne dieser Darstellung betritt, so mache man sich – bei aller gebotenen Zurückhaltung – auf Szenen des Elends gefaßt, die nicht nur die allgemeinen furchtbaren Lebensverhältnisse dieser Klasse zum Hintergrund haben, sondern noch zusätzlich bestimmt sind von der besonderen Unterprivilegiertheit der Frauen. Für ihre soziale Gruppe kam im Laufe des 19. Jahrhunderts der Klassencharakter voll zum Austrag, der antagonistische Kampf zwischen Herrschenden und Beherrschten, dem sich noch die Beherrschung durch ihre eigenen Männer hinzugesellte.

Das Proletariat, also die Gesellschaftsklasse, die ihren Lebensunterhalt aus dem Verkauf der Arbeit zieht, dann der Arbeitskraft, war abhängig vom Kurswert dieser Arbeit und durfte sich nicht mehr nach deren Qualität definieren – wie z.B. der vorindustrielle Handwerker –, sondern nach ihrer Quantität im Interesse des Unternehmers.

Man sollte nun meinen, daß sich hier eine solidarische Menschengruppe der Ausgebeuteten beiderlei Geschlechts zusammenfand, verbunden durch gemeinsame Not und das gemeinsame Menschheitsziel zu deren Überwindung. Aber das trifft nur für die politisch Bewußten unter ihnen zu, und die Sozialgeschichte der arbeitenden Frau zeigte in vieler Hinsicht einen anderen Verlauf. Jürgen Kuczynski hat überzeugend dargestellt, wie auch auf diesem Gebiet die alten Verhaltensmuster über die Gesetze der völlig veränderten Lebensbedingungen siegten.[1] Das vollzog sich auf ganz verschiedenen Ebenen.

Die Manufakturen hatten, um die Konkurrenz zum Handwerk zu bestehen, einen Bedarf an gelernten, anleitenden und beaufsichtigenden Arbeitern entwickelt, die entsprechend gut bezahlt und damit zur Familiengründung befähigt wurden, wenn die Frau mit Spinnen oder Waschen noch ein wenig mitverdiente. Damit festigte sich aber allsogleich auch in dieser neu entstehenden Sozialgruppe das alte Familienbild: die bürgerliche Idee vom autoritären Patriarchalismus. Die Geschichte der Fabrikarbeit jedoch setzte völlig andere Wegmarken; das Maschinenwesen erlaubte oder forderte sogar anfänglich den massierten Einsatz geschickter schmaler Frauen- oder Kinderhände. So nahm die Zahl der Arbeiter entscheidend zu, besonders bei der Frauen- und Kinderarbeit, da immer mehr Männerarbeit durch Frauen, Erwachsenenarbeit durch Kinder Ersatz fand. Diese Entwicklung wurde dadurch noch gefördert, daß die Frauen und Kinder ja auch in den Handwerkerhaushalten gewohnt gewesen waren, mit Hand anzulegen, vor allem aber bei der Heimindustrie. In einer Art von Kontinuitätsmißverständnis glaubten die Frauen nun, in ähnlicher Weise auch bei der Fabrikarbeit ihr häusliches Leben durch Mitarbeit organisieren zu können, und erkannten nicht den fundamentalen erschwerenden Unterschied, den das Außer-Haus-Gehen und der selbständige Arbeitsplatz ihnen aufbürdete.

Zunächst die Lohnfrage: in der üblichen Willkür dieser Zeit berechneten die Fabrikanten den Lohn auf den Bedarf einer Arbeiter*familie* und nicht entsprechend der Arbeitsleistung des einzelnen. Oft arbeitete die ganze Familie in der gleichen Fabrik, was gern gesehen wurde, da sich auf diese Weise das Band befestigte, das den Arbeiter mit seinem Brotherrn verknüpfte. Der konnte nun den Lohn des Mannes senken und ihn bis zum Existenzminimum durch die weitaus geringeren Löhne der Frau und eventuell der Kinder wieder aufwerten. Dahinter stand die bis ins Paradoxe verfochtene bürgerliche Auffassung, der Mann müsse eigentlich der alleinige Ernährer der Familie sein, und der Lohn der Frau könne nur als eine Art von zusätzlichem Taschengeld seitens des Unternehmers angesehen werden.

So verdiente noch 1888 z.B. in einer Baumwollspinnerei ein gelernter männlicher Arbeiter pro Schicht: 1,34 Mark,
ein ungelernter männlicher Arbeiter pro Schicht: 1,09 Mark,
eine Frau jedoch nur pro Schicht: 0,63 Mark.

oder nach August Bebel:[2]

| Löhne | niedere | mittlere |
|---|---|---|
| sämtliche Arbeiter | 29,8% | 49,8% |
| männliche Arbeiter | 20,9% | 56,2% |
| weibliche Arbeiter | 99,2% | 0,7% |

Da die Frauen an eine Berechnung ihrer Stunden- oder Tagesleistung überhaupt nicht gewohnt waren und ihnen zudem noch kaum Kampfmittel gegen die Übermacht der Fabrikherrn zur Verfügung standen – da sie aber auch traditionell keine anderen Verhaltensmuster kannten, als schlechter eingeschätzt zu werden als die Männer und «Hilfsarbeiten» zu leisten, nahmen sie diese ungeheuerliche Ungleichbehandlung widerspruchslos hin

*Kinderarbeit in der Fabrik (Foto um 1900)*

und waren noch froh, durch ihre Arbeit etwas zum Unterhalt der Familie beisteuern zu können. Von einer selbständigen Geldverfügung konnte zumindest bei den verheirateten Frauen keine Rede sein. Wie sehr sie darunter zu leiden hatten, daß sie nun neben der ungewohnten Arbeit außer dem Hause auch noch die üblichen Hausfrauenpflichten erfüllen mußten, haben sie bald zu erkennen gelernt, zumal sie viel mehr einkaufen mußten, als wenn sie nur zu Hause gewirtschaftet hätten.

Es ist Jürgen Kuczynski zu folgen, der die Ansicht vertrat, daß die Zahl der arbeitenden Frauen relativ kaum zugenommen habe, denn sie waren schon 1830 und 1850 aufs äußerste eingespannt. Die statistischen Angaben dagegen, die eine große Zunahme weiblicher Berufstätiger zwischen 1882 und 1907 verzeichnen, beruhen tatsächlich auf besserer Erfassung der «mithelfenden Familienangehörigen», besonders in der Landwirtschaft (wobei schon der Ausdruck «mithelfen» eine Diskriminierung der Frauenarbeit darstellt).[3] Diese Argumentation wirft indirekt ein kennzeichnendes Licht auf das mangelnde Selbstbewußtsein der arbeitenden Frauen, die ihre Leistungen allzu häufig als selbstverständlich betrachteten und von ihren Männern noch dabei unterstützt wurden. Erst der Eintritt in eine Fabrik machte ihnen klar, daß ihre Arbeit einen meßbaren Wert besaß, wenn sie sich auch weiterhin in altgewohnter Weise unterschätzten. Die Mädchen freuten sich über ihren ersten Lohn und machten Pläne. Langsam fingen auch manche an, dem Fabrikbetrieb bewußter gegenüberzustehen.

Am Beispiel der Textilarbeiterinnen an der Nähmaschine soll der Beruf der Fabrikarbeiterin exemplarisch vorgestellt werden.

Jede Arbeiterin hatte in einem großen Fabriksaal ihre spezielle Nähmaschine vor sich, an der sie mit Fußbetrieb 1000 Stiche pro Minute nähen konnte statt der früheren 50–60 Stiche mit Hand. Freilich war für die Kontrolle und Instandhaltung der Maschine ein neues technisches Grundverständnis nötig, für das die Frauen nicht erzogen waren, das sie also erst neu erlernen mußten, ohne daß es ihnen als besondere Qualifikation vergütet wurde.

Anfangs galt, wie schon früher erwähnt, der Prestigewert der Nähmaschinenarbeit wenig für die verkauften Textilien, bei denen es sich vor allem um billige Konfektionswaren handelte. Gegen Ende des Jahrhunderts stieg jedoch der Anwendungsbereich der Maschinenarbeit, besonders bei Hemden und Blusen, und damit auch die Kombination von Werkstattbetrieb und Nähen in Heimarbeit.

Über die Einschaltung von Zwischenmeistern hatten die Konfektionäre ihre organisatorischen Arbeiten reduziert. In der Herrenkleiderbranche wurde im Haus des Konfektionärs zugeschnitten, der Zwischenmeister, oft ein verarmter Schneidermeister oder -geselle, aber auch angelernte Handwerker aus anderen Berufen, übernahm dann die Einrichtung der zugeschnittenen Teile – also die Verteilung des Nähguts –, verteilte und koordinierte die Einzelarbeiten der Näherinnen und übernahm die Nachbereitung wie Knopflochherstellung, für die er zentral Spezialknopflochnähmaschinen anschaffte, und Bügeln. In der Damenkleiderherstellung übernahm der Zwischenmeister auch den Zuschnitt, da die Schnittführung einfacher war.

Das Zwischenmeistersystem unterdrückte die Arbeiterinnen in besonderer Weise. Der Zwischenmeister erhielt vom Konfektionär einen Stücklohn, der knapp kalkuliert war, und gab einen Teil davon an die Näherinnen weiter. So gaben die Zwischenmeister den Lohndruck, dem sie selbst innerhalb der Konkurrenz der Zwischenmeister um Aufträge ausgesetzt waren, an die Arbeiterinnen weiter, die bei Arbeitskämpfen zunächst mit dem Zwischenmeister und nicht mit dem Konfektionär als eigentlichem Auftraggeber zu tun hatten.[4]

Eine Berliner Arbeiterin, Ottilie Baader (1847 bis 1925), die später in der sozialdemokratischen Frauenbewegung führend gewesen ist, berichtet aus ihrer Näharbeit in einer Berliner Fabrik um 1870:

*Die Nähmaschinenindustrie hat sich in Deutschland erst in den sechziger Jahren des vorigen Jahrhunderts so entwickelt, daß die Nähmaschine auch hier zu allgemeiner Verwendung kam. Das rief vor allem in der Frauenerwerbsarbeit, und namentlich in der Wäscheherstellung, eine große Umwälzung hervor. Als besondere Branche entstand die Herstellung von Kragen und Manschetten, die vorher feste Bestandteile des Herrenoberhemdes gewesen waren. In Berlin waren es damals vier oder fünf Firmen, die ihre Herstellung im großen betrieben.*

*Ich hatte inzwischen, wie schon gesagt, allerlei versucht. Jetzt aber lernte ich auf der Maschine nähen und kam in eine dieser Fabriken in der Spandauer Straße. Dort wurden etwa fünfzig Maschinennäherinnen und ebensoviele Vorrichterinnen beschäftigt. Je eine Arbeiterin dieser beiden Gruppen mußten sich immer zusammentun und gemeinsam arbeiten, und auch der Lohn wurde gemeinsam berechnet.*

*Von morgens acht bis abends sieben Uhr dauerte die Arbeitszeit, ohne namhafte Pause. Mittags verzehrte man das mitgebrachte Brot oder lief zum ‹Budiker› nebenan, um für einige Groschen etwas Warmes zu sich zu nehmen. Sieben, höchstens zehn Taler die Woche war der von Vorrichterin und Maschinennäherin gemeinsam verdiente Lohn. Da das Maschinennähen körperlich anstrengender als das Vorrichten war, so bestand die Gepflogenheit, daß die Maschinennäherin vom Taler 17 $^1/_2$ und die Vorrichterin 12 $^1/_2$ Groschen erhielt. Vor der Teilung wurden aber von dem gemeinsam verdienten Lohn die Kosten für das vernähte Garn und etwa zerbrochene Maschinennadeln abgezogen, was durchschnittlich auf den Taler 2 $^1/_2$ Groschen betrug.*

*Den ersten Anstoß, eine Änderung dieser ganzen Verhältnisse selbst in die Hand zu nehmen, brachte uns erst der Deutsch-Französische Krieg. Unmittelbar nach seinem Ausbruch gab es auch in der Wäscheindustrie einen Stillstand des Absatzes. Arbeiterinnen wurden entlassen und standen mittellos da, denn von dem Verdienst konnte niemand etwas erübrigen. Unsere Firma wollte das ‹Risiko› auf sich nehmen, uns auch bei dem eingeschränkten Absatz voll zu beschäftigen, wenn wir für den*

‹halben› Lohn arbeiten wollten. Von Organisation hatten wir keine Ahnung –, und wir waren in einer Notlage, denn die meisten Arbeiterinnen waren auf sich selbst angewiesen; sie lebten, wie man sagt, von der Hand in den Mund. So sagten wir zu, es eine Woche zu versuchen.
Nun wurde drauf losgeschuftet. Das Resultat aber war kläglich; von dem um die Hälfte gekürzten Lohn wurden uns die vollen Kosten für Garn und Nadeln in Abzug gebracht. Das brutale Vorgehen des Unternehmers brachte uns zur Besinnung. Wir beschlossen einmütig, lieber zu feiern, als für einen solchen Schundlohn zu arbeiten, von dem zu existieren nicht möglich war. Drei Arbeiterinnen, zu denen auch ich gehörte, wurden bestimmt, dies dem Chef mitzuteilen. Als die Deputation ihm nun den Gesamtbeschluß vortrug, wollte er uns damit beschwichtigen, daß er erzählte, sobald Siegesnachrichten eingingen, würde das Geschäft sich sofort wieder heben und die Löhne steigen. Er hatte wohlweislich vermieden, zu sagen ‹die alte Höhe erreichen›. Wir waren glücklicherweise in dem Moment schlagfertig genug zu antworten, der Lohn steige nie so schnell wie er herabgesetzt würde, und zudem habe dann das Geschäft ein volles, zu den niedrigen Löhnen hergestelltes Lager. Als der Chef merkte, daß wir uns nicht so leicht unterkriegen ließen, wurde er so wütend, daß wir uns rot vor Ärger anschrie: ‹Na, dann werde ich euch den vollen Preis wieder zahlen! Wollt ihr nun wieder arbeiten?› Da antworteten wir ihm kurz: ‹Jawohl, nun werden wir wieder arbeiten.›[5]

## Tageslauf

Doch ehe nun im einzelnen das Frauenleben der Arbeiterin zur Sprache kommt, sei ein gewöhnlicher Tageslauf geschildert, wie er wohl Tausende von Malen ähnlich abgelaufen sein dürfte:
Je nach der Entfernung der Wohnung von der Fabrik, nach dem Beginn der Fabrikarbeit und je nach dem Arbeitsbeginne des Mannes steht die Frau um $3^{1}/_{2}$, $4$, $4^{1}/_{2}$ oder $5$ Uhr auf. Nur in den Städten gestatten zuweilen jene Voraussetzungen, daß sie bis $5^{1}/_{2}$ Uhr ruhen kann. Dann wird das Frühstück für Mann, Frau und Kinder zubereitet und genossen, das abends vorher schon vorbereitete und angekochte Essen aufs Feuer gebracht und – wenn Mann und Frau oder eines von ihnen mittags nicht heimkehren kann – für diese in Blechtöpfe gefüllt, für die Kinder zum Wärmen hergerichtet. Die Kinder werden dann angekleidet, wenn sie größer sind, schulfertig gemacht, wenn kleiner und der Aufsicht und Wartung bedürftig, genährt und zur Hütfrau getragen; wo eine Krippe vorhanden ist oder eine Bewahrschule, werden die Kleinen und Kleinsten diesen viel billigeren Anstalten anvertraut. Von da geht es zur Fabrik. Entfernungen von 2–3 km gelten als nahe, es gibt aber zahlreiche Arbeiterinnen, welche täglich 10–12 km auf ihren Fabrikwegen zu Fuße zurücklegen müssen. Danach die nur von Kaffee-, Vesper- und Mittagspause unterbrochene Tagesarbeit. Wo die Frauen während der Mittagspause heimge-

*Essentragen (Hans Baluschek, 1870–1935)*

*hen, stellt sich diese angebliche Ruhezeit als regelmäßige Arbeit dar. Im Schnellschritt eilt die Frau heim, macht Feuer, setzt die in Scheiben geschnittenen Kartoffeln auf, wärmt das vorher fertiggestellte Essen und speist mit den Angehörigen, denen sie die weitere Haussorge überlassen muß, um den Beginn der Fabrikarbeit nicht zu versäumen. Manch eine hat in der kurzen Pause auch noch den in der Obhut älterer Kinder belassenen Säugling zu nähren oder Kranke oder Altersschwache zu versorgen und in Ordnung zu bringen, ehe sie das Haus verläßt. Abends dasselbe, Abendessen, Schularbeiten der Kinder, Flicken und Waschen der Kleider und Wäsche, Vorbereitung des Essens für den anderen Tag. Vor 9 Uhr endet der Arbeitstag nie, vor 10 Uhr selten und oft erst nach 11 Uhr. 16 Stunden im besten, ihrer 20 im ungünstigsten Fall.*[6]

Um einen weiteren Überblick über die Voraussetzungen des Familienlebens der Arbeiter zu gewinnen und die Lebensbedingungen der Frauen und Mütter besser zu verstehen, seien ein paar Zahlen genannt: 1839 wurde die Beschäftigung von Kindern unter 9 Jahren verboten und die Arbeitszeit der 9–16jährigen auf 10 Stunden festgelegt, – 1853 das Verbot der Kinderarbeit auf 12 Jahre heraufgesetzt und die Arbeitszeit für 12–14jährige auf 6 Stunden festgesetzt – zusätzlich 3 Stunden Schulbesuch. Erst 1891 wurde die Fabrikarbeit für Kinder unter 13 Jahren gänzlich untersagt und für die 14–16jährigen auf 10 Stunden «beschränkt».

Für die Frauen wurde der Arbeitstag erst 1891 auf 11 Stunden begrenzt und die Mutterschutzfrist auf 4 Wochen nach der Geburt verlängert.[7]

Soweit die Daten. Tatsächlich bedeutete diese ausgedehnte Berufsarbeit für die Frau zusätzlich zur Hausarbeit in einer schlecht ausgestatteten Wohnung und zu einer ständig wachsenden Kinderzahl ein fast unlösbares Problem. Die Männer fühlten sich zu einer häuslichen Mithilfe weder erzogen noch – entsprechend den Rollenklischees – motiviert und flüchteten häufig vor dem Elend und der Ungemütlichkeit daheim in die Kneipe, womit sie alles nur noch schlimmer machten. So entstand oft ein wahrer Teufelskreis:
*Mangelnde Arbeitsgelegenheit auf dem Lande führte die ganze Familie in die sich neu auftuende Fabrik. Nun verschlechterte die fast ganztägige Abwesenheit der Arbeiterfrau und ihrer älteren Töchter vom Haus die Ernährungsbedingungen der ganzen Familie. Die Folge dieser unzureichenden Ernährung [und der zunehmenden Unwirtlichkeit der Wohnung – W. K.] war ein vermehrter Schnapsgenuß. Unterernährung und Alkoholismus führten schließlich zur Reduzierung des Einkommens, Verlust der Arbeit oder Frühinvalidität. Erst mit dem Anstieg der Reallöhne, dem Rückgang der Frauen- und Kinderarbeit sowie der Vermehrung der Fabrikkantinen wurde ein Ausweg aus diesem Teufelskreis gefunden.*[8]

Diese Schlußfolgerung nun bewegt sich ganz im traditionellen Rollendenken von der «Bestimmung der Frau» und wäre nicht im Sinne der proletarischen Frauenbewegung, die ja nicht gegen Frauenarbeit als solche, sondern gegen deren schlechte Bedingungen kämpfte, für Freiheit und Selbständigkeit der Frauen.

Es stellte sich heraus, daß die Arbeiterfrau unter der Fortdauer der alten Verhaltensmuster am schwersten zu tragen hatte, denn ihre neuen Lebensbedingungen waren ohne Vorbild und dem althergebrachten Ablauf am allerwenigsten angepaßt.

Eingebunden in die Misere ihres Familienlebens und die fortwährende vordergründige Angst und Sorge um die Bewältigung der täglichen Technik des Daseins wurden die Frauen immer weniger fähig zu Überblick und Durchblick. Käthe Kollwitz hat in ihren Lebenserinnerungen ein Resümee gezogen über das, was sie als typisches Unglück der Arbeiterfamilien verstand:
*Die Frau Pankopf war hier. Hatte ein blaues Auge. Ihr Mann hat zu toben angefangen. Wie ich sie nach dem Mann fragte, erzählt sie, daß er hat Lehrer werden wollen, wurde dann Schildpattarbeiter und hatte sehr gut bezahlte Arbeit. Er bekam Herzvergrößerung und zu jener Zeit schon die ersten Anfälle von großer Unruhe. Er ließ sich behandeln und versuchte, wieder zu arbeiten. Es ging nicht, er versuchte andere Arbeit zu bekommen, ging im letzten Winter mit der Drehorgel. Er bekam geschwollene Füße und litt je länger je mehr unter Schwermut und Unruhe. Dauerndes Jammern nach dem Tode. Er könne seine Familie nicht erhalten usw. Als das vorletzte Kind starb, war er exaltiert unglücklich viel länger als die Frau. Sechs Kinder leben. Zuletzt fing er an zu toben und wurde nach Herzberge gebracht. Je länger je mehr verstehe ich das typische Unglück in Arbeiterfamilien. Sobald der Mann trinkt oder krank und arbeitslos ist, immer dieselben Erscheinungen: entweder er hängt als toter Stein an seiner Familie und läßt sich ernähren – von allen Familienmitgliedern verwünscht –, oder er wird schwermütig oder wird verrückt, oder er nimmt sich das Leben. Bei der Frau dann immer derselbe Jammer. Sie behält die Kinder, die sie ernähren muß, schimpft und klagt über den Mann. Sieht nur, was aus ihm geworden ist und nicht, wie er es geworden ist.*[9]

## Die Proletarische Frauenbewegung

Wer sollte den Frauen einen Ausweg aus ihrem Elend zeigen, das sie ja immer im Vergleich zu den kleinbürgerlichen oder bäuerlichen Existenzen ihrer Umgebung sahen?

Die großen Arbeiterführer jener Zeit versuchten, den Frauen ihre eigene selbständige Rolle im sozialistischen Kampfe klarzumachen, so als führende Persönlichkeit der sozialistischen Frauenbewegung Clara Zetkin (1857–1933), Lehrerin von Beruf, engagierte Sozialdemokratin, die 1892 die Zeitschrift «Die Gleichheit» als Hauptorgan der internationalen sozialistischen Frauenbewegung begründete. Ihr Einsatz für den Arbeiterinnenschutz, den 10-Stunden-Tag, den Schutz der Kinder- und Heimarbeit und die Rechte der Arbeiterinnen und Frauen überhaupt, für Volksschulen und Mädchenbildung sind bekannt.[10] Sie durchbrach die immer noch gültigen Paragraphen, nach denen «Frauenspersonen, Schüler und Lehrlinge» keinen Vereinen beitreten durften, in denen politische Gegenstände behandelt wurden, und versuchte, den arbeitenden Frauen Mut für eigene politische

*Weinende Frau*
*(Käthe Kollwitz, 1867–1945)*

Entscheidungen zu vermitteln. 1908 hatte ihre Bewegung rund 30000 weibliche Mitglieder gewonnen, und dem unermüdlichen Kampf um Arbeitszeitverkürzung fügte sie nun unter dem Eindruck zunehmender Kriegspolitik eine Friedensbewegung großen Ausmaßes hinzu, indem sie auf internationaler Ebene gegen den Militarismus antrat. Das brachte ihr im Ersten Weltkrieg eine Verhaftung wegen Landesverrats ein und bedeutete – übrigens schon seit 1904 – ein entschiedenes Abrücken von der bürgerlichen Frauenbewegung. Wenn es noch eines furchtlosen Bekenntnisses als Beweis außerordentlicher weiblicher Qualitäten bedurft hätte, so war es ihr Friedensengagement.

Wenn sich trotz allem die Frauen nur zu einem geringen Teil politisch engagierten, so lag es wohl vor allem an ihrer großen Überbelastung. Daneben wirkten sich die Druckmittel aus, die die Fabriksleitung, die Obrigkeiten in der Gemeinde und auch in der Kirche auf sie ausübten und denen sich die Frauen, unerfahren im Widerstand, leichter beugten als die Männer.

## Heirat und Ehe

Alles verlief für die Arbeiterin völlig anders als für ihre gleichaltrige Geschlechtsgenossin aus dem Bürgertum oder auf dem Lande. Viele Arbeiterinnen stammten ja in der ersten oder der zweiten Generation vom Land, verkehrte doch die Landflucht die demographischen Verhältnisse total: während 1871 noch rund zwei Drittel der Bevölkerung in ländlichen Gemeinden gelebt hatten, bewohnten 1914 die Städte zwei Drittel einer Bevölkerung, die außerdem um 60% angewachsen war. Was diese Bewegungen von einem Leben unter den Leitbildern eines mehr oder weniger bäuerlich bestimmten Normgefüges zu den offenen und ungeregelten Daseinsformen in den Fabrikvororten für die einzelnen bedeutete, kann anhand authentischer Zeugnisse nur tendenziell vermutet werden.

Für die junge Arbeiterin galt also als kulturelles Vorbild zum einen das Wertesystem des Dorfes, in dem sie oder ihre Eltern geboren waren, zum anderen die städtische Kleinbürgerwelt, mit der sie beim Einkauf und bei ihren bescheidenen Vergnügungen in Berührung kam und aus der zuweilen der jeweilige Ehepartner stammte. Auch in diesen beiden Sozialgruppen, Landbewohner und Kleinbürger, bildete die Heirat das einzige Versorgungsfeld für die Mädchen, aber Einleitung und Abschluß der Ehe verliefen völlig anders.

In der Dorfgesellschaft waren die zwischenmenschlichen Beziehungen verhältnismäßig einfach zu übersehen. Die Liebesbindungen zwischen den jungen Leuten spielten sich ziemlich öffentlich ab, zumal große Überraschungen kaum eintraten und die passende materielle Basis die Partnerwahl im allgemeinen bestimmte. Die betroffenen Familien wußten Bescheid, nach festen Verhaltensregeln kannte das junge Paar die Grenzen des Erlaubten und Verbotenen, und die Hochzeit selbst mit vorgeschriebenen Kleidungsformen und einem ausgedehnten

*Weberzug, 1897 (Käthe Kollwitz, 1867–1945)*

Ritual bezeichnete den wichtigen Übergang vom Status der Unverheirateten in den der Verheirateten, der «Unter-die-Haube»-Gekommenen. Freilich gab es in der Ausgestaltung der Hochzeit beträchtliche Unterschiede im Hinblick auf die Besitzhierarchie, und ein Tagelöhnermädchen in der Schwalm z. B. durfte nicht die kostbare Brautkrone tragen, mit der sich die reiche Bauerntochter für ihre kirchliche Trauung schmückte, – geschweige denn die Bauernmagd als Braut. Doch das waren Zeichen der sozialen Schichtung innerhalb der Gruppe. Für alle gleich erhob sich die Bedeutung dieses Tages mit seinen auszeichnenden Symbolen aus der Reihe der übrigen: die Tatsache, daß das Mädchen nun öffentlich zur Frau geworden war, als Wirtin mit ihrem Kammerwagen in den Bauernhof einfuhr oder doch wenigstens als Hausfrau eine Tagelöhnerwohnung bezog, Haube oder Kopftuch trug, von nun an in der Kirche auf der Frauenseite saß, in die Verheirateten-Spinnstube ging und so weiter.

Die Kirche fügte dem Hochzeitstermin noch den Verlust der Jungfräulichkeit hinzu, wiederum begleitet durch vielerlei Zeichen. Hierin übertrumpfte die bürgerliche Gesellschaft die agrarische mit der Farbe Weiß für das Brautkleid als Zeichen der Unschuld zu Beginn des 19. Jahrhunderts (wenn auch zunächst nur für die obere Bürgerschicht) und mit der Einführung des nonnenhaften Schleiers.

Aber übereinstimmend kennzeichneten alle traditionellen Sozialschichten die Hochzeit als den großen Wendetermin im Leben der Frau, als «ihren» Tag, den sie in auszeichnender einmaliger Kleidung und als bewunderter Mittelpunkt einer großen Gästeschar verleben sollte.

Für die junge Arbeiterin lagen die Dinge ganz anders, und deshalb hatte auch eine Hochzeit eine gänzlich andere Funktion. Ihr Lebensziel war vielleicht emotional nicht unbedingt auf Heirat gerichtet, denn sie wußte erfahrungsgemäß aus ihrer Umgebung nur allzugut, was sie in einer Ehe erwartete, und außerdem kostete das Heiraten Geld. Aber es gab auch für sie kaum eine Alternative, zumal – wie gesagt – die Löhne für Frauen viel zu niedrig für ein selbständiges Leben waren. Freilich hatten die Mädchen seit ihrem 15./16. Lebensjahr oft einen «Schatz», und das bedeutete meist auch sexuelle Beziehungen, – aber nicht im Sinne einer Promiskuität, denn die Pärchen hielten sich fast immer die Treue.

Die Partnerwahl erfolgte vornehmlich aus der eigenen Gruppe: Arbeiterinnen heirateten Arbeiter. Aber zuweilen heirateten auch Mädchen vom Lande oder aus etwas höheren Schichten in diese Gruppe ein und wurden dann allmählich durch die Grausamkeit der Verhältnisse in das Proletarierleben hineingezogen. So erzählt der Arbeiterjunge Moritz Theodor William Bromme

*Hochzeitsfoto (um 1910)*

*Eingesegnet (Heinrich Zille, 1858–1929)*

(1873–1926), späterer führender Sozialdemokrat und ab 1919 Senator in Lübeck, von seiner Mutter, die erst mit 30 Jahren heiratete:

*Doch ich will von meiner Mutter reden. Also ihre Hauptbeschäftigung war Damenschneiderei, oder, wie es im Altenburger Lande heißt, sie war ‹Nähtern›. Außerdem konnte sie ausgezeichnet kochen und verstand auch mit wenigen Mitteln etwas Schmackhaftes herzustellen. Ferner war sie sehr fromm und gottesfürchtig, im Gegensatz zu meinem Vater, der eher zum Atheismus neigt. Sie verstand aber auch etwas von Krankenpflege, und in meinem Leben ist mir keine Frau wieder begegnet, die sich darin mit ihr messen konnte ... Sie kannte alle einheimischen Teearten und war Meisterin im Einmachen von Früchten und Aufsetzen von Kräutern und Künstlerin in der Herstellung von Puddings. Bei der Schneiderei hatte sie sich in ihren Jugendjahren 600 Taler gespart. Da sie in ihrem Beruf meist bei besserer Kundschaft tätig war, so hatte sie sich auch etwas gesellschaftlichen Schliff angeeignet, wie man so zu sagen pflegt. Ja, sogar ein wenig Französisch und Englisch verstand sie, deren Kenntnis sie sich wahrscheinlich in einer Pastorenfamilie erworben hat, bei der sie einige Zeit in Stellung gewesen ist. Ich konnte darum auch bereits in französischer Sprache bis fünfzig zählen, noch ehe ich die Schule besuchte, wie ich überhaupt schon mit 5 Jahren das ganze große und kleine deutsche Alphabet schrieb. Wie ich dann noch aus ihren Erzählungen vernommen habe, hatte sogar ein Arzt um ihre Hand angehalten und einen Korb bekommen, was sie später vor unseren Ohren oftmals bereut hat. Bei ihrer Verheiratung zählte sie 30, mein Vater 29 Jahre.*[11]

Aber das waren wohl Ausnahmen, Frauenpersönlichkeiten mit verschärfter Sensibilität für das Fabrikarbeiterelend. Im allgemeinen gab es ja kaum Möglichkeiten zur Entwicklung eigener Individualität, und die Frauen, die unter derartigen Voraussetzungen die Kraft zu politischen und schriftstellerischen Aktivitäten fanden, verdienen die höchste Bewunderung. Bei den meisten Mädchen bahnten sich die Beziehungen ganz zufällig an ohne Lebensplan und Reflektion. Es verlief also schon die Partnerwahl völlig anders als in den Vorbildgruppen. Von Besitzinteressen wie auf dem Lande konnte ebensowenig die Rede sein wie von kleinbürgerlichen Standesrücksichten. Man lernte sich meist am Arbeitsplatz kennen oder durch Verwandtschaftsbeziehungen, und alle waren gleich arm und ohne Chancen.

*Die Zeit kam, wo ich in die Fabrik gehen durfte, ich mußte nur 8 Tage lernen, denn ich hatte schon einen Begriff von Weberei; bekam dann zuerst nur einen Stuhl, in der Woche, nachher den zweiten, auf einer Seite war der Vater, auf der andern Seite die Mutter. Es freute mich, wenn ich einen großen Zahltag heimbringen konnte; aber da meinte der Vater nur, er könne jetzt noch mehr trinken. Meine Schwester mußte bald auch in die Fabrik ...*

*Eines Sonntags kam einmal ein junger Verwandter von der Mutter zu Besuch. Dieser war 20 Jahre alt und ich 18. Ich mußte da am Mittag den Tisch decken; meine Mutter war in der Küche, die anderen alle in der Stube. Als ich da tischte, kitzelte dieser Bursche mich unter den Armen. Ich wurde ganz rot, denn ich war noch scheu. Am Nachmittag gingen wir alle zusammen spazieren, wir schauten einander immer an, sahen einander gern, denn es war ein hübscher Bursche, hatte ihn zum erstenmal gesehen, dachte gar nichts Böses dabei. Am Abend gingen seine Mutter und er wieder heim nach T. Er sagte zu uns, er werde uns bald wieder besuchen, und ich schrieb ihm, aber nur, was mir meine Mutter angab, denn sie wollte keine Bekanntschaft. – Ich sah das Mannsvolk damals schon gern, verkehrte aber noch nicht mit ihnen. Ich hörte eben viel von meinem Vater und dachte manchmal, ich möchte auch wissen, wie das wäre, sah auch, daß der Vater meine Freundinnen, die ich am Sonntag heimbrachte, herumziehen wollte und wüst mit ihnen reden, aber nur, wenn es die Mutter nicht sah. Diese Mädchen sagten oft zu mir, mein Vater sei ein Schlimmer. Er wollte es auch mit mir probieren, aber ich hatte kein Gefühl für ihn, denn es ekelte mich, warum weiß ich nicht. Er rupfte immer an mir herum, meinte, er bringe mich dazu, aber es half nichts, ich sagte dann zu ihm, er habe eine Frau. Ich sagte es aber auch der Mutter. Sie sagte mir, ich solle immer fliehen, wo ich könne. Ich hatte aber auch wirklich nie etwas mit ihm, nicht im geringsten, denn der Stolz und Charakter gab mir solches nicht zu. Ich weiß nicht, ob es die Mutter dem Vater gesagt hat; er sagte zu mir nie mehr etwas deswegen, sah mich aber immer nur schief an. – Jener Bursche kam bald wieder zu uns auf Besuch. Ich hatte ihn wirklich gern und er mich; er war anständig, aufrichtig und sehr geschickt. Er hätte mich wirklich geheiratet, aber meine Mutter wollte es nicht haben, weil wir noch zu jung seien und blutsverwandt.*

*Dieser Bursche sagte einmal zu meiner Mutter, warum wir nie alleine aufbleiben dürfen. Da sagte meine Mutter, man könne uns nicht allein lassen. Da lachten wir und schauten einander an. Da kam er einmal unverhofft, da meine Mutter auf Besuch war bei ihrem Bruder. Da benutzten wir es. Er sagte, er kaufe keine Katze im Sack; ich wollte zuerst nicht, gab es aber doch zu. Er sagte nachher zu mir, es freue ihn etwas, ... weil ich noch keusch gewesen sei.*[12]

Obgleich also der junge Mann die ungünstigen Lebensverhältnisse des Mädchens kannte, stellte er moralische Ansprüche wie ein Großbürgersohn an eine behütete Bürgertochter, und das Mädchen selbst akzeptierte dieses Verhalten. Wie schwer war es andererseits für heranwachsende Mädchen aus Proletarierkreisen, sich vom herrschenden Geist des Patriarchalismus abzulösen und den widerlichen Vergewaltigungsversuchen ihrer alkoholisierten Väter ein entschiedenes «Nein» entgegenzusetzen. Das waren vielleicht die traurigsten Auswirkungen des Arbeiterelends.

In anderen Dingen kam den Arbeiterinnen der Mangel an Konventionen zugute, und sie konnten sich ehrlich zu ihren Gefühlen bekennen:

*In der Auflegerei arbeitete eine Witwe namens Schmidt mit, die schon einen Sohn beim Militär hatte, und in der Löcherei arbeitete an der Abschneidemaschine ein etwa 20jähriges Mädchen namens Martig. Beide liebten einen Anbohrer namens Krenke. Er war noch dazu Alkoholiker und wurde allgemein ‹Saufkrenke› genannt, trotzdem er im Höchstfalle 25 Jahre alt war. Diese beiden Weiber wetteiferten und buhlten nun gegenseitig um die Neigung des Geliebten. Die eine brachte ihm Wurst mit, die andere Käse. Die eine kaufte ihm Bier, die andere Schnaps. Zwischen den beiden Frauenzimmern kam es bei dem fortwährenden Hader einmal zu so saftiger Schlägerei, daß nicht nur die Haare, sondern auch die Fetzen flogen; der Witwe waren von der Jacke und dem Hemd sämtliche Knöpfe abgerissen, so daß uns die Brüste sichtbar wurden. Trotzdem zog die jüngere, glaube ich, den kürzeren, obwohl sie alles Mögliche aufgeboten hatte, um als Siegerin hervorzugehen. Der Krenke lachte sich natürlich eins ins Fäustchen, anstatt für die eine oder andere Partei zu ergreifen. Darüber kam die Martig schließlich so in Wut, daß sie in der Färberei Kali trank, um sich zu vergiften. Sie kam aber wieder zu sich, weil sofort Gegenmittel angewendet wurden. Mit ihrer Liebe zu Krenke war es aber trotzdem doch aus. Sie heiratete aus Ärger einen etwa 60jährigen Gutsbesitzer namens Heetzsch aus der Umgegend.*[13]

Uneheliche oder voreheliche Kinder waren bei den doch wenig kontrollierten Beziehungen zwischen den Geschlechtern keine Seltenheit und keine Katastrophe wie in Bürgerkreisen – aber auch keine Erprobung wie im bäuerlichen Denken. Sie kamen, waren bei der Unwissenheit über Empfängnisverhütung kaum zu vermeiden und führten zum Zusammenleben in einer eigenen Behausung oder einem eigenen Raum bei den Eltern und früher oder später zur Eheschließung. Daß auch das nicht sein mußte, war eine der wenigen Freiheiten, die sich diese Klasse leisten konnte und zu der sie von ihren Arbeiterführern ermuntert wurde.

Die konservative Gesellschaft warf den Sozialisten «Unmoral» vor, sexuelle Libertinage und den geplanten Untergang von Ehe und Familie. Tatsächlich hat sich August Bebel (1840–1913), gelernter Drechslermeister und bedeutender sozialdemokratischer Parteiführer, in seinem berühmten Werk «Die Frau und der Sozialismus» (1883) – (übrigens dem meistgelesenen sozialistischen Buch in deutscher Sprache) in dieser Richtung geäußert. Er führt aus, daß die bürgerliche Ehe durch die bürgerlichen Eigentumsverhältnisse bedingt sei und das Erbrecht legitime Kinder verlange. Da aber der Proletarier kein Privateigentum besäße und nichts zu vererben habe, sei auch die Eheschließung kein notwendiger Zwang.

*Die Frau ist also frei, und ihre Kinder, wenn sie solche besitzt, verkürzen ihr diese Freiheit nicht, sie können nur ihre Annehmlichkeit und ihre Freude am Leben vermehren. Pflegerinnen, Erzieherinnen, befreundete Frauen, die*

*Die Sardinenputzerinnen (P. S. Krøyer, 1851–1909)*

*heranwachsende weibliche Jugend stehen ihr in Fällen, in welchen sie Hilfe braucht, zur Seite.*[14]

Diese Gedanken, verbunden mit weitgehenden Plänen für Gemeinschaftsküchen, -krippen, -horten, waren frauenfreundlich konzipiert, auch im Hinblick auf Trennungsmöglichkeiten in aussichtslosen Verbindungen. Bebel kannte die Verhältnisse in Arbeiterfamilien nur allzugut und ihre verheerenden Konsequenzen für ein menschenwürdiges Leben der Frauen. Wie im allgemeinen das Familienleben der Arbeiterfrauen verlief, in das sie durch die Eheschließung dann ohne Ausweg eingebunden waren, kann die folgende Kindheitserinnerung der Glasschleiferin Aurelia Roth (etwa 1865–1935) eindrucksvoll belegen:

*Ich war, soweit ich mich erinnere, von je ein Schwächling. Sehr schwere Krankheiten habe ich schon in dem zartesten Alter durchgemacht. Heute verstehe ich es, daß dies alles auf die schlechten Verhältnisse zurückzuführen ist, in welchen wir lebten: eine schlechte Wohnung, mangelhafte Ernährung usw. Viel mag auch beigetragen haben, daß mein Vater ein Trinker war. Er kümmerte sich sehr wenig um die Familie, so daß meiner Mutter die ganzen Sorgen allein überlassen waren.*

*Selbst bei dem größten Fleiß und der größten Sparsamkeit war es ihr nicht möglich, allein alles zu bestreiten, was für die Familie gebraucht wurde. Es blieb ihr nichts anderes übrig, als uns Kinder mitverdienen zu lassen.*

*Zwei Frauen bei der Heimkehr aus dem Grunewald (Heinrich Zille, 1858–1929)*

*Meine Eltern waren Glasschleifer, die Mutter war auch noch Perlenarbeiterin. Wenn in der Schleiferei eine Krise eintrat, so wurde zu Hause gearbeitet. Sehr oft wurde auch beides gemacht, tagsüber in der Schleifmühle und abends zu Hause.*

*Ich war die jüngste von drei Schwestern und mußte ebenfalls, sobald es meine Geschicklichkeit zuließ, beim Verfertigen der schwarzen Glasperlen helfen. Dies ist wohl eine leichte Arbeit, aber für meinen schwächlichen Körper war es anstrengend genug. Oft mußte ich auch die Schule versäumen, um zu arbeiten. Das war für mich das größte Opfer, das ich bringen mußte. Ich bekam sehr wenig Zeit zum Lernen, noch weniger aber zum Spielen, doch das kränkte mich am meisten, wenn ich die Schule versäumen mußte. Die Arbeitszeit in den Schleifereien betrug damals 16 bis 18 Stunden. Wenn Weihnachten herankam, wurde oft ganze Nächte durchgearbeitet. Auch wir Kinder wurden nicht geschont. Ich wußte schon vor Beginn meiner Schulzeit, daß die Geschichte vom Christkind nur ein Märchen sei.*

*Die Mutter mahnte uns sehr oft, nur recht fleißig zu arbeiten, damit sie uns auch zu Weihnachten eine Freude bereiten könne. Ich bestellte mir lauter schöne Sachen. Am Christtag war ich jedoch immer sehr unzufrieden, weil es nicht das Gewünschte war, was ich bekam. Wie mag sich meine Mutter über meine Unzufriedenheit gekränkt haben! Auch zu Hause wollte ich nicht bleiben, in der Schule gefiel es mir besser. Der Lehrer hatte mich stets gern, weil ich sehr aufmerksam war. Ich zählte*

*8 Jahre, als ich angefangen habe, über verschiedene Dinge nachzudenken. Den Anlaß hierzu hat mir mein Vater gegeben, denn wenn er angetrunken nach Hause kam, gab es fast immer heftige Szenen. Da hörte ich Dinge, die ich nicht verstand. Die Mutter machte ihm die bittersten Vorwürfe, wenn er kein Geld brachte. Er solle sich schämen, daß die Kinder für ihn arbeiten müssen. Oft schlug er alles zusammen. Ich habe sogar sehr oft mit meiner Mutter ganze Nächte im Freien an einem verborgenen Ort verbringen müssen. Eine Nacht werde ich nie vergessen. Es war an einem Samstag. Wir hatten alle drei mit der Mutter fleißig gearbeitet. Sonntag sollte geliefert werden. Es war bereits 12 Uhr nachts, als wir schlafen gehen durften. Da kam der Vater gestolpert und zankte mit der Mutter, daß wir noch wach seien. Als die Mutter antwortete, schlug er mit dem Stock die ganzen Perlen in Scherben. Da fingen wir Kinder alle wie aus einer Kehle an zu schreien, daß wir nun kein Geld dafür bekommen würden. Wir hatten soviel Schlaf geopfert, und nun war alles umsonst gewesen. Die Mutter jammerte, wovon wir künftige Woche leben würden.*

*Ich zürnte meinem Vater im geheimen ob seiner Trunksucht und dachte sehr oft darüber nach, wie schön es doch bei uns sein könnte, wenn diese böse Leidenschaft nicht wäre, denn im nüchternen Zustand war er stets gut.*

*So könnte ich noch viel erzählen, wie viel Not und Elend durch das Laster des Alkohols über uns gekommen ist. Plötzlich wurde er ernstlich krank, so daß er volle 2 Jahre das Bett nicht verlassen konnte. Das war die schönste Zeit, soweit ich mich an die Lebzeiten meines Vaters erinnere. Wir mußten ja noch angestrengter arbeiten, aber es ging leichter, weil Frieden im Hause war. Da kam in der Perlenindustrie eine Krise, und meine Mutter war gezwungen, für uns eine andere Beschäftigung zu suchen. Ich hatte bereits das 14. Lebensjahr erreicht und wurde in einem Glasgeschäft als Läuferin und zum Putzen der Glassachen untergebracht. Für diese Arbeit bekam ich 4 Gulden in 14 Tagen ausbezahlt. Während dieser Zeit starb mein Vater. Wir befanden uns wieder in einer sehr mißlichen Lage. Mein Verdienst war für mein Alter doch zu gering, und so mußte ich die Schleiferei erlernen.*

*Meinen Vater betrauerte ich nur deshalb, weil er so lange ans Krankenbett gefesselt war. In Wahrheit konnte ich es ihm selbst nach dem Tode nicht verzeihen, daß er nicht wie ein Vater für uns gesorgt hatte. – Ich kam also in die Schleifmühle. Was ich von dieser Zeit noch zu erzählen weiß, das scheint mir heute selbst fast unglaublich. Wenn ich diese Zeit nicht selbst durchlebt hätte, so würde ich nicht glauben, daß in dem mit Naturschönheiten gesegneten Isergebirge jemals so entsetzliche Verhältnisse bestanden haben.*[15]

*Glasschleiferinnen (Foto etwa 1910)*

Diese Darstellung bedarf kaum eines Kommentars, auch im Hinblick auf eine Trennung der Ehe und Loslösung der Frau. Die gegnerische Propaganda jedoch sah in Bebels Entwurf einer Zukunftsgesellschaft nur einen Rückfall in «sittliche Verrohung», geduldete Prostitution, in der die Frauen die Männer umwerben und verlassen dürften! Die sensationellen Diskussionen um die sogenannte «freie Liebe» gaben der Gegenseite genug Stoff zu sittlicher Entrüstung, denn von bürgerlichen Maßstäben her verstand man nicht, daß nur von einem vom Gesetzeszwang befreiten monogame Zusammenleben die Rede war. «Liebe ist sittlich auch ohne Ehe, aber Ehe ist unsittlich ohne Liebe», schrieb die große österreichische Arbeiterführerin Adelheid Popp (1869–1939) in ihren Erinnerungen.[16] Die Kritiker solcher Ideen hätten bedenken sollen, daß nur eine Veränderung der gesellschaftlichen Bedingungen der Arbeiterfamilie aufhelfen konnte, aber keine Moralpredigten.

Doch sei zurückgekehrt zu den Überlegungen und Empfindungen, die die Arbeiterinnen der Kaiserzeit selbst über Hochzeit und Ehe hatten. Wenn sie in eheähnlichen Verhältnissen lebten, strebten sie deren Legitimierung nicht unbedingt an, sondern es waren meist die Vertreter der Kirche, die hier ordnend eingriffen.

So erzählt Karl Bröger (1886–1944) von seinen Eltern, daß sie erst nach der Geburt des 4. Kindes von dem katholischen Geistlichen des Bezirks zur Eheschließung gedrängt wurden, dann aber keine Einzelheit kleinbürgerlicher Festgestaltung ausließen.[17] Wenn also überhaupt geheiratet wurde, dann sollte doch eine richtige Hochzeit für die meisten Frauen nach alten Mustern dazugehören, obgleich die Motivation zur Ehe eine völlig andere war als bei Bauern oder Bürgern: Liebesgefühle, eine Schwangerschaft und der Wunsch, sich gemeinsam eine Existenz zu schaffen, führten zwei Menschen zusammen. Daß ein schwangeres Mädchen von ihrem Arbeiterliebsten endgültig «sitzengelassen» wurde, soll selten vorgekommen und von den Arbeitskollegen mit harten Sanktionen belegt worden sein.[18]

Wenn Hochzeiten gefeiert wurden, dann mit allen Freuden – und wenn es 14 Tage vor der Geburt des Kindes war:

*Am 10. August fand die Hochzeit statt, die ziemlich nett gefeiert wurde. Schon am Polterabend ging es laut her. Meine Freunde, Robert und der Tischler, brachten Leben genug in die Bude. Ein Fäßchen Bier ging schon an diesem Abend drauf. Am nächsten Tage waren auch meine Eltern und drei Geschwister, die beiden Zeugen, zwei Freunde aus dem ‹Verein zur Wahrung der Interessen der Arbeiter›, die drei Schwestern meiner Frau, eine davon mit ihrem Zukünftigen erschienen, und da war denn die Stube voll. Es war gerade ein herrlicher Sommertag; an Essen und Trinken – da muß ich meine Schwiegereltern loben – hat es nicht gefehlt, und jeder hat sich in der besten Weise amüsiert. Freilich hatten die alten Weiber uns gewarnt, während der Hundstage zu heiraten. Aber wir mußten eben. Denn am 28. desselben Monats kam meine erste Tochter an, die ich Hedwig genannt habe. Frühmorgens war meine Frau noch mit mir zur Arbeit gegangen, gegen 10 Uhr mußte sie die Arbeit verlassen, und als ich Mittags nach Hause kam, war alles vorüber. Mir war es sehr lieb, daß sie mich nicht hatten holen lassen. Zum Ball des Arbeitervereins am 20. Oktober machte ich Kindtaufe, und als Paten hatte ich meine Freunde Wilhelm Kuhl, den Tischler Müller und Roberts Frau für meine Tochter gewonnen. Von ersterem lag auch eine hübsche Widmung, zierlich in Rundschrift geschrieben, dem Patenbrief bei; sie soll hier Platz finden:*

‹Als Kind des Proletariats bist Du geboren.
Besitzlos und bedrückt nennt sich auch Dein Geschlecht.
Drum tritt auch Du dereinst in reifen Jahren
Ein für die Freiheit, Wahrheit und das Recht.›

*Auch diese erste Taufe war noch ein fröhliches echtes Familienfest. Wir hatten Freude, was bei späteren Gelegenheiten nicht der Fall war. Übrigens habe ich nur drei Taufen ausgerichtet, bei den andern dreien ist die Hebamme allein mit dem Kind zur Kirche gegangen, und die Namen der Paten sind nur eingeschrieben worden.*[19]

Es wurde also ein Fest mit dem Namen Hochzeit gefeiert, und es scheint mir müßig, dabei vergleichend nach dem Begriff «Arbeiterkultur» zu fragen, d.h. es geht mir in diesem Falle weder darum, eine Verelendungsszene zu zeichnen, noch einige wenige rührende übriggebliebene Relikte aus anderen Kulturen festzuhalten. Die These heißt, daß soziale Gruppen jene Bräuche pflegen und gestalten oder auch umgestalten, die für ihr Leben von Bedeutung sind, und Hochzeit gehörte im integrativen Sinne für das Arbeitermädchen nicht dazu, denn es änderte sich meist nichts Entscheidendes in ihrem Leben. So kannte man wohl die zeichenreiche Besetzung des Wendepunktes Hochzeit. Aber die heiratende junge Arbeiterfrau wußte damit nicht mehr so viel anzufangen – und zwar nicht nur aus materiellen Gründen. Das Familiäre überhaupt verlor an Wert, und es zeigte sich hier deutlich, daß die Kulturmuster weitgehend Funktionen wirtschaftlicher Verhältnisse sind. Durch die vielen streng gemessenen Arbeitsstunden war das Leben dieser Frauen in einer neuen Weise strukturiert und dadurch immer weiter entfernt vom Feierstil der bäuerlichen Gesellschaft, zu dem (neben allem anderen) auch die rituelle Verschwendung von Zeit gehörte.

Was der Familienzusammenhang für den Arbeiter an Bedeutung verlor, gewann die Arbeitsszene, in der man sich ja die meiste Zeit des Tages bewegte. Und so fällt bei der zitierten Beschreibung von Hochzeiten und Taufen auf, daß auch die Freunde, die Kollegen, offenbar eine große Rolle für das Fest spielten, vielleicht eine größere als die Verwandten. Ähnlich klingt es aus dem folgenden Bericht:

*Die Hochzeit des Vaters mit seiner neuen Versprochenen war auf Ende Januar 1895 angesetzt worden. Eingeladen waren zwei Kollegen meines Vaters und sein neuer Schwager Franz. Zwei Tage vor der Hochzeit erlitt ich einen Unfall. Ich war im Begriffe, in demselben Kasten, in dem 1½ Jahre vorher der Werkmeister Tismer verunglückte, den Treibriemen zur Schleiferei mittels eines* kurzen Eichenrödels aufzulegen. Beim Abziehen war aber der Rödel den Speichen der Riemenscheibe zu nahe gekommen und war mit aller Kraft empor- und mir an den Backen geschleudert worden, der alsbald wie ein gesottener Pfannkuchen auflief. Ich konnte dagegen nichts andres tun als kühlen. So habe ich denn 2 Tage lang in einem fort zu Hause vor dem Waschbecken gesessen und gekühlt und dabei tüchtig gefroren. Denn die neue Mutter ging mit auf Arbeit, und da wurde nicht geheizt. Sie arbeitete an den mechanischen Webstühlen. Am Hochzeitstage hatte sich die Beule ziemlich wieder gesetzt, so daß ich ungehindert an der Feier teilnehmen konnte. In uns beiden Brüdern kam aber keine ordentliche festliche Stimmung auf; wir dachten an die Mutter, die ja noch kein volles Jahr tot war, und an die beiden kleinen Schwestern, die in fremden Händen waren. Alle Schnurren, die der neue Schwager oder Onkel heraussteckte, konnten uns nicht heiter stimmen, und erst als er von seinen Wanderfahrten erzählte, gewannen wir einiges Interesse. Wir waren schließlich froh, als sich die Gäste entfernten und der Tag zu Ende war. Mit unserer neuen Mutter aber sind wir nie recht gut ausgekommen. Es gab vielmehr oft Hader und Zank, weil sie uns Kinder nicht verstehen konnte; sie selbst hatte nie welche gehabt.

Da die Frauen wegen des schonungslosen Lebens, das sie führen mußten, häufig in jüngeren Jahren starben, war eine 2. und 3. Eheschließung der Väter keine Seltenheit, aber auch die Begegnung der Kinder mit dem Tod: *Schon seit Jahr und Tag hatte meine Mutter gekränkelt. Sie gab fast jedes Jahr einem Kind das Leben, die meistens nur Stunden alt wurden oder tot zur Welt kamen, aber ihr Körper war durch all das und seelische Not, die hinzukam, in seinen Grundfesten erschüttert worden. Manchmal fiel selbst mir das auf, und als gar einmal die von mir so sehr geliebte Mutter vormittags beim Bettenmachen ohnmächtig auf das gerade am Boden liegende Bettzeug fiel und entsetzlich bleich aussah, da läutete es auch in meinem Gewissen Sturm. Die Mutter war ersichtlich sehr krank, das leuchtete mir ein. So kam der Herbst 1891, ich malte meine Noten zu den hübschen Advents- und Weihnachtsliedern, die ich aus dem Gesangbuch abschrieb. Mit der Mutter hatte es sich zum Schlechteren entwickelt...*
*Immerhin ging ich am Tag nach dem Sterbetag oder gar am Abend des gleichen Tages mit einigen Schulkameraden im Auftrag des Vaters zu dem Schreinermeister Thomas und bestellte ihm, daß er einen Sarg für die tote Mutter fertigen sollte. In recht kindhafter Weise kam ich mir dabei gewissermaßen wichtig vor. Auch die Kameraden sahen an diesem Tage so etwas wie mit ehrfürchtiger Scheu zu mir auf, sie hatten wohl von ihren Eltern einen Hinweis auf die Größe des mich betroffenen Unglücks erhalten. Aber auf dem Heimweg schon wagte einer derselben irgendeinen kleinen Scherz, und ich hatte für den Bruchteil eines Augenblicks meinen Jammer vergessen. Aber nur für den Bruchteil einer Minute, sofort überfiel mich Schmerz und Trauer aufs Neue, und ich hatte noch die Gewissensbisse dazu, daß ich schon so bald nach der Mutter Tod sie offenbar, wenn auch nur für einen Augenblick, vergessen hatte.*[20]

Diese Erinnerung beleuchtet das Ambivalente der Lebensformen, in der sich die Arbeiterfamilie bewegte. In der Dorfgesellschaft hätte ganz selbstverständlich der Bauer, der Mann der Verstorbenen, den Sarg beim Schreiner bestellt, und auch im kleinbürgerlichen Haushalt wäre wohl kaum ein Kind geschickt worden. Aber unter den bedrängten Verhältnissen einer Arbeiterfamilie konnten weder Normen noch zarte Gefühle berücksichtigt werden; sie schwanden unter dem Gewicht der Resignation dahin.

*Kinder-«Segen» (Heinrich Zille, 1858–1929) «Mein Oller, det is ooch so'n Steuermann! Nich een Jahr bringt er mir um det Kap der juten Hoffnung 'rum!»*

Mit der Überschrift «Eheleben» hat der Arbeiter Franz Louis Fischer (1855–?) einen gewissermaßen exemplarischen Katalog von Daten vorgelegt, der besonders grell die Situation der Frau und die «Höhepunkte» des Familienlebens beleuchtet.

1880 ist geheiratet worden, sogar in der Kirche, die Braut mit Myrte und Schleier, also mit einer kleinbürgerlichen Lebenserwartung. Der Erzähler begrüßte es, «der Tonangebende in jeder Beziehung» zu sein. Als Bergarbeiter konnte er sich nur eine kleine Wohnung von Stube und Schlafraum leisten. 1881 kam der 1. Sohn, der bald schwer erkrankte – im folgenden Jahr ein 2. und bald darauf ein 3. Kind, aber noch bewältigten die Eltern alle Schwierigkeiten mit Freude. Als ein 4. Kind geboren wurde, überstiegen die notwendigen Ausgaben den Arbeitslohn, und das Elend begann. Fischer wurde zum Arbeitervertreter in die Knappschaft gewählt. Es folgten seine Entlassung aus politischen Gründen und neue Erwerbsmöglichkeiten im Milchhandel. Dem wechselnden Erfolg in diesem Kleinunternehmen gesellte sich ein immerwährender «Kindersegen» hinzu; 1898 sind es 15 Kinder. «Fast kein Jahr», schreibt Fischer, «war ohne Arzt, Hebamme oder Leichenfrau verstrichen», also lauter Dienstleistungen, die Geld kosteten.

*Familienfeiern im Arbeiterhaus (Fotos um 1900)*

*Der Kampf um Sein und Nichtsein hatte wieder seine alte Stellung eingenommen. Es nahm dies kein Wunder! Fünf Kinder besuchten zurzeit die Schule. Der Klassenwechsel diese Ostern erforderte andere Bücher aller Art für sie. Das älteste Kind verließ noch dazu die Schule. Hierzu die Not zu schildern, ist mir fast unmöglich.*

*Der Tag der Konfirmation rückte immer näher, es mußte ein Ausweg geschaffen werden. Am letzten Sonnabend vor dem Palmsonntag brach ich mit dem Kinde auf, um die übliche Abdankung bei seinen Paten zu besorgen, gleichzeitig aber in erster Linie notgedrungen die hierzu gebräuchlichen Geschenke mit entgegen zu nehmen. Meine volle Hoffnung hatte mich nicht getäuscht. Abends sechs Uhr konnten wir schon das Garderobengeschäft wieder verlassen. Mit seinem Paket in der Hand, in welchem sein gekaufter Anzug war, lief er glücklich und freudig an meiner Seite. Die Freude war groß. Noch nie hatte er in seinem Leben einen neuen vollständigen Anzug auf seinem Körper getragen. Wenngleich der Stoff zu seinem äußerlichen Kleide einfach war, umsomehr zierte der Charakter seinen Körper. Einfach und ungebildet war er, aber Tugend und Herzensbildung hatte ihm die Natur bei seiner Geburt verliehen. Fleißig in der häuslichen Beschäftigung sowie in seiner Schulbildung bis zu seiner Entlassung. Dankbar überzeugte er mich von der Zufriedenheit seines Lehrers und Direktors in*

seinem Entlassungszeugnis. Was konnte ich lesen? Allgemein die erste Zensur. Welch eine Freude und Segen für ein Elternpaar! Wer kann es nachfühlen!
Die Hoffnung steigerte sich. Endlich eine Stütze, ein Kind, was sich nun sein Brot selbst verdienen konnte, wenngleich er im ersten Jahre mir als Beihilfe im Milch- und Kohlenfahren dienen sollte, verdiente er doch zweifellos sein Brot.

Der kleine Aufschwung wurde wieder zunichte, als ein Kind an den Masern starb. Krankheit der Mutter, Sorgen um das Konfirmationskleid der Tochter quälten den Vater.
Die Ausgaben können sich nur ermäßigen, wenn der Sohn oder die Tochter nach dem Verlassen der Schule in eine Lohnarbeit eintritt. Andernfalls aber ein Kind im Hinblick auf ihre bessere Zukunft etwas erlernen soll, dann nötigen sie die Eltern, auf kurze oder längere Zeit zu weiteren Geldausgaben. Denn das alte wahre Sprichwort sagt: Bildung kostet Geld. Darum sind schon 50 Prozent der Arbeiter von ihrer frühesten Jugend an auf Grund ihrer Armut zu Lohnsklaven verurteilt. Wenngleich ihre Tätigkeit als eine ehrsame und unentbehrliche zu nennen ist, so findet dieselbe im Hinblick ihrer Besoldung die wenigste Achtung. Und darum eine schlechte bedauernswerte Zukunft auf Grund ihrer Armut. Das war das Motiv meiner gedrückten Stimmung, welche mich stets gefangen hielt.

Bei der fünften Konfirmation meines dritten Sohnes lag diese Stimmung wie ein Alp auf meiner Seele. Schon waren mir die Klagen und Wünsche der ersten Kinder öfter überbracht worden. Aber alles dieses hätte sich trösten lassen, wenn der Zuwachs der Familie ein Ende erreicht hätte. Leider, es war das Gegenteil. Vielleicht sollte meine Geduld und Ausdauer noch mehr gestählt werden. Vom Jahre 1896 bis 1899 hatte ich nicht weniger als zwei Todesfälle und zwei Geburten zu verzeichnen.

Im Jahre 1901 wurde das 16. Kind geboren, und am Ende seines Berichtes sind 8 Kinder am Leben, darunter 3 Schulpflichtige.[21]

Mehrfach ist in dieser Geschichte einer ausweglosen Lebensbewältigung von den «geborgten Beerdigungskosten» für die verstorbenen Kinder die Rede, ja – diese Schuld drückte den Vater fast mehr als der Tod der Kinder, und darin spricht sich vielleicht die besondere Tragik solcher Lebensverhältnisse aus als Vorwurf an die Gesellschaft und an die Kirche.

Wenn Lebensfeste gefeiert wurden, dann vornehmlich aus religiösen Gründen, und hier zeigten sich die Frauen abhängiger als die Männer, fanden hierin eine Bindung, eine sonst vermißte soziale Identität:

Der Vater war Schlossermeister in einer zwischen dem raschen Flüßchen und den Schafweiden der ansteigenden Berge gelegenen Wolldeckenfabrik. Er war ein kräftiger, stämmiger Mann mit festen, knochigen Schaffhänden, die auch mit der schärfsten Seife und mit der rauhesten Wurzelbürste nie mehr ganz sauber wurden.

*Kinderbegräbnis (Hans Baluschek, 1870–1935)*

*Sie mache ihm gern nochmal einen Eimer heißes Wasser, sagte die Mutter am frühen Morgen meines Tauftages zu ihm. Nix da, nochmal, sagte er darauf, man dürfe einem wohl ansehen, daß man jeden Tag am Feuer und am Amboß stehe. Schon, meinte die Mutter, aber das Taufkissen, in dem ich liege, sei halt schneeweiß, und auf dem Weißen falle das Schwarze arg auf, wenn er mich, wie es der Brauch sei, vor dem Altar der Dote, meiner lieben Taufpatin, in den Arm lege. In die Glacé-Handschuhe von der Hochzeit komme er ja doch nicht mehr hinein.
Komme er nicht und möchte er nicht, sagte er und lachte dabei, daß seine gesunden Zähne aus der dunklen Umrandung seines Bartes herausleuchteten. Nein, nein, die Dinger habe er angehabt, und das sei gerade genug. Das Geld dafür reue ihn heute noch. Und wenn dann halt seine Pratzen auf dem Weißen von Spitzen und Leinenzeug recht auffielen, so sei das gerade recht. ... Es stellte sich dann heraus, daß ihm der lange schwarze Kirchenrock viel zu eng geworden war. Das war ihm gerade recht. Der Sonntagskittel tut's auch, der sei beim Essen auch schneller ausgezogen. Der feierliche Gehrock gebe dem Büble vielleicht einmal einen Kittel. Beim Herunternehmen des Kirchenrocks von dem Haken an der Wand, an den ihn die Mutter gehängt hatte, fielen dem Vater ein Kragen und eine festgenähte schwarze Krawatte, die man nur unter den Kragen zu schieben und am Kragenknöpfle einzuhängen brauchte, vor die Füße. Er hob die beiden Dinge auf und sagte: ‹Den Gefallen will ich dir halt in Gottes Namen tun›.
Er ging auch gleich daran, sich den Kragen um den Hals zu legen. Er mußte den Kopf dabei weit zurückbeugen, denn er hatte einen kräftigen, großen Vollbart. Unter diesem jetzt fast waagrecht stehenden Bart tastete er nun mit seinen schweren Händen eine ganze Weile herum, stutzte plötzlich und sagte dann: ‹Rosl› – so sagte er nur, wenn er sehr gut aufgelegt oder wenn es ihm sehr ernst zumute war –, also: ‹Rosl, des isch jetzt domm, i sott a Kragenknöpfle han!› Und dabei senkte er Kinn und Bart wieder und legte den Kragen mit einer eckigen Bewegung auf den Tisch. ‹Des isch jetzt domm›, sagte er noch einmal.
Sie konnten sich beide beim besten Willen nicht denken, wann sie diesen wichtigen bekleidungstechnischen Gebrauchsgegenstand zum letztenmal im Haus gesehen hatten. Es gab Leute, die behaupteten, der Vater habe sich nur deshalb seinen großen Bart wachsen lassen, damit er nie einen Kragen und eine Krawatte anzuziehen brauche.*[22]

Meist straften die traurigen Lebensverhältnisse der Arbeiterinnen den Begriff des «Kindersegens» Lügen. Kinder wurden weder als zukünftige Arbeitskräfte begrüßt, wie das bei den Bauern der Fall war, noch als «Stammhalter», die Namen und Vermögen weitertrugen. Sie waren wie eine unvermeidbare Plage, die den Verdienst des Mannes aufsogen und jedes Vorwärtsstreben zunichte machten, die die Kräfte der Frau seelisch und körperlich verzehrten. Da die Frauen bis zum letzten Augenblick arbeiteten, um keinen Lohn zu verlieren, waren oft die Folgen für sie und die Neugeborenen verheerend. Geradezu mörderisch wirkt auf das keimende Leben des ungeborenen Kindes die Frauenarbeit. Während die Durchschnittsquote der Totgeburten für die Jahre 1898 bis 1901 in Deutschland 3,3%, in Österreich 2,9% betrug, war sie im böhmischen Textilgebiet mit fast allgemein verbreiteter Frauenfabrikarbeit in Reichenberg 8,9% (Land), Stadt 5,8%, Friedland 6,3%, Gablonz 4,6%, Rumburg 5,4%, ganz Böhmen im Durchschnitt 3,2%.

*Für unehelich Geborene waren die Ziffern teilweise fast um das Doppelte höher. Der böhmische Sanitätsbericht für 1899 bis 1901 führt zur Erklärung dieser Erscheinung ausdrücklich an, daß die Frauen, um die Kassenmitgliedschaft nicht zu verlieren, bis ans Ende der Schwangerschaft ihrer Arbeit nachgehen, wodurch fehlerhafte Kindeslagen, Nabelschnurvorfälle, Frühgeburten usw. hervorgerufen werden.*[23]

Überhaupt war die Begegnung mit dem Tod fast etwas Alltägliches. So stellte das kaiserlich statistische Amt aufgrund des Materials der Leipziger Ortskrankenkasse fest, daß die Sterblichkeit der erwerbstätigen Frauen im Alter von 25 bis 34 Jahren bedeutend höher war als die der gleichaltrigen Männer. – Die Zahl der Fehl- und Totgeburten war bei den erwerbstätigen Frauen fast siebenmal so hoch wie bei denen, die die Arbeit freiwillig aussetzen konnten.[24]

Die Erinnerung an die Mutter, die oft in jungen Jahren starb, betraf dann meist nur das Elend, aus dem sie herausgestorben war, und die Erlebnisse von Krankheit und Tod, die kindliches Fassungsvermögen überstiegen. Das folgende Zitat aus einer Arbeiterfeder zeigt das schmerzliche Bemühen, mit entliehenen Begriffen und Worten aus dem Kirchengesangbuch und von Grabsteinversen diese tiefen Eindrücke zu bewältigen und der Mutter ein Denkmal zu setzen:

*Mit dem 6. Jahre wurde ich in die Dorfschule eingeführt, welche ich bis zum 10. Jahre besuchte. Viel Zuneigung*

*Stillstube in der Fabrik (Heinrich Zille, 1858–1929)*

zum Schulbesuch hatte ich nicht, aber desto mehr zum Rumstreifen und Streiche spielen. Als ich 10 Jahre alt war, verzogen meine Eltern nach dem Städtchen Arnstadt. Das erste, was ich hier bitter empfand, war, daß ich 2 Klassen zurück gesetzt wurde. Bis zum 12. Jahre war meine Jugendzeit die, die Arbeiterkinder haben können, wenn Vater und Mutter mit schmalen Einkommen noch für die Ihrigen sorgen können. Am 25. November 1892 starb meine Mutter unter furchtbaren und schweren Leiden an Kindbettfieber. Die letzte Nacht vor ihrem Tode habe ich die Wache gehabt. Was ich diese einsame Nacht mit meiner im Sterben liegenden Mutter erlebt, hat einen tiefen Eindruck auf mich hinterlassen. Nachfolgendes sei ein Gedicht zum Andenken an meine Mutter:

*Ein Leben voller Sorge,*
*Ein Leben voller Müh,*
*Das war dein Lebensschicksal,*
*Ein anderes war dir nie.*
*In keinem Rosengarten,*
*Auf Blumenbeeten nicht,*
*Es war auf Dornenfeldern,*
*Wo man dir Kronen flicht.*
*Leb wohl, du liebe Mutter,*
*Auf ewig schlaf in Ruh.*[25]

## Die Sozialisation der Kinder

Die Stilltätigkeit der Arbeiterfrauen war sehr intensiv und lang, vor allem, weil sie glaubten, dadurch vor neuer Empfängnis geschützt zu sein. Welch Unterschied zu den zarten, engkorsettierten Bürgerdamen der gleichen Zeit, die ihren Säuglingen Spreewälder Ammen hielten. Um sich die billigen weiblichen Arbeitskräfte zu sichern, richteten manche Fabriken eigene Stillstuben für die Neugeborenen ein. Das war gut für die Kleinen. Weniger gut wirkten sich andere Stillhaltemethoden aus, die die geplagten Mütter anwandten, um sich selbst und der Familie wenigstens ein paar Stunden ungetrübter Nachtruhe zu verschaffen. Gemeint sind die sog. Saugbeutel, die übrigens seit langem auch auf dem Lande Anwendung fanden zur Erleichterung der mütterlichen Garten- und Feldarbeit: ein Leinenbeutelchen wurde mit gekautem Brot gefüllt, mit zuckerigem Branntwein oder Mohn gemischt und dem Kind in den Mund gesteckt, das dann für Stunden in einem rauschähnlichen Dauerschlaf verharrte. Auch die Arbeiterinnen wußten, daß das für das Kind nicht gut war, aber alle Mütter verhielten sich so, – es konnte also nicht so schlimm sein, und ohne ein wenig Nachtruhe war das Leben nicht zu ertragen.[26]

*Lohntag (Heinrich Zille, 1858–1929)*

Dieses Verhalten ist typisch für den Erziehungsprozeß. Wenn die Frau wegen allzu vieler Kinder nicht in die Fabrik ging, so mußte sie irgendeine Heimarbeit ausüben oder Schlafburschen annehmen, um dem geringen Lohn des Mannes aufzuhelfen. An eine bewußte Kindererziehung und eine Reflektion über deren geistig-seelische Bedürfnisse war also nicht zu denken. Zudem mußten die Kinder so früh wie möglich zum Verdienst der Familie beitragen, und als die Fabrikarbeit für schulpflichtige Kinder verboten wurde, fanden sich andere Beschäftigungsarten, die frühmorgens vor der Schule oder am Nachmittag ausgeübt werden konnten: für Mädchen Heimarbeit, Aufwartung, Kleinkinderbetreuung, aber auch Brötchen-, Milch- und Zeitungaustragen und ähnliche Tätigkeiten, die der Gewerbeinspektion verborgen blieben. Die Frage, wie es möglich war, daß Mütter ihren eigenen Kindern derartiges zumuteten, ist falsch gestellt. Die Lebensverhältnisse waren durch mehrere Jahrzehnte so katastrophal, daß nichts anderes übrigblieb.

Dazu kam die häufige Trunksucht der Väter.
*Sonnabends nach dem Lohnzahlen wartete stets seine Frau mit seinen beiden Mädchen, die er, nebenbei bemerkt, zu Hause im Drahtseillaufen unterrichtete, vor dem Fabrikeingang auf ihn, um sich wenigstens ihr Wirtschaftsgeld zu sichern. Denn sonst kam ihr leichtsinniger Ehemann nicht vor dem frühen Morgen nach Hause und verjubelte bis dahin den größten Teil seines Wochenlohnes. Wenn er nüchtern war, nahm er seine Frau mit den Kindern lächelnd beim Arme und ging mit ihnen zur nächsten Kneipe, um erst einige Glas Bier zu trinken. Dann erst ging er mit nach Hause. Wenn er aber schon während der Arbeit gezecht hatte, und die Frau empfing ihn am Fabriktor, dann wehe ihr! Sie zitterte dann ordentlich, denn sie mußte jeden Augenblick auf Ohrfeigen gefaßt sein. Schmeichelnd drängte sie sich ihm stets entgegen und war froh, wenn er ihr einen Wink gab, mit zum Budiker zu gehen. Nicht selten vertilgte er dann in einer halben Stunde 6 Glas Bier. Auch die Frau bekam mit den Kindern eins. Und herzzerreißend wirkte da öfter der Anblick auf mich, wenn der Vater die beiden blondgelockten Töchterchen, die einen Abscheu vor dem vielen Biertrinken zu haben schienen, zwang, immer mehr zu trinken. Die Mutter aber blickte die Mädchen dabei auch noch aufmunternd an. Nach einem blauen Montage im Suff erhielt auch er eines Dienstags seine Entlassung.*[27]

Einen Widerspruch wagten die Frauen und Kinder nicht und hätte der Vater auch nicht geduldet, denn das patriarchalische Autoritätsprinzip herrschte in der Arbeiterfamilie genauso wie überall sonst – ja um so mehr, je untergeordneter seine Stellung war. Die Mutter duckte sich und erzog die Töchter zum Ducken «um des lieben Friedens willen». Lieber sparten die Frauen am Mittagsgeld und saßen strickend bei einer Tasse Kaffee beisammen, was ihnen außerdem so etwas wie ein kleines geselliges weibliches Vergnügen bescherte:
*Fürwitzig wie ich war, hätte ich längst gerne gewußt, was die geheimnisvollen Deckelkörbe enthielten. Einst blieb ich über Mittag in der Fabrik und bekam den Inhalt zu sehen. Am Boden lag ein großes Stück Brot, daneben eine Strickarbeit. ‹Ist das alles?›, fragte ich erstaunt. Meine Enttäuschung machte den Arbeiterinnen Spaß; jede streckte mir einen Zwanziger entgegen: ‹Damit leben wir Tag für Tag – herrlich und in Freuden wie Gott in Frankreich.› Selten wurde der ganze Zwanziger verbraucht; meist nur die Hälfte, die zu zwei Tassen Kaffee reichte, den jeden Mittag eine Kaffeefrau brachte. Für die andere Hälfte wurde Garn oder Wolle gekauft und während der Mittagspause verarbeitet, die einzige Zeit, die zu solchen Arbeiten verblieb. Es kam auch vor, daß der Kaffee den Frauen verleidet war. Dann gingen sie an die oberen Zäune, wo eine gemeinnützige Gesellschaft einen großen Teller ausgezeichneter Suppe mit Fleischstücken und Gemüse zu zehn Rappen ausschöpfte. Bald aber zog es sie wieder zu ihrem Strickstrumpf – und Kaffee zurück.*[28]

Mit schwacher Überzeugungskraft sorgten sich die Eltern um die Reputierlichkeit der heranwachsenden Mädchen, warnten sie vor voreiligen Schritten, und die Mädchen wußten ja schon wegen der engen Schlafverhältnisse nur allzugut und allzufrüh über alle sexuellen Fragen Bescheid. Auch am Arbeitsplatz, den sie oft schon als Kinder einnahmen, schonte man ihre Ohren nicht.
*Freundlich ist die Erinnerung an meine erste Meisterin nicht. Ich habe nie wieder in so schamloser Weise von den intimsten Vorgängen reden hören wie von dieser Frau. Es war noch eine andere Näherin da, ein Mädchen, die in der Art zu der Frau paßte, und die beiden legten sich denn auch vor mir keinen Zwang auf. Ich habe wohl manchmal große Augen gemacht, wenn mir das alles*

*In einer Puppenfabrik – Das Gießen der Puppenköpfe (Foto um 1900)*

*böhmische Dörfer waren, und dann hieß es: ‹Na Kleine, du brauchst ja deine Ohren nicht überall dabei zu haben!› Diese Gemeinheiten blieben aber an mir nicht haften. Nur einzelnes Unverständliches blieb mir im Gedächtnis, und nachdem ich durch das Leben schon so manches erfahren hatte, kam hier und da ganz plötzlich das Verständnis für so ein unbewußt im Gedächtnis gebliebenes Wort. So habe ich mir nicht denken können, was das hieß: Die Näherinnen gehen ja doch alle auf den Strich! Da ich selbst Näherin war, ging es mich doch wohl auch an. Zum Fragen aber war ich zu schüchtern, und so haben mir erst viel spätere Jahre auch hierfür ein grelles Licht des Verstehens angesteckt. Und auch darüber habe ich oft nachdenken müssen, wie so ein junges Ding, wenn es empfänglich dafür ist, durch die Leichtfertigkeit solcher Frau schon frühzeitig in Grund und Boden verdorben werden kann.*²⁹

Immer wieder wurde darüber geklagt, daß das Familienleben durch die ständige Abwesenheit der Väter sehr leiden mußte. Die Kinderzucht liege fast ausschließlich in den Händen der Mütter, die wiederum zu wenig Zeit haben für eine bewahrende und wachsame Erziehung. So kam es, daß die jungen Leute, sobald sie die Schule verließen und einen Arbeitsplatz fanden, aus dem Hause strebten und sich eigene Zimmer mieteten – oft aus dem Grunde, um einen kürzeren Arbeitsweg zu haben.

Daß es dabei auch hin und wieder zu einem lockeren Lebenswandel kam, soll nicht geleugnet werden. Das führte wiederum seitens der Zimmer-vermietenden Kleinbürger zu verallgemeinernden Vorurteilen den Arbeitermädchen gegenüber, und nur allzugern wurde die Kluft zu der weiter unten stehenden Schicht mit solchen abwertenden Einstellungen künstlich vergrößert.

So hieß es über die Textilarbeiterinnen in Mönchen-Gladbach:

*In bezug auf die Wohnung der Mädchen macht sich ein circulus vitiosus geltend, wie er ja so oft im Leben der ärmeren Frau vorkommt; da die schlechte Lebensführung der meisten Mädchen bekannt ist, ist es auch für die anständigen unter ihnen fast unmöglich, Wohnung in einem ‹besseren› Hause zu bekommen. Es ist ja wohl kaum glaublich, daß in einer Stadt wie Mönchen-Gladbach, die von ihrer Industrie lebt, eine Bäckersfrau es eigentlich als ‹Schande› empfindet, wenn ein Fabrikmädchen im fünften Stock ihres Hauses ein Zimmer hat. Durch diese ablehnende Haltung – man möchte fast sagen Feindschaft – der nächst höheren sozialen Schicht, die in Mönchen-Gladbach wenigstens ängstlich bemüht ist, eine feste Grenzlinie zwischen sich und dem Proletariat zu ziehen, ist der jungen Arbeiterin natürlich das Bleiben auf dem rechten Wege wesentlich erschwert.*³⁰

Dieses Zitat aus den Schriften des Vereins für Sozialpolitik beschreibt klarsichtig die soziale Situation und deckt die psychischen Defekte auf, die aus dem Egoismus der materiell etwas besser stehenden Klassen herrühren. Für die Arbeitermädchen und -frauen jedenfalls war es sehr schwer, unter solchen Voraussetzungen zu einem eigenen Bewußtsein über Moral und Ethik zu gelangen.

Zuweilen gebärdete sich der Vater gerade bei der Erziehung der Töchter überraschend streng in kleinbürgerlicher Betulichkeit, was die Kinder nur zur Opposition anregte und sie jeder geselligen Freiheit beraubte:

*Ein großes Fest, eine Jubiläumsfeier der Sänger und Turner sollte stattfinden, wozu auch ich Programme erhielt. Ich bat den Vater, das Fest mit mir zu besuchen. Davon wollte er aber nichts wissen; er führe seine Tochter nicht auf den Markt. Wenn ich nicht eingeladen werde, solle ich daheim bleiben. Ich konnte dem Vater lange erklären, daß es ein Familienfest sei und nicht einzeln eingeladen werde, es nützte alles nichts. Wie rückständig waren doch meine Lieben in solchen Dingen! Da gab es kein Stipendium, kein Schlittschuhlaufen, kein Begleiten auf ein Fest; alles faßten sie auf, wie es fünfzig Jahre früher Brauch gewesen.*³¹

Zur Entwicklung einer eigenständigen Arbeiterkultur waren all diese Irrwege nicht geeignet, und es wäre ein unbilliges Verlangen, gerade von den Frauen, die in zweifacher Weise Unterdrückung erfuhren, hier eigene Initiativen zu erwarten. Die Frage nach der Arbeiterkultur kann also nicht mit der Beschreibung dürftiger Familienfeste beantwortet werden, die im Grunde für diese Gruppe kaum Bedeutung hatten. Dem Weihnachtsfest mußten sie mit Trauer und ihre Kinder mit Neid begegnen, da es sich mehr und mehr zu einem bürgerlichen Konsumfest entwickelte, für das ihnen die Mittel fehlten und die Gesellschaft sie nach den Gesetzen der christlichen Weltordnung in die Rolle der Almosenempfänger drängte.

*Genau wie Weihnachten. Wenn Christkindlzeit war, dann sind wir zum Nachbarn rübergegangen. Bei uns hat's ja nichts 'geben. Wer hat denn damals schon Spielzeug gehabt! Es hat schon Spielzeug gegeben. Aber für uns nicht ... Ein Plätzerl oder einen Strumpf, das hat's auf Weihnachten 'geben, aber ein Spielzeug...*³²

Das einzige Fest, von dem die Arbeiterinnen frisch und stolz und gewissermaßen neu berichten, ist der 1. Mai. Der Monat Mai beginnt mit einem der wenigen weltlichen Feiertage. 1889 erhob der Pariser Julikongreß der internationalen Arbeitervereinigung den 1. Mai zum sozialistischen Weltfeiertag und erzwang mit Demonstrationen Arbeitsruhe. Das war ein großer Erfolg der Arbeiterschaft. Der Termin wurde von der Internationale mit Hinweis darauf gewählt, daß eine solche Kundgebung bereits vom Amerikanischen Arbeiterbund für den 1. Mai 1890 beschlossen worden sei. Doch haben bei der Entstehung der proletarischen Maifeier auch ältere Traditionen eine Rolle gespielt: so in den USA der «moving day» als Stichtag für ländliche Ablieferungstermine, Arbeitsverträge und als alter Gesindewechseltermin, und in Deutschland eine Fülle von Frühlingsbräuchen. Vor allem aber brachte der Formalismus des Volkes ein Sinnbild in die Maifeier mit ein, das vielfach zum eigentlichen Mittelpunkt der Demonstrationen wurde: der Maibaum als Freiheitsbaum der Internationale, dessen Wurzeln bis zur Französischen Revolution reichen. So heißt es in einem Bericht von 1790: «Die Ruinen der Bastille sind mit Maistangen besetzt; eine trägt sogar eine Fahne mit der

Aufschrift: Liberté. Eine hohe Stange zierte auch die festlich beleuchteten Champs Elysées; sie diente, wie oft die Maibäume, zu Kletterversuchen.»

Die Idee des Freiheitsbaumes kam aus Amerika. Aber dann, besonders seit Mai 1792, taucht das neue Symbol allerorten auf, wobei die Verbindung mit der Tradition von Dorflinden als Gerichtslinden und Maibäumen unübersehbar ist.[33]

Für die Arbeiterinnen war es ein ganz neues Gefühl der Selbstbestätigung, unter dem Symbol des Maitages für die Rechte der Arbeiterschaft zu agitieren.

Adelheid Popp (1869–1939), wie schon erwähnt eine Wiener Arbeiterin und spätere Arbeiterführerin, berichtet:
*Wie war ich froh, einen Gleichgesinnten in der Fabrik zu wissen! Er bei den Männern, ich bei den Frauen, es mußte gelingen, die Arbeitsruhe am 1. Mai durchzusetzen.*
*Und doch es gelang nicht. Die Leute hingen zu sehr an dem Fabrikanten und konnten noch nicht begreifen, daß die Arbeiter aus eigener Entschließung etwas unternehmen könnten. Allen, die am 1. Mai nicht zur Arbeit kommen würden, wurde die Entlassung angedroht. Noch am letzten April bemühte ich mich, die Arbeiterinnen meines Saales zu einer gemeinsamen Kundgebung für die Arbeitsruhe am 1. Mai zu bewegen. Ich schlug vor, alle sollten, wenn der ‹Herr› erscheine, aufstehen, und ich würde ihm unser Ansuchen vortragen. Das gemeinsame Aufstehen sollte die Solidarität bekunden. Viele waren mit mir aufrichtig einverstanden, aber die alten Arbeiterinnen, die schon Jahrzehnte in der Fabrik arbeiteten, fanden, man dürfe das dem ‹Herrn› nicht antun. Und so blieben alle sitzen, als er kam. Nun wollte ich allein, nur für mich, die Freigabe erbitten, abends wurde aber mitgeteilt: Wer am 1. Mai nicht arbeitet, kann bis Montag zuhause bleiben. Das schreckte mich. Ich war ein armes Mädchen, der 1. Mai fiel auf einen Donnerstag, konnte ich eine halbe Woche verlieren? Schließlich wäre ich davor nicht zurückgeschreckt, aber ich hatte Angst, dann überhaupt entlassen zu werden, wo aber war wieder so gute Arbeit zu bekommen? Und was sollte aus meiner alten Mutter werden, wenn ich längere Zeit arbeitslos blieb? Die ganze trübe Vergangenheit stieg vor mir auf – und ich fügte mich. Ich fügte mich mit geballten Fäusten und empörtem Herzen.*

Doch im folgenden Jahr konnte auch sie den Arbeitertag feiern.[34]

Die Kämpfe der Arbeiterschaft waren stets auf ganz konkrete Ziele gerichtet: gleiche Rechte für Mann und Frau, Verkürzung der Arbeitszeit, soziale Hilfen für die Schwachen usw. Eines der wenigen Mittel, die sie einsetzen konnten, war ein gemeinsames Bewußtsein, eine unbedingte Solidarität. Solche Gesinnung verlangte nach Zeichen und fand sie in der roten Anstecknelke und im Maibaum, vor allem aber in den gemeinsamen Wanderungen ins Grüne. Ottilie Baader hat beglückt vom 1. Mai 1890 der Berliner Arbeiter erzählt und gegenübergestellt, wie sie und ihre Freunde diesen erkämpften

*Arbeiterbelegschaft (Foto um 1900)*

freien Tag in der Natur statt in den Maschinenhallen empfanden, den Gesang ihrer Lieder statt des Lärmes der Arbeit.

*Es war am Donnerstag, dem 1. Mai 1890. Man sah bereits in den frühen Vormittagsstunden sonntäglich gekleidete Gruppen von Arbeiterfamilien hinausziehen ins Freie. Wie war das nur möglich? An einem Arbeitstag wagten die Proletarierscharen nicht zu arbeiten, dem Unternehmer damit den Profit zu kürzen? Sie wagten zu feiern an einem Tag, der nicht von Staat oder Kirche als Feiertag festgelegt worden war?*
*Jawohl, die Arbeiter hatten es gewagt, sich selbst nach eigenem Willen einen Feiertag zu schaffen, und nicht nur die Arbeiter Berlins waren so vermessen, sondern die der ganzen Welt.*
*Welch herrlicher Gedanke zu wissen, daß die Ausgebeuteten, die Unterdrückten der ganzen Welt an diesem Tage seelisch miteinander verbunden sind, daß sie mit allen zu Gebote stehenden Mitteln ihre Forderungen an die Regierenden stellen.*
*Welchen Schrecken dieser erste Weltfeiertag aber der herrschenden Klasse bereitete, zeigte die Tatsache, daß an diesem Tage das Militär in den Kasernen gehalten wurde, damit es gegebenenfalls einschreiten könne. Auch wurden viele Bahnhöfe durch Militär ‹gesichert›! Einige vernünftige Bahnhofsvorsteher hatten aber auf Anfragen das Militär abgelehnt, da sie keine Gefahr erblickten und den Arbeitern vertrauten.*

*Die Arbeiterbevölkerung Deutschlands, befreit vom Druck des Sozialistengesetzes, jubelte diesem Tag entgegen. Und der Himmel selbst schien im Bunde mit ihr zu sein, denn einen so wunderbar herrlichen ersten Maitag hatten wir seitdem nicht wieder. Warmer Sonnenschein, klarer, wolkenloser Himmel, zartes Maigrün an Baum und Strauch, lebensschwellende Knospen, sprießende Saaten, Vogelgesang, kurz, die wie Leben, Kraft und Schönheit wirkende Natur mußte auch den Menschen neuen Lebensgenuß und Kraft einflößen, mußte sie lehren, alles daranzusetzen, die Schönheiten der Welt auch für sich und die Ihrigen zu gewinnen.*
*Als ich an diesem ersten Maitag im Kreise lieber Menschen hinauswanderte nach Grünau, war es herzbewegend für uns alle, als wir unsere geliebte Marseillaise von einem Leierkasten ertönen hörten. Die Gaben flossen reichlich, und erfreut darüber sagte der Drehorgelspieler zu seiner alten Lebensgefährtin: ‹Siehste, Mutterken, daß ick recht hatte›. Er hatte das Stück zu diesem Tage auf den Leierkasten bringen lassen.*
*Nur wer weiß, daß bis zur Aufhebung des Sozialistengesetzes unsere Lieder verboten waren, und daß wir Liederbücher oder einzelne Blätter mit gedruckten Liedern nur heimlich vertreiben konnten, wird unsere Freude über das Spiel des Leiermannes begreifen.*
*An dem Bestimmungsort angelangt, wurden nun nach Herzenslust unsere Arbeiterlieder gesungen, wenn auch von ungeschulten, so doch von begeisterten Sängern; revolutionäre Gedichte von Heinrich Heine, Freiligrath*

*Maiausflug der Berliner Arbeiter*

*u.a. wurden vorgetragen. Wohl jeder der mit uns Feiernden gelobte, eifriger noch als bisher für die Erlösung der Menschheit aus Not und Unterdrückung wirken zu wollen, sein Leben in den Dienst unserer großen heiligen Sache zu stellen. Im ganzen Reiche, ja in der ganzen Welt hat wohl dieser erste Weltfeiertag wie eine Erlösung gewirkt und Kampfesmut und Entschlossenheit ausgelöst.*[35]

Wenn diese Berichte im Abschnitt über kindliche und jugendliche Sozialisation Platz gefunden haben, so deshalb, weil die Arbeiterfamilie immer weniger der Ort für ein positives Aufwachsen der Jugendlichen sein konnte. Arbeiterinnenbildungsvereine und Jugendbünde übernahmen zunehmend deren Rolle, und zunehmend wuchs der Wunsch gerade unter den bewußten jungen Arbeiterinnen, daß ihre Kinder es einmal durch größeres Wissen besser haben sollten. Doch war das noch eine kleine Zahl.

*Frauenarbeit in der Fabrik (Foto um 1900)*

## Die Wohnwelt

Während in den oberen Bevölkerungsschichten das Wohnen in der Gründerzeit eine so große Rolle spielte und die Hausfrau und Gattin hier ihren vornehmsten Wirkungsbereich gefunden hatte, sahen sich die Arbeiterfrauen auch auf diesem Gebiet in ganz besonderem Maße benachteiligt, denn die Wohnungsnot war enorm. Infolge des Zustroms vom Lande in die Industrie-Ballungsgebiete schossen in den Städten die sogenannten Mietskasernen wie Pilze aus der Erde, in denen sich auf kleinem Raum mit 3 bis 6 Hinterhöfen und feuchten Kellern die Elendswohnungen der Arbeiterfamilien befanden: Stube und Küche für durchschnittlich 5 bis 7 Personen und Mieten, die alle Familienmitglieder zur Fabrikarbeit zwangen. Wohnen bedeutete damals für die proletarische Familie nicht mehr als eine Schlaf- und Eßgemeinschaft inmitten von minderwertigem, erbärmlichem Mobiliar: ein Bett für 3 Personen und ein paar Matratzen, ein Tisch mit wackligen Stühlen und selten ein Schrank. Hier wuchsen die Kinder auf, die Heinrich Zille (1858–1929) gemalt hat. Wenn ihre Mütter mit einer Reihe bemalter Steinguttöpfchen kleinbürgerlichen Glanz in die feuchte Wohnküche zaubern wollten, so sagt das etwas aus über die sozialen Sehnsuchtsbilder dieser Gruppe. Sie bildeten zahlenmäßig den größten Teil der Stadtbevölkerung.

Was das Wohnen in großstädtischen Mietskasernen bedeutete, hat Simone de Beauvoir (geb. 1908) aus dem Paris ihrer Kindheit erzählt, wo sie ein ehemaliges Dienstmädchen in einem dieser Häuser besuchte:

*Ein einziges Mal bekam ich eine Ahnung davon, was Elend bedeutet. Louise bewohnte mit ihrem Mann, dem Dachdecker, ein Zimmer unter dem Dach in der Rue Madame; sie hatte ein Baby, und ich besuchte sie in Mamas Begleitung. Noch niemals hatte ich die Füße in einen sechsten Stock gesetzt. Der trübselige Gang, auf den sich ein Dutzend ganz gleicher Türen öffneten, wirkte bedrückend auf mich. Louises winziges Zimmer enthielt ein Eisenbett, eine Wiege und einen Tisch, auf dem ein Spirituskocher stand; sie schlief, kochte, aß und lebte mit ihrem Mann zusammen innerhalb dieser vier Wände; überall längs des Korridors hausten Menschen in gleicher erstickender Enge in ebensolchen Löchern; schon das enge Zusammenleben bei uns zu Hause und die Einförmigkeit der Tage des bürgerlichen Daseins bedrückten mich. Hier ahnte ich eine Welt, in der die Luft, die man atmete, einen Geruch nach Kohlenruß hatte und die von einer Schmutzschicht bedeckt war, durch die kein Lichtstrahl drang; das Dasein hier kam mir vor wie eine langsame Agonie. Kurze Zeit darauf verlor Louise ihr Kind. Ich schluchzte stundenlang; es war das erste Mal, daß ich das Unglück greifbar nahe vor mir sah. Ich stellte mir Louise in ihrem freudlosen Zimmer, ihres Kindes beraubt, ohne alles, vor. Das ist doch zu ungerecht! sagte ich mir und dachte dabei nicht nur an das tote Kind, sondern auch an den Korridor im sechsten Stock. Schließlich aber trocknete ich meine Tränen, ohne die Gesellschaft ernstlich in Frage gestellt zu haben.*[36]

Über die verheerenden Arbeiter-Wohnverhältnisse in Großstädten noch um 1890 berichtet Adolf Damaschke (1865–1935), der als Lehrer in Berlins Arbeitervierteln die dortigen Wohnweisen gründlich kennenlernte, in seinen Lebenserinnerungen:

*Im Auftrage des Kongresses deutscher Städtestatistiker hat der Leiter des Statistischen Amts der Stadt Leipzig, Professor E. Hasse, die Ergebnisse der Zählung von 1890 zusammengestellt, soweit sie sich auf Wohnungsverhältnisse in Großstädten beziehen.*

*Wir geben die wichtigsten Ergebnisse dieser Zusammenstellung wieder, indem wir die 1885er in Klammer zur Vergleichung beifügen. Es fanden sich in Berlin 28265 Kellerwohnungen, in welchen 117702 (118333) Einwohner lebten! Für Hamburg lauten die betreffenden Angaben 8077 (6946).*

*In Altona sind 2811 (1514) Wohnungen Kellerwohnungen, in denen nicht weniger als 12450 (5996) Menschen leben. Für Kiel liegen nur die Resultate der letzten Aufnahme vor: 1157 Kellerwohnungen mit 5361 Bewohnern. Breslau zeigt 3576 (3242) mit 14270 (13143) Bewohnern.*

*Nicht weniger als 3376 (2974) Wohnungen ohne jeden heizbaren Raum wurden in Berlin gezählt, in denen 8324 (7675) Menschen zu hausen gezwungen waren. Es ist also in dieser Beziehung nicht der geringste Fortschritt erzielt worden.*

*Wohnungen mit nur einem Zimmer gab es in Berlin nicht weniger als 183291, gleich 50 Prozent der Gesamtheit; in Magdeburg haben 55,5 Prozent aller Wohnungen nur ein einziges Zimmer.*

*Der Gewerbeinspektor der Regierungsbezirke Merseburg und Erfurt berichtet (für 1892):* ‹*In einer Wollspinnerei schliefen mehrere Arbeiterinnen und Arbeiter ohne jede besondere Lagerstätte in den losen, auf dem Boden liegenden Haufen gewaschener Wolle. In einer Ziegelei war die Trennung der Geschlechter in den Schlafstuben nicht durchgeführt. Die Ehepaare schliefen zu mehreren auf einer großen Lagerstätte mit ledigen Personen beiderlei Geschlechts in einem Raume. Die Gesellen einer Kistenmacherei, welche im Sommer von 4 Uhr vormittags bis 7 und 8 Uhr abends arbeiteten, hatten als Lagerstätte die Hobelbank oder den Fußboden und als Unterlage einige Hobelspäne in Benutzung genommen. In einem Arbeiterwohnhause waren die Wohnräume für die einzelnen Familien so beschränkt und mit so wenig Licht versehen, daß auf polizeiliche Anordnung, sobald es die Witterungsverhältnisse erlauben werden, eine Beseitigung dieser Mißstände durchgeführt werden soll. In einer der genannten Räumlichkeiten schliefen in einem Doppelbett sechs Personen (die beiden Eltern und vier Kinder beiderlei Geschlechts im Alter von 6 bis 20 Jahren).*›

*Der Gewerbeinspektor des Wiesbadener Regierungsbezirks schreibt:* ‹*Die Wohnungsverhältnisse der Arbeiter lassen noch manches zu wünschen übrig. Hier und da kommt es vor, daß Schlafstellen an Tag- und Nachtschichtarbeiter zugleich vermietet sind, so daß die Lagerstätten sozusagen das ganze Jahr hindurch niemals kalt werden.*›

*Elendswohnung in der Altstadt von Hannover*

*Solchen Verhältnissen gegenüber konnte keine gesundheitliche Aufklärung, konnte zuletzt nur eine grundlegende soziale Umgestaltung Hilfe bringen.*[37]

Bei einer Berliner Schulbefragung von 1910 stellte sich heraus, daß nur $1/3$ der Kinder in einem eigenen Bett schliefen, von 200 befragten Kindern 60% mit 1 bis 4 kindlichen und erwachsenen Personen.[38]

Noch unvorstellbarer für ein Bürgerkind der gleichen Zeit sind die Kindheitserinnerungen der Arbeiterin Adelheid Popp (1869–1939) aus Wien:

*Zum Glück war meine Mutter mißtrauisch, und wir mieteten ein Kabinett, das wir für uns allein hatten. Auch mein jüngerer Bruder kam wieder zu uns und brachte einen Kollegen mit, mit dem er das Bett teilte. So waren wir vier Personen in einem kleinen Raum, der nicht einmal ein Fenster hatte, sondern das Licht nur durch die Fensterscheiben erhielt, die sich in der Tür befanden. Als einmal ein bekanntes Dienstmädchen stellenlos wurde, kam sie auch zu uns, sie schlief bei meiner Mutter im Bett, und ich mußte zu ihren Füßen liegen und meine eigenen Füße auf einen angeschobenen Stuhl lehnen.*[39]

In den Mietskasernen der sächsischen Industriestadt Chemnitz war die proletarische Wohnsituation zu Anfang des Jahrhunderts ähnlich:

*Meist bestand die Wohnung aus einer zweifenstrigen Stube und einer einfenstrigen Kammer bzw. einer Stube und zwei Kammern. Küchen waren in den Arbeiterwohnungen kaum vorhanden; man konnte es sich gar nicht leisten, 2 Zimmer zu heizen. Die kleinsten Wohnungen besaßen die Proletarier mit dem geringsten Verdienst oder mit großer Kinderzahl. Die Stubeneinrichtung war dürftig; in der Regel bestand sie aus Tisch, Sofa, Kommode, Spiegel, Stühlen sowie einigen Bildern. Die Kammer war fast völlig durch Bettstellen belegt; in ihr befanden sich sowohl die Eßvorräte wie auch alle anderen zum Haushalt benötigten Dinge – ein eigenes Bett besaßen die Familienmitglieder kaum.*[40]

*Proletariers Umzug* (Carl Koch, 1827–1905)

Die statistischen Angaben über das damalige Wohnungselend können beliebig mit erschreckenden Berichten aus authentischer Memoirenwirklichkeit aufgefüllt werden, wobei hier die Betroffenheit der Frauen im Vordergrund steht. Feuchtigkeit der Räume und Wanzen waren immer wiederkehrende Ärgernisse und Krankheitserreger, deren die Frauen kaum Herr werden konnten. Wenn eine schwerere Krankheit eintrat oder ein Unfall, dann war eine heimarbeitende Mutter noch ein Glücksfall:

*Unsere Wohnung bestand nur aus Stube und angrenzender Kammer. Die Stube mußte zu gleicher Zeit als Arbeitsraum, Küche usw. dienen. Schwer drückend für mich war aber hauptsächlich der Umstand, daß Mutter gar nicht ein bißchen Zeit hatte, sich mit uns Kindern zu befassen. Ich entfloh dieser düsteren Stube und seinem Schreckgespenst Arbeit, so oft und so lang ich nur konnte und verweilte größtenteils im Hofe, der zu diesem Hause gehörte. Es war im Jahre 1886, wenige Tage vor Ostern und Beginn meiner Schulzeit, als mich hier ein folgenschweres Unglück ereilte. Der gleichaltrige Sohn eines nebenanwohnenden Gastwirts warf, weil ich nicht mit ihm spielen wollte, mit Steinen nach mir und traf mich direkt ins Auge. Ich fiel vornüber und glaubte nicht anders, das Auge sei ausgelaufen. Man brachte mich nach oben, wo mich Mutter jammernd auf das Sofa bettete. Hier lag ich einige Wochen in starkem Fieber, nur weiß ich noch, daß das Fenster mir zu Häupten mit schwarzen Tüchern verhängt war, während das andere kaum das nötige Licht zu Mutters Arbeiten hindurch ließ. Ostern war längst vorüber, als ich mein Lager verlassen durfte, ich sollte kommende Ostern erst zur Schule gebracht werden. Von den Familienangehörigen des unglücklichen Schützen hat sich während dieser Zeit nicht einmal jemand nach mir erkundigt, noch weniger an meinem Lager sehen lassen.*[41]

Heimarbeit brachte den Frauen zwar weniger ein, ermöglichte ihnen aber, ihre kleinen Kinder zu Hause zu versorgen, wenn vielleicht auch die Lieblosigkeit aus Zeitmangel hier den Kindern besonders deutlich wurde, die körperliche Nähe und emotional Ferne der Mutter, für die Frau selbst ein ganz normaler Zustand:

*So kam ich einmal zu einer armen Witwe in die Wertach-Vorstadt, die sich und ihre vier Kinder mit Wäschenähen zu ernähren bemühte und um Unterstützung nachgesucht hatte. Durch einen engen, dunklen Hof mußte ich gehen, in dessen dumpfer Kellerluft eine Schar blasser, kleiner Buben und Mädeln sich herumtrieb. Sie scharten sich alle mit offnen Mäulchen um mich, als ich nach Frau*

Hard frug. ‹Über drei Stiegen links wohnt Mutta›, sagte ein blasser Junge mit einem ernsthaften Altmännergesicht, und die Schwester, deren Züge auch vom Lachen so wenig zu wissen schienen wie dieser Hof vom Sonnenschein, führte mich hinauf.

Mit jenem angstvoll nervösen Ausdruck gehetzter Tiere, der sich den Gesichtern all der Menschen einprägt, die den Kampf ums tägliche Brot jeden Morgen in gleicher Schärfe aufs neue beginnen müssen, sah die arme Frau mir entgegen. Während sie Heftfäden aus all den vielen weißen Wäschestücken zog, die fast das ganze winzige Zimmer füllten, und dazwischen hie und da aufsprang, um nach dem brodelnden Topf in der dunkeln Küche nebenan zu sehen, von dem ein widerlicher Geruch nach schlechtem Fett sich allmählich überallhin ausbreitete, erzählte sie mir ihre Leidensgeschichte. Der Mann, ein Maler, war vor drei Jahren an der Schwindsucht gestorben – ‹ka Wunder nöt bei dere Fabrik am Stadtbach draußen› –, die Direktion hatte ihr eine einmalige Unterstützung von hundert Mark zugewiesen. ‹Gott vergelts ihna viel tausendmal›, fügte sie tief gerührt hinzu, als sie davon sprach; trotz allem Fleiß konnte sie aber doch nicht das Nötigste schaffen. Inzwischen kamen die Kinder herein und drängten sich halb neugierig, halb eingeschüchtert in einer Zimmerecke zusammen. ‹Mit die Kinder is halt a Kreuz›, sagte die Mutter seufzend, ‹eins – das ginge noch an, aber vier, da weiß man nicht aus noch ein vor Sorg und Kummer.› Der Kleinste stolperte in diesem Augenblick über seine eignen dünnen rachitischen Beinchen und fiel auf einen der Leinwandhaufen. Die Mutter patschte ihm erregt auf die Händchen, zankte gleich alle Viere, daß sie ‹so arg im Wege› stünden und stieß sie unsanft in die Küche, mit der Mahnung, dort ganz still zu sitzen. Mir krampfte sich das Herz zusammen vor Mitleid mit diesen armen Geschöpfen, die der eignen Mutter nur eine Last waren und es mit brutaler Deutlichkeit von ihr selbst erfahren mußten. Fast war ich schon fertig mit meinem Urteil über die Hartherzigkeit der armen Näherin, als sie mir weinend erzählte, wie sie des besseren Verdienstes wegen ein Jahr lang in die Fabrik gegangen wäre, da sei aber ihr Jüngstes aus dem Fenster gestürzt, während sie abwesend war, und seitdem könne sie die Kinder nicht allein lassen. Aus lauter Angst um sie nähme sie alle Vier sogar mit, wenn sie liefern ginge. ‹Glei spräng i nach, wenn noch eins da nunter fiele!›[42]

Andererseits drängten sich in Heimarbeiterstuben die Probleme aneinander, und der Wert der Produktion: die Sauberkeit der Wäschestücke, die Unversehrtheit der Puppenkörper, das Trocknen des Pappmachés – das alles wurde für die Heimarbeiterin wichtiger als das Wohlbefinden ihrer Angehörigen. Im Wohnraum der Familie verkehrten sich aus Not die Maßstäbe:

*Die Wohnungen bestehen gewöhnlich aus Stube und Kammer, die Räume sind niedrig und von Haus- und Handwerksgerät vollgepfropft. Schmucklos ist das Innere, ärmlich der Hausrat. In der Stube wird Sommer wie*

*Heimarbeit im Erzgebirge (Foto um 1910)*

*Winter ununterbrochen geheizt, damit die Ware schneller trocknet, die rings um den Herd auf Stangen und Brettern steht. Am Ofen ist eine Vorrichtung angebracht, um heißes Wasser zu halten, der aufsteigende Wasserdunst schlägt sich in der kälteren Schlafkammer nieder und vermehrt dort die natürliche Feuchtigkeit. Die Arbeitsstube, zugleich Küche und Wohnstube, wo sich die Kinder drängen und wo der Meister sein Werk verrichtet, ist gewöhnlich licht, ihre Fenster gehen auf die Gasse; dagegen die Kammer ist selten ventilierbar und noch seltener ventiliert. Sie enthält gerade Raum genug für zwei oder drei Betten, die so nahe beisammen stehen, daß zwischen ihnen kein Durchgang frei bleibt; man steigt dann oder wälzt sich von einem Bett in das andere. Nachts dient jedes Bett zwei Personen zur Lagerstätte, oft schlafen drei nicht selten vier Personen beisammen in einem Bett, zwei mit dem Kopfe nach aufwärts und zwei nach abwärts.*[43]

Unter solchen Wohnbedingungen fühlten sich die Frauen hin- und hergerissen zwischen dem Interesse an guter Arbeit und entsprechendem Verdienst auf der einen Seite und der notwendigen und auch von ihnen gewünschten Zuwendung zu ihrer Familie auf der anderen. Das war nicht zu vereinen, und so zog als Folge dieser Arbeitsverhältnisse, der körperlichen und seelischen Überbeanspruchung der Frauen Unfrieden in die Familien ein.

*Es war auf einmal eine sechsköpfige Familie geworden, ein Jahr später kam noch ein kleines Brüderchen hinzu. Da waren es sieben an der Zahl. Unsere Familie war in drei kleinen Räumen untergebracht. Kochküche, Arbeitsraum, ein kleines Schlafzimmer, wo nur zwei Betten stehen konnten. In einem Bett schliefen vier, im anderen drei, aber das war noch das wenigste. Mein Stiefvater war durch ein Unglück, was ihn getroffen hatte, in Schulden geraten, etwa zwei- bis dreihundert Mark, nun brach auch 1890 ein Feilenhauerstreik aus, überhaupt eine schlechte Zeit trat ein, keine Arbeit, und die Schulden wurden immer größer. Schwermut und Bedrücktheit griffen nun Platz. Die Ehe war nicht mehr wie zu Anfang, als elfjähriger Junge mußte ich sehen, wie sich meine Mutter und Stiefvater schlugen und schimpften.*[44]

Manchmal wurde ein bißchen Geselligkeit gepflegt, kamen die Freunde des Vaters, wurde politisiert:

*Damals hingen als Zimmerschmuck in jener Stube einige Heiligenbilder sowie der alte Wilhelm, Moltke und Bismarck. Aber auch Bebel und Liebknecht, Marx und Lassalle hingen drin. Da hätte nur so gegen 7 Uhr am Abend ein Polizist hineinkommen sollen: Die ganze Gesellschaft wäre dann wegen Majestätsbeleidigung und Gotteslästerung verhaftet worden. Sie hatten die meisten Bilder in schändlicher Weise verunreinigt. Meine Mutter war darüber untröstlich. Aber was konnte sie gegen diese angetrunkene Gesellschaft tun.*[45]

Es berührt als etwas typisch Frauliches, daß der Mutter die Beschmutzung der Herrschaftsbilder so schmerzlich war in ihrem kleinbürgerlichen Sauberkeitssinn, während sie das politische Warum nicht interessierte.

Das schlimmste Wohnphänomen dieser unglücklichen Klasse war wohl das Schlafburschenwesen, d.h. die Vermietung eines Bettes an unverheiratete Arbeiter, wobei häufig «dank» der Schichtarbeit ein Bett mehrmals vermietet werden konnte.[46] Hier nahm oft die Prostitution der heranwachsenden Mädchen ihren Anfang, und die betreffenden Zeichnungen von Heinrich Zille sind bei näherem Zusehen nicht so komisch, wie sie dem Betrachter erscheinen. Der Lehrer Adolf Damaschke berichtet dazu aus Berlin:

*Und dann die fürchterlichen Wohnungsverhältnisse mit ihrem Schlafburschenelend! Man verlernt das Urteilen und das Verurteilen. Und wenn man sieht, wie Mädchen, die im Unterricht, auch im Religionsunterricht, eine Freude waren, wenige Jahre nach der Konfirmation ‹auf die Straße gingen›, veranlaßt – oft gezwungen – durch den ‹ersten Fall›, dann lernt man verstehen, wie Rodbertus, einer der ersten deutschen Nationalökonomen, der auch einmal kurze Zeit preußischer Kultusminister war, das Gewissen zwingende Urteil fällen konnte: ‹Der Schmutz und die Not des Hauses werden ewig zunichte machen, was der Unterricht der Schule bewirken soll.› Je mehr sich Herz und Wille in der Schularbeit wirklich den Kindern des Volkes widmete, um so zwingender stieg aus dieser Einsicht das soziale Problem auf.*[47]

Zille hat gesagt: «Man kann mit einer Wohnung einen Menschen genauso gut töten wie mit einer Axt».[48] Das galt besonders für die Frauen, denn die Männer hatten immer noch die Kneipe als Ausflucht.

Für die Frauen aller anderen Schichten war die Wohnung ein Refugium persönlicher Art, als «trautes Heim» Ort ihrer fraulichen Verwirklichung, das Haus auf dem Lande der Herrschaftsbereich der Bäuerin. Für die Arbeiterfrau galten diese Zuweisungen und Werte nicht. Ihre Wohnstätte war ein Schlaf- und Eßort, ständig bedroht von Unbilden aller nur möglichen Art. In Berlin gab es «Trockenwohner», die für einen verbilligten Mietzins in neugebaute feuchte Mietskasernen zogen, um sie während einiger Monate trocken zu wohnen und dann in den nächsten Häuserblock zu wechseln. Untermieter und Kostgänger sind nichts Neues und haben mindestens seit Beginn des 19. Jahrhunderts vielen Kleinbürger- und Handwerkerfrauen einen notwendigen Nebenverdienst gebracht. Aber die stundenweise Vermietung eines Bettes innerhalb des einzigen Familienzimmers war doch etwas anderes. Damit verlor die Arbeiterfrau das letzte Stückchen Selbstbestimmung für sich und ihre Kinder – und oft wohl auch den letzten Rest von Selbstachtung.

Von den Schlafgängern aus gesehen waren die Familien, bei denen sie unterkamen, oft die wichtigsten Bezugspersonen am neuen Wohnort. Dort hatten sie den vertraulichsten gemeinsamen Umgang, und es kam nicht selten vor, daß sie in diese Familie einheirateten.

Aber es gab auch viele andere Berichte, die weniger idyllisch klangen. So hieß es aus Bochum, daß die Frau mit dem Schlafgänger ins Bett ginge, die Töchter ihr folgten und dann verkuppelt wurden und der Vater vor Scham darüber das Trinken anfange. Die Bergleute nannten «Halbe Kost» eine Schlafstelle, die Mittagessen und

*Erzgebirgische Spielzeugherstellung –
Beim Bemalen von Häuschen (Foto, um 1910)*

Morgenkaffee einschloß, – «Volle Kost» umfaßte alle Mahlzeiten, und bei «Voller Kost voll» war die Kostmutter mitinbegriffen! Aber solche Verhältnisse dürften doch nicht allzuhäufig geherrscht haben.[49]

Die erzwungene Lebensweise des Proletariats, die sich in ständigem Gegensatz zu dem unerreichbaren Idealbild kleinbürgerlichen Wohlstands bewegte, läßt sich besonders deutlich im *Nahrungswesen* erkennen, im Widerstreit zwischen der Realität und den Vorstellungen der Arbeiterfrauen davon, wie es eigentlich sein sollte. Verena Conzett erzählt von ihren Wunschträumen im Hinblick auf Würstchen und Kartoffelsalat, einer Festspeise, die nur der Vater bekam:

*Im folgenden Frühjahr hatte mein Vater, der Aufseher in einer Papierfabrik war, öfters Nachtdienst, und ich durfte ihm das Nachtessen bringen. Stolz und behutsam trug ich den großen Deckelkorb, der Kartoffelsalat und eine heiße Wurst enthielt, in die Fabrik. Wie sehnsüchtig sah ich jedem Bissen nach, den der Vater in den Mund steckte, denn Kartoffelsalat und heiße Wurst schien mir der höchste aller Genüsse. Mein Vater sah die begehrlichen Blicke wohl, tat aber, als bemerke er sie nicht; er ging vom Standpunkte aus, Gelüste der Kinder müßten unterdrückt werden, damit sie das Entbehren im spätern Leben nicht so hart ankomme. Den Rest seines Nachtes-*

*Schlafbursche (Heinrich Zille, 1858–1929)*

sens – er aß nie alles auf – packte er wieder in den Korb und ermahnte mich, sofort nach Hause zu gehen. Der gute Vater rechnete aber nicht mit der Stärke des kindlichen Begehrens: ein bloßer Blick auf den Deckel des Korbes genügte, daß mir das Wasser im Munde zusammenlief. Kaum außerhalb der Fabrik stellte ich den Korb in eine Ecke des ‹gedeckten Brüggli› und verschlang mit Hochgenuß den Wurstzipfel und das Restchen Kartoffelsalat. Sehnsüchtig dachte ich: ‹Werde ich wohl in meinem Leben noch einmal genug Wurst und Kartoffelsalat bekommen, so recht genug, vier oder gar fünf Würste und eine große Schüssel voll Salat dazu?› Aber etwas so Feines mußte auf lange Zeit bloßer Wunsch bleiben. Verdiente doch damals unser Vater als Aufseher etwa zwanzig Franken in der Woche. Wenn der Lebensunterhalt auch billig war und wir äußerst sparsam lebten, reichte der Verdienst doch kaum für eine sechsköpfige Familie. Die Mutter half mit Heimarbeit nach. Neben der Besorgung der Hausgeschäfte nähte sie Herrenhemden. Nähmaschinen gab es damals in den Haushaltungen noch nicht, nicht einmal in allen Geschäften. Wie emsig mußte die gute Mutter stichelen, am dämmrigen Fenster oder beim flackernden Öllicht, bis sie das Notwendigste an Wäsche und Kleidern für uns Kinder verdient hatte.[50]

Daß materiell am Kochherd der Arbeiterfrau die größte Beschränkung herrschen mußte, braucht nicht besonders betont zu werden. Die Reallöhne stiegen zwar von 1860 bis zur Jahrhundertwende, aber «die Senkung der Relativlöhne war eine ganz ungeheuerliche. Während der letzten 40 Jahre des 19. Jahrhunderts sanken sie etwa um ein Dreiviertel»[51]. Gleichzeitig nahm in dieser Epoche die Frauenarbeit ständig zu, und wenn das Was der Lebensveränderung für sie in der Verarmung bestand, so war vielleicht das Wie der Umstellung noch schwerer zu bewältigen. Die strenge Rhythmisierung des Tages in organisierte Arbeitsstunden und Nicht-Arbeitsstunden (den modernen Begriff Freizeit möchte ich besonders im Hinblick auf die Frauen hier nicht anwenden) gab dem Essenstermin eine andere Funktion und diente nun der Einteilung des Stundenablaufes. Die Maschinen erlaubten keine ausführliche Mittagspause, wie sie die Handwerker- und Bauernarbeit wohltuend unterbrach. Die Uhr bestimmte die Essenszeit. Da sich aber nach bürgerlichen Vorstellungen ein warmes Mittagessen gehörte, die schwere körperliche Arbeit auch ein kalorienreiches Mahl erforderte, waren wiederum die Frauen die Leidtragenden. Sie mußten ihre eigene Mittagspause zur Herstellung eines schnell gekochten Essens nutzen oder am Abend alles für den nächsten Tag vorkochen. Für sie war also das Wie dieser Essensbereitung in einem fremdbestimmten Tagesablauf außerordentlich belastend. Daß ihre Koch- und Backkünste nicht immer denen einer bürgerlichen «guten Hausfrau» entsprachen und sie ihren heranwachsenden Töchtern wenig Fertigkeiten auf diesem Gebiet mitgeben konnten, ist oft getadelt worden als Grund dafür, daß die Männer mehr und mehr dem wärmenden Fusel zusprachen. So beluden die Verhältnisse die Frauen nicht nur mit einer ausweglosen Hektik, sondern auch noch mit Schuldgefühlen.

Wie Vorratswirtschaft und Eßsitten in einem männerlosen Heimarbeiterhaushalt abliefen, erzählt Karl Götz (geb. 1903), dessen Mutter Teddybären für die Firma der Margarete Steiff (1847–1909) in Giengen nähte:

*Dieses Kapitel handelt vom Essen. Damit war es bei uns vor allem unter der Woche einfach bestellt. Fleisch gab es selten, oft in acht Tagen kein Viertelpfund. Und dieses meist bloß der Fleischbrühe wegen; denn eine kräftige Suppe und ein Stück Brot dazu tue es durchaus, meinte die Mutter. Die Hauptsache sei, daß man eine gute Nachtruhe habe. Es heiße: A Rüahle sei besser als a Brüahle. Wurstwaren sahen wir selten einmal, dann und wann gab's ein paar Rädle schwarze Wurst in Essig und Öl.*

*Die Hauptsache in Mutters Küche waren Kartoffeln, Mehl, Kraut und Schmalz. Die Witwe von Sarepta habe mit noch viel weniger auskommen müssen, denn sie habe nichts anderes im Haus gehabt als Öl und Mehl im Krug. Gute Kartoffeln im Keller, zweierlei Sorten, zum Rösten und zum Salat, eine ordentliche Stande voll Kraut, eine volle Mehltruhe und ein paar große volle Schmalzhäfen, dann könne man sagen: Komme, was mag. Es gebe nichts Minderes als Leute, die wegen jedem Pfund Mehl und wegen jeder Kochet Kartoffeln in den nächsten Laden laufen müßten.*

*Aber auch wenn wir nicht aus der Hand in den Mund zu leben brauchten, wurde nicht aufs Sach hineingehaust, vor allem am Fett wurde sehr gespart. Viel Fett sei ungesund und gebe bloß Fettsucht. Es gab zum Beispiel fast jeden zweiten Abend geröstete Kartoffeln zu dem dünnen Gerstenabsud, der durch gerüstetes Zichorienmehl et-*

*Alte Frau am Fenster (Max Liebermann, 1847–1935)*

was Farbe und Geschmack bekam. Als ich einmal sagte, die Kartoffeln seien so trocken, daß sie gar nicht hinuntergingen, sagte die Mutter: ‹Trocken? Was du nicht sagst. Du mußt nur auf jedes Maulvoll schnell einen Löffel Kaffee nehmen, dann wirst du bloß gucken, wie leicht sie rutschen›. Weil man zu beidem einen Eßlöffel nahm, war das technisch gar nicht so umständlich, wie es sich anhört.

Der Kaffee hatte übrigens auch sonst weithin die Aufgabe, trockene Kost leichter schluckbar zu machen. Bei uns daheim gab es ihn auch nicht in so zierlichen kleinen Täßchen. Unsere Tassen waren ziemlich breite Schalen. An Stelle eines Henkels waren zu beiden Seiten flache Griffe angebracht, die wir kurzerhand Ohrlappen hießen. Es war bei den einfachen Leuten auch nie von einer Kaffeetasse die Rede. Man sprach, auch wo man vornehmerweise aus Henkeltassen trank, nur von Kaffeeschüsseln.

Zu dem abendlichen Kaffee, der weder dem Herz noch den Nieren schadete, war doch auf dem Malzkaffeepaket der Kopf des Pfarrers Sebastian Kneipp abgebildet, dem die Gesundheit der Leiber so sehr am Herzen lag wie das Heil der Seelen; zu diesem sogenannten Kaffee also aß

Titelblatt eines Kochbuchs für Arbeiterfrauen

man gern eine selbstgebackene einfache hohe Nudel oder Weißbrot. Am Samstag und am Sonntag gab es ein Stück Hefekranz oder Hefezopf, an hohen Festtagen ein paar Stückchen Gugelhupf. Da all dieses Gebäck oft vierzehn Tage oder noch länger reichen mußte, wurde es recht trocken. Deshalb tunkte man es langsam und vorsichtig ein, sah einen Augenblick lang auf den braunen Flüssigkeitsspiegel, um dann das eingetunkte Stückchen sachte herauszuheben und zu dem über der Schüssel wartenden, geöffneten Mund zu führen.

Auch in der Tasse der geschicktesten Eintunker bleibt unten eine Bodenlage, welche die Tunkmahlzeit als Abschluß geradezu mit einem Hochgenuß zu krönen vermag: ein Gemisch aus Tunkete, Rosinen und nicht ganz aufgeweichtem Zucker. Kein Wunder, die Großmutter sagte oft, wenn sie ihren Kaffeelöffel zum letztenmal ableckte, dankbar: ‹Es gibt halt nix Bessers als ebbes Guats.⁵²

Die Heimarbeiterfrauen, die sich ihre Zeit besser einteilen konnten, wurden eher mit den schlechten Kochbedingungen fertig, zumal wenn kein anspruchsvoller «Hausherr» gute Extra-Happen erwartete. Aber die Fabrikarbeiterin stand unter ständigem Zeitdruck und mußte mit primitivsten Mitteln eine sättigende Mahlzeit auf den Tisch bringen. Zu ihrer Hilfe brachte die Commission des Verbandes «Arbeiterwohl» 1881 ein Haushaltungsbuch für Arbeiterfrauen heraus: «Das häusliche Glück».⁵³ Dieses kleinformatige Kochbüchelchen ließ schon im Äußeren die bescheidene Zielgruppe erkennen.

Es beginnt mit dem «Mahnwort eines Seelsorgers» (S. 5) und macht der lesenden Arbeiterfrau deutlich, daß sie selber schuld sei, falls sich «das häusliche Glück» bei ihr nicht eingestellt habe. Der Verfasser rät ihr vor allem, pünktlich jeden Sonntag mit ihrem Mann in die Kirche zu gehen! Dann folgt ein Katalog weiblicher Tugenden, besonders: «Ertrage die Fehler deines Mannes mit Geduld!» (S. 8 f.), auch das Wirtshausgehen, – und «Werde immer friedfertiger und sanftmütiger!» (S. 12 ff.). Neben dem ungewollten Zynismus all der guten Ratschläge, die eine traurige Kenntnislosigkeit der Lebensbedingungen dieser Arbeiterfrauen zeigen, scheint mir die folgende Empfehlung besonders wenig hilfreich, ja – außerordentlich gefährlich für diese ganz auf nachbarliche Freundschaft und Kommunikation angewiesenen Frauen: «Halte dich still für dich, möglichst fern von geschwätzigen Freundinnen». Alle weiteren Lehren, die Wohnung und Haushaltsführung betreffen, sind ganz und gar auf eine patriarchalisch geführte Kleinbürgerfamilie ausgerichtet, in der allein der Mann das Sagen hat. Der Frau werden, vor allem um ihren Mann zufriedenzustellen, alle Tugenden einer «guten Hausfrau» indoktriniert mit großer zeitraubender Reinlichkeitspflege und umsichtiger geldraubender Vorratswirtschaft – alles in ständiger Absprache mit dem treusorgenden Manne und in einem Stil, der einer Arbeiterfrau finanziell und zeitlich gar nicht möglich war.

Die Rezepte sind einfach, aber überaus lecker, viel Gebratenes und Gesottenes – eine gebratene Taube, ein Hühnerragout für Kranke. Wo hatten die frommen und arbeiterfreundlichen Autoren von 1882 ihre Informationen her über das Machbare in Arbeiterhaushalten? Nr. 52–65 der Rezepte sind Kartoffelspeisen, die sich sehen lassen können, allerdings auch eine aufmerksame Köchin brauchen.

Richard Blank hat «Das häusliche Glück» 1975 neu herausgegeben, versehen mit einem Nachwort und einer Reihe Interviews alter Arbeiter. Da sprechen (S. 249) zwei alte Schwestern Anna und Therese von ihrer Arbeiterkindheit in der Oberpfalz und darüber, was es zu essen gab:

*Wir haben auf Stroh geschlafen, das war unsere Matratze. Wir Kinder haben auf Stroh geschlafen und immer zu zweit. Mit dem Essen war's gut. Wir haben immer Kartoffeln 'kriegt, mal Kartoffeldatschi, Kartoffelsuppe, Kartoffelnudeln. Aber's Fleisch war wenig. Bloß Kartoffeln. Und unser Abendessen war Kartoffelsuppe.*

Die Rezepte aus dem «Häuslichen Glück» sind nicht dabei.

Ist also dieses Wirtschaftsbuch als ein gut gemeintes Mißverständnis bürgerlicher und kirchlicher Autoren zu betrachten, so wirft es gerade dadurch ein deutliches Licht auf deren Einschätzung der Arbeiterfrage. Offenbar glaubten sie, daß die Arbeiterfrau durch eine quantitative Zurücknahme der Zutaten in jedem Sinne (im Vergleich zu den bürgerlichen Kochbüchern) durch Sparsamkeit und bescheidene Ansprüche die gottgewollte armselige Situation meistern könne. Mit diesem Entwurf einer Haushaltsführung aus Mangel ließe sich sogar, wie die Verfasser meinten, ein gewisses Vorwärtskommen erreichen, doch nur in den ständisch gesetzten Grenzen. Wenn aber das häusliche Glück nicht eintritt, so darf und soll die Frau die Schuld für diese miserable Lage bei sich selber suchen. Es ist nicht anzunehmen, daß ein solches Haushaltsbuch in größerem Umfange die Arbeiterfrauen erreicht hat. Aber wo waren andere sinnvolle Hilfen für diese Gruppe, die sich allein nicht helfen konnte?

Anknüpfend an die Sozialreformer des 19. Jahrhunderts hatte Lily Braun 1901 ein Reformmodell vor dem Arbeiterinnen-Bildungsverein vorgetragen, in dem sie vorschlug, den zeit- und kräfteraubenden Einzelhaushalt durch eine kooperative Hauswirtschaft zu ersetzen.[54] Ihr Konzept sah eine Art von Haushaltungsgenossenschaften vor, die gleichzeitig Ernährung und Kindererziehung verbessern und der Frau die Möglichkeit zur Emanzipierung geben sollten. Sie dachte an einen Häuserkomplex von 50–60 Wohnungen um einen Garten herum und vor allem an eine Zentralküche im Erdgeschoß, ausgerüstet mit arbeitssparenden Maschinen. Lily Braun setzte hier übrigens die Gedanken August Bebels aus «Die Frau und der Sozialismus» fort und erfuhr von dieser Seite Zustimmung. Aber im allgemeinen begegnete ihr Ablehnung. Die bürgerliche Presse sprach von einem «Zukunftskarnickelstall», von «Kasernen-Massenabfütterung» und «verstaatlichten Mutterfreuden». Doch auch die Mehrzahl der eigenen Genossen konnte sich mit diesem Modell nicht befreunden und zog den Klassenkampf um den 8-Stunden-Tag aus der Front der Mietskaserne den Haushaltsverbesserungen vor.

So ist dieser großartige Gedanke den Arbeiterfrauen nicht überzeugend nahegebracht worden und fand nicht einmal als Experiment – wie in England – Verwirklichung. Die Entlastung der Arbeiterin durch eine Zentralisierung der Haushaltsfunktionen stieß auf keinen Widerhall. Zu tief war auch bei den Proletariern das Ideal der nach außen und vom Öffentlichen abgeschirmten Familie verfestigt mit einer Hausfrau, die sich möglichst nur um das Wohl der Ihren zu kümmern brauchte. Gewollte Berufsarbeit als soziale Befreiung der Frau – dieser Gedanke erlosch immer mehr.

## Die Kleidung

Dem großen Modekapitel der bürgerlichen Gründerzeit stehen nur wenige Zeilen für die Kleidung der Arbeiterinnen gegenüber, die doch auch Frauen waren und zur gleichen Zeit lebten mit den gleichen weiblichen Wünschen, hübsch angezogen zu sein. Gerade bei diesem weithin sichtbaren Gegenstand der Frauenkultur zeigte sich jedoch der Klassencharakter der Gesellschaft besonders hart.

Nachdem der Verfasser von «Das häusliche Glück» die Nachteile heller und gemusterter Stoffe für die Arbeiterin herausgestellt hat, schreibt er: «ein schwarzes Kleid ist anzuraten, weil es für alle Fälle paßt.» Und auf der nächsten Seite preist er alle Sorten von Schürzen als wichtigstes Kleidungsstück der arbeitenden Hausfrau, aber «für den Sonntag sollte sie eine gute schwarze Schürze haben, weil der Tag des Herrn auch im Hause und nicht bloß auf der Straße ausgezeichnet werden soll.» (S. 100 f.)

*Versammlung der proletarischen Frauenbewegung (Carl Koch, 1827–1905)*

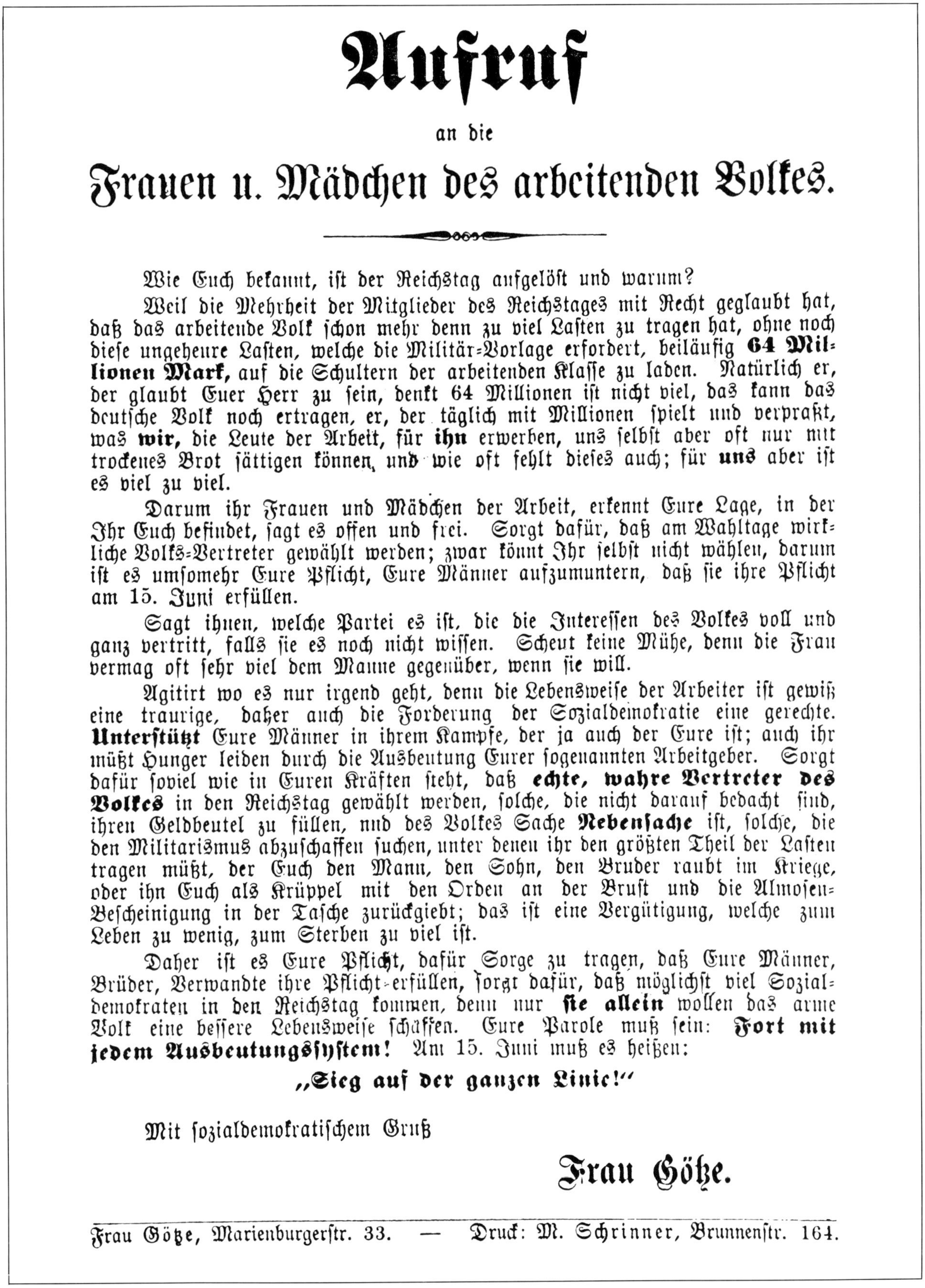

# Aufruf

an die

## Frauen u. Mädchen des arbeitenden Volkes.

Wie Euch bekannt, ist der Reichstag aufgelöst und warum?

Weil die Mehrheit der Mitglieder des Reichstages mit Recht geglaubt hat, daß das arbeitende Volk schon mehr denn zu viel Lasten zu tragen hat, ohne noch diese ungeheure Lasten, welche die Militär=Vorlage erfordert, beiläufig **64 Millionen Mark,** auf die Schultern der arbeitenden Klasse zu laden. Natürlich er, der glaubt Euer Herr zu sein, denkt 64 Millionen ist nicht viel, das kann das deutsche Volk noch ertragen, er, der täglich mit Millionen spielt und verpraßt, was **wir,** die Leute der Arbeit, für **ihn** erwerben, uns selbst aber oft nur mit trockenes Brot sättigen können, und wie oft fehlt dieses auch; für **uns** aber ist es viel zu viel.

Darum ihr Frauen und Mädchen der Arbeit, erkennt Eure Lage, in der Ihr Euch befindet, sagt es offen und frei. Sorgt dafür, daß am Wahltage wirkliche Volks=Vertreter gewählt werden; zwar könnt Ihr selbst nicht wählen, darum ist es umsomehr Eure Pflicht, Eure Männer aufzumuntern, daß sie ihre Pflicht am 15. Juni erfüllen.

Sagt ihnen, welche Partei es ist, die die Interessen des Volkes voll und ganz vertritt, falls sie es noch nicht wissen. Scheut keine Mühe, denn die Frau vermag oft sehr viel dem Manne gegenüber, wenn sie will.

Agitirt wo es nur irgend geht, denn die Lebensweise der Arbeiter ist gewiß eine traurige, daher auch die Forderung der Sozialdemokratie eine gerechte. **Unterstützt** Eure Männer in ihrem Kampfe, der ja auch der Eure ist; auch ihr müßt Hunger leiden durch die Ausbeutung Eurer sogenannten Arbeitgeber. Sorgt dafür soviel wie in Euren Kräften steht, daß **echte, wahre Vertreter des Volkes** in den Reichstag gewählt werden, solche, die nicht darauf bedacht sind, ihren Geldbeutel zu füllen, und des Volkes Sache **Nebensache** ist, solche, die den Militarismus abzuschaffen suchen, unter denen ihr den größten Theil der Lasten tragen müßt, der Euch den Mann, den Sohn, den Bruder raubt im Kriege, oder ihn Euch als Krüppel mit den Orden an der Brust und die Almosen=Bescheinigung in der Tasche zurückgiebt; das ist eine Vergütigung, welche zum Leben zu wenig, zum Sterben zu viel ist.

Daher ist es Eure Pflicht, dafür Sorge zu tragen, daß Eure Männer, Brüder, Verwandte ihre Pflicht erfüllen, sorgt dafür, daß möglichst viel Sozialdemokraten in den Reichstag kommen, denn nur **sie allein** wollen das arme Volk eine bessere Lebensweise schaffen. Eure Parole muß sein: **Fort mit jedem Ausbeutungssystem!** Am 15. Juni muß es heißen:

„**Sieg auf der ganzen Linie!**"

Mit sozialdemokratischem Gruß

**Frau Götze.**

Frau Götze, Marienburgerstr. 33. — Druck: M. Schrinner, Brunnenstr. 164.

*Aufruf von 1893*

In solch gönnerhafter Zuordnung der Arbeiterinnenkleidung zum freudlosen Grau ihres Lebens lag etwas herzlos Abwertendes, was deren Anspruch auf Lebensqualität überhaupt betraf. Lily Braun erzählt von einer adligen Gesellschaft, auf der vom Streik der Kohlenarbeiter gesprochen wurde, und sie versucht, den sozialen Hintergrund zu erklären:

‹In demselben Gegensatz, der auch die Sozialdemokratie groß zieht: dem zwischen den ungeheueren Reichtümern auf der Seite der Unternehmer und der Besitzlosigkeit, um nicht zu sagen der Armut, auf der Seite der Arbeiter –.›
‹Armut! Darin sieht man wieder Ihre jugendliche Neigung zu starken Werten!› polterte Bodenberg; ‹als ob unsere Bergleute von Armut auch nur 'ne Ahnung hätten! Haben alle ihr Häuschen, ihren Gemüsegarten und mästen sich ein Schwein –.›
‹Und doch, Herr Baron, haben wir unten im Dorf manche Ehefrau, die schon mitverdienen muß, und die Kinder schicken sie gewiß auch nicht aus Vergnügen so früh als möglich – mit gefälschten Geburtsscheinen, wenn's nicht anders geht – in die Grube›, ließ sich der Pfarrer vernehmen.
‹Von der verdammten Genußsucht kommt das und von nichts anderem!› unterbrach ihn der alte Baron, ‹zu meiner Zeit gingen die Knappenfrauen noch in Kopftüchern und Schürzen in die Kirche – heute muß jede einen Federhut tragen und die Röcke auf dem Tanzboden schwenken.›⁵⁵

Immer wieder begegnet die gleiche Haltung, die dem sogenannten 4. Stand auf Zeit und Ewigkeit seinen sozialen Platz zuordnet, den er nicht verlassen kann und darf. Das galt in besonderem Maße für Kleidung, und in der Vorstellung der vornehmen Leute lebten tatsächlich die Erinnerungen an obrigkeitliche Kleiderordnungen weiter, nach denen sich z. B. eben ein Hut für Arbeiterfrauen nicht schickte. Selten sind Angaben über die Kleidung der Arbeiterinnen:

*Die Arbeiterinnen, jung und alt, trugen Kleider aus dunkelblauem Baumwollstoff, in den kleine weiße Tupfen oder Sternchen eingedruckt waren. Sie hatten wollene, handgestrickte Zipfeltücher umgebunden, eine Wollschleife um die Ohren und trugen einen mächtigen Deckelkorb am Arm.*⁵⁶

Freilich gab es spezifische Arbeiterinnenkleidung für ihre Tätigkeit an den Maschinen.

*Da war die Tini. Sie war ein zierliches Geschöpf von außerordentlicher Lieblichkeit; ihre Wangen wie Milch und Blut, das aschblonde Haar kunstvoll gewellt, die weißen Hände sorgsam gepflegt. In der Kleidung aber zeigte sie die Arbeiterin. Während die Hochhinausstrebenden zierliche schwarze Schürzen trugen, trug die Tini mit Vorliebe breite blaue Leinenschürzen, die damals von Fabrikmädchen gerne getragen wurden. Ein hübsches Tuch hatte sie kokett um die Schultern geschlungen, Rock und Bluse waren nach dem Schnitt gearbeitet, wie er für Arbeiterinnen Gebrauch war. Durch ihre Schönheit fiel sie trotz ihrer Kleidung auf. Sie hatte einen Freund, der sie von der Fabrik abzuholen pflegte. Mit*

*Arbeiterfamilie (Foto um 1889/90)*

einem Pfiff gab er ihr das Zeichen, daß er sich auf dem Posten befinde. Eilig trippelte sie dann zu ihm hinüber, wo sie sich laut begrüßten. Er war in Haltung, Kleidung und Benehmen der Typus des Wiener Strizzi. Er schlug Tini, was sie am nächsten Tag, über ihn schimpfend, erzählte. Mit neunzehn Jahren hatte sie schon zwei Kinder, die sie allein erhalten mußte, weil er bei seiner Abneigung gegen regelmäßige Arbeit nichts beisteuern konnte und wahrscheinlich auch nicht wollte. Das reizende Mädchen liebte den rohen Menschen grenzenlos, er konnte mit ihr machen, was er wollte, sie verteidigte ihn, und wehe jener, die es wagte, ein Wort über ihn zu sagen. Eine Flut von Beschimpfungen ergoß sich dann über die rosigen Lippen Tinis. Es kam auch vor, daß sie ihn auf die Kollegin hetzte, die sich unterstanden hatte, ihn nicht für das Ideal eines Mannes zu halten. Auf diese wartete er auf der Straße, um sie in Gegenwart einer ganzen Ansammlung von Menschen schreiend zu beschimpfen. Tini war dann stolz und schritt wie eine Triumphatorin an seiner Seite von dannen.*

Adelheid Popp erzählt weiter, wie sehr die Fabrikmädchen um anständige und hübsche Kleidung bemüht waren:

*Wenn sie 12 Stunden in der Fabrik gearbeitet hatten und viele noch 1 Stunde Weges nach Hause gegangen waren, nähten sie noch ihre Wäsche, ohne daß sie es gelernt hatten. Sie zertrennten ihre Kleider, um sich nach den einzelnen Teilen ein neues zuzuschneiden, das sie in der Nacht und am Sonntag nähten.*

Mit ihrem festlichen Kleidungsverhalten folgten die Fabrikmädchen ganz und gar den Vorschriften kleinbürgerlicher Lebensgestaltung. Wie absurd die proletarische Realität mit diesen Gesetzen kontrastierte, berichtet ganz unbefangen Adelheid Popp. Da die Mutter kein Geld für das weiße Firmungskleid hatte und zu stolz war, eine Patin darum zu bitten, blieb die kleine Adelheid ungefirmt. Die Firmung als Abschluß der Kindheit fand also aus Kleidungsrücksichten nicht statt, obwohl das Mädchen schon seit vier und mehr Jahren wie eine Erwachsene arbeitet:

*Als ich sechzehn Jahre alt war und mir der erste Mann vom Heiraten sprach, da wandte ich allen Ernstes ein: Aber ich bin ja noch nicht gefirmt. Dieses Sakrament mußte nach meiner Anschauung eine richtige Katholikin empfangen haben, ehe sie an die Ehe denken durfte. Jetzt war ich siebzehn Jahre alt und wollte nicht länger warten. Eine junge Kollegin, die mit einem jungen Manne in besseren Verhältnissen verlobt war, wollte meine Patin werden. In einem Abzahlungsgeschäft kaufte ich mir ein schönes lichtes Kleid, elegante Schuhe, einen seidenen Sonnenschirm, feine Handschuhe und einen, das ganze krönenden, blumengeschmückten Hut. Das waren Herrlichkeiten! Dazu die Fahrt im offenen Wagen, die Zeremonie in der Kirche mit dem bischöflichen Backenstreich, dann ein Ausflug, ein Gebetbuch und einige nützliche Geschenke. Nun kam ich mir erst ganz erwachsen vor.*

Und noch eine weitere Passage aus Adelheid Popps Jugenderinnerungen soll hier angeführt werden, weil sie typisch ist für die Ambivalenz des Bewußtseins bei dieser Frauengruppe. Man kaufte sich unter Opfern beim Trödler ein abgelegtes Herrschaftskleid und getragene Lackschuhe, um mit dem Verehrer auszugehen und einmal anders auszusehen als ein armes Arbeitermädel:

*Dann kam der Sohn eines Schneidermeisters. Er war elegant, groß und schlank. Seine Sprache war gewählt. Aber in Romanen hatte ich gelesen, daß sich die Liebe auf den ersten Blick einstellen müßte, wenn der Rechte komme. Ich empfand aber nichts von solchen Gefühlen beim Anblick des Herrn Sebastian Schattenbauer.*

*Eines Tages lud der Bewerber mich ein, ihn zu den Volkssängern zu begleiten. Als ‹besserer› Mensch hatte er einen Freitag ausgewählt, also den Tag, an dem die ‹feinen Leute› zu Vergnügungen zu gehen pflegten. Er erschien in Frack und Zylinder, um mich und meine Mutter abzuholen. Eine Kollegin hatte mich kunstvoll frisiert, und eine zarte rosa Seidenkokarde schmückte mein Haar. Kurz zuvor hatte ich mir in einem Geschäft für abgelegte Herrschaftskleider ein schwarzes Kleid gekauft, das mit Ekrüspitzen geputzt war. Es hatte acht Gulden gekostet, und ich trug es mit so großer Wonne,*

Annonce einer Nähanleitung (1874)

---

Für Frauen und Töchter, weibliche Fortbildungsschulen, Frauenarbeits-Schulen, Lehrerinnen-Seminare ꝛc.

Ausführliche Anleitung zum

**Zuschneiden und Zusammenfügen**

der geschnittenen Theile von

**Tisch-, Bett- und Leibwäsche**

für den Unterricht und Hausgebrauch

**von Sophie Hummel.**

62 Tafeln Modelle und 62 Tafeln Schnittmuster,

**mit 1 Supplement,**

auf 10 weiteren Tafeln die wichtigsten Schnittmuster in natürlicher Größe enthaltend.

Preis 5 fl. 50 kr. = 3 Thlr. 10 Ngr.

Präsident v. **Steinbeis** sagt darüber im Gewerbeblatt für Württemberg 1873 Nr. 51.:

„Die Verfasserin hat als Vorsteherin einer rühmlich bekannten Privat-Industrie-Schule die vorstehende Schrift einem Theile der weiblichen Handarbeit gewidmet, welcher unseres Wissens bis jetzt noch wenig literarisch behandelt worden ist, obgleich er der Hausfrau am nächsten steht. Die Anleitung setzt die Kenntniß der für das Weißnähen nöthigen Handfertigkeit, insbesondere der dabei vorkommenden Sticharten und Nähte voraus. Auf 124 Tafeln stellt sie in fortschreitender Stufenfolge die verschiedenen Arten der Tisch-, Bett- und Leibwäsche unter Angabe der Verfertigungsweise, sowie die entsprechenden Schnittmuster mit eingezeichneten Maßen bildlich dar, wodurch **Jedermann**, besonders aber auch **solche Damen, welche ihre Aussteuerartikel selbst anfertigen wollen**, die nöthige Anweisung für Bestimmung der Menge des erforderlichen Stoffes, das Zuschneiden und Fertigmachen u. s. f. erhalten. **Aber auch als Leitfaden für den Unterricht im Weißnähen** wird die Schrift die **besten** Dienste leisten.

Als besonderer Vorzug der Schrift ist noch zu erwähnen, daß sämmtliche Maße nach dem neuen metrischen System (Meter, *als wäre es eben aus einem erstklassigen Atelier gekommen. Einen Fächer, den ich einmal zum Geschenk bekommen, trug ich an einer Schnur um die Taille, auf die ich sehr stolz war, denn sie hatte nur 52 Zentimeter Umfang, und man erzählte sich, daß die Kaiserin Elisabeth nie mehr als 46 besessen, und ich strebte sehr danach, die Kaiserintaille zu erreichen. Ich versuchte ein Mieder zu tragen, das ich um 80 Kreuzer erstanden hatte, aber die Holzstäbchen, die eingenäht waren, bohrten sich in das Fleisch und drückten blutige Furchen. Da mußte das Folterinstrument, das nicht nur geeignet war, die Taille zu verengen, sondern auch Hungergefühle zu unterdrücken, nach einigen Stunden wieder abgelegt werden, ohne Rücksicht auf die Taille. Bei einem Trödler hatte ich mir hübsch aussehende, aber schon getragene, mit Lackleder besetzte Schuhe gekauft, die meinen Arbeitgeber einmal, als er mich über die Stiege kommen sah, zu dem Ausruf veranlaßten: ‹Sie tragen ja Schuhe wie eine Baronesse!› Von meiner Mutter hatte ich einen einfachen Ring zum Geschenk erhalten, der mit kleinen Türkisen besetzt war und den ich als mein einziges Schmuckstück wie ein Heiligtum hütete. So gingen wir zu den Volkssängern.*[57]

Leichter hatten es die Nähmädel, schick auszusehen. Mit der Ausweitung der Konfektion auf die Oberbekleidung vermehrte sich wieder die Heimarbeit, und besonders das Nähen der Blusen, die seit der Einführung des Kostüms um 1900 groß in Mode waren, wurde gern als Heimarbeit vergeben. Allein in Berlin produzierten 1896 bei der großen Gewerbeausstellung 150 Blusenfabrikanten.[58] Die Blusennäherinnen wurden schlecht bezahlt, besonders da nach wie vor der Zwischenmeisterbetrieb zwischen ihnen und dem Fabrikanten lag. Aber sie wußten doch stets, was in der Mode los war, und konnten auch mal für sich selbst und ihre Verwandten arbeiten. Da ging es den Probiermamsells, wie die Vorläufer der Mannequins hießen, schon besser. Sie machten für die Mode Reklame und durften zuweilen ein Vorführstück behalten. Übrigens ist es nicht uninteressant, daß die gängigste Konfektionsgröße der ausgehenden Gründerzeit das war, was wir heute die 44er-Figur nennen. Mollig war modern, vielleicht als bewußter Gegensatz zum verhungerten Proletariat, ehe der Jugendstil ganz andere Maßstäbe setzte.

Aber wer in der Textilbranche schon zur Probiermamsell und dann gar zum Geschäftsfräulein aufgestiegen war, hatte die Niederungen des Proletariats verlassen.

Neben der Zuarbeit für die Textilfabrikation lebte bis weit in unser Jahrhundert hinein die Spielzeugherstellung vor allem von der Heimarbeit. Wald- und Notstandsgebiete im Erzgebirge, Thüringer Wald, in der Rhön, um Berchtesgaden und im Grödner Tal waren Zentren der Spielzeugproduktion im Familienbetrieb mit großem Anteil an Frauen- und Kinderarbeit. Die katastrophalen Lebensumstände dieser Heimarbeiterfamilien, die unter ungesunden Bedingungen für einen Hungerlohn arbeiten mußten, sind später oft geschildert worden.[59] «Elendsvieh» nannten die Arbeiter die buntbemalten Reifentierchen, die sie im «Gros» = 12 Dutzend für ein paar Pfennige dem Verleger abliefern mußten. Vielleicht etwas gemütlicher, aber nicht weniger ungesund, beschreibt Karl Götz die Heimarbeit seiner Mutter bei der Teddybärfabrikation:

*Da man seinerzeit von Witwenrente und dergleichen noch nicht viel wußte und da die Mutter mit keinem Gedanken daran dachte, ihre Notgroschen auf der Sparkasse anzugreifen, mußte sie nach des Vaters frühem Tod schauen, wo sie etwas verdiente. Da war es gut, daß die Großmutter mit Margarethe Steiff in Giengen bekannt war, mit jenem gelähmten Fräulein, das zu ihrer Unterhaltung und zur Freude der Kinder in der Verwandtschaft und in der ganzen Nachbarschaft aus Filzabfällen und allerlei Stoffresten Tiere aller Arten, vor allem Bärlein nähte, so wie die Großmutter Puppen machte, nur daß die Neffen des besagten Fräuleins begabter waren als der Enkel der Großmutter. Sie ließen aus der Kunstfertigkeit ihrer Tante eine Fabrik entstehen, aus der heraus mehr Kinderseligkeit über die Welt kam, als sich ausrechnen läßt.*

*Damals, als sich die Mutter nach Arbeit umsehen mußte, wurden die einzelnen Teile, aus denen nachher Füße und Ohrlappen, Bäuche und Buckel, Schwänzlein und Schnauzen von Bären, Affen, Hunden und Kamelen wurden, aus einem langhaarigen weichen Filzstoff noch von*

*Heimarbeiterin Auguste Müller
(Foto Seiffen/Erzgebirge)*

Hand ausgeschnitten. Die Zuschneiderinnen lieferten ihre Arbeit anatomisch sortiert, pünktlich abgezählt und gebündelt, jeden zweiten oder dritten Tag in einer Verteilstelle ab und holten dafür neue Stoffballen. Man hieß diese Heimarbeit damals kurzerhand das Bärenschneiden.
Mit dem Ausstopfen und Zusammennähen der Tiere hatten die Bärenschneiderinnen nichts zu tun. Aber einmal verlockte es die Mutter doch, ein Tierlein fertig zu machen. Und so nähte sie mir aus den Abfällen ein Eselein zusammen. Ich nannte es Bileam. Die Mutter saß meist schon in aller Frühe beim Bärenschneiden. Ich konnte ihr nicht viel dabei helfen. Aber ich las immer wieder die Abfälle auf und stopfte sie in den Lumpensack, der mir nie schnell genug voll werden konnte.[60]

So saßen Tausende von Frauen, ohne ihre Arbeitsstunden zu zählen, bei eintöniger, abstumpfender, gesundheitsschädigender, familienzerstörender Heimarbeit, abhängig von ausbeuterischen Zwischenmeistern oder Verlegern.

Wie sich solche Heimarbeit für die Frauen im Alltag abspielte, beschreibt der folgende Bericht:
*Mutters Sparsamkeit, mit der sie den Haushalt führte, verdankten wir es im Besonderen, daß wir nicht direkten Hunger litten, Mutter verstand es, aus dem Wenigen Vieles zu machen.*
*Von 5 Geschwistern, drei Brüdern und zwei Schwestern, bin ich der Vorletztgeborene. Soweit ich nur zurückden-*

*Klöpplerin (Max Liebermann, 1847–1935)*

*ken kann, fehlte es im Hause aber auch am Nötigsten. Mutter und die älteren Geschwister mußten zu unserem niedrigen Lebensunterhalt tüchtig mit beitragen, mit einer Arbeit, die die Augen verdarb, und da man bei dieser Arbeit gebückt sitzen mußte, die inneren Organe in ihrer Tätigkeit hemmte. Mutter war denn auch immer leidend. Diese Arbeit nannte man Tücherknüpfen. Seidene, in allen Farben schillernde Tücher wurden an ihren vier Kanten mit Franzen versehen und diese Franzen durch Knüpfen oder Flechten miteinander verbunden. Wie alle Heimarbeiten brachte auch diese einen nur minimalen Verdienst, dabei saß Mutter sehr oft bis spät in die Nacht hinein über diese Arbeit gebeugt.*[61]

Waren schon die Arbeiterinnen in der Fabrik für die Männer keine gleichwertigen Kolleginnen, sondern oft nur «Weiber» und mehr oder weniger erreichbare Sexualobjekte, so wurde die weibliche Heimarbeit noch weniger gewertet und nur als erweiterte Handarbeit in häuslicher Umgebung angesehen. Dabei war die Heimarbeit alles andere als ein Vergnügen und erforderte Selbstkontrolle und eiserne Konzentration, wenn man auf seine Rechnung kommen wollte:
*Ich kaufte mir dann eine eigene (Näh-)Maschine und arbeitete zu Hause. Dabei habe ich das Los der Heimarbeiterinnen zur Genüge kennengelernt. Von morgens um sechs bis nachts um zwölf, mit einer Stunde Mittagspause, wurde in einer Tour ‹getrampelt›. Um vier Uhr aber wurde aufgestanden, die Wohnung in Ordnung gebracht und das Essen vorbereitet. Beim Arbeiten stand dann eine kleine Uhr vor mir, und es wurde sorgfältig aufgepaßt, daß ein Dutzend Kragen nicht länger dauerte wie das andere, und nichts konnte einem mehr Freude machen, als wenn man ein paar Minuten sparen konnte. So ging das zunächst fünf Jahre lang. Und die Jahre vergingen, ohne daß man merkte, daß man jung war, und ohne daß das Leben einem etwas gegeben hätte.*[62]

## Die Alten

Im allgemeinen galt auch für die Arbeiterfamilie der Typus der Kernfamilie als Normalfall, doch haben besonders die verwitweten Großmütter schon wegen der großen Wohnungsnot oft bei ihren Kindern und Enkeln gewohnt. Altersheime für diese arme Sozialgruppe waren noch selten, und ihre Insassen befanden sich in einem bedauernswerten Zustand.

Gustav Vilhelm Blom (1853–1942) hat die Trostlosigkeit eines solchen Schlaf- und Wohnsaals bedrückend dargestellt. Etwa 20 alte Frauen existieren dort in einem kahlen großen Saal, und von ihrem Leben ist ihnen nichts geblieben als ein Bett, ein kleiner Spind und ein Stuhl. Aber vielleicht ist das schon mehr, als manche von ihnen früher besessen haben.

Für das Alter der arbeitenden Frauen gab es keine Normen. Eine häufige Erscheinung war die alte Hausschneiderin, meist eine ledig gebliebene Näherin, die das Jahr entlang ihre zahlreiche Familienkundschaft besuchte.

‹Nähkätchen› gehörte zu dem unbeweglichen Hausrat mancher Familie der Stadt, das an bestimmten Tagen der Woche oder des Monats das runde Jahr hindurch zum Ausbessern von Kleidung und Wäsche erschien und da und dort wie ein Erbstück aus dem Haushalt der Mutter in den der verheirateten Tochter überging. Sie war und blieb zeitlebens eine alte Jungfer, damals etwa Mitte der dreißig, mit ihren eckigen Zügen aber viel älter aussehend, eins von den Gesichtern, von denen man meint, daß sie schon bejahrt und runzelig auf die Welt gekommen seien, und die dann bis an ihr Ende kaum mehr in Zügen und Haltung sich viel verändern. Fast vierzig Jahre später begegnete ich dem stillen, harmlosen Nähkätchen wieder im befreundeten Hause über der gleichen einförmigen Arbeit, nun wohl etwas gebückter in der Haltung und langsamer die Stopfnadel mit den mageren, knöchernen Fingern handhabend, im übrigen aber immer noch in der ganzen Erscheinung die gutherzige Alte, meine treue Märchenerzählerin in lange schon entschwundener Zeit, jetzt wie damals mit der mächtigen Hornbrille vor den kleinen grauen Augen, mit der scharf aus dem hagern Gesicht vorspringenden Nase, deren geräumige Flügel zur Aufnahme einer Prise Schnupftabak allzeit bereit waren, mit dem zusammengekniffenen

*Die alte Näherin (Fritz von Uhde, 1848–1910)*

*Altersheim für Frauen*
*(Gustav Vilhelm Blom, 1853–1942)*

*Munde, der über dem Sprechen aus langen Lücken ein Paar große Zähne zeigte.*[63]

Stets werden die alten Arbeiterfrauen versucht haben, sich so weit wie irgend möglich nützlich zu machen in der beständigen Vorstellung von der Unabänderlichkeit des Lebenslaufes. Adelheid Popp hat immer wieder betont, wie wenig ihre geliebte Mutter fähig war, auch nur in geringster Weise die geistige Sozialarbeit ihrer Tochter zu begreifen und wie sehr sie darunter gelitten hat. Auf diese Weise könnte das konservativ-unbewegliche Denken der Mütter zuweilen die zagen Initiativen und Emanzipationsversuche ihrer Töchter gehemmt haben.

*Altes Arbeiterpaar (Otto Dix, 1891–1969)*

Vor Arbeit haben sich diese Frauen nie gescheut. Daß sie bei aller Mühe auch noch ein erstaunliches Einfühlungsvermögen für ihre Männer entwickelten, dafür hat der Lehrer Adolf Damaschke ein eindrucksvolles Beispiel erzählt:

*Wird vom Arkonaplatz gesprochen, darf ein Name nicht fehlen, Frau Fendel. Die ‹alte Fendeln› war unsere Aufwärterin. So nennt der Berliner eine Hilfskraft, die gewisse Stunden des Tages kommt, um allerlei Hilfe zu leisten. Die alte Fendeln hatte bessere Tage gesehen. Ihr Mann war Tischlermeister, hatte aber bei einem Bauschwindel alle Ersparnisse verloren und sich aus Verzweiflung das Trinken angewöhnt. So war es mit der Familie immer weiter bergab gegangen. Es war ein Jammer, wenn der Mann mitten in unserer Arbeit erschien und sich dann ein Streit zwischen den alten Eheleuten entspann, weil er ‹bloß einen Groschen› haben wollte, um ‹bloß ein Gläschen› zu trinken. Abends stand Frau Fendel in der Invalidenstraße an der Markthalle und verkaufte Fußbänke. Nach einem trüben Novemberabend fragte ich: ‹Wieviel haben Sie gestern verdient?› Sie sagte: ‹Verdient? An diesem Hutschenkram verdiene ick doch nischt! Det bringt doch nich ein, wat ick an Auslagen dafür habe.›*

*Ich sah die alte Frau erstaunt an: ‹Aber warum machen Sie sich dann die Mühe, daß Sie stundenlang in Nässe und Kälte stehen, wenn Sie doch nichts davon haben? Dann lassen Sie das doch lieber sein!›*

*Da schüttelte sie ihren alten weißen Kopf und sagte: ‹So? Wenn mein Mann die Hutschen macht, dann denkt er doch, er tut wat für uns, und wenn er daran arbeitet, dann is er manchmal ganz vergnügt, und wenn ick ihm det Jeld dafür bringe, is er ordentlich stolz. Und ick mache natürlich auch so, als ob ick mir mit freue, und dann is manchmal alles wie früher. Wenn er aber wissen*

*Altes Arbeiterpaar (Foto 1905)*

*würde, dat det Jeld für Holz und Leim und Nägel mehr ausmacht als alles, wat ick einnehme, seine Arbeit also jar nischt hilft, dann hätte er ja jar keene Freude mehr. Da steh ick lieber abends und verkoofe die Dinger, damit mein Mann seine Freude behält.*[64]

Fragt man sich abschließend nach dem Bewußtsein der Arbeiterinnen in dieser Epoche der proletarischen Frauenbewegung, so findet man keine einhellige Antwort. Nur ein kleiner Prozentsatz gelangte zu politischen Einsichten. Der Warencharakter der Arbeitskraft und die Abhängigkeit vom Unternehmer wurden als zumeist unabänderliches Schicksal hingenommen und nicht einmal verstanden, daß bessere Qualifikation auch für die Frauen der einzige Weg zu besserem Leben war.

*Herrgott, wie gern hätte ich diesen Beruf erlernt! Schon als Schulkind verfertigte ich andern Mädchen für ihre Puppen – eine eigene besaß ich nie – Kleidchen und Hüte, die allgemein bewundert wurden. Öfters sagten Erwachsene zu mir: ‹Kind, du mußt Schneiderin werden, du hast besondere Begabung dazu!› Daran war nicht zu denken: zwei Jahre Lehrzeit! Für mich gab es nur eines – Verdienen!*

*Ein einziges Mal wagte ich daheim zu sagen, daß ich gerne Schneiderin oder noch lieber Modistin würde. Da kam ich schön an! Meine älteren Schwestern erwiderten sogleich: ‹Das fehlte gerade noch, so ein eitler Fratz und Modenarr wie du bist. Du trägst den Kopf sowieso immer zu hoch.› Warum ich ein eitler Fratz und Modenarr sein sollte, wollte mir nicht in den ‹hohen› Kopf, denn nichts, auch gar nichts hatte ich, um darauf eitel zu sein. Meine Schwestern waren gewiß beide gut und aufopfernd, glaubten aber, arme Mädchen könnten nicht bescheiden und anspruchslos genug sein. Diese Tugenden fehlten mir in ihren Augen vollständig. Selbst in dürftigen Verhältnissen aufgewachsen, meinten sie, jeder noch so schüchterne Versuch nach etwas Besserem müsse unterdrückt werden.*[65]

Wie sehr der Einfluß der Kirche für diese Bescheidenheitsideologie verantwortlich zu machen ist, soll hier nur angedeutet werden.

Die Arbeiterfrauen befanden sich also in einer doppelt erschwerten und für sie oft unverständlichen Lage: Ihre entscheidende Mitarbeit als Lohnarbeiterin für den Erhalt der Familie wurde als selbstverständlich gefordert. In den anderen Gesellschaftsschichten – mit Ausnahme der Bauern – galt jedoch die Regel, daß die Frauen nicht zu arbeiten brauchten und der Mann die Familie ernährte. Dieser Unterschied zur bürgerlichen Hausfrau wurde als diskriminierend empfunden. (Die Dienstmädchensituation fiel nicht ins Gewicht, weil sie in den Augen der Arbeiterinnen dem Arbeitsleben der Mägde auf dem Dorf zu entsprechen schien.)

In der Fabrik erhielten die Frauen einen bedeutend geringeren Lohn als ihre Männer am gleichen Arbeitsplatz, was sie wiederum als diskriminierend für den Wert ihrer Arbeitskraft empfinden mußten.

Eine höhere Qualifikation gegenüber den Männern kam kaum in Frage. So zogen sich die Frauen möglichst auf Haushalt und Familie zurück und versuchten hier, es ihren kleinbürgerlichen Geschlechtsgenossinnen gleich zu tun. Aber das war in Anbetracht ihrer viel schlechteren Ausgangslage ein aussichtsloses Unterfangen.

Mit jedem neuen Kind schwand weiterhin ein Stückchen Lebensqualität, aber auch hier gab es kaum Beratungen für eine vernünftige Familienplanung. Sie waren also in jeder Weise isoliert, oft auch in den Beziehungen zu ihrem Mann. Eine hilfreiche Diskussion über die anstehenden Probleme fand nicht statt, weil sie zu sprechen nicht gelernt hatten. Und so schwebte über allem ständig das unpassende Modell der patriarchalisch-autoritären Familie, das den Männern in ihrem häuslichen Bereich alle Rechte einräumte.

*Jeden Sonntag konnte mein Vater nicht in die Kirche gehn, das brachte das Geschäft mit sich, aber öfters ließ es sich doch einrichten; wenn meine Mutter dann in die Kirche wollte, dann sagte mein Vater: ‹Ich gehe rein›, und dann mußte meine Mutter das Haus besorgen. Denn sie war meinem Vater sein Geselle, und sein Knecht, und sein Lehrjunge, und seine Laden- und Marktfrau, und seine Dienst- und Kindermagd, und seine Wasch- und Scheuerfrau, und sein Flickschneider und was weiß ich noch; aber sie stand weit unter diesen Allen in der Behandlung, und sie bekam weiter nichts dafür als das bißchen kärgliche Futter, und mehr als einmal wußte es mein Vater so einzurichten, daß sie das zu Mittag auch noch nicht bekam. Wir hatten ausreichend Wohnung, genügend und ordentliche Betten, die hatte meine Mutter mitgebracht. Aber in Kleidung, und ganz besonders in Nahrung ging das bei uns so ärmlich zu, wie das nur irgend wo beim armen Manne möglich war.*[66]

Wohl gab es Versuche einer «neuen Ethik» und seit 1904 einen «Bund für Mutterschutz», der in einer von Müttern geleiteten Gemeinschaft von vier Familien die traditionelle Kleinfamilie ersetzen sollte. Bewegungen gegen die doppelte Moral des Bürgertums und für eine Sexualreform machten von sich hören, aber Hilfe für die

*Schularbeiten (Julius Rehder, 1861–?)*

doppelt bedrückten Arbeiterfrauen brachten diese Bestrebungen kaum.

Die Entwürfe der sozialistischen Frauenbewegung waren allzusehr auf den politischen Kampf und zu wenig auf die realen Erfordernisse des Frauenlebens gerichtet.

So entwickelte sich bei der Masse der arbeitenden Frauen kaum ein Arbeiterinnenbewußsein, ja nicht einmal ein bergendes Identitätsgefühl mit ihrer Klasse. Und die meisten Frauen der anderen Gesellschaftsschichten begegneten ihnen ihrerseits mit Verständnislosigkeit. Sie standen abseits und im Dunkeln.

*Fabriken und Arbeitersiedlungen lagen in Gegenden, in die das Kindermädchen meine Schwester und mich nie ausführte; dagegen hätte ich den Weg zum Ausflugsort Dammenmühle, hinter den Kasernen, im Schlaf gefunden.*

*Fabriken und Arbeiter gingen uns nichts an; mit dem Standesunterschied hatte das im Grunde nichts zu tun oder doch nur insofern, als es sich im Gegensatz zu Soldaten, Bauern, Handwerkern und Ladenbesitzern bei den Arbeitern um Menschen handelte, zu denen keine wie immer geartete Beziehung bestand. Die Offiziere wählten Haus- und Stallburschen unter den Bauern- und Handwerkersöhnen der Kompanie, in der richtigen Annahme, daß ein junger Arbeiter sich schwerlich zum Offiziersburschen eignete.*[67]

*Rosa Luxemburg bei einer Ansprache*

# IV. Ausblick auf den Ersten Weltkrieg

## Aristokratin

*Mama war eine liebevolle und zärtliche Frau von heiterer Gemütsart und einer mehr gespielten als echten Naivität. In der Überzeugung, daß Frauen hilflos und naiv zu sein hatten und vor der rauhen Wirklichkeit beschützt werden mußten. Diese Aufgabe hatte ihr geliebter Mann so vollständig übernommen, daß Mama fast uneingeschränkt an ihre Hilflosigkeit glaubte. Die Rolle stand ihr reizend, und sie übte sie bis zur Perfektion. In Wahrheit besaß Mama ein überschäumendes Temperament, gelegentlich ging ihr, wie sie zugestand, der Gaul durch; und ihr Selbstbewußtsein ließ nicht das mindeste zu wünschen übrig.*

Juliana von Stockhausen (geb. 1899):
Auf Immerwiedersehen.
Stuttgart 1977, S. 9

## Bürgertochter

*Das Walten in Zimmer und Küche trägt ein wesentliches Teil zum Wohl der Familie bei. Die weibliche Jugend geht aber häufig dem Verdienste nach und vernachlässigt darüber die Vorbereitung für ihre Hauptlebensaufgabe. Ihre königliche Hoheit, die Großherzogin, sucht nun in ihrer unermüdlichen Fürsorge auch hier Abhilfe zu schaffen, und auf ihre Anregungen erschien eine Verordnung, an Stelle des Fortbildungsunterrichts Haushaltungsunterricht treten zu lassen.*

Badische Fortbildungsschule 12 (1898),
Heft 2, S. 29

*Vornehme Dame (Lovis Corinth, 1858–1925)*

*Junges Bürgermädchen (Foto 1910)*

## Fabrikarbeiterin

*Ich wurde in eine große Fabrik empfohlen, die im besten Rufe stand. 300 Arbeiterinnen und etwa 50 Arbeiter waren beschäftigt. Ich kam in einen großen Saal, in dem 60 Frauen und Mädchen arbeiteten. An den Fenstern standen 12 Tische, und bei jedem saßen 4 Mädchen. Wir hatten die Ware, die erzeugt wurde, zu sortieren, andere Arbeiterinnen mußten sie zählen, und eine dritte Kategorie hatte den Stempel der Firma aufzubrennen. Wir arbeiteten von 7 Uhr früh bis 7 Uhr abends. Zu Mittag hatten wir 1 Stunde Pause, am Nachmittag ein halbe Stunde ... Hier waren die anerkannt besten Arbeitsbedingungen. In keiner der benachbarten Fabriken wurde so viel Lohn gezahlt, man wurde allgemein beneidet ... Und selbst hier, in diesem ‹Paradies›, ernährten sich alle schlecht. Wer in der Fabrik über die Mittagsstunde blieb, kaufte sich um einige Kreuzer Wurst oder Abfälle in einer Käsehandlung. Manchmal aß man Butterbrot und billiges Obst. Einige tranken auch ein Glas Bier und tunkten Brot ein. ... Wir trösteten uns mit dem Gedanken an den Kaffee, den wir für den Nachmittag mitgebracht hatten.*

Adelheid Popp:
Jugend einer Arbeiterin.
Berlin 1977, S. 55 ff.

## Bäuerin

*Die Kathi war inzwischen eine junge Frau geworden, eine sehr junge noch. Sie lachte kaum jemals laut, aber sie lächelte gern, und dann bildete sich unterhalb ihrer linken Wange eine kreisrunde Vertiefung, wie ein kleiner See, in dem sich die Ströme ihrer gemessenen Heiterkeit stauten ... Die Liebe kommt unter der Bettzieche von selbst, hieß es, und die junge Frau hätte nicht zu behaupten gewagt, sie sei nicht gekommen, denn was sie von diesen Dingen wußte, war ganz wenig, und über dieses Wenige redete man nicht, dachte man nicht einmal nach, denn es gehörte sich nicht.*

Johannes Weidenheim:
Lebenslauf der Katharina D.
Freilassing 1963, S. 12

*Erinnerungsfoto für den Freund (1917)*

*Junge Landfrau (Franz von Defregger, 1835–1921)*

## Jugendstil und erotische Bewegung

Dieses Kapitel beginnt mit einem Symbolbild von Max Klinger (1857–1920): Mutter und Kind. Die tote Mutter liegt blumenumkränzt auf einem Steinsarkophag, umgeben von einer phantastischen Säulenhalle. Das unschuldig schuldige Kind auf ihrer Brust soll wohl den Glauben an das wiedererstehende Leben symbolisieren, den Glauben an die Natur, wie er sich bildhaft in der offenen Waldlandschaft im Hintergrund mit dem jungen Baum wiederholt.

In manchen Zügen kündigt sich hier schon eine dekadente Wehmut an, ein neues Stil- und Kunstempfinden, das dann den Beginn des 20. Jahrhunderts bestimmen wird.

Es ist im Nachhinein schwer, die Ahnungslosigkeit zu begreifen, mit der die Mehrheit der Bevölkerung im ersten Jahrzehnt des neuen Jahrhunderts dem Krieg entgegentrieb. Als künstlerische Epoche begann um die Jahrhunderwende der Jugendstil, so genannt in Anlehnung an eine seit 1896 in München erscheinende Zeitschrift «Jugend». Entschieden vollzog sich nun der Bruch mit dem Historismus des 19. Jahrhunderts auf allen Gebieten der Kunst bis hin zu den Gebrauchsformen der Alltagskultur. Ob damit allerdings im ganzen ein jugendlich kraftvoller Aufbruch in das neue Jahrhundert verbunden war, bleibt zu bezweifeln.

In Abwendung von der Seelenlosigkeit einer durch Technik und Wirtschaft bestimmten Zeit, von der Häßlichkeit industriell hergestellter Produkte, von Zivilisationsmüll und Maschinenwelt erhob sich eine Sehnsucht nach den mythischen Kräften des Ursprungs, die mit «Urbildern», Heimatkunst, Kunstgewerbe und reformerischer Natürlichkeit ihre Erfüllung zu finden glaubte. Welche Rolle spielten die Frauen in dieser Bewegung?

Jost Hermand spricht von dem «Undinenzauber», den der neue Frauentyp jener Zeit verströmte. Der Jugendstil kreierte den Mythos vom Weibe mit Betonung des Naturhaften, aber auch Dämonisch-Leidenschaftlichen und Morbid-Dekadenten. Lulu, Salome, Kleopatra und Judith wurden zu weiblichen Leitfiguren, aber auch Melusine und Rautendelein.

«Die Sirenen-Metapher der Jahrhundertwende läßt sich deshalb in den meisten Fällen auf das frustrierte Glücksverlangen von Einsamen zurückführen, die sich einbilden, in der ‹Erträumung eines weiblichen Elementarwesens aus Hauch und Welle und Blüte› (Horkheimer), ja im Rückgriff auf das ‹Wasser des Lebens› zu den ewig sprudelnden Quellen eines mythisch verehrten ‹Daseins› vorzustoßen».[1]

Doch diese nervöse Sucht nach naturhafter Harmonie entfernte besonders viele Frauen der Oberschicht von den Realitäten des Lebens, die doch gerade für sie so

*Die tote Mutter (Max Klinger, 1857–1920)*

*Sirene (Thomas Theodor Heine, 1867–1948)*

angefüllt waren mit Aufgaben. Stattdessen wählten sie zunächst einmal das erotische Feld für ihre Befreiung, und im Widerspruch zu der doppelten Moral der Gründerzeit entstand eine Art von erotischer Bewegung, eine breit angelegte, sich kulturell verstehende Weltanschauung sexueller Libertinage, die gerade von Frauen aus den sogenannten «besten Familien» vertreten wurde. Das Zentrum dieses Treibens war vor allem das Münchener Schwabing, der soziale Ort der «Kosmikerkreis» um Stefan George (1868–1933), Ludwig Klages (1872 bis 1956), Karl Wolfskehl (1869–1948) u. a., der geistige Gehalt verschwommene Ideologien um heidnische Natürlichkeit aus «uralten Kulten», Körperbefreiung – aber auch Antisemitismus und Rassismus. Neben den Schwestern Else und Frieda von Richthofen (1874–1973; 1879 bis 1956), Alma Mahler (1879–1964), Isadora Duncan (1878–1927), Lou Andreas-Salomé (1861–1937) und manchen anderen gab vor allem Franziska Gräfin zu Reventlow (1871–1918) dieser Gruppe die Färbung. Das schwarze Schaf ihrer hocharistokratischen Familie, stolze Mutter eines unehelichen Sohnes, ständig in Geldnöten und in solchen Situationen auch vor gehobener Prostitution nicht zurückschreckend, lebte sie der damaligen Intellektuellengeneration anscheinend vor, was freie Liebe sein könnte. Sie ist viel gelobt und viel gescholten worden, – gelobt zurecht wegen ihrer außerordentlich witzigen schriftstellerischen Begabung, mit der sie in ihren Kurzromanen ihre eigene Situation und das damalige Schwabinger Leben dokumentierte und persiflierte.[2] Aber es ging ihr nicht um künstlerische Selbstverwirklichung, sondern um das, was man «erotische Rebellion» nannte, wobei jede wie auch immer geartete Frauenbewegung falsch beraten ist, Fanny Reventlow zu ihrer emanzipierten Vorkämpferin zu machen. Wohl hat sie sich einmal 1899 in der Zeitschrift «Zürcher Diskussionen» theoretisch geäußert und für die Frauen freie Verfügung über ihren Körper gefordert und damit der gängigen weiblichen Erziehung einen Tiefschlag versetzt. Aber ihr Interesse galt nicht feministischen Idealen, sondern der eigenen sexuellen Freiheit in eleganter Promiskuität. Ja, sie ging so weit, es «für einen Ehrenpunkt im Leben einer Frau» zu halten, sich nicht der ernstlichen sexuellen Werbung eines Mannes versagen zu dürfen.[3]

Mit solcher Gesinnung zeigte sie sich ganz als widerspruchslose Angehörige einer von besitzergreifenden Männern beherrschten Welt. Ob sie ihr freies Liebesleben als überzeugte Bohemienne tatsächlich so glücklich gemacht hat, wie es nach Außen den Anhängern dieser erotischen Bewegung erschien, möchte ich bezweifeln. Eine makabre Tagebuchaufzeichnung zeigt die Kehrseite der oft gepriesenen Medaille:
*Im Herbst 1904, während einer Radtour durch Ober- und Mittelitalien, mit Franz Hessel, ihrem siebenjährigen Sohn Rolf und dem Polen ‹Such›, dem Personal ihres Münchner Dreiecksbaushalts, hat die Gräfin eine Zwillingsfehlgeburt. Die Babies, zwei Mädchen, kommen in einer Strandpension zur Welt, eines tot, das andere stirbt am nächsten Tag. Bei der Geburt ist keine Hebamme zugegen, auch kein Arzt, nur die beiden Freunde und der Sohn. Leben und Tod als Familienereignis – eine der eindrucksvollsten Passagen ihres Tagebuches. Sie endet mit den folgenden Zeilen: ‹Am Abend dann noch all die entsetzlichen Leute um das Totenzeugnis und Begraben. Das war wie mitten aus einer grotesken, halb unheimlichen Geschichte, so daß man schnell in nervöses Lachen geriet. Wir waren alle so müde, als ob wir nächtelang wach gewesen wären. Die Nacht dann tief und fest geschlafen, wache gerade auf, als Such das Kind hinausträgt.›* (Tagebuch, 1. Oktober 1904)[4]

Freiheit der Liebe? Welcher Preis für welche Erlebens- und Erfahrungsbereiche!

Immerhin war in der Gesellschaft etwas in Bewegung geraten, die Zwänge des Patriarchats und die Tabuisierung des Sexuellen an einigen dünnen Stellen von den Frauen selbst durchbrochen. Was Schwabing für die Künstler als philosophisch-erotische Substruktur bedeutete, war Heidelberg für die Akademiker[5] auf einem mehr seriösen kulturphilosophischen Niveau. Doch im ganzen betraf diese fiebrige Faszination des Erotischen, die Sehnsucht nach Lebensharmonie durch Dekadenz, nur eine kleine Gruppe, die sich selbst als «Elite» verstand – einige von ihnen vielleicht sogar als «Vorbild». Aber im allgemeinen galten sie als Außenseiter und ihre Lebensanschauungen als schockierend. Weiterhin herrschten die gängigen Normen in den feinen Familien: *Die Großeltern Rüdt bildeten ein ungewöhnlich eindrucksvolles Paar. Großmama Helene war eine auffal-*

*Mädchen mit Blume (Ferdinand Hodler, 1853–1918)*

lend schöne und elegante Frau, die es verstand, Würde mit Anmut zu verbinden. Sie war witzig, geistreich und stets etwas distanziert, auch jenen Menschen gegenüber, die sie am meisten liebte. – In Wahrheit besaß sie einen messerscharfen Verstand, war aber viel zu klug, um ihre Überlegenheit zur Geltung zu bringen. Ich glaube, daß sie sich ihrer Fähigkeiten durchaus bewußt gewesen ist und daß es eine uneingestandene, unterdrückte Bitterkeit in ihr war, durch die sie oft kühl und reserviert wirkte. Denn sie war eine Frau ihrer Zeit, und sie hatte genau begriffen, daß ihre Talente nicht nur nicht anerkannt, sondern als unangebracht empfunden würden. Die Liebe ihres Mannes, eine leidenschaftliche, bewundernde Liebe, die gesellschaftliche Repräsentation, die Führung eines großen Hauswesens mußten ihr genügen. Dies alles und einiges dazu tat sie mit trefflicher Perfektion. Unauffällig beherrschte Großmama Helene jeden und alle, ihren Mann nicht ausgenommen.
Sie sprach fließend Französisch und Englisch, spielte Klavier, malte, beides erstaunlich gut, und ihre Handarbeiten waren kleine Meisterwerke. Großmama Helene brachte es fertig, ein Bauernmädchen zur Chefköchin heranzubilden und dem Odenwaldklima und seinem schweren Lehmboden zum Trotz in ihrem Garten in Eberstadt Spargel und Artischocken, Melonen und der Himmel weiß, was noch, zu züchten. Alles, nur nicht das, wozu die Natur sie begabt hatte, seien es Leistungen auf politischem, juristischem oder irgendeinem wissenschaftlichen Gebiet. Wahrhaftig, ihre Zeit hatte sie und mit ihr zahllose Frauen dazu verurteilt, ihr Licht unter den Scheffel zu stellen.[6]

*Ehestreit! (Thomas Theodor Heine, 1867–1948)*

## Berufstätige Bürgertöchter

Nach wie vor konnte eine Frau nur als Verheiratete eine Rolle in der Gesellschaft spielen. Else von Richthofen z.B., die 1901 in Heidelberg promoviert hatte (Baden gestattete seit 1900 das Frauenstudium) und als Gewerbeinspektorin arbeitete, heiratete 1902 in einer Vernunftehe den wohlhabenden Volkswirtschaftsdozenten Edgar Jaffe, um in der Universitätsstadt Max Webers «ein Haus» machen zu können.[7] Und Arnold Zweig (1887–1967) läßt selbst seine großbürgerliche «Junge Frau von 1914», die eine Abtreibung hinter sich hat, bei ihrer Eheschließung im Kriegsberlin von 1916 über ihre Erziehung folgendermaßen reflektieren:
*Am Vormittag schickte sie [die Mutter] Bertha, das Hausmädchen, aus dem Zimmer, den Brautstrauß aus weißen Rosen zu holen, und fragte die Tochter: Ich hoffe, du trittst rein vor den Altar. Lenore im weißen Unterkleid, die Schultern nackt, hätte beinah laut gelacht. Ihr kleines Mädchen oder auch ihr Knäblein, die Kirsche, wäre noch zu winzig gewesen, ihr die Schleppe zu tragen, wie sie es einmal in Potsdam gesehen hatte ... Kühläugig fragte sie zurück: Wie die Mutter das meine? Sie habe sie doch nie richtig belehrt, aufgeklärt, so nannte man das wohl. Sie wisse, was man so wisse. Und Frau Wahl glaubte ihr. Zu sehr war sie gewöhnt, mit Vorstellungen einer Heirat auch die einer Hochzeitsnacht zu verbinden, schmerzhafter, ja tragischer Überraschungen, großer Verstörung, leidender Weiblichkeit. Ihre Tochter aber, hier ging sie hin und her, obwohl erregt, vielleicht nach wenig Schlaf, so doch frisch, jungfräulich, mädchenhaft, ohne alle peinvolle Erfahrung. Nun zog sie sich ein Brautkleid an wie irgendein Mädchen ihres Standes, weißen Atlas und den lang nachschleppenden Spitzenschleier: nach Aussage von Bertha sah sie etwas bleich aus, aber himmlisch. Dem Werner war anfangs diese Feierlichkeit nicht recht gewesen; sie kostete Zeit. Seinen Eltern zuliebe aber konnte man unmöglich darauf verzichten, das sah er ein. Daß sie sich diesen Triumph unter keinen Umständen hätte nehmen lassen, sagte sie ihm nicht. Wozu? Die Männer sind ohnehin so schlau, man muß ihnen nicht alles auf die Nase binden. Ihr Sieg wäre nicht vollständig gewesen ohne den Schall der Orgel, die Rede eines Geistlichen, den Ringtausch vor allem Volk. Das sollte nun den Höhepunkt ihres Lebens bedeuten. Mit dem Hinweis auf die Heirat dereinst hatte man das kleine Mädchen bewogen, sich den ersten Zopf flechten zu lassen, mit dem Hinweis auf die Heirat artig die Hand zu geben und einen Knicks zu machen. Unter diesem Hinweis gingen Scharen ihresgleichen eifrig zur Schule: Gattin und Mutter werden war der Sinn der Deutschstunde und der Fremdsprachen – dem ganzen Lehrplan lag er zugrunde; er fehlte weder beim Zahnarzt noch bei der Modistin. Meine Damen, Sie wollen doch alle einmal eine sparsame Hausfrau werden, damit hatte die Nählehrerin, Frau Raffel, sie in die Geheimnisse des kleines Vorstichs eingeweiht. ... Auf diesen Augenblick hin und nicht um der menschlichen Vervollkommnung*

willen also, nach den Ansichten dieser Leute, hatte sie ihre Seele entwickelt, ihren Körper geübt, ihren Charakter ausgebildet – um als ahnungsloses Wesen weiblichen Geschlechts einem männlichen in die Hände gelegt zu werden.[8]

Freilich verhält sich dieses Mädchen als emanzipierte Studentin nicht mehr so prüde wie ihre Geschlechtsgenossinnen 10 Jahre zuvor, aber ihr Kastengeist ist noch der gleiche wie eh und je. Nur allmählich änderte sich die alte Vorstellung vom geistigen Verhältnis der Ehepartner, wie es Ricarda Huch (1864–1947) beschreibt: «jedenfalls war in unserer Schicht selbstverständlich, daß die Männer ihre Frauen mit den Sorgen ihres Berufslebens verschonten, wie sie sie auch meistens von ihren Interessen ausschlossen».

Was der selbständige Entschluß zu einem Frauenstudium im familiären Zusammenhang bedeutete, schreibt Ricarda Huch an anderer Stelle:

*Mein Vater überlebte meine Mutter nur um vier Jahre. Als er nach ihrem Tode zum ersten Mal wieder in Brasilien war, benützte ich seine Abwesenheit, um nach Zürich zu gehen und mich dort auf das Studium vorzubereiten; denn die Verhältnisse hatten durch meine Schuld einen so unheilvollen Charakter bekommen, daß ich einsah, ich mußte Braunschweig verlassen. Wäre mein Vater zu Hause gewesen, würde er mich nicht haben fortziehen lassen, mindestens das Studium nicht gelitten haben. Nicht nur war es damals etwas Unerhörtes, daß ein Mädchen die Universität besuchte, er hätte es überhaupt für durchaus unzulässig gehalten, daß eine seiner Töchter einen Beruf ergriffe. So reiste ich dann am letzten Tage des Jahres 1886 nach Zürich ab. In den ersten Monaten des folgenden Jahres kam mein Vater zurück. Mich nicht zu finden, muß für ihn sehr schwer gewesen sein; denn er liebte mich, und ich war für ihn der Sonnenschein seines Hauses. Mir bangte vor dem Augenblick, wo er kommen würde, um mich zurückzuholen, denn das war unzweifelhaft seine Absicht; da kam die telegraphische Nachricht, daß er in Hamburg erkrankt sei und daß ich sofort dorthin reisen solle.[9]*

Wenn nun schon selbständige Frauen solchen Bildungsniveaus sich meist den alten Normen fügten, um wieviel weniger konnte man dann von den bürgerlichen Durchschnittsfrauen emanzipiertes Verhalten erwarten. Wohl war die Zahl der beruflich ausgebildeten Frauen gestiegen, hatte sich die Ausbildungsmöglichkeit in Lehrerinnenseminaren, Kindergärtnerinnen- und Hortnerinnenschulen (z.B. Pestalozzi-Fröbelhaus in Berlin), Haus-

*Bürgerliches Familienfoto 1915*

wirtschafts- und Fachschulen (z.B. Lette-Verein in Berlin seit 1872) für die Töchter des Mittelstandes bedeutend erweitert. Einen breiten Raum in der Skala weiblicher Berufsmöglichkeiten nahm von Anfang an die Ausbildung zur Krankenschwester ein, die vielleicht auch die Loslösung vom Elternhaus am leichtesten machte:

*Kaiserswerth hat durch seine vielen verschiedenen Schulen, die den jungen Mädchen für fast alle Frauenberufe eine erstklassige Ausbildung bieten, ein größeres Arbeitsfeld als die anderen Diakonissenanstalten. Mich zog der Beruf der Diakonisse damals mächtig an. Leider war es der materielle Vorteil, der mir zuerst in die Augen sprang. Ich hatte eine unnatürliche Furcht vor Armut und Verhungern. Die Diakonissen waren vor jedem Mangel geschützt, auch im Alter. Sie brauchten keine Sorge zu haben, je von ihren Kindern verstoßen zu werden, die ihre Eltern nicht ernähren und in der Krankheit nicht pflegen mochten. Vor diesem großen Übel bewahrte sie der Diakonissenberuf. Aber vor allem, wie manche junge Schwester bekommt eine Ausbildung, die der eigene Vater ihr nicht leisten kann oder nicht leisten will. Oft höre ich den Vorwurf, daß das Leben der Diakonisse so beengt sei. Das kommt aber meistens auf sie selbst an. Wie viele Mädchen kenne ich, die als Diakonisse ein großzügigeres Leben geführt haben, als ihre Schwestern, denen der Beruf zu enge erschien.*¹⁰

An künstlerischen Berufen standen den Frauen nach wie vor nur wenige offen. Vicki Baum (1888–1960) schildert ihre Arbeit als Harfenistin in dem üblichen Männerorchester:

*Meine eigene Situation lag etwa auf der Linie dessen, was jedem anständigen Filmproduzenten als Idealbild vorschwebt: als Harfenistin umgab mich im Orchester ganz besondere Glorie – ich war das einzige weibliche Wesen unter achtzig bis neunzig Männern. Wieder einmal*

*Weibliche Angestellte (Foto um 1910)*

*wurde ich wie ein Maskottchen behandelt. Und mir wuchs in dieser ausschließlich männlichen Umgebung so etwas wie der harte Panzer einer Schildkröte. Ich betrachtete alle diese Männer, ob jung, ob alt, nur als Kollegen, nichts sonst; hier gab es kein heimliches Erbeben, keine Romanze, keinen Unfug; was uns zusammenschloß, war die gemeinsame Arbeit, die Musik, die unzähligen Stunden der Proben und Konzerte. Aus meiner ganzen Zeit als Orchestermitglied ist mir nur ein einziger Ausrutscher erinnerlich, den sich ein junger, lockenköpfiger Fiedler leistete. Ich quittierte das spontan mit einer Ohrfeige, woraufhin wir uns beide sehr verlegen entschuldigten – ein kleines Mißverständnis – und gute Freunde blieben.*¹¹

Für bürgerliche Mädchen hatte sich um die Jahrhundertwende ein neues Tätigkeitsfeld eröffnet, das sich noch mehr und mehr erweitern und zu einem begehrten Frauenberuf werden sollte: der Beruf der Kontoristin, Sekretärin und Buchhalterin, der Büroangestellten vermehrte das Heer der Angestellten, so daß folgende Linie entstand:

|        | Arbeiter | Angestellte | Beamte   |
|--------|----------|-------------|----------|
| 1882:  | 90,3%    | 4,8%        | 4,9%     |
| 1925:  | 75,8%    | 17,7%       | 6,5%¹²   |

Dabei hatte der Beruf der Büroangestellten ein sehr viel höheres Sozialprestige als z.B. derjenige der Verkäuferin:

*Die Arbeit der Verkäuferin vollzieht sich gewissermaßen in der Öffentlichkeit. War die außerhäusliche Erwerbsarbeit überhaupt verpönt, so galt das in besonderem Maße für eine Tätigkeit, die sich vor aller Augen abspielt. War die Tochter im Kontor beschäftigt, so sah es doch nicht jedermann, und man konnte die Tatsache vielleicht ganz verbergen. Es kommt noch hinzu, daß die Frauen der besitzenden Kreise ... die Verkäuferinnen durchaus als untergeordnete Personen behandelten. Es ist selbstverständlich, daß keine Mutter ihre Tochter einer Behandlung aussetzen wollte, die sie der Verkäuferin gegenüber für selbstverständlich hielt.*¹³

Das neue Jahrhundert mit schnell wachsender Urbanisierung und dem Entstehen großer Wohnblocks hatte in den Mittelstands- und Kleinbürgerfamilien die Idealvorstellung von einer Berufslosigkeit der Töchter immer mehr ins Wanken gebracht, und so verdreifachte sich die Zahl der in Handel und Büro berufstätigen Frauen zwischen 1882 und 1907. Insgesamt notierte das Reichsarbeitsblatt 1907 für das Deutsche Reich 312 822 weibliche Angestellte.

Der Einzug der Frauen in die Büros der Fabriken, Banken, Versicherungen und Behörden hängt bemerkenswerterweise mit der Schreibmaschine zusammen, die seit 1873/74 von der Firma Remington fabrikmäßig hergestellt worden ist. So wie die Erfindung der Nähmaschine den arbeitenden Frauen eine gewisse Autonomie vermittelt hatte, wurde auch die Schreibmaschine für die

| weibliche Angestellte | 1907 | 1895 | 1907 mehr als 1895 Anzahl | (v.H.) | von 100 insgesamt sind 1907 weiblich |
|---|---|---|---|---|---|
| Handelsgewerbe | | | | | |
| a) Kontoristinnen | 48 609 | 8 044 | 40 565 | (504) | 32,9 |
| b) Verkäuferinnen | 173 611 | 81 847 | 91 764 | (112) | |
| Post, Eisenbahn | 22 918 | 2 774 | 20 144 | (726) | 15,1 |
| Bekleidungsgewerbe | 20 194 | 3 827 | 16 367 | (428) | 42,5 |
| Landwirtschaft | 15 996 | 18 057 | −2 061 | (−11) | 20,9 |
| Spinnstoffgewerbe | 7 542 | 1 523 | 6 019 | (395) | 9,8 |
| Maschinen, Instrumente | 7 281 | 390 | 6 891 | (1767) | 6,1 |
| Nahrungsmittel | 6 325 | 942 | 5 385 | (571) | 9,2 |
| Metallverarbeitung | 3 951 | 414 | 3 537 | (854) | 8,2 |
| Versicherung | | | | | |
| a) Kontoristinnen | 3 359 | 455 | 2 904 | (638) | 7,8 |
| b) Verkäuferinnen | 16 | 3 | 13 | (433) | 3,2 |
| Gastwirtschaft | 3 122 | 636 | 2 486 | (391) | 49,6 |

[14]

im Büro arbeitenden Frauen zu ihrem Produktionsmittel, das sie technisch zu beherrschen lernten. So lange Sekretäre vornehmlich handschriftliche Kopien zu vollführen hatten, war das ein männliches Arbeitsfeld gewesen, und man hört und liest im wesentlichen von männlichen Sekretären und Schreibgehilfen. Die Mechanisierung des Berufes fällt mit seiner Besetzung durch Frauen zusammen – ja, männliche Angestellte weigerten sich sogar aus Berufsstolz, Schreibmaschinenschreiben und Stenografie zu erlernen. Hier zeigte sich eine Chance, Frauen auf dem Gebiet des Verwaltungswesens zur Gleichberechtigung zu führen. Statt dessen erwartete die männliche bürokratische Führungskaste von ihnen zusätzlich zu ihrem technisch-organisatorischen Arbeitseinsatz eine Art von hausfraulicher Besorglichkeit, die sich in Kaffeekochen, Schreibtisch-aufräumen, Blumenschmuck u.ä. ausdrücken sollte. Und die Frauen erfüllten meist gern diesen Anspruch, froh, ihre tägliche Arbeitswelt mit persönlicher Wärme erfüllen zu können und ohne den Unterwerfungscharakter dieses Rollenspiels wahrzunehmen. So verblieben sie in untergeordneten Rollen, und bei Beförderungen wurden ihnen männliche Kollegen vorgezogen. Ein merkwürdiges und hier nur andeutbares weibliches Berufsbild entstand. Wie im alten Handwerksbetrieb die Frau Meisterin oft als Organisatorin und Rechnungsführerin gewirkt hatte, arbeitete jetzt, an der Spitze einer Sekretärinnenhierarchie, die «Chefsekretärin» ebenfalls als ordnende Kraft, in deren Händen letztendlich die Fäden zusammenliefen. Zwar mußte sie über alle, auch die vertraulichsten Vorgänge Bescheid wissen, doch ein Aufstieg aufgrund ihrer Leistung war nicht möglich. Während sich die Meisterin im eigenen Haus befand, war die Sekretärin nur eine Angestellte, und nach Ansicht der Gesellschaft, wiederholt in zahllosen Witzen, hatte sich ihr Streben nach sachgerechtem Einfluß auf dem üblichen Weg der weiblichen Geheimdiplomatie zu vollziehen. Der ganze Beruf wurde mit weiblichen Eigenschaften ausgestattet, auch mit der Aussicht auf gute Heiratschancen.

Wieder scheiterte ein hoffnungsvoller Berufsweg am traditionellen Rollendenken der Gesellschaft und der Unterordnung der Frauen.

Mit dem Ersten Weltkrieg vollzog sich dann ein weiterer Einschnitt in die gesellschaftliche Stellung der berufstätigen Frau. Zwar waren schon seit Ende des 19. Jahrhunderts immer mehr Frauen erwerbstätig geworden, auch Töchter aus bürgerlichem Haus aufgrund des ökonomischen Zwanges, aber daß Arbeit nicht schändet – diese Einsicht setzte sich in bürgerlichen Kreisen endgültig erst mit dem Ersten Weltkrieg durch. «Der erste große, primär von der Rüstungsindustrie abhängige Materialkrieg erzeugte in allen kriegsführenden Ländern einen Arbeitskräftemangel, dem man überall mit Heranziehung der Frauen zur Arbeit zu begegnen suchte.»[15]

Je länger der Krieg dauerte, um so mehr Frauen wurden zur Arbeit verpflichtet. Im dritten Kriegsjahr waren 15 Millionen Frauen erwerbstätig (gegenüber 9,5 Millionen vor dem Krieg), damit hatte die Zahl der weiblichen Erwerbstätigen die der männlichen überschritten. Viele Bereiche, die vorher den Frauen gänzlich verschlossen waren, mußten sich nun zwangsweise öffnen, und ganze Industriezweige sahen sich in Abhängigkeit von weiblicher Arbeitskraft. Von den Arbeiterinnen wird noch zu sprechen sein. Hier nur so viel, daß sich doch auch die Frauen unter dem Druck der Verhältnisse über ihren bisherigen Aktionskreis hinausbewegen mußten und notwendigerweise selbständiger wurden. Diese Erfahrungen waren etwas Endgültiges in der Geschichte des Frauenlebens.

## Liebe, Verlobung und Hochzeit in Adels- und Großbürgerkreisen

Obgleich sich die technisch-wirtschaftliche, die naturwissenschaftliche und die soziale Welt dauernd entscheidend veränderte, berührten diese Wandlungsprozesse prinzipiell nur wenig das innere Leben der Frauen. Gewiß, sie wurden, wie beschrieben, mehr in das Berufsleben eingegliedert, und es galt nun auch für die Bürgertöchter nicht mehr unbedingt als standeswidrig, einer Beschäftigung oder gar einem geliebten Beruf nachzugehen. Damit hätten eigentlich die überlieferten Tabus durchbrochen sein müssen. Aber das war nicht der Fall, und unverändert lebten im allgemeinen die alten Sozialisationsziele und -formen fort. Bei der Erziehung der Mädchen galt das insbesondere für die sexuelle Aufklärung.

*Über Sex und seine Folgen wurde nie ein Wort verloren. Aufklärung kam damals entweder gar nicht oder nur höchst unzulänglich vor. Die Mutter sprach nie mit dem Kind darüber. Als nähere Erklärungen über bestimmte Zyklen des weiblichen Körpers unabdingbar wurden, schickte man Marga vor, das Hausmädchen, ein handfestes Geschöpf, das sich nicht davor scheute, sachliche Anweisungen zu geben. Die Mutter hielt sich währenddessen im Nebenzimmer auf. Sie kam auch später nicht zu dem verstörten Kind, tröstete es nicht, fand kein einziges Wort für diesen wichtigen Übergang zum Erwachsenendasein. Wie leicht wäre es gewesen, in diesem Augenblick das Herz des Kindes für immer zu gewinnen. Doch das Tabu war damals noch allmächtig. Das Kind mußte allein mit den neuen Erkenntnissen fertig werden ...*
*Erwachsene hatten damals eine ungeheure Macht über Kinder. Das Bewußtsein der völligen Hilflosigkeit, des Ausgeliefertseins ihnen gegenüber verlor sich lange nicht. Eigentlich nie. Das ‹Jahrhundert des Kindes› existierte vorerst nur auf dem Papier. Eine Lebenshilfe zum Überstehen schwieriger Situationen wurde Kindern damals nicht gegeben.*[16]

Hier waren also keine hilfreichen Veränderungen für die Entwicklung der höheren Töchter zu bemerken. – Ein wenig nach Demokratisierung schmeckt der Bericht der Margret Boveri (1900–1975) über ihre Tanzstunde:

*Unter den Umständen mag es verwundern, daß schon vor dem Ersten Weltkrieg eine adlige Tanzstunde mit bürgerlichen Teilnehmern zustande kam. Außer Georgie Gleitsmann machten Marianne Hess und ich mit, bei den Bechtolsheims der vierzehnjährige Toni und der jüngere Thedy, der ebenso wie Karl Ludwig Guttenberg in meinem Alter war. Die erste Stunde im Palais Stauffenberg erfüllte mich mit Schrecken: hinter der weit geöffneten Haustüre eine breite, teppichbelegte Treppe, rechts und links besetzt mit hohen Kandelabern und mit Dienern in Uniform und weißen Handschuhen. Der große Ballsaal golden und weiß. Herr Hess und mein Vater hatten Marianne und mir verboten, die Hand zu küssen. Marianne tat es doch, mit tiefem Knicks. Knicksen konnte ich auch, Handkuß nicht: ein Barbarenkind. Zum Glück bekamen die Stauffenberg-Kinder und Karl Ludwig Guttenberg Scharlach oder Masern, und der Rest der Tanzstunde fand bei den Bechtolsheims statt, in einer großen Wohnung am Sanderglacis. Dort war es gemütlich. Die Mutter, eine geborene Guttenberg, war eine ungewöhnliche Frau, streng katholisch, sehr belesen, warmherzig. Nach der Tanzstunde gab es Schokolade und Laugenbrezeln.*[17]

Doch fragt sich hier, ob diese sozialen Öffnungen nicht eher dem Geldadel und den in dieser Richtung erwünschten Heiratsbeziehungen galten als einem tatsächlichen humanistischen Geist. Immer mehr wurde Geld zur Heiratsvoraussetzung in den oberen Kreisen. Bei den Offizieren war ein Vermögensnachweis Bedingung für den Ehekonsens, und dessen von Standesdünkel bestimmte Klauseln erforderten oft merkwürdige Umgehungen:

*Es war selbstverständlich, daß die Frau eines Offiziers sich in den vorgegebenen Rahmen einfügte und der größte Wert auf Herkunft, Persönlichkeit und Leumund gelegt wurde. So setzte der Ehekonsens die Erfüllung genau definierter Bedingungen voraus. Zunächst einmal den ominösen Vermögensnachweis. Eine andere Klausel untersagte die Ehe mit einem Mädchen, dessen Eltern ein offenes Geschäft führten; wobei es keine Rolle spielte, ob es sich um einen Käseladen oder ein Warenhaus handelte. Das größte Warenhaus Deutschlands war Wertheim in Berlin, aber die Verbindung der Tochter Wertheim mit einem Offizier kam nur dank einer kaiserlichen Sondergenehmigung zustande, par un carte de munificence.*[18]

Im Geschäftsleben wurden die Töchter nach wie vor dem Wohl der Firma geopfert.

Gehorsam und unwissend schlitterten die Mädchen dieser Schicht meist in die vorherbestimmten Heiraten und konnten unter Umständen ein glückliches Schicksalslos ziehen. Dem Heiratsantrag, obgleich als Lebensstufe so lang ersehnt, standen sie dann de facto doch oft in ihrem Bewußtseinsstand unvorbereitet gegenüber:

*Diese Worte, die er so ernst sprechen mußte, damit der Tonfall ihre ganze Bedeutung fühlbar werden ließ, diese Worte, die er von einem geheimen Ort aus seinem Innern hervorzuholen, aus dem tiefen Brunnen seiner Persönlichkeit heraufzuziehen schien, diese Worte, die dem Bereich der gewichtigen Welt der Erwachsenen angehörten – diese Worte entfernten ihn schneller von ihr, als wenn ein Adler ihn in seine Fänge genommen und zum Himmel entführt hätte. Er war nicht mehr da. Er hatte sie verlassen. Selbst während sie ihn ernsthaft ansah und ihm zuhörte, wußte sie, daß er bereits viele Meilen von ihr fort war. Er war in jene Sphäre entschwunden, in der Menschen heiraten, zeugen und Kinder bekommen, sie aufziehen, der Dienerschaft Befehle erteilen, Einkommensteuer bezahlen, von Dividenden sprechen, geheimnisvoll in Gegenwart junger Personen flüstern, für sich selbst Entscheidungen treffen, essen, worauf sie Appetit haben, und zu der Stunde ins Bett gehen, die ihnen gerade paßt. Herr Holland bat sie, ihn in diese Sphäre zu begleiten, er bat sie, seine Frau zu werden ...*
*Was sollte ein armes Mädchen tun? Bevor ihr zum Bewußtsein kam, was geschah, sah sie ihre Mutter unter Tränen lächeln, sah, wie ihr Vater Herrn Holland die Hand auf die Schulter legte, hörte, wie ihre Schwestern fragten, ob sie alle Brautjungfern werden könnten, während Herr Holland selbst sehr aufrecht, sehr stolz, sehr schweigsam dastand, sich dann mit leisem Lächeln niederbeugte und sie mit einem Ausdruck ansah, den selbst ihre Unerfahrenheit nur als besitzerisch auslegen konnte. Im Nu hatte sie sich also aus der Person, die sie war, in etwas gänzlich anderes verwandelt. Oder doch nicht? Sie konnte keine Verwandlung an sich selbst feststellen, die*

*Der neue Beruf der Sekretärin (Werbekarte)*

Verlobungsbild (Foto 1903)

dem auf allen Gesichtern aufleuchtenden Lächeln entsprach. Sie hatte das bestimmte Gefühl, daß sie noch genau so war wie kurz vorher. Eine Art Schrecken befiel sie, als man sie plötzlich fragte, welche Meinung sie über dies und das habe, und sie legte die Entscheidung darüber schnell wieder in die Hände anderer. Sie hatte das Gefühl, daß sie durch diese Methode den Augenblick hinauszögern könnte, wo sie endlich und unwiderruflich jene andere Person werden mußte. So konnte sie noch eine kurze Zeit im geheimen weiter sie selbst sein.[19]

War die Verlobung vollzogen, hatte man die Anzeigen verschickt, bei denen bezeichnenderweise die Brauteltern und der Bräutigam als die Handelnden fungierten und die Braut lediglich als passives Objekt –, war das Verlobungsbild aufgenommen und verschickt worden, dann begannen nach wie vor die Aufregungen der Aussteuer. Noch im 2. Kriegsjahr 1915 und unter kriegswirtschaftlichen Verhältnissen konnte man bei genügenden finanziellen Voraussetzungen die Tochter im alten Stil versorgen.

Als in den ersten Monaten des Krieges Tausende von Frauen arbeitslos und ohne Rat die Auskunftsstellen füllten, als es patriotische Pflicht hieß, den stockenden Absatz der Geschäfte zu beleben, hatte sie feines Leinen, Batist, Spitzen erstanden und ihrer Tochter eine Aussteuer nähen lassen, wie sie damals einem jungen Mädchen mitgegeben wurde: einen Schrank voll Hemden für den Tag und die Nacht, Frisierjacken, Unterröcke mit vielen Volants und Spitzen, Bettwäsche aus feinem Leinen, Tischtücher aus Damast und für den Alltag, Mundtücher, Badetücher, Tücher für die Küche und jeden anderen Hausbedarf. Zehn Jahre nach menschlichem Ermessen und unter der Voraussetzung guter Seifen mochte der Vorrat reichen. Aber diese guten Seifen fehlten

Verlobungsanzeige

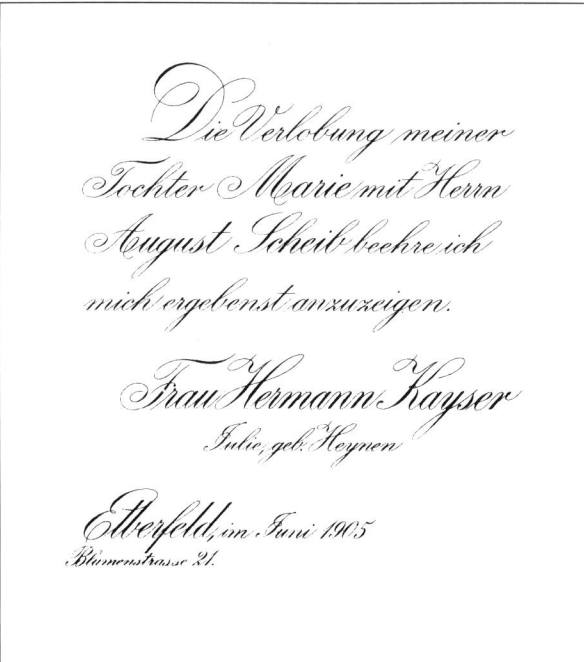

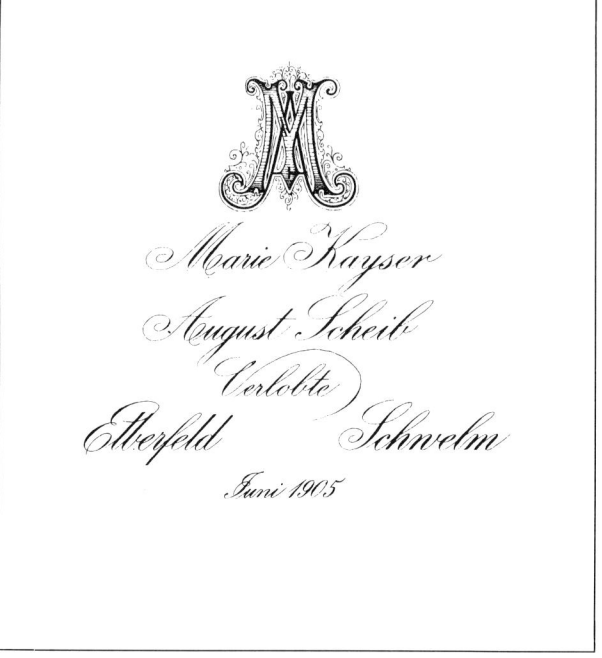

längst. Zur täglichen Reinigung hatte man eine Art Stein aus feinem Ton hergestellt. Er hieß K.-A.-Seife und gab eine Art bräunlichen Gekräusels von sich, das man sorgfältig abspülen mußte, damit es nicht die Handtücher beschmutzte. Auf dem Lande, hieß es, sott man sich Seife nach alten Rezepten, zog Kerzen aus Talg, in den Städten aber unterstanden Fette und Öle einer strengen Bewirtschaftung, immer seltener erhielt man ihre Erzeugnisse im Schleichhandel. Ja, so mochte es bleiben: heiraten sollte ihre Tochter, wenn sie es wünschte. Für die Zwecke, um derenwillen man die Verlobung gestattet hatte, war Heirat besser – heiraten und im Hause bleiben.[20]

Das alles waren auch damals schon kulturelle Gedanken der Vergangenheit, die mit der Gegenwart wenig zu tun hatten und zu modernen jungen Frauen mit dem Bedürfnis nach Selbstbestimmung wenig passen wollten.

Und nun erst die Hochzeiten! Das aristokratische Vorbild bewahrte sich immer noch seine Geltung, die Etikette und die strengen Normen der Hofgesellschaft fanden begierige Nachahmung:

*Die letzten großen Festlichkeiten am wilhelminischen Hofe fanden in jenen Maitagen statt, da der Kaiser seine Tochter 1913 verheiratete. Er hatte immer eine besondere Freude am Farbigen, und die kam an jenem Hochzeitstage zur Geltung. Wiederum traten – unter seiner Regierung zum erstenmal – die erwähnten obersten Hofchargen in Tätigkeit und wirkten nach uralter Gepflogenheit symbolisch an der Hochzeitstafel mit. Und alles, alles, was nur einigermaßen hoffähig war, mußte in vorgeschriebener ‹Tenue› erscheinen, nicht nur die zahllosen Hofherren, auch die Zivilbeamtenschaft. Das Offizierskorps kam natürlich in großer Gala, die, wie die roten Röcke der Gardedukorps und Gardekürassiere, sonst nie getragen wurden. Am Abend vorher war Galaoper, der Zuschauerraum flimmerte, gleißte und blitzte. Georg Hülsen trug einen Rock, mit Silberstickereien dermaßen überladen, daß er ein belästigendes Gewicht hatte und Hülsen froh war, ihn abends ablegen zu können. Die Kammerherren, über und über vergoldet, hoben vorsichtig die Rockschöße, um sich beim Platznehmen nicht auf die Kammerherrnschlüssel ihrer Tradition auf der Frackrückseite zu setzen. Die Bundesstaaten hatten ihre besonderen Standesuniformen, die Jagdleute, Leibärzte, Oberbeamten des Marstalls hatten ihre Sonderkostüme. Die Damen fügten den Toiletten den ererbten Schmuck hinzu. 1913. Ein Jahr darauf kam der Krieg – nach ihm der Umsturz – aus.*[21]

Aber davon ahnte man noch nichts. Über allem materiellen Reichtum stand nach wie vor der Standesdünkel, und Beziehungen zum Hofe zu haben, war das Feinste und besonders für die Damen das Höchste, was man in diesem Leben erreichen konnte.

*Student in Wichs mit Couleurdame (Foto um 1912)*

*Titelblatt des Kataloges 1909 der Firma C. A. Hartmann, Marburg, für die Wäsche-Ausstattung*

Der schöne Schein nach außen blieb weiterhin Trumpf in der sogenannten besseren Gesellschaft, und an seinem Glanz putzten besonders mühsam die Frauen. In Offizierskreisen sah das oft so aus, wie es Lily Braun (1865–1916) in ihren Lebenserinnerungen beschreibt:
*Die Frauen hatten doch einen Lebensinhalt: ihre Kinder, ihren Mann, ihre Häuslichkeit; freilich: Zeit, an ihre Bildung zu denken, hatten sie nicht. Wie viele, die abends in eleganter Toilette, Lebenslust heuchelnd, den Ballsaal betraten, standen vom frühen Morgen an am Kochherd, nur mit dem Burschen, dem gutmütigen ‹Mädchen für Alles› als Hilfe, und wuschen abends heimlich bei verhängten Fenstern die Kinderwäsche selbst. Zu standesgemäßer Gesellligkeit verpflichtet, gaben sie zwei langwierig-feierliche Soupers jährlich, fasteten vor- und nachher, um sie möglich zu machen, und bezahlten eine große Wohnung aus demselben Grunde. Wenn sie aber dann, schlank und vornehm im glatten Schneiderkleid an der Seite ihrer eleganten, säbelrasselnden Männer über die Straßen gingen, folgten ihnen neidische Blicke, denn das Volk hat die Naivität der Kinder, die sich den König nur in Purpur und Krone, den Bettler nur im durchlöcherten Kleide denken können.*[22]

Eine entscheidende Veränderung war eingetreten in einer lascheren Auffassung von der Ehe; die Scheidung bildete keine gesellschaftliche Katastrophe mehr, war allerdings mit nicht ganz einfachen Bedingungen umgeben: *Die Moral zu jener Zeit ... hatte einen doppelten Boden. Liebesaffären verheirateter Frauen verbreiteten eine spielerische Rokoko-Aura um sich und wurden allgemein an-*

*Lesendes Mädchen (Fritz von Uhde, 1847–1910)*

*erkannt. Der Liebhaber hatte fürstliche Trinkgelder auszuteilen und wurde dafür mit dem ehrenvollen Titel Herr Baron angesprochen. Aber ein hirnverbranntes Gesetz verbot es ein für alle Mal, daß die Geschiedene den Mann heiraten durfte, wegen dem sie sich überhaupt hatte scheiden lassen. Fernerhin untersagte das Gesetz der Geschiedenen innerhalb eines Jahres nach Inkrafttreten der Scheidung eine neue Ehe; sie mußte also gewissermaßen erst wieder reingewaschen von verdammungswürdiger Liebe und dem Ehebruch sein. Eine Zeit der Abkühlung für die hitzigen Partner, wenn man es so nennen will.*[23]

Daß eine Frau wie Vicki Baum trotz aller Selbständigkeit auch ihrerseits die weibliche Unterwerfungspose in ihrer Ehe verinnerlicht hat, bekennt sie mit schöner Offenheit:
*Meine Ehe wurde auf dem strikten Übereinkommen gegründet, daß keiner dem andern im Weg stehen sollte, insbesondere nicht in beruflichen Dingen. Lert hat als Musiker, als Dirigent immer meine uneingeschränkte Hochachtung gehabt und hat sie heute noch. Ich glaube, es ging ihm jahrelang überhaupt nicht richtig auf, daß ich einen neuen Beruf gefunden hatte. Womit ich meine Abende verbrachte, interessierte ihn nicht besonders, und erst nach vielen Jahren hat er einmal einen Blick in eins meiner Bücher geworfen. Und so soll es auch sein. Von Frauen geschriebene Romane – das ist nichts für Männer, schon gar nicht für Musiker, die sich ganz in ihrer eigenen strengen, abstrakten Welt verkapseln. Männer lesen bestenfalls, um etwas zu lernen, Philosophisches, Technisches, Geschichtliches; und schlimmstenfalls des Nervenkitzels wegen, den sie so ausgiebig in gewissen Kriminal- und Bettromanen finden.*[24]

## Die Hausfrau in den Mittel- und Oberschichten

Um einen Eindruck von dem zu gewinnen, was Bürgertum in diesem Vorkriegsjahrzehnt bedeutete, sei die politische Schriftstellerin Margret Boveri zitiert:
*Zu ein und derselben bürgerlichen Gesellschaftsschicht, bloß durch Beruf und Tradition geschieden, gehörten die Offiziere, die Kaufleute, die Professoren, die Regierungsbeamten. In Würzburg noch weitere Unterschiede zwischen Einheimischen und Auswärtigen. Die Professoren waren fast international ... Die Spitzen der Gesellschaft trafen sich bei offiziellen Gelegenheiten, dem Empfang des kommandierenden Generals, dem Rektorenball: der Regierungspräsident von Unterfranken mit den höchsten Beamten, die hohen Offiziere, der Rektor und die Senatoren und Dekane, der Bischof, der Oberbürgermeister. Es gab ein kompliziertes System von Rängen, von Besuchsvorschriften, gekniffte Visitenkarten, ungekniffte Visitenkarten. An manchen Sonntagen fuhr man mit dem Lohndiener eine genau vorbereitete Liste ab, in einigen Fällen genügte es, wenn der Lohndiener die Karte abgab (zwei, wenn die Dame des Hauses ebenfalls gemeint war), manchmal mußte man selbst aussteigen, war froh, wenn das weißbeschürzte Mädchen bedauerte, daß die Herrschaften nicht zu Hause seien, aber ein Vorhang be-*

*wegte sich. Ich sah nur die Karten auf einem silbernen Tablett liegen, hörte manchen Seufzer. Die müssen wir einladen. Als wir in das Alter kamen, dies alles zu lernen, weigerten wir uns. Die Jugendbewegung und die Revolution waren unsere Unterstützung.*[25]

Es gab nach wie vor auch noch andere unnütze Dinge, die die höheren Töchter erlernen sollten:
*Damen beschäftigten sich mit Handarbeiten, sie stickten in Platt- und Kreuzstich, pinselten Blumen auf Fächer oder beklebten Wandschirme mit kolorierten Stichen, die dann verglast wurden. Sie bemalten Porzellantassen und Teller, spielten Klavier und führten Brandmalerei aus; das war eine künstlerische Arbeit, die sich größter Beliebtheit erfreute. Dazu war ein Apparat mit Spiritusflamme, Gebläse und Gummischlauch erforderlich, der den Stift zur Rotglut erhitzte, mit dem Arabesken, Wappen, Landschaften mit und ohne Figuren auf Truhen, Schränke und Lederstühle eingebrannt wurden. Das Resultat hing vom Funktionieren des Apparates ab und von der Geschicklichkeit der Ausführenden, beides gleich fragwürdig. Garantiert war allerdings ein beizender Gestank nach verbranntem Holz oder angesengtem Leder.*

All das bedeutete, wenn auch mit neuen Techniken und der Mode angepaßten Motiven, eine ungebrochene Fortsetzung der alten Konventionen und kulturellen Muster in der Töchtererziehung. Und die Mehrzahl, gerade in den sogenannten «feinen Kreisen», richtete sich nach dieser überkommenen Norm. Ibsens Dramen zu lesen, war schon eine große Kühnheit, die man nur im geheimen wagen konnte:
*Dann lagen die vergoldeten Schreibtischschlüssel im Körbchen, jeder mit einem andersfarbigen Bändchen versehen, rosa für die Mittellade, grün und blau für die Seitenfächer. In der Mittellade stand eine kleine Drahtkassette für das Haushaltsgeld, auch hob Mama ihren Tageskalender, die Agenda, und das Ausgabenbuch darin auf. In einer der seitlichen Schubladen fanden sich Briefe, Hochzeits- und Todesanzeigen, Heiligenbildchen, ein wächsernes Prager Jesulein, mein erster Schuh, eine winzige Arche Noah mit fingernagelgroßen Tieren, wie sie von den Heimarbeiterinnen im Erzgebirge hergestellt wurden.*
*Unverständlicherweise hielt Mama von einem Tag zum andern diese sonst meist offene Schublade sorgfältig versperrt. Unter dem Siegel der Verschwiegenheit hatte ihr Frau Geißler die broschierten Ausgaben der Ibsenschen Dramen geliehen; braunrote Heftchen, das Stück zu zwanzig Pfennig, die der Reclam-Verlag in einer ‹Universalbibliothek der Weltliteratur› herausgebracht hatte. ‹Das mußt du unbedingt lesen, Olga, heutzutage gehört das zur Bildung›, hatte Edith Geißler gesagt.*[26]

Auch fanden sich die Hausfrauen im neuen Interieur des Jugendstils oft nicht zurecht, zumal hier eine wirklich geschmackvolle Inszenierung eine sorgfältige Berücksichtigung vieler Details erforderte:
*... ich fand sie stets heiter inmitten ihrer schönen Häuslichkeit, die in Formen und Farben so harmonisch zu-*

*Jugendstilwohnzimmer (Stadtmuseum Köln)*

sammenstimmte, daß eine Vase, ein Blumenstrauß schon störend zu wirken vermochte, wenn sie nicht in bewußtem Einklang damit gewählt worden waren. Und ich fand ihren Mann zärtlich um sie besorgt – in einer Art freilich, die ich nicht vertragen hätte, die der Natur Ilsens aber zu entsprechen schien. Er bestimmte ihre Kleidung, er beaufsichtigte die Hauswirtschaft, er ordnete den Tisch, wenn Besuch erwartet wurde.[27]

Damit war die alte patriarchalische Familienordnung in ihrem Grundprinzip weiterhin erhalten. Seit 1881 erschien ein «Wirtschaftsbuch für Deutsche Beamtenfrauen», das diesen eine minutiöse Rechnungsführung über das von ihrem «Hausherrn» erhaltene Wirtschaftsgeld auferlegte. Mit Bibelsprüchen auf dem Einband wurden sie entsprechend diszipliniert: «Tue Rechnung von deinem Haushalten» und «Wohl dem, der ein vernünftig Weib hat»! Besonders hervorgehoben waren die Rubriken mit «Auslagen für den Hausherrn», die nicht vom Wirtschaftsgeld zu bestreiten, sondern vom Familienvorstand besonders zu erstatten seien! Der Einblick in diese Buchführung läßt den Leser erschauern bei der Vorstellung von mancherlei Konflikten und demütigenden Argumentationen um den einen oder anderen Posten.

*Inventarbuch*

Aber der Forderung nach Hausfrauentugenden war damit Genüge getan.

Die Treue im kleinen und großen ist ja recht eigentlich der Schmuck und die Lust der deutschen Hausfrau, und wenn diese Treue auch in der Wirtschaft bewährt wird, so erstrecken sich die Segnungen derselben weit über das bloße Geldgebiet hinaus in das häusliche und Familienleben, dessen Heiligtum der Hut unserer lieben Frauen anvertraut ist. Gott wolle dieses Heiligtum unserem deutschen Volke erhalten und jeder deutschen Hausfrau, die es ernst mit ihrer Wirtschaft meint, den tiefen Segen recht fühlbar machen, den er jeder treuen Pflichterfüllung zu Teil werden läßt.

Die Erziehung der Hausfrau zu Wirtschaftlichkeit und Sparsamkeit sollte sich bald auf traurige Weise bewähren müssen, als der Krieg eine Rationierung der Lebensmittel erforderte und in der Küche mit jedem Gramm Fleisch hausgehalten werden mußte.

## Die Kleidermoden

Henri van de Velde (1863–1957), der große Designer des Jugendstils, hat etwa 1902 ein Abendkleid entworfen, das ganz dem ästhetischen Mode-Ideal dieser Zeit entsprach. In der Linienführung erinnert es an die Chemi-

*Titel eines vorgedruckten Wirtschaftsbuches*

senkleider des Empire. Die starre Silhouette der Tournuren wurde nun durch fließende Linien abgelöst, durch weiche Stoffe, die besonders den Röcken beim Gehen eine schwingende Wellenlinie vermittelten. Verbunden mit milden Farben und einem dekorativen Ornamentenreichtum gehörten gerade diese Elemente zum Jugendstil. Wirkliche Eleganz war auch weiterhin nur mit einem Korsett zu erreichen, das den Bauch wegdrückte und die schwanengleich geschwungene S-Linie hervorbrachte.

Gleichzeitig aber versuchte eine Gruppe von Reformern, endlich eine vernünftige gesunde Frauenkleidung in Mode zu bringen. Es wiederholten sich die Bewegungen wie 100 Jahre zuvor, als die lockere Hemdkleidung des Empire das Rokoko überwand. Der Hauptkampf, der besonders von ärztlicher Seite geführt wurde, galt dem Korsett, weil es Lunge, Leber und Herz gefährde. Eine vernünftige Reformkleidung sollte das Schwergewicht der Stoffe von Taille und Hüften auf die Schultern verlagern. Auch die Riesenhüte, die nur Migräneleiden begünstigten, sollten leichten Filzhüten weichen.

Der Reformgedanke, der ja – wie schon gesagt – viele Bereiche des täglichen Lebens erfaßte, ähnelte in manchem heutigen alternativen Vorstellungen und nährte sich vor allem aus einer Industrie- und Technikfeindlichkeit, einem Überdruß an den Erscheinungen der industriellen Welt. Gesunde Ernährung und viel Sport, Schrebergartenkultur als sittlicher Sozialismus und Wanderfreude, Kunstgewerbe und vor allem eine neue Kleidung: gesund, praktisch und schön – sollten auch die Lebensgefühle reformieren.

Der Modeverleger Franz Josef Freiherr von Lipperheide (1838–1906) öffnete seine Zeitschriften «Die Modenwelt» und «Illustrirte Frauen-Zeitung» der Reformbewegung und trug so zu deren schneller Verbreitung bei. Sie wurde auch von anderer Seite unterstützt, von der bürgerlichen Frauenbewegung, die ihrerseits die Mode von Rock und Bluse als praktisch und gesund empfahl. Eindeutig war dieser neue Kleidungsstil bürgerlich und die Reformkleidung in Stoffen, Schnitten und dem entsprechenden Zubehör viel zu kostspielig, um sich bei den unteren Schichten durchzusetzen. Die losen, fließenden Linien der Reformkleider wirkten jedoch andererseits modisch so wenig anziehend, daß sie ebenso von der Modeindustrie – wegen ihrer Korsettfeindlichkeit – wie von den Karikaturisten wirksam bekämpft wurde. Aber die Tendenz zu einer natürlichen Kleidung traf sich mit anderen Geistesrichtungen wie der Jugendbewegung. Jugendliche aus allen Sozialschichten hatten der bürgerlichen Gesellschaftsordnung den Kampf angesagt, und ein besonders deutliches Zeichen ihres Protestes war ihre Kleidung. Auf ihren Wanderungen und Fahrten zogen sie sich vor allem gesund und natürlich an – kurzum: sportlich, was nun zum modischen Zauberwort wurde.

Für die kleinen Leute eröffnete die billige Konfektionskleidung eine beliebte Bezugsquelle. Bis etwa 1900 war im Bekleidungsgewerbe die handwerkliche Herstellung vorherrschend gewesen. Dann setzte sich zunehmend die Konfektion durch, d.h. die fabrikmäßige Anfertigung von Oberbekleidung durch Einsatz von Spezialmaschinen und auf dem Prinzip der Arbeitsteilung: es folgten einander Modellentwurf, Zuschneiderei, Einrichterei, Näherei (mit Schnellnähmaschinen = 5000 Stiche/Minute, was Spötter als «mit der heißen Nadel genäht» bezeichneten), Bügelei, Abnahme. Typisch für dieses Gewerbe war von Anfang an die Beschäftigung von Heimarbeiterinnen, die spezielle Aufgaben wie Stickereien, Handsäume, Knopflöcher u.ä. im Stücklohn übernahmen. Besonders gern wurden Heimarbeiterinnen beim Blusennähen beschäftigt.

Die Konfektion führte zu großen Konkurrenzkämpfen zwischen kleinen und größeren Betrieben und damit auch zu einer Verbilligung der Produkte. Sie erweiterte den Kreis derjenigen, die an Mode teilnahmen – aber auch von Mode abhängig wurden. Hatten sich zuvor nur die Gutgestellten eine Hausschneiderin und das Nachvollziehen der internationalen Modebewegungen leisten können, so bot die Konfektionsware nun ebenso den

*Jugendstilrobe (Henri van de Velde, 1863–1957)*

Minderbemittelten die neuesten Moden an, wenn auch nur «von der Stange», wie es abschätzig hieß. Eine neue Zeit des modischen Verhaltens brach an. Die Zahl der Modebewußten vermehrte allerdings auch die Zahl derer, die nunmehr vom Modegeschäft manipuliert werden konnten. Aber im ganzen gesehen bedeutete diese Umstellung doch auch eine gewisse Demokratisierung auf dem Feld der Mode.

Das Vorkriegsjahrzehnt zeigte sich überwiegend auch modisch als eine uneinheitliche Epoche mit alten Traditionen und neuen Tendenzen, die die Unsicherheit der Frauen widerspiegelten. Doch soll der Modeabschnitt nicht abgeschlossen werden, ohne eines Kleidungsphänomens zu gedenken, das wie kein anderes dem politischen Zeitgeist entsprach: das Matrosenkostüm.

Im Verlauf des 19. Jahrhunderts und nach englischem Vorbild war der Matrosenanzug mehr und mehr zur typischen Kinderkleidung geworden.[28] Deutlich zeigte sich der politische Zeichencharakter dieser beliebten Kleidung in den Gründerjahren: der Flottenaufbau, Kaiser Wilhelms II. liebstes Kind, wurde mit einer solchen Kindermode auf das Nachdrücklichste propagiert. Großadmiral Alfred von Tirpitz (1849–1930) entwickelte mit den Flottengesetzen eine Übermacht der Marine im imperialistischen Sinne, und zwischen 1890 und 1912 überstiegen die Marineausgaben die Heeresausgaben um das Zehnfache, was eine Verdoppelung der Schlachtflotte bedeutete.[29] Für diesen gewaltigen Haushaltsposten mußte in der Bevölkerung um Verständnis geworben werden – mit großem Erfolg. Die Flottenbegeisterung war bald enorm, und das Gros der bürgerlichen Gesellschaft folgte ihrem Kaiser freudig auf dem Weg, die zweitgrößte Seemacht der Welt zu werden. Welch schönes Zeichen, die Söhne von klein auf in Matrosenanzüge zu stecken!

Wilhelm II. erhob den Kriegshafen Kiel zum Symbol für Deutschlands Zukunft auf dem Wasser, als Ausgangspunkt für koloniale Eroberungen. 1898 wurde unter Beteiligung von Krupp und der HAPAG der «Deutsche Flottenverein» zur Propagierung dieser Politik gegründet. Immer wieder erschienen Fotografien der kaiserlichen Kinder in Matrosenkleidung, und der echte «Kieler Matrosenanzug» gedieh zur Wertmarke bürgerlichen Nationalstolzes. In Kiel entstand die Textilfabrik des Hoflieferanten Gnutzmann & Sebelin für den klassischen Matrosenanzug, und zu Ende des Jahrhunderts bekamen auch die Mädchen ihre Matrosenkleider.

*Im Schneideratelier (Franz Skarbina, 1849–1910)*

*Mädchen im Matrosenkleid (Foto um 1910)*

*Als ich ein sehr kleines Mädchen war, dünn, blaß mit dürftigem Haar, das stets kurzgeschnitten wurde, damit es besser wüchse, da war meine große Schwester schon ein Held. Sie trug Matrosenblusen, aber nicht, wie ich später, sorgfältig gestärkt und geplättet, sondern verwaschene, blau und weiß gestreifte, und der schwarze Knoten im Ausschnitt saß niemals ordentlich, wie bei mir.*[30]

Bald folgte die Damenmode nach. Theodor Fontane (1819–1898) beschreibt gleich zu Beginn des Romans seine Effi Briest in einem blau-weiß gestreiften Leinenkleid mit breitem Matrosenkragen, und so folgte ahnungslos eine ganze junge Frauengeneration dieser maritimen Mode.

*Junge Frau in Matrosenbluse (Foto 1905)*

*Anzeigen für Matrosenkleidung in «Der gute Kamerad», 1887–1889*

## Politisches Bewußtsein und Nationalismus

Ohne daß nun einem solchen Kleidungszeichen gar zu viel Bedeutung beigemessen werden soll, mag es doch überleiten zu einer wichtigen Beobachtung: die Frauen der oberen Schichten waren im allgemeinen absolut unpolitisch und interessierten sich nicht für politische Zusammenhänge. Selbst eine Frau wie Ricarda Huch, studierte Historikerin, bekennt:

*Viele Menschen hatten sich schon seit geraumer Zeit mit der Möglichkeit eines Krieges beschäftigt; ich nicht. Ich hatte mich nicht im geringsten um Politik gekümmert. Es gab kaum etwas, was mich weniger interessierte. Busi und die Bücher, die ich schrieb, füllten meine Zeit vollständig aus, daß mir keine Zeit dazu übrigblieb; aber wenn ich auch Zeit gehabt hätte, würde ich doch nicht über die Verwicklungen im Balkan und über Beziehungen des Kaisers zu England und zu Rußland nachgedacht haben. Die Möglichkeit eines Krieges kam mir nicht in den Sinn, und als der Krieg ausbrach, war ich überzeugt, daß wir ihn in Kürze siegreich beenden würden. Das war vielleicht eine Nachwirkung des Krieges von 1870, mit dem mein bewußtes Leben begonnen hatte. Daß wir siegen würden, war mir zweifellos, obwohl ich es nicht hätte begründen können.*[31]

Die Aristokratinnen, falls ihre Männer Offiziere waren, zeigten sich an Politik nur insoweit interessiert, als sich Beförderungsmöglichkeiten damit verbinden konnten, denn Offiziersfrauen sahen ebenso auf Rang und Hierarchie wie das Militär selbst:

*Die Roßhaarbüsche auf den Helmen der Offiziere wehten im Wind um die Wette mit Mähnen und Schweifen der Pferde; Epauletten, Orden, Säbel, Knöpfe glänzten auf und über dem Blau und Rot der Uniformen. Damen und Kinder saßen auf der Tribüne, teils starr vor Kälte, teils vor Spannung; auch sie gewissermaßen in Reih und Glied. An der Spitze thronte die Kommandeuse, Frau von Randow, deren Mann Oberst und Regimentskommandeur war; links von ihr die Frauen der beiden Majore, dann, nach dem Dienstrang ihrer Männer abgestuft, die Hauptmannsfrauen und schließlich ‹das grüne Gemüse›, Damen, deren Männer es noch nicht weiter als bis zum Oberleutnant gebracht hatten.*
*Den Schluß bildeten wir Kinder; wieder, wie sich's gehörte, zuvorderst die Töchter des Obersten, dann wir andern, eine zusammengedrängte Schar größerer und kleinerer Mädchen, einheitlich wohlerzogen und bekleidet.*[32]

So übertrugen gerade die Frauen dieser Schicht den Geist des Militarismus auch auf das alltägliche Leben und stabilisierten damit den Führungsanspruch der Offizierskaste. Seit den siebziger Jahren waren fast alle Bereiche des öffentlichen Lebens von militaristischen Ideen bestimmt. Jede Offiziersfrau ließ sich stolz mit der Rangbezeichnung ihres Mannes anreden. Als dann der Krieg ausbrach, trugen wiederum die Frauen ihr Teil zu dem allgemeinen Begeisterungstaumel mit bei:

Überall waren die Schaufenster mit schwarzweißroten Fähnchen dekoriert, und in den meisten prangte das von Eichenlaub umrahmte Porträt des Kaisers. Grellbunte Postkarten mit der allerneuesten Aufnahme Kaiser Franz Josephs zeigten den greisen Monarchen, kniend auf einem Betschemel, die Augen in frommem Gebet zum Himmel gerichtet.

Auch an Fotografien der verschiedenen Heerführer, Admiräle und U-Boot-Kommandanten und an Postkarten mit abschiednehmenden oder von über ihnen schwebenden Engeln beschützten Landwehrmännern fehlte es nicht.

Es dauerte nur einige Wochen, ehe Gebrauchsgegenstände und Nippes jeder Art und Sorte in den Schaufenstern auftauchten, die mit kriegerischen Emblemen bedruckt, bemalt, bestickt waren. Es gab Tassen und Teller, Schüsseln und Krüge mit Eisernen Kreuzen, gab Porzellankrieger, das Gewehr im Anschlag. Die Handarbeitsläden verkauften Leinendecken und Sofakissenbezüge, auf denen die Worte ‹Mit Gott für Kaiser und Vaterland› zum Nachsticken vorgezeichnet waren. Ein Deckchen, das Mama anfertigte, den Text in schwarzweißrotem Perlgarn, das Eichenlaub sattgrün, das Eiserne Kreuz in der Mitte schwarz, liegt noch in meinem Wäscheschrank.

Das deutsche Vaterland zwischen Maas und Memel, Etsch und Belt mußte nun geschützt werden, und so eröffnete der Krieg gerade für die Damen der Aristokratie ein neues Feld der Betätigung im Roten Kreuz. 1863 regte der Schweizer Henri Dunant (1828–1910) nach der

*Sentimentale Kriegspostkarten*

Schlacht von Solferino eine solche Hilfsorganisation an, und 1864 gründeten 25 Schweizer das Internationale Komitee aufgrund der Genfer Vereinbarungen. Auf nationaler Ebene entsprachen dem freiwillige Rote-Kreuz-Gesellschaften, die in Deutschland seit 1863 mit dem streng konservativen vaterländischen Frauenverein verbunden waren. Königin Augusta stand diesem Verbande vor, und überall befanden sich die Schwesternschaften unter der nominellen Leitung gekrönter Häupter. Juliana von Stockhausen berichtet aus den ersten Kriegstagen in Coburg:

*Gejubelt wurde jetzt schon, als die Herzogin Viktoria-Adelheid in der Tracht einer Rote-Kreuz-Schwester zum Krankenhaus fuhr, indem ein Lazarett eingerichtet werden sollte, um die in Gang gekommenen Arbeiten zu besichtigen. Ihre Königliche Hoheit hatte allgemein wissen lassen, daß sie in eigener Person die Leitung des Coburger Lazaretts zu übernehmen gedenke. Die Herzogin hatte zwar noch nie im Leben gepflegt und dürfte von der Aufgabe, die sie sich gestellt hatte, schwerlich die richtige Vorstellung gehabt haben, aber darauf kam es auch nicht an. Das war schließlich die Sache der Oberin und der Schwesternschaft.*[33]

Es sollen nun mit diesen Zitaten nicht die Leistungen adliger Rote-Kreuz-Schwestern im Verlaufe des Ersten Weltkriegs herabgesetzt werden, für die es zweifellos die überzeugendsten Belege gibt. Was hier thematisiert wird, ist vielmehr die unreflektierte, affirmative, chauvinistische Haltung der Oberschichtsfrauen, die ihrem lange eingeübten Standesdünkel entsprach. Ebenso eingeübt war ihre Unfähigkeit, selbständig zu denken, zumal auf politischem Gebiet. Der Mann bestimmte die politische Haltung, er las die Zeitung und beurteilte die Lage, von der die Frauen und Töchter nur durch seine Vermittlung Kenntnis nahmen. Als dann der Krieg ausbrach, eilten auch diese Frauen fast alle im Geiste zu den Fahnen.

Ein wenig besser stand es um die Selbständigkeit der berufstätigen Frauen aus Mittel- und Kleinbürgerkreisen. Auf Anregung des Vereins «Frauenwohl» hatten sich schon 1889 zunächst 500 weibliche Angestellte zu einer neutralen Frauenberufsorganisation zusammengeschlossen, nach 1903 der «Kaufmännische Verband für weibliche Angestellte», dessen Mitgliederzahl nun ständig wuchs. Daneben entstanden ähnliche Verbände für Stenografistinnen, Telegraphiererinnen usw. Von den männlichen Verbänden wurden diese Organisationen als «frauenrechtlerisch» bekämpft; sie selbst gaben sich 1906 ein «sozialpolitisches Programm», in dem sie zwar

*Aufruf des konservativen vaterländischen Frauenvereins*

*Sentimentale Kriegspostkarte*

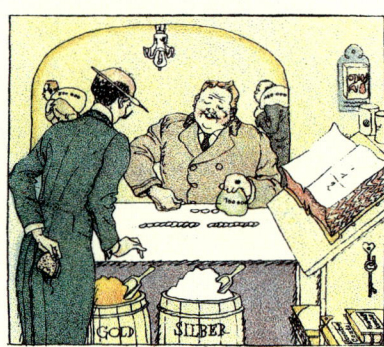

*Kriegsbilderbogen*

den Klassenkampf ablehnten, aber den wirtschaftlichen Interessengegensatz zwischen Unternehmern und Angestellten klar formulierten, also gewerkschaftliche Standpunkte vertraten. Hier kamen auch endlich Anschauungen über Erwerbsarbeit als Mittel der Selbstverwirklichung zu Wort, die für die damalige Zeit fast radikal zu nennen waren:

*Einige der organisierten weiblichen Angestellten wehrten sich frühzeitig dagegen, daß man ihnen Erwerbstätigkeit lediglich als pure Existenzsicherung zugestehen wollte. So wandten sie sich gegen das boshafte Klischee von der ‹alten Jungfer› mit der Frage, ob denn Liebe etwa nur an Männer ‹verschwendet› werden dürfte. Ebenso wehrten sie sich gegen Elisabeth Altmann-Gottheiners Anregung, ihre ‹Mütterlichkeit› in der außerhäuslichen Berufstätigkeit zu entfalten, wenn ihnen die Ehe verwehrt sei. Statt dessen forderten sie bereits 1903 zu einer Diskussion darüber auf, was Frauen von ihrer Erwerbstätigkeit erwarten dürften. Sie verlangten, die Arbeitszeit durch gesetzliche Regelungen so zu begrenzen, daß ihnen daneben Zeit für ‹Lebenswertes› bleibe. Auch wollten sie grundsätzlich für alle Frauen die Wahlmöglichkeit offen sehen entweder für Beruf oder Ehe, für die Ehe nach dem Beruf oder für den Beruf nebst anderen sinnvollen Aktivitäten der Selbstverwirklichung. Denn Mütterlichkeit sei nicht einfach eine Wesensbestimmung aller Frauen.*[34]

Gerade die älteren ledigen weiblichen Büroangestellten bewiesen eine große Organisationsfreude mit dem Bedürfnis nach autonomer Lebensgestaltung. So darf man sagen, daß die Berufstätigkeit dieser Schicht zumindest eine gewisse weibliche Solidarität in ihr förderte und eine Aufgeschlossenheit für außerfamiliäre und öffentliche Probleme.

## Arbeiterinnen

*... dort [bei den Textilarbeiterinnen] fand ich noch die gleichen Verhältnisse wie 30 Jahre früher, als ich, zwölfjährig, meine Laufbahn als Fabrikarbeiterin begonnen hatte. Ich fand noch den gleichen Deckelkorb mit einem großen Stück Brot darin, das für den ganzen Tag reichen mußte; und ich fand auch noch die gleiche elfstündige Arbeitszeit, nur daß sie in vielen Fabriken zeitweise durch Überstunden noch verlängert wurde. Nur eines fand ich anders: die Arbeiterinnen selbst. Oder hatte ich*

*Weibliche Berufstätigkeit (Illustrierte Frauenzeitung vom 15.5.1909)*

*mit meinem fröhlichen Kindersinn die fahlen Wangen, die trostlosen Augen, die müden Bewegungen damals nicht gesehen? Oder waren die Arbeiterinnen während der drei Jahrzehnte so zerarbeitet und zermürbt worden? Ein Wunder wäre es nicht. Ein großer Teil der Arbeiterinnen hatte vor und nach der langen Arbeitszeit an den Maschinen, die ihre ganze Aufmerksamkeit forderte, noch einen weiten Heimweg. Zu Hause waren die Kleinen schon im Bett; die größern halfen rasch das Nachtessen bereiten und abwaschen, dann krochen auch sie unter die Decke. War Ruhe eingetreten, begann die Arbeit von neuem. Es mußte aufgeräumt, Kleider und Wäsche geflickt und für den andern Tag noch gekocht werden. Nicht einmal der Sonntag brachte die wohlverdiente Ruhe; da wurde geputzt, gewaschen und gebügelt. So verlief das Leben der Fabrikarbeiterin, Tag für Tag, Jahr für Jahr, ohne einen Hoffnungsschimmer, daß es einmal besser werde.*[35]

Am sozialen Status dieser Gruppe änderte sich trotz verschiedener gesetzlicher Verbesserungen zu Arbeitszeit, Mutterschutz usw. nur wenig. Bezeichnend wurde auch in Arbeiterkreisen ein immer größeres Schichtendenken und das Streben nach kleinbürgerlichen Standards.
Die Arbeiterwohnung der Fabrikstadt ist die typische städtische Mietwohnung: 2–3 meist kleine Zimmer, oft recht hoch gelegen, schlechter Treppenaufgang, dunkel

*Arbeiterfamilie (um 1900)*

und eng und schlecht riechend, weil der Eingang ins Haus zu klein ist, um viele Läden im Erdgeschoß einbauen zu können; Gasbeleuchtung, die, weil zu kostspielig, meist nicht benützt wird. Im Innern grassiert die ‹gute Stube›: ungeheizt, mit all der Ungemütlichkeit des meist unbewohnten Zimmers, vollgestellt mit Dingen, die weder nützlich noch schön sind, bildet sie das Noli me tangere des besseren Arbeiterhaushalts. Lieber, als dieses Heiligtum durch Bewohnen zu entweihen, ißt der Arbeiter in der Küche oder im Schlafzimmer. Ist die Küche hell, so ist sie der Wohnraum der Familie.
Während so die Heizung auf ein Minimum beschränkt wird, wird auch alles überflüssige Geschirr vermieden ... Die Ausstattung der Wohnung zeigt ein ziemlich wahlloses Nebeneinander: oft recht gute moderne Schlafzimmer, hell und freundlich, oft besonders in der guten Stube alte Plüschmöbel, einst der ‹Stolz der Familie›. Neben dem Bild vom sozialdemokratischen Turnverein hängt eine Fotografie aus der Soldatenzeit oder ein Kaiserbild; neben dem Öldruck einer Ritterburg hängt ein neuerer von St. Moritz. Man sieht Arbeiterwohnungen, die, obwohl ihre Bewohner auf gleicher Lohnstufe stehen, Arbeiter eines Werksaales sind, nicht das geringste gemein haben: der aus Rußland zugewanderte Arbeiter auf der einen Seite, der im Hinterhause mit allerdings vielen Kindern 2–3 schmutzige, mit Packtuch belegte, kaum möblierte Kammern bewohnt – und auf der anderen Seite der nicht viel höher entlohnte Arbeiter, in dessen sauberer Dreizimmerwohnung die Frau für Frankfurter Kundschaft schneidert, und in dessen guter Stube neben Geschenken aus recht altbürgerlichen Familien – Kundschaft der Frau – viele Bücher, darunter ein Lexikon und Bebels Memoiren zu finden sind.[36]

Wichtig für solche Entwicklungen war die soziale Mischung in den industriellen Großstädten: bürgerliche Wohnungen im Vorderhaus und bescheidene Haushalte in proletarischer Abstufung in den Hinterhäusern, so daß besonders die Frauen immer ihre Aufstiegsvorbilder vor Augen hatten.

In den Kleinstädten veränderte sich weit weniger. Die Tochter eines Opelarbeiters in Rüsselsheim beschreibt die Wohnverhältnisse der kinderreichen Familie in einem gemieteten halben Haus:

Der erste Stock in diesem Haus bestand aus drei Zimmern. Das größte mit drei Bettstellen war an Opel-Arbeitern vermietet; man nannte sie allgemein Schläfer. Diese drei aßen auch mit am Tisch und fuhren oft nur alle 8 oder 14 Tage heim und halfen Vater auch in der Werkstatt. Die Eltern hatten die kleinste Kammer mit einem Bett. In der zweiten großen Kammer standen drei Betten, eines für die Brüder, und in den anderen zwei Betten lagen zwei, manchesmal auch drei Mädchen. Alle Leute hatten Strohsäcke, das Sackleinen wurde selbst genäht, und ein großer Streifen in der Mitte blieb offen, um den Sack dann mit Stroh zu füllen – im Herbst, immer mit frischem Stroh –, das alte wurde (wer Geißen und Schweine hatte) im Stall verstreut. Auf diesen Strohsack kam dann ebenfalls von Sackstoff eine Unterlage – damit das Stroh nicht so piekte. Diese Hasenstützen wurden bei meinem späteren Schwiegervater Benedikt V. gekauft

*Arbeiterinnen (Hans Baluschek, 1870–1935)*

*und die Unterlage damit gefüllt. Die älteren Leute behaupteten, daß man dadurch keinen Rheumatismus bekäme.*
*Vater mußte immer das Vaterunser mit uns dreien beten – weil Mutter spülte und noch viele andere Arbeiten unten zu verrichten waren ... Else lag neben Marie am Kopf vom Bett – ich am Fußende. Kaum war Vater hinuntergegangen, zogen die zwei mir die Bettdecke hinweg. Das ging oft noch lange hin und her, bis die Müdigkeit uns übermannte.*[37]

Zu dem Häuschen gehörten Hof und Garten, so daß im ganzen die Lebensverhältnisse menschenwürdiger waren als bei den Großstadtproletariern. Aber der Drang nach oben beherrschte auch die kleinstädtischen Arbeiterfamilien, und die Mutter der Erzählerin «will keinen Fabrikmensch großziehen», d.h., die Töchter sollten keine Arbeiterinnen werden; zu groß war das Bewußtsein von dem Elend, das diese Frauen erwartete – auch die Angst vor den freien Umgangsformen.
*Ein Mädchen in der Fabrik – um Gottes Willen! Das war nicht anständig. Mädchen gehörten in Haushaltungen (als Dienstmädchen). Wenn sie eine schöne weiße Schürze umhatten, mit großer Schleife hinten, waren die Eltern stolz darauf. So dachte man damals.*[38]

Es ging besonders um die Kleidung als soziales Zeichen, wobei es also eine große Rolle spielte, ob die Töchter bessere Schulen besuchten und als Dienstmädchen oder Angestellte arbeiteten. Auf die Bedeutung der Konfektion wurde schon verwiesen. Qualität in Stoffen und Schnitten konnte man sich kaum leisten, aber modern wollten auch die Arbeitermädchen gekleidet sein.

Die politische Einstellung der Arbeiterinnen war, falls sie Zeit und Kraft dafür fanden, sicher entschiedener als bei den Frauen aller anderen Sozialschichten. Für sie galt es auch am meisten zu erkämpfen. In der Berliner Maifeier von 1904 engagierte sich Clara Zetkin leidenschaftlich für den Achtstundentag, damit endlich auch die Arbeiterfrauen ein wenig Muße gewinnen sollten:
*Den Achtstundentag, und wir werden den ‹Massenschritt› gewerkschaftlich organisierter Arbeiterinnen hören! Den Achtstundentag, und wir werden Millionen von Frauen und Mädchen des werktätigen Volks auf dem Blachfeld des proletarischen Befreiungskampfes sehen, Märtyrerinnen und Heldinnen zugleich, mit heiliger Begeisterung den Kampfesmut der Männer stärkend und sich selbst mit ganzer Seele dem Dienste der Freiheit weihend. Den Achtstundentag, und an unser Ohr wird das liebevolle Wort von Millionen Müttern schlagen, die ihren Kleinen das sozialistische Ideal tief, unausrottbar in die Seele pflanzen, die ein Geschlecht von proletarischen Klassenkämpfern gebären und erziehen, vor dem auch die brutalste Gewalt die Waffen strecken muß.*[39]

Arbeiterinnen in Rüsselsheim (Foto 1917)

Erst nach 1918 hat sich der Achtstundentag allgemein durchgesetzt. Luise Zietz (1865–1922), eine Agitatorin der sozialdemokratischen Frauenbewegung, faßte 1911 nochmals die Probleme zusammen, die für die Arbeiterin einer politischen Aktivität entgegenstanden:
*Ist es eine soziale Lebensnotwendigkeit für die Frau, sich um Politik zu kümmern, einen Einfluß auf sie zu gewinnen, ... so ist es natürlich ihre erste Aufgabe, sich selbst zu bilden, sich politisches Wissen anzueignen. Das ist gewiß keine leichte Aufgabe für die proletarische Frau. Als Kind mußte sie sich begnügen mit den Brocken der Bildung, die von der Reichen Tische fielen. Ja schlimmer noch. Ihr junger, empfänglicher Geist ward durch den kirchlichen und patriotischen Drill der Volksschule mit einem vielverschlungenen Gestrüpp falscher Anschauungen umstrickt, das ihr den offenen Blick für die Orientierung über Welt und Leben, über Natur- und Gesellschaftsentwicklung trübte. Als junges Mädchen nahm schon die Brotfron ihre beste Zeit und Kraft in Anspruch, und belehrende Bücher, Zeitschriften oder gar eine Anleitung zur Selbstbelehrung fehlten. Als Frau wird sie in den Karren der Erwerbsarbeit gespannt und ihr gleichzeitig das Tausenderlei der Hausfrauen- und Mutterpflichten auf die Schultern geladen, so, daß ein außergewöhnlicher Fleiß, eine große Tüchtigkeit und die Selbstlosigkeit einer Heldin dazu gehört, standzuhalten.*⁴⁰

Die Gesamtbevölkerung des Reiches betrug im Jahre 1907:
61 720 529 – davon 31 259 429 Frauen = 50,7%;
im Erwerbsleben standen
18 500 000 Männern 9 500 000 Frauen gegenüber;
Arbeiter: 7 283 471 – davon 4 254 488 Frauen = 58,4%.

Die Hälfte aller erwachsenen Frauen verdiente selbst ihren Lebensunterhalt. 1913 war die Bevölkerung auf 67 Millionen angestiegen. Mehr und mehr erforderte die Kriegsindustrie auch weibliche Arbeitskräfte. Dann brach der Weltkrieg aus, der 10 Millionen Tote verschlingen sollte. In fast alle Berufe, an fast alle Arbeitsplätze traten nun Frauen. Anstatt von übermäßiger Arbeit befreit zu werden, wurden ihnen neue Sorgen aufgebürdet, vor allem die Angst um ihre Männer und Söhne. Alle Protestversammlungen und Friedensdemonstrationen waren erfolglos geblieben.

*Arbeitermädchen in Wien (Foto 1917)*

Arbeiterinnen 227

*Gefallen!*
*(Käthe Kollwitz, 1867–1945)*

# V. Beschluß

«Männer männlich – Weiber weiblich!» hatte Fontane den alten Briest entschieden sagen lassen. Aber ist nun nach Zitierung so zahlreicher Aussagen und Selbstzeugnisse aus vier Epochen des 19. Jahrhunderts, wie sie dieses Buch enthält, deutlich geworden, was damals als «weiblich» galt? Mit Sicherheit sind nur Tendenzen und Richtungen auszumachen. So zeigte sich zunächst einmal klar, daß die Charakterisierung der Frauen außerordentlich differierte, und zwar sowohl im diachronen Ablauf als auch in ihrer synchronen Schichtenspezifik. Eine absurde Gemeinsamkeit schufen Konkurrenzsituationen, die irgendwie den verschiedenen gesellschaftlichen Oppositionen entsprachen: da befehdeten sich bewußt und unbewußt Alter und Jugend, Mütter und Töchter, Verheiratete und Ledige; und häufig schwelte auch zwischen den besten Freundinnen eine erotische Konkurrenz, war doch der passende Ehemann das erklärte Ziel allen weiblichen Strebens. Auf den verschiedensten Gebieten trat die Hausfrau mit der berufstätigen Frau in Konkurrenz, mit Dienstmädchen und Erzieherin. Und dazu kam der große Zwiespalt zwischen Reich und Arm, der sich auf die Frauen in besonderem Maße auswirkte. Es gab keine weibliche Solidarität.

Die bürgerlichen Frauen bildeten die Mehrzahl der Gesellschaft, und gerade sie waren in diesem Säkulum, in dem Geldbesitz und ökonomische Belange überhaupt eine so bedeutende Rolle spielten, am Gelderwerb nicht beteiligt. Ja, sie sahen sich sogar mit Stolz und ständischem Selbstbewußtsein davon ausgeschlossen. Geldverdienen gehörte zu jenen Dingen der Außenwelt, über die man zu Hause nicht sprach, denn solche Aktivitäten paßten ausschließlich in den Lebensbereich der Männer. Wohl durften die Frauen das ihnen zugemessene Haushaltsgeld verwalten und entsprechend den Repräsentationsbedürfnissen des Hauses ausgeben. Großzügig und sparsam zugleich mußten sie sich jedoch immer darüber im klaren sein, daß sie das Geld des männlichen Verdieners und Versorgers in Händen hielten. Dieses Gefühl vermittelte den Frauen das ständige Bewußtsein der materiellen Abhängigkeit. So verblieben sie ihr Leben lang in

*Kinderkrippe (Karl Storch, 1864–1954)*

einer Art von kindlichem Verhältnis gegenüber ihrem Mann wie zuvor gegenüber ihrem Vater, und die von Ehemännern gern geübte Anrede «liebes Kind» ist bezeichnend für die hier entwickelte Art von Beziehungen. Wie die Frauen in allen Rechtsfragen eines männlichen Vormunds bedurften, wie ihnen in politischen Dingen kein Wahlrecht zuerkannt wurde, so blieben sie auch im Bereich der Hauswirtschaft unfrei und lediglich Verwalterinnen des anvertrauten Wirtschaftsgeldes. In dieser Eigenschaft hatten sie sich als «gute Hausfrauen» zu bewähren und zwar gegen Ende des Jahrhunderts parallel zu der zunehmenden Konsumwirtschaft in zunehmender Unselbständigkeit und Abhängigkeit. Das bezeugt eindrucksvoll das «Wirtschaftsbuch für deutsche Beamtenfrauen», das sogar eine Gegenzeichnung des Haushaltungsvorstandes erforderte.

Dem Idealbild von der gut wirtschaftenden Hausfrau folgten übrigens auch die heimarbeitenden Kleinbürgerinnen und die selbstverdienenden Arbeiterfrauen. Es wäre daher falsch zu sagen, daß ihnen die eigene Erwerbstätigkeit eine größere persönliche Selbständigkeit gebracht habe. Ihr Gelderwerb kam vielmehr meist vollständig dem familiären Wirtschaftsgeld zugute, während die Männer ihnen von ihrem Lohn das Haushaltsgeld zuteilten und sich ein eigenes Taschengeld zurückbehielten.

Drückte sich also gerade im Verhältnis zum Geld, in der Einschätzung des Mannes als Versorger, dessen die Frau bedurfte, eine lebenslang währende Abhängigkeit aus, so betraf das Bewirtschaften, Beschützen und Bewahren der Häuslichkeit die andere Hauptrolle der Frau: die große Mutterrolle. Hausfrau und Mutter zu werden blieb das vornehmliche weibliche Lebensziel. Immer wieder wurde den Frauen vorgehalten, sie seien nur vollgültig in Verbindung mit einem angetrauten Ehemann und in Selbstbeschränkung auf ihren Haushalt. Wilhelm Heinrich Riehl (1823–1897) verweist in seinem Buch «Die Familie»[1] das Weib auf den ihm zugehörigen Platz in der christlichen Weltordnung, denn Ungleichheit und Abhängigkeit zwischen Mann und Weib seien gottgewollt. Auf Riehls konservative und unhistorische Darstellungen bin ich an anderer Stelle kritisch eingegangen.[2] Seine diktatorischen Zuordnungen, nach denen die Frau einzig und allein den «Mächten des Beharrens» verhaftet sei und in denen er die Ausformung eines unselbständig weiblichen Habitus als kulturellen Fortschritt feiert, haben immerhin mehr als 100 Jahre Geltung behalten und in der Hitlerzeit eine wahre Renaissance erlebt. Der To-

*Urahne, Großmutter, Mutter und Kind (Foto 1906)*

pos von der weiblich-mütterlichen Frau beeinflußte selbst viele Vertreterinnen der Frauenbewegung, die in der weiblichen Berufstätigkeit nicht nur Befreiung, sondern auch einen Ersatz für verwehrte natürliche Mütterlichkeit suchten.

War also das bürgerliche Frauenleben fast durchgängig von Abhängigkeiten geprägt, so lagen für Adel und Bauerntum die Dinge etwas anders. Hier beherrschte die Rollenzuweisung an die Geschlechter nicht so stark das Lebensspiel, denn andere Werte und Normen bestimmten die Interessen. Beim Adel stand das Geschlecht im dynastischen Sinne an oberster Stelle. So konnte auch eine Frau Thronfolge und Herrschergewalt übernehmen, wenn kein männlicher Erbe vorhanden war. Doch hatte das nichts mit weiblicher Emanzipation zu tun, sondern lediglich mit der Geltung von Namen und Familie.

Bei den Bauern wurde der Besitz unter Umständen höher eingeschätzt als die Mannesgeltung. So gab (und gibt) es Gebiete freier Bauernschaften, wo der Mann bei Einheirat in einen Hof mit weiblicher Alleinerbin den Namen dieses Hofes annehmen mußte – nach dem alten bäuerlichen Grundsatz, daß der Hof heiratet! Auch das geschieht nicht etwa im weiblichen Interesse, sondern in dem des bäuerlichen Familienbesitzes.

In allen sozialen Schichten lebten die Frauen weniger als individuelle Personen als vielmehr in eingeübten und tradierten Beziehungssystemen zu Eltern, Ehemann, Familie und Kindern. Ihre passiv-kindliche Abhängigkeit vom Vater und später vom Gatten, dann ihr mütterliches Verhalten in der Familie bestimmten ihre Qualität als Frau. Entschieden unterstützte die Kirche diese Strukturen. Das weiße Hochzeitskleid z.B., Myrtenkranz und Schleier symbolisierten die kirchliche Forderung an die Braut, unberührt in die Ehe einzutreten, im Unschuldsweiß, der Farbe der Kindheit.[3] Das sagte die «Sprache» des Hochzeitskleides aus; das war die moralische Hilfe, die die Kirche den jungen Frauen spendete.

Die mangelnde oder nicht ausreichende Erfüllung all dieser gesellschaftlichen Forderungen nach Weiblichkeit mußte viele Frauen mit einem dauernden Schuldgefühl belasten.

Der Überblick über das Frauenleben im 19. Jahrhundert führt also in gewisser Weise zu der Erkenntnis einer gleichbleibenden Tendenz. Doch wäre es falsch, daraus den Schluß zu ziehen, daß für die Frauen im allgemeinen das Dasein in fest geprägten Strukturen erstarrt gewesen sei. Die Dinge haben sich auch hier in stetigen Prozessen wesentlich verändert. Nur war der Rhythmus der Wandlungen in den jeweiligen Epochen und Schichten verschieden und hing – neben den wirtschaftlichen Bedingungen – nachdrücklich von der Kraft der Vorbilder ab.

Seit dem Biedermeier hat das Bürgertum seinen Vorbildcharakter in zunehmendem Maße profiliert. Dieser Prozeß verlief vor allem in den ausgeformten Zeichen einer Kultur, die alle Bereiche des Lebens erfaßte: die Werke der sogenannten hohen Kunst, aber auch und eigentlich vor allem den Alltag mit Kleidung und Wohnen, Küche und Gastlichkeit, Kindererziehung und Spiel. An dieser kulturellen Ausgestaltung des bürgerlichen Alltags aber waren wiederum vornehmlich die Frauen beteiligt; ihre Beschäftigung mit hunderterlei schönen, nützlichen und auch nutzlosen Dingen prägte die Kultur einer ganzen Epoche.

Es scheint, als sei den Memoirenschreiberinnen die bürgerliche Vorbildqualität mehr oder weniger bewußt gewesen – im Eigenwertgefühl oder im Bemühen um Verbürgerlichung. Das war das Zauberwort und ist es – unausgesprochen – bis heute geblieben. Sie brachte der Gesellschaft neue Wertsysteme und mit dem bürgerlichen Führungsanspruch auch ein neues Rollenspiel, in dem sich die Frauen, wenn auch auf hoher sozialer Ebene, abgedrängt sahen auf repräsentative Nebenrollen. Allerdings wurde von ihnen, um im Bilde zu bleiben, eine sehr präzise Textbeherrschung verlangt.

Mit solchen zusammenfassenden Bemerkungen soll nicht gesagt sein, daß nicht viele Frauen in ihrer Lebensbegrenzung durchaus glücklich waren und Abhängigkeit und Unterwerfung liebten. Sie wurden dazu erzogen, übrigens auch dazu, nicht viel über die Frauen in Ständen, die unter dem ihren lagen, nachzudenken. Die Arbeiterbevölkerung und deren Frauenschicksale waren kein Thema für die Bürgerdamen. Das Landleben aber sahen sie durch eine rosa-sentimentale Brille, ohne sich um dessen Realitäten zu kümmern. Es scheint mir bemerkenswert, daß die sogenannte Bauernromantik des 19. Jahrhunderts von den Bürgern erfunden, gemalt und erdichtet worden ist.

Um die Jahrhundertwende wurden dann die großen Veränderungsprozesse sichtbar, die die Befreiung der Frau einleiteten, aber auch die Annäherung zwischen den Frauen verschiedener sozialer Schichten. Der Wandel begann mit der zunehmenden Berufstätigkeit auch bürgerlicher Frauen, mit dem Schwinden des Makels, der auf der weiblichen Erwerbsfähigkeit gelegen hatte. Freilich schlüpften sie im Berufsleben oft wieder in die alten Rollen, aber sie fingen doch an, ihre Individualität in der Arbeit zu spüren und zu erkennen, daß nur mit einer gewissen Solidarität gemeinsame Ziele zu erreichen waren.

Das Jahrhundert der großen und unerhörten weiblichen Abhängigkeit war vorbei. Immer mehr Frauen fanden Freude an selbstgewählter Arbeit und an bewußter Kindererziehung. Allmählich lösten sich auch alleinstehende Frauen aus ihrer einst so oft verspotteten Isolation. Auf einem langen mühsamen Weg begannen die Frauen zu jener realistischen Hälfte der Gesellschaft zu werden, die sie doch tatsächlich darstellen.

*Häusliche Andacht (Anton Burger, 1824–1905)*

# Anmerkungen

## Einleitung

1. Grimm, Wilhelm: Kleinere Schriften. Berlin 1881, Bd. I, S. 364
2. Conze, Werner: Sozialgeschichte. In: Moderne deutsche Sozialgeschichte. Hg. von H. U. Wehler, Köln [5]1976, S. 22
3. Ebd., S. 21
4. a) Weber-Kellermann, Ingeborg: Die deutsche Familie. Frankfurt a. M. [7]1982, S. 15
   b) dies.: Die Familie. Frankfurt a. M. [2]1978, S. 10, S. 28 ff.
5. Perthes, Clemens Theodor: Das deutsche Staatsleben vor der Revolution. Hamburg und Gotha 1845, S. 272 f.
6. Kramer, Karl-S.: Grundriß einer rechtlichen Volkskunde. Göttingen 1974, S. 61 f.
7. Eine preußische Königstochter. Glanz und Elend am Hofe des Soldatenkönigs in den Memoiren der Markgräfin Wilhelmine von Bayreuth. Frankfurt a. M. 1981
8. Elias, Norbert: Über den Prozeß der Zivilisation. stw 159. Frankfurt a. M. [2]1977, Bd. 2, S. 331
9. Wie Anm. 4 a, S. 74 ff.
10. Langer-El Sayed, Ingrid: Familienpolitik: Tendenzen, Chancen, Notwendigkeiten. Ftb 4219. Frankfurt/M. 1980, S. 48 f.
11. Lahnstein, P. (Hg.): Report einer ‹guten alten Zeit›. Stuttgart 1970, S. 54
12. Vgl. Gerhard, Ute: Verhältnisse und Verhinderungen. Frauenarbeit, Familie und Rechte der Frauen im 19. Jahrhundert. es 933. Frankfurt a. M. 1978, S. 32 f.
13. Ebd., S. 37
14. Kuczynski, Jürgen: Geschichte des Alltags des deutschen Volkes. Bd. 3, Köln 1981, S. 329
15. Weber-Kellermann, Ingeborg: Erntebrauch in der ländlichen Arbeitswelt des 19. Jahrhunderts. Marburg 1965, S. 58 ff. u. a.
16. Siehe Hoffmann, Julius: Die «Hausväterliteratur» und die «Predigten über den christlichen Hausstand». Diss. Göttingen 1954
17. Möller, Helmut: Die kleinbürgerliche Familie im 18. Jahrhundert. Berlin 1969, S. 10 ff.
18. Fromm, Erich: Haben oder Sein. Die seelischen Grundlagen einer neuen Gesellschaft. Stuttgart 1976, S. 74

## I. Empire und Romantik

### A. Die führenden Damen der Aristokratie

1. Nach: Große Frauen der Weltgeschichte. Wiesbaden o. J., S. 302
2. Pichler, Caroline: Denkwürdigkeiten aus meinem Leben. 2 Bde. München 1914, S. 189 ff.
3. Weber-Kellermann, Ingeborg: Erntebrauch in der ländlichen Arbeitswelt des 19. Jahrhunderts Marburg 1965
4. Weber-Kellermann, Ingeborg (Hg.): Eine preußische Königstochter. Frankfurt/M. 1981, S. 250 f., 328, 380 f.
5. Deneke, Bernward: Hochzeit. München 1971, S. 126 f.
6. Putlitz, Gustav Heinrich G. E. zu: Mein Heim. Erinnerungen aus Kindheit und Jugend. Berlin 1885, S. 110 ff.
7. Weber-Kellermann, Ingeborg: Die Kindheit. Frankfurt/M. 1979, S. 100 ff.
8. Meysenbug, Malvida von: Memoiren einer Idealistin. Berlin [3]1882, Bd. I, S. 64 f.
9. Stephan, G.: Die häusliche Erziehung in Deutschland während des 18. Jahrhunderts. Wiesbaden 1891, S. 63 ff. und S. 77 ff.
10. Vgl. Weber-Kellermann, Ingeborg: Die Familie. Wie Anm. 4 b [Einleitung], S. 159
11. Zitiert nach Stephan, G.: Die häusliche Erziehung. Wie Anm. 9, S. 98 f.
12. Lorinser, Carl Ignatius: Eine Selbstbiographie. Regensburg 1864, S. 11
13. Neudruck der Ausgabe Leipzig 1715 beim Insel Verlag, Frankfurt/M. 1980
14. Knigge, Adolph Freiherr von: Über den Umgang mit Menschen. (1788, [3]1790) Neudruck it 273, Frankfurt/M. 1977, S. 176, 179
15. Recke, Elisa von der: Aufzeichnungen und Briefe aus ihren Jugendtagen. Leipzig 1900, S. 200 f.
16. Ebd., S. 315 und 331
17. Ebd., S. 362
18. Corvin, Otto von: Erinnerungen aus meinem Leben. Bd. I, Leipzig [3]1880, S. 17 ff.
19. Meysenbug, Malvida von: Memoiren. Wie Anm. 8, S. 10
20. Recke, Elisa von der: Aufzeichnungen. Wie Anm. 15, S. 205
21. Chézy, Helmina von: Unvergessenes. Denkwürdigkeiten aus dem Leben von H. v. Chézy. Von ihr selbst erzählt. Bd. I, Leipzig 1858, S. 115 f.
22. Vgl. Schier, Bruno: Die Kunstblume von der Antike bis zur Gegenwart. Berlin 1957, S. 46 ff.
23. Journal des Luxus und der Moden 1789, S. 399 f.; vgl. dazu Bringemeier, Martha: Ein Modejournalist erlebt die Französische Revolution. Münster 1981
24. Journal, S. 416 f.
25. Recke, Elisa von der: Aufzeichnungen. Wie Anm. 15, S. 184 f.
26. Gutzkow, Karl: Aus der Knabenzeit. Frankfurt a. M. 1852, S. 116
27. La Roche, Sophie von: Geschichte des Fräuleins von Sternheim. (1771) hg. von F. Brüggemann. Darmstadt 1964, S. 79 f.

### B. Das aufsteigende Bürgertum

1. Lewald, Fanny: Meine Lebensgeschichte. Bd. I/1, Berlin 1861, S. 8 f.
2. Hippel, Theodor Gottlieb von: Über die bürgerliche Verbesserung der Weiber. (1793) Frankfurt a. M. 1977, S. 115 und 120
3. Schopenhauer, Johanna: Ihr glücklichen Augen. Jugenderinnerungen. Berlin 1978, S. 71
4. Ebd., S. 35 f.
5. Lewald, Fanny: Lebensgeschichte. Wie Anm. 1, S. 147 ff.
6. Lorinser, Carl Ignatius: Eine Selbstbiographie. Wie Anm. 12 [A.], S. 4 f.
7. Seidler, Louise: Erinnerungen und Leben der Malerin Louise Seidler. Berlin 1874, S. 10 f.
8. Mohl, Robert von: Lebenserinnerungen 1799–1875. Bd. I, Stuttgart–Leipzig 1902, S. 200
9. Briefwechsel mit Goethe. Hg. von F. Bergemann. Leipzig 1927; vgl. dazu Bäumer, Gertrud: Gestalt und Wandel. Berlin 1939, S. 165 f.
10. Ebd., S. 80
11. Zitiert nach Berend, Alice: Die gute alte Zeit. Hamburg 1962, S. 115 f.

12  Juden in Preußen. Dortmund 1981, S. 158 f.
13  Lewald, Fanny: Lebensgeschichte. Wie Anm. 1, Bd. III/1; S. 167 ff.
14  Holst, Amalie, zitiert nach: Die Frau ist frei geboren. Texte zur Frauenemanzipation. Bd. I: 1789–1870. München 1979, S. 161 f.

*C. Dienstboten, Handwerker und Arbeitsleute*

1  Parthey, Gustav: Jugenderinnerungen. Berlin 1907, S. 47 ff.
2  Lewald, Fanny: Meine Lebensgeschichte. Bd. I/1, Berlin 1861, S. 65 f.
3  Arnim, Achim von und Brentano, Clemens: Des Knaben Wunderhorn. Alte deutsche Lieder. Frankfurt a. M. 1806; zitiert nach der Hundert-Jahres-Jubel-Ausgabe Leipzig 1906, S. 54; vgl. Weber-Kellermann, Ingeborg: Ludolf Parisius und seine altmärkischen Volkslieder. Berlin 1957, Nr. 26 usw., wo 11 Varianten vermerkt sind und zwar vornehmlich von Dienstmädchen als Gewährsfrauen.
4  Lübke, Peter: Aus dem Leben eines Volksschullehrers. In: Lübke, Wilhelm: Lebenserinnerungen. Berlin 1891, S. 1–3
5  Lewald, Fanny: Meine Lebensgeschichte. Wie Anm. 2, S. 82 f.
6  Nieritz, Gustav: Selbstbiographie. Leipzig 1872, S. 3 und 6
7  Holtei, Karl von: Vierzig Jahre. Bd. II, Schweidnitz 1898, S. 17

*D. Die Frauen vom Land*

1  Dargestellt in Weber-Kellermann, Ingeborg: Erntebrauch in der ländlichen Arbeitswelt des 19. Jahrhunderts. Marburg 1965; vgl. Gerhard, Ute: Verhältnisse. Wie Anm. 12 [Einleitung], S. 18 ff.
2  Frommel, Emil: Aus der Familienchronik eines geistlichen Herrn. Berlin o. J., S. 17 f.
3  Harms, Claus: Lebensbeschreibung. Kiel 1851, S. 8
4  Eilers, Gerd: Meine Wanderung durchs Leben. 1. Teil. Leipzig 1856, S. 11 f.
5  Corvin, Otto von: Erinnerungen aus meinem Leben. 1. Bd., Leipzig 1880, S. 12 f.

# II. Biedermeier

*A. Aristokratinnenporträt*

*B. Die gute Hausfrau des Biedermeier*

1  Diese und die weiteren Angaben nach Stadelmann, Rudolf: Soziale Ursachen der Revolution von 1848. In: Moderne deutsche Sozialgeschichte. Hg. von H. U. Wehler. Köln ⁵1976, S. 144 ff.
2  Goos, Berend: Erinnerungen aus meiner Jugend. Hamburg 1896, Bd. I, S. 120
3  Willbrandt, Adolf: Aus meiner Werdezeit. Stuttgart und Berlin 1907, S. 10
4  Siehe z. B. Otto-Peters, Louise: Frauenleben im Deutschen Reich. Leipzig 1876, S. 1 ff.
5  Riehl, Wilhelm Heinrich: Die Familie. Stuttgart 1855 und ff.
6  Lewald, Fanny: Meine Lebensgeschichte. Bd. I/2, Berlin 1861, S. 36 f.
7  Bluntschli, J. C.: Denkwürdigkeiten aus meinem Leben. Nördlingen 1884, S. 156
8  Ebd., S. 97 f.
9  Goos, Berend: Erinnerungen. Wie Anm. 2, Bd. I, S. 39 f.
10  Gervinus, Georg Gottfried: G. G. G.'s Leben von ihm selbst. Leipzig 1893, S. 53
11  Lenk, Margarete: Aus meiner Kindheit. Zwickau ³1911, S. 18 f.
12  Ebd., S. 10
13  Lewald, Fanny: Lebensgeschichte. Wie Anm. 6, S. 71
14  Alt, Robert: Bilderatlas zur Schul- und Erziehungsgeschichte. Bd. II, Berlin 1965, S. 239
15  Lenk, Margarete: Kindheit. Wie Anm. 11, S. 59
16  Marx, Adolf Bernhard: Erinnerungen. Bd. II. Berlin 1865, S. 186
17  Ebers, Georg: Die Geschichte meines Lebens. Berlin 1893, S. 27
18  Meinardus, Ludwig: Ein Jugendleben. Bd. II. Gotha 1874, S. 366
19  Hase, Karl: Ideale und Irrtümer. Leipzig 1872, S. 14 f.
20  Tiburtius, Franziska: Erinnerungen einer Achtzigjährigen. Berlin 1925, S. 10
21  Bloch, Ernst: Das Prinzip Hoffnung. stw 3. Frankfurt a. M. 1973, Bd. I, S. 438
22  Lewald, Fanny: Lebensgeschichte. Wie Anm. 6, Bd. I/1, S. 82
23  Beyschlag, Willibald: Aus meinem Leben. Halle 1896, S. 8
24  Schücking, Levin: Lebenserinnerungen. Breslau 1886, S. 22 f.
25  Deussen, Paul: Mein Leben. Leipzig 1922, S. 19
26  Bosse, Robert: Aus der Jugendzeit. Leipzig 1904, S. 153
27  Meinardus, Ludwig (Hg.): Ein Jugendleben. Leipzig 1874. Bd. I, S. 265
28  Lewald, Fanny: Lebensgeschichte. Wie Anm. 6, Bd. I/1, S. 257
29  Ebd., Bd. III/1, S. 106
30  Otto-Peters, Louise: Frauenleben. Wie Anm. 4, S. 241
31  Ebd., S. 34–48
32  Barleben, Ilse: Kleine Kulturgeschichte der Wäschepflege. Düsseldorf 1955, S. 20 ff.
33  Bosse, Robert: Jugendzeit. Wie Anm. 26, S. 70 f.; vgl. Weber-Kellermann, Ingeborg: Das Weihnachtsfest. Luzern 1978, S. 170 ff.
34  Escherich, E.: An unserer Seite geht Erinnerung. Berlin 1930, S. 117 f.
35  Ebrard, August: Lebensführungen. Gütersloh 1888, S. 89
36  Hermann, Georg: Das Biedermeier im Spiegel seiner Zeit. Neuausgabe Oldenburg und Hamburg 1965
37  Vgl. Nienhold, Eva und Wagner-Neumann, Gretel: Katalog der Lipperheideschen Kostümbibliothek. Berlin 1965
38  Beyschlag, Willibald: Leben. Wie Anm. 23, S. 8 und 34
39  Frommel, Emil: Aus der Familienchronik eines geistlichen Herrn. Berlin o. J., S. 29 f. und 59 f.
40  Hase, Karl: Ideale. Wie Anm. 19, S. 4 f.

*C. Dienstmädchen und Arbeiterinnen*

1  Otto-Peters, Louise: Frauenleben im Deutschen Reich. Leipzig 1876, S. 22 f.
2  Dahn, Felix: Erinnerungen. Leipzig 1890, Bd. I, S. 146
3  Brackel, Ferdinande von: Mein Leben. Köln o. J., S. 31 f.
4  Freytag, Gustav: Erinnerungen aus meinem Leben. Leipzig o. J., S. 531
5  Rodenberg, Julius: Aus der Kinderzeit. Erinnerungsblätter. Berlin 1907, S. 66 f.
6  Leinburg, Gottfried von: Das Paradies meiner Kindheit. 1825–1840. Lübeck 1909, S. 75

7 Siehe Gerhard, Ute: Verhältnisse und Verhinderungen. es 933 Frankfurt a.M. 1978, S. 261–277
8 Seidler, Louise: Erinnerungen und Leben der Malerin L.S. Hg. von Hermann Ulrich. Berlin 1874, S. 7
9 Goltz, Bogumil: Buch der Kindheit. Berlin ³1869, S. 219
10 Ebner-Eschenbach, Marie von: Božena. Berlin 1950, S. 72
11 Die Humanität und das Dienstbotenverhältnis unserer Zeit. In: Illustrierte Monatshefte für Familienglück, weibliche Bildung und Humanitätsbestrebungen. Hg. Georgens/Klemm. 1 (1854), S. 158 f.
12 Vgl. Militzer-Schwenger, Lisgret: Armenerziehung durch Arbeit. Tübingen 1979
13 Gutzkow, Karl: Aus der Knabenzeit. Frankfurt a.M. 1852, S. 129 f.
14 Ebd., S. 207 f.
15 Ebd., S. 58 f.
16 Gerhard, Ute: Verhältnisse. Wie Anm. 7, S. 37 f.
17 Reuter, Fritz: Das Leben auf dem Lande. München ²1978, S. 475
18 Otto-Peters, Louise: Frauenleben. Wie Anm. 1, S. 159
19 Goltz, Bogumil: Buch. Wie Anm. 9, S. 400 f.
20 Scholl, Karl: Lebenserinnerungen eines alten Handwerkers aus Memel. Stuttgart–Gotha 1922, S. 10 ff.
21 Arnim, Bettina von: Dies Buch gehört dem König! In: Werke und Briefe, Bd. 3. Hg. von Gustav Konrad. Frechen b. Köln 1963
22 Vgl. Dronke, Ernst: Berlin. (Frankfurt a.M. 1846), Darmstadt und Neuwied 1974, S. 231 f.
23 Lübke, Peter: Aus dem Leben eines Volksschullehrers. Berlin 1891, S. 3
24 Nach Kuczynski, Jürgen: Darstellung der Lage der Arbeiter in Deutschland von 1786–1849. Berlin 1961, S. 238 f.

*D. Die Frauen auf dem Lande*

1 Weber-Kellermann, Ingeborg: Der Geist des Flachses. In: Brauch. Familie. Arbeitsleben. Marburg 1978, S. 77–92
2 Fischer, Friedrich: Über die Probenächte der deutschen Bauernmädchen. Berlin und Leipzig 1780
3 Beitl, Klaus: Liebesgaben. Zeugnisse alter Brauchkunst. Salzburg 1974
4 Büchsel, Carl: Erinnerungen aus dem Leben eines Landgeistlichen. Konstanz 1966, S. 242 ff.
5 Zur Brautharke vgl. Weber-Kellermann, Ingeborg: Erntebrauch in der ländlichen Arbeitswelt des 19. Jahrhunderts. Marburg 1965, S. 333 f.
Bei Rühle, Otto: Illustrierte Kultur- und Sittengeschichte des Proletariats. (1930), Frankfurt/M. 1971, S. 470 heißt es: «Kommt der Arbeiter zu einem Stellenvermittler, so wird er gefragt, ob er auch eine Arbeiterin mitbringe. Denn Arbeiter werden nur paschweise, wie es heißt, eingestellt, immer nur Arbeiter und Arbeiterin zusammen als ‹Schnitterpärchen›. Wer nun unverheiratet ist, hat sich, wenn er Arbeit haben will, ein Mädchen zu suchen, das mit ihm die Stelle zusammen antritt, mit ihm arbeitet und mit ihm zusammen das Obdach teilt. Und zwar immer mehrere solcher Pärchen in einem Raume. Ohne äußere Trennung, selbst ohne Andeutung einer solchen Trennung. Wie wilde Tiere, wild zusammengeworfen. Von den Trägern des Gedankens einer Heiligkeit der Ehe. Wird das Mädchen krank, wird auch der Arbeiter entlassen. Und umgekehrt. Es geht nur paschweise. Ist die Arbeit zu Ende, gehen beide auseinander. Das Mädchen oft schwanger, mit einem Kinde, ohne Unterkunft und Mittel. Reif für die Prostitution.»

6 Gotthelf, Jeremias: Die schwarze Spinne. Saarlautern 1936, S. 17 f.
7 Vgl. Spamer, Adolf: Hessische Volkskunst. Jena 1939, S. 65
8 Thoma, Ludwig: Der Wittiber. München 1911, S. 170 f.
9 Siehe dazu Deneke, Bernward: Hochzeit. München 1971
10 Christ, Lena: Erinnerungen einer Überflüssigen. München 1970, S. 62–65
11 Eilers, Gerd: Meine Wanderungen durchs Leben. Leipzig 1856, S. 26 f.
12 Vgl. Lüthi, Max: Märchen. Stuttgart ⁶1976, S. 57 f.
13 Weber-Kellermann, Ingeborg: Zur Interethnik. Frankfurt/M. 1978, S. 320
14 Vgl. Schöck, Inge: Hexenglaube in der Gegenwart. Tübingen 1978; Hexen. Katalog zur Ausstellung im Hamburgischen Museum für Völkerkunde. 1981
15 Vgl. Artikel «Hexe» im Handwörterbuch des Aberglaubens. Berlin und Leipzig 1930/31, Bd. III, Sp. 1827–1920; letzthin Michelet, Jules: Die Hexe. München 1974
16 Auf das Aufleben eines neuen Hexenglaubens nach dem 2. Weltkrieg sei hier nur verwiesen: Kruse, Johann: Hexen unter uns? Magie und Zauberglauben in unserer Zeit. Hamburg 1951
17 Hammes, Martin: Hexenwahn und Hexenprozesse. Frankfurt/M. 1977, S. 62
18 Gubalke, Wolfgang: Die Hebamme im Wandel der Zeiten. Hannover 1964
19 Riehl, Wilhelm Heinrich: Die Familie (1855). Stuttgart ¹⁰1889, S. 162
20 Hansjakob, Heinrich: Aus meiner Jugendzeit. Kassel ⁶1903, S. 11
21 Rosegger, Peter: Waldheimat – Kinderjahre. Graz 1877, S. 28 f.
22 Rühle, Otto: Das proletarische Kind. München 1911, S. 76 f.
23 Vanja, Konrad: Dörflicher Strukturwandel zwischen Überbevölkerung und Auswanderung. Marburg 1978, S. 153 ff.
24 Spamer, Adolf: Der Bilderbogen von der Geistlichen Hausmagd. Göttingen 1970
25 Vgl. Weber-Kellermann, Ingeborg: Erntebrauch in der ländlichen Arbeitswelt des 19. Jahrhunderts. Marburg 1965, S. 69 ff.
26 Goltz, Theodor Frhr. von der: Die Lage der ländlichen Arbeiter im Deutschen Reich. Berlin 1875

## III. Gründerzeit

*A. Aristokratie, Geldadel, Bildungsbürgertum – und deren Dienstmädchen*

1 Aspekte der Gründerzeit. Ausstellungskatalog Akademie der Künste. Berlin 1974, S. 7
2 Fontane, Theodor: Frau Jenny Treibel. In: Werke in 5 Bänden. München 1974, Bd. 3, S. 80 f.
3 Braun, Lily: Memoiren einer Sozialistin. Bd. I, München 1909, S. 476
4 Lessing, Theodor: Einmal und nie wieder. Gütersloh o. J., S. 73 ff.
5 Maupassant, Guy de: Ein Frauenleben. Klagenfurt o. J., S. 78 f.
6 Freud, Sigmund: Abriß der Psychoanalyse. Frankfurt a.M. 1953, S. 84 ff.
7 Frauenalltag und Frauenbewegung im 20. Jahrhundert. Frankfurt a.M. 1980, I, S. 24

8 Braun, Lily: Memoiren einer Sozialistin. Wie Anm. 3, S. 497 f.
9 Otto-Peters, Louise: Frauenleben im deutschen Reich. Leipzig 1876, S. 212 ff.
10 Sudermann, Hermann: Das Bilderbuch meiner Jugend. Stuttgart, Berlin 1922, S. 273 ff.
11 Mann, Thomas: Buddenbrooks. Berlin 1909, S. 111
12 Lenk, Margarete: Aus meiner Kindheit. Zwickau ³1911, S. 136
13 Bringemeier, Martha: Mode und Tracht. Münster 1980, S. 253 ff.
14 Heyl, Hedwig: Aus meinem Leben. Berlin 1925, S. 13
15 Otto-Peters, Louise: Frauenleben. Wie Anm. 9, S. 214
16 Baum, Vicki: Es war alles ganz anders. Berlin, Wien 1962, S. 56 f. und 100 ff.; vgl. dazu Rosenbaum, Heidi: Formen der Familie. Frankfurt a. M. 1982, S. 349 ff.
17 Kollwitz, Käthe: Aus meinem Leben. München 1957, S. 27
18 Winter, Max: Ich suche meine Mutter. München 1910, S. 8 ff.
19 Ebner-Eschenbach, Marie von: Božena. Berlin 1950, S. 22 f.
20 Mentzel, Elise: Wickers Henner am Scheideweg. Marburg 1894, S. 5 f.
21 Ebrard, August: Lebensführungen. Gütersloh 1888, S. 553
22 Berend-Corinth, Charlotte: Als ich ein Kind war. Hamburg-Bergedorf 1950, S. 101 f.
23 Weber, Marianne: Lebenserinnerungen. Bremen 1948, S. 31
24 Handwörterbuch des deutschen Aberglaubens. Berlin und Leipzig 1936/37, Bd. VII, Sp. 498 ff.; Atlas der deutschen Volkskunde, Frage 16 und 17; vgl. Zender, Matthias: AdV, NF, Marburg 1959–1964, S. 22 Karte Nr. 18–21
25 Weiß, Richard: Nordsüdliche Kulturströmungen. In: Schweizer Volkskunde 25 (1935), H. 4, S. 27
26 Vogel, Bruno: Alf. Lollar 1977, S. 29 ff.
27 Russel, Bertrand: Erziehung – vornehmlich in frühester Kindheit. Düsseldorf 1948, S. 138
28 Bachmann, Manfred und Claus Hansmann: Das große Puppenbuch. Leipzig–Tübingen 1971, S. 125 ff.
29 Weber-Kellermann, Ingeborg: Die Kindheit. Frankfurt a. M. 1979, S. 208 ff.
30 Otto-Peters, Louise: Frauenleben. Wie Anm. 9, S. 193 f.
31 Braun, Lily: Memoiren. Wie Anm. 3, I, S. 37
32 Ebd., S. 65 f.
33 Pantenius, Louise: Jugenderinnerungen aus dem alten Riga. Hannover 1959, S. 55
34 Zweig, Stefan: Die Welt von gestern. Erinnerungen eines Europäers. Stockholm 1960, S. 94 ff.
35 Rosenbaum, Heidi: Formen der Familie. stw 374. Frankfurt a. M. 1982, S. 331 f.
36 Braun, Lily: Memoiren. Wie Anm. 3, II, S. 149 f.
37 Vgl. Eicke, Dagmar-Renate: «Teenager» zu Kaisers Zeiten. Marburg 1980, S. 189 ff. und S. 223
38 Kerbs u. a.: Das Ende der Höflichkeit. Für eine Revision der Anstandserziehung. München 1970, S. 42
39 Zuckmayer, Carl: Als wär's ein Stück von mir. Frankfurt a. M. 1969, S. 137
40 Gerhard, Ute: Verhältnisse und Verhinderungen. Frankfurt a. M. 1978, S. 176 f.
41 Berend-Corinth, Charlotte: Kind. Wie Anm. 22, S. 19 f.
42 Davidis, Henriette: Die Hausfrau. Leipzig 1876
43 Hamann, Richard und Jost Hermand: Gründerzeit. München 1971, S. 25
44 Pieske, Christa: Wandschmuck im bürgerlichen Heim um 1870. In: Wohnen im Wandel. Wuppertal 1979, S. 252 ff.
45 Fontane, Theodor: Frau Jenny Treibel. Wie Anm. 2, S. 25
46 Kempowski, Walter: Aus großer Zeit. Gauting b. München 1980, S. 154 f.
47 Fontane, Theodor: Frau Jenny Treibel. Wie Anm. 2, S. 17
48 Stillich, Oscar: Die Lage der weiblichen Dienstboten in Berlin. Berlin 1902, S. 15 f.
49 Fontane, Theodor: Effi Briest. Wie Anm. 2, Bd. 3, S. 368 f.
50 Stillich, Oscar: Die Lage. Wie Anm. 48, S. 324 f.
51 Fontane, Theodor: Effi Briest. Wie Anm. 2, Bd. 3, S. 418 f., 437 f., 457 f.
52 Schumacher, Tony: Was ich als Kind erlebt. Stuttgart und Leipzig 1901, S. 225
53 Boveri, Margret: Verzweigungen. Eine Autobiographie. München 1977, S. 22 f.
54 Popp, Adelheid: Jugend einer Arbeiterin. Berlin–Bonn 1977, S. 148
55 Zuckmayer, Carl: Als wär's ein Stück von mir. Frankfurt a. M. 1969, S. 123 und 127
56 Kronoff, Frieda von: Lebensart. Ein Wegweiser des feinen Taktes. 1910, S. 201; vgl. auch die vielfältigen Sachinformationen bei Müller, Heidi: Dienstbare Geister. Leben und Arbeitsweise städtischer Dienstboten. Katalog zu einer Austellung im Museum für Deutsche Volkskunde Berlin 1981 (= Schriften des Museums für Deutsche Volkskunde Bd. 6)
57 Diese interne Welt der Dienstmädchen schildert Hermann, Georg in seinem Roman: Kubinke. Berlin o. J.
58 Popp, Adelheid: Jugend. Wie Anm. 54, S. 148 f.
59 Fallada, Hans: Damals bei uns daheim. Reinbek b. Hamburg 1978, S. 19 f.
60 Ottmüller, Uta: Die Dienstbotenfrage. Münster 1978, S. 101 ff.
61 Vischer, Friedrich Theodor: Vernünftige Gedanken über die jetzige Mode. Tübinger Morgenblatt 1859.
62 Braun, Lily: Memoiren. Wie Anm. 3, I, S. 281 f.
63 Damaschke, Adolf: Zeitwende. Aus meinem Leben. Bd. II, Leipzig–Zürich 1924, S. 6
64 Braun, Lily: Memoiren. Wie Anm. 3, I, S. 244
65 Fontane, Theodor: Jenny Treibel. Wie Anm. 2, S. 47 f.
66 Baum, Vicki: Anders. Wie Anm. 16, S. 141
67 Braun, Lily: Memoiren. Wie Anm. 3, I, S. 374
68 «Die Gartenlaube» wurde 1853 von E. Keil in Leipzig gegründet und erreichte schon 1878 eine Auflage von 375 000; 1881 hatte sie 3 Millionen erreicht und war um 1900 ein Begriff; eine Familienzeitschrift ganz im Sinne einer Stabilisierung der dargestellten Normen und Werte.
69 Marlitt, Eugenie: Goldelse. Stuttgart/Berlin/Leipzig o. J., S. 327 f.
70 Frauenalltag. Wie Anm. 7, S. I/24
71 Weber-Kellermann, Ingeborg: Die deutsche Familie. Frankfurt a. M. ⁷1982, S. 87 ff. usw.; Gerhard, Ute: Verhältnisse. Wie Anm. 40, S. 148 ff.
72 Riehl, Wilhelm Heinrich: Die Familie. Stuttgart ¹⁰1889, S. 86 f.
73 Sand, George: Geschichte meines Lebens. itb 313, Frankfurt a. M. ⁴1981, S. 133
74 Nach Gerhard, Ute: Verhältnisse. Wie Anm. 40, S. 158 ff. und S. 167 und 183
75 Beyschlag, Willibald: Aus meinem Leben. Halle 1896, S. 107
76 Twellmann, Margrit: Die deutsche Frauenbewegung. Kronberg 1976, S. 40 und S. 97
77 Lenk, Margarete: Kindheit. Wie Anm. 12, S. 20 ff.
78 Otto-Peters, Louise: Das erste Vierteljahrhundert des Allgemeinen deutschen Frauenvereins, gegründet am

18.10.1865 in Leipzig. Auf Grund der Protokolle mitgeteilt. Leipzig 1890, S. 15. Zitiert nach: Twellmann, Margrit: (wie Anm. 76), S. 79
79 Ebd., S. 118
80 Braun, Lily: Memoiren. Wie Anm. 3, I, S. 501
81 Huch, Ricarda: Jugenderinnerungen. Zürich 1938, S. 36 f.
82 Luise Berthold. Eine Festschrift zum 90. Geburtstag. Marburg 1981. S. 9
83 Sullerot, Evelyne: Die emanzipierte Sklavin. Geschichte und Soziologie der Frauenarbeit. Wien–Köln–Graz 1972, S. 96
84 Lange, Helene: Lebenserinnerungen. Berlin 1925, S. 269
85 Vgl. Barth, Paul: Die Geschichte der Erziehung in soziologischer und geistesgeschichtlicher Beleuchtung. (ND) Darmstadt 1967, S. 696
86 Bäumer, Gertrud: Im Licht der Erinnerung. Tübingen 1953, S. 117 f.
87 Kollwitz, Käthe: Wie Anm. 17., S. 39 f.

### B. Mittelstandsfrau und Kleinbürgerin

1 Brückner, Wolfgang: Elfenreigen – Hochzeitstraum. Die Öldruckfabrikation 1880–1940. dumont kunst tb, Köln 1974, S. 31 f.
2 Zu Hause beim Marburger Kleinbürger um 1900. Zur Ausstellung des Fachgebietes Europäische Ethnologie der Philipps Universität Marburg 1980/81, S. 4 f. und die S. 58 ff. angegebene Literatur, bes. Kursbuch 45 (1976): Wir Kleinbürger
3 Seidel, Heinrich: Berliner Skizzen. Leipzig 1894, S. 65 ff.
4 Schnitzler, Arthur: Jugend in Wien. Eine Autobiographie. Fischer Tb. 1981, S. 144 ff.
5 Zobeltitz, Fedor von: Ich hab so gern gelebt. Berlin 1934, S. 64
6 Schnitzler, Arthur: Jugend. Wie Anm. 4, S. 110
7 Mentzel, Elise: Wickers Henner am Scheideweg. Marburg 1894, S. 1 f.
8 Seidel, Heinrich: Skizzen. Wie Anm. 3, Bd. 12, S. 73
9 Stinde, Julius: Die Familie Buchholz. Berlin [89]1910, S. 12 f.
10 Kästner, Erich: Als ich ein kleiner Junge war. Berlin 1975, S. 64
11 Vogel, Bruno: Alf. Lollar 1977, S. 22 f.
12 Nach Hausen, Karin: Technischer Fortschritt und Frauenarbeit im 19. Jahrhundert. Zur Sozialgeschichte der Nähmaschine. In: Geschichte und Gesellschaft IV (1978), S. 157
13 Stinde, Julius: Familie Buchholz. Wie Anm. 9, S. 451
14 Stille, Eva und Pfistermeister, Ursula: Froh erfülle Deine Pflicht. Gestickte Sprüche für Haus und Küche. Frankfurt a. M. 1979
15 Zu Hause beim Marburger Kleinbürger um 1900. Wie Anm. 2, S. 47

### C. Arbeiterin und Proletarische Frauenbewegung

1 Das Folgende nach: Kuczynski, Jürgen: Geschichte des Alltags des deutschen Volkes. Studien 3, 1810–1870, Köln 1981, S. 326 ff.
2 Bebel, August: Die Frau und der Sozialismus. (1883), [26]Stuttgart 1896, S. 211
3 Kuczynski, Jürgen: Geschichte des Alltags des deutschen Volkes. Studien 4, 1871–1918. Köln 1982, S. 399 ff.
4 Vgl. zu dem gesamten Abschnitt Hülsenbeck, Annette: Schneiderin und Nähen-Entwicklungsgeschichte der Bekleidungsherstellung. In: Schütte, Ilse (Hg.): Technikgeschichte als Geschichte der Arbeit. Bad Salzdetfurth 1981. S. 254 ff., S. 275 f.
5 Emmerich, Wolfgang (Hg.): Proletarische Lebensläufe. Reinbek 1974, Bd. I, S. 134 f.
6 Nach Rosenbaum, Heidi: Formen der Familie. Frankfurt a. M. 1982, S. 408 f.
7 Nach Langer-El Sayed, Ingrid: Familienpolitik: Tendenzen, Chancen, Notwendigkeiten. Frankfurt a. M. 1980, S. 64 und 67 f.
8 Teuteberg, Hans J./Wiegelmann, Günter: Der Wandel der Nahrungsgewohnheiten unter dem Einfluß der Industrialisierung. Göttingen 1972, S. 76
9 Kollwitz, Käthe: Aus meinem Leben. München 1957, S. 55 f.
10 Vgl. z. B. Niggemann, Heinz: Emanzipation zwischen Sozialismus und Feminismus. Die sozialdemokratische Frauenbewegung im Kaiserreich. Wuppertal 1981
11 Bromme, Moritz W. Th.: Lebensgeschichte eines modernen Fabrikarbeiters. Jena 1905, S. 22 f.
12 Arbeiterinnen kämpfen um ihr Recht. Autobiographische Texte rechtloser und entrechteter «Frauenspersonen» in Deutschland, Österreich und der Schweiz des 19. und 20. Jahrhunderts. Wuppertal o. J., S. 69 f.
13 Bromme, Moritz W. Th.: Lebensgeschichte. Wie Anm. 11, S. 95
14 Bebel, August: Die Frau. Wie Anm. 2, S. 432
15 Arbeiterinnen… Wie Anm. 12, S. 74 ff.
16 Popp, Adelheid: Jugend einer Arbeiterin. Berlin–Bonn 1977, S. 173
17 Bröger, Karl: Der Held im Schatten. Jena 1920, S. 15 ff.
18 Hofmann, Ernst: Volkskundliche Betrachtungen zur proletarischen Familie in Chemnitz um 1900. In: Wiss. Zs. d. Humboldt-Universität zu Berlin. XX (1971), S. 74
19 Göhre, Paul (Hg.): Lebensgeschichte eines modernen Fabrikarbeiters. Jena und Leipzig 1905, S. 220
20 Bromme, Moritz W. Th.: Lebensgeschichte. Wie Anm. 26, S. 185 f.
21 Fischer, Franz Louis: In: Arbeiterschicksale. Berlin 1906, S. 130 ff.
22 Götz, Karl: Heitere schwäbische Kindheit. Freiburg 1979, S. 8 ff.
23 Rühle, Otto: Das proletarische Kind. Berlin 1911, S. 64
24 Zitiert nach Kuczynski, Jürgen: Geschichte des Alltags. Wie Anm. 1, 3, S. 404 f.
25 Levenstein, Adolf (Hg.): Proletariers Jugendjahre. Berlin o. J., S. 89
26 Vgl. Weber-Kellermann, Ingeborg: Die Kindheit. Frankfurt a. M. 1979, S. 44 f.; Brednich, Rolf Wilhelm: Ein Beitrag zur volkskundlichen Interpretation ikonographischer Quellen: Der Saugbeutel. In: Kontakte und Grenzen. Göttingen 1969, S. 299 ff.; Rosenbaum, Heidi: Formen der Familie. Wie Anm. 6, S. 455
27 Bromme, Moritz W. Th.: Lebensgeschichte. Wie Anm. 11, S. 249
28 Conzett, Verena: Erstrebtes und Erlebtes. Zürich 1929, S. 60 f.
29 Erinnerungen der Ottilie Baader. In: Emmerich. Wie Anm. 5, S. 133
30 Zitiert nach Kuczynski, Jürgen. Wie Anm. 1, 3, S. 415
31 Conzett, Verena: Erstrebtes. Wie Anm. 28, S. 104
32 Das häusliche Glück. Vollständiger Haushaltungsunterricht nebst Anleitung zum Kochen für Arbeiterfrauen (1882). Mit Interviews aus Arbeiterfamilien neu hg. von R. Blank. München 1975, S. 228

33 Vgl. Weber-Kellermann, Ingeborg: Volksfeste. Hamburg 1981, S. 58 ff.
34 Popp, Adelheid: Jugend. Wie Anm. 16, S. 77 ff.
35 Arbeiterinnen. Wie Anm. 12, S. 180 ff.
36 Beauvoir, Simone de: Memoiren einer Tochter aus gutem Hause. Reinbek 1976, S. 125
37 Damaschke, Adolf: Aus meinem Leben. Zürich 1924, Bd. I, S. 263 ff.
38 Rühle, Otto: Illustrierte Kultur- und Sittengeschichte des Proletariats. Berlin 1930, S. 391
39 Popp, Adelheid: Jugend ... Wie Anm. 16, S. 36
40 Hofmann, Ernst: Volkskundliche Betrachtungen ... Wie Anm. 33, S. 70 ff.
41 Levenstein, Adolf: Proletariers ... Wie Anm. 25, S. 66 f.
42 Braun, Lily: Memoiren einer Sozialistin. I. Lehrjahre. München 1909, S. 183 f.
43 Sax, Emanuel: Die Hausindustrie in Thüringen. 1. Teil, Jena 1882, S. 37
44 Levenstein, Adolf: Proletariers ... Wie Anm. 25, S. 54
45 Bromme, Moritz, W. Th.: Lebensgeschichte. Wie Anm. 11, S. 71 f.
46 Vgl. hierzu Rühle, Otto: Illustrierte ... Wie Anm. 38, S. 393 ff.; für Wien s. Ehmer, Josef: Wohnen ohne eigene Wohnung. In: Wohnen im Wandel. Wuppertal 1979, S. 132 ff.
47 Damaschke, Adolf: Aus meinem Leben. Wie Anm. 37, S. 175
48 Heinrich Zille. Ausstellung Lützowplatz 1968
49 Vgl. Kuczynski, Jürgen: Geschichte des Alltags. Wie Anm. 1, 4, S. 21 f.
50 Conzett, Verena: Erstrebtes ... Wie Anm. 28, S. 21 f.
51 Kuczynski, Jürgen: Darstellung der Lage der Arbeiter in Deutschland von 1871 – 1900. Berlin 1962, S. 341
52 Götz, Karl: Heitere schwäbische Kindheit. Wie Anm. 22, S. 70 f.
53 Wie Anm. 32
54 Braun, Lily: Frauenarbeit und Hauswirtschaft. Berlin 1901; zu dem folgenden vgl. Uhlig, Günther: Zur Geschichte des Einküchenhauses. In: Wohnen im Wandel. Wuppertal 1979, S. 158 ff.
55 Braun, Lily: Memoiren. Wie Anm. 42, S. 396
56 Conzett, Verena: Erstrebtes. Wie Anm. 28, S. 60
57 Popp, Adelheid: Jugend ... Wie Anm. 16, S. 124 f., S. 58 f., S. 61, S. 132 f.
58 Dies und das Folgende nach Moritz, Cordula: Die Kleider der Berlinerin. Berlin 1971, S. 38 ff.
59 Vgl. Weber-Kellermann, Ingeborg: Die Kindheit. Frankfurt a. M. 1979, S. 208 ff.; dies.: Das Weihnachtsfest. Luzern 1978, S. 150 ff. und die dort angeführte Literatur
60 Götz, Karl: Heitere schwäbische Kindheit. Wie Anm. 22, S. 17
61 Levenstein, Adolf: Proletariers Jugendjahre. Wie Anm. 25, S. 65 f.
62 Baader, Ottilie: Ein steiniger Weg. Lebenserinnerungen einer Sozialistin. 1921, ³Berlin–Bonn 1979, S. 19
63 Dalton, Hermann: Lebenserinnerungen. Berlin 1906, Bd. I, S. 62 f.
64 Damaschke, Adolf: Aus meinem Leben. Wie Anm. 37, S. 183 f.
65 Conzett, Verena: Erstrebtes. Wie Anm. 28, S. 72 f.
66 Emmerich, Wolfgang (Hg.): Proletarische Lebensläufe. Reinbek b. Hamburg 1974, Bd. I, S. 126
67 Stockhausen, Juliana von: Auf Immerwiedersehen. Stuttgart 1977, S. 50

## IV. Ausblick auf den Ersten Weltkrieg

1 Hermand, Jost (Hg.): Jugendstil. Darmstadt 1971, S. 469 ff. und S. 492
2 Reventlow, Franziska Gräfin zu: Herrn Dames Aufzeichnungen. Von Paul zu Pedro. Der Geldkomplex. U. a. = Romane, hg. von Else Reventlow. München 1976
3 Fritz, Helmut: Die erotische Rebellion. Das Leben der Franziska Gräfin zu Reventlow. Frankfurt a. M. 1980, S. 24 ff.
4 Zitiert nach ebd., S. 58
5 Vgl. Weber, Marianne: Die Frauen und die Liebe. Leipzig 1936
6 Stockhausen, Juliana von: Auf Immerwiedersehen. Stuttgart 1977, S. 23
7 Green, Martin: Else und Frieda, die Richthofen-Schwestern. München 1980, S. 44 f.
8 Zweig, Arnold: Junge Frau von 1914. Frankfurt a. M. 1980, S. 265 f.
9 Huch, Ricarda: Erinnerungen an das eigene Leben. Frankfurt a. M./Berlin 1982, S. 104 und S. 111
10 Gallison, Marie: Aus meinem Leben. Kaiserswerth 1929, S. 74 f.
11 Baum, Vicki: Es war alles ganz anders. Berlin–Frankfurt a. M.–Wien 1962, S. 167 f.
12 Nach Kuczynski, Jürgen: Geschichte des Alltags des deutschen Volkes. Köln 1982, Bd. 4, S. 122 und ff.
13 Zitiert nach Nienhaus, Ursula: Von Töchtern und Schwestern. Zur vergessenen Geschichte der weiblichen Angestellten im deutschen Kaiserreich. In: Kocka, Jürgen (Hg.): Angestellte im europäischen Vergleich. Göttingen 1981, S. 315
14 Ebd., S. 312
15 Zitiert nach: Frauenalltag und Frauenbewegung im 20. Jahrhundert. Frankfurt a. M. 1980, S. 81
16 Höcker, Karla: Ein Kind von damals. Berlin 1977, S. 181, 185
17 Boveri, Margret: Verzweigungen. Eine Autobiographie. München 1977, S. 26
18 Stockhausen, Juliana von: Auf Immerwiedersehen. Stuttgart 1977, S. 46
19 Sackville-West, Vita: Erloschenes Feuer. (1931) Frankfurt, Berlin, Wien 1980, S. 78 f.
20 Zweig, Arnold: Junge Frau von 1914. Frankfurt a. M. 1980, S. 232
21 Zobeltitz, Fedor von: Ich hab so gern gelebt. Berlin 1934, S. 109
22 Braun, Lily: Memoiren einer Sozialistin. 1911, Bd. I, S. 325 f.
23 Baum, Vicki: Es war alles ganz anders. Wie Anm. 11, S. 254
24 Ebd., S. 336
25 Boveri, Margret: Verzweigungen. Wie Anm. 17, S. 25
26 Stockhausen, Juliana von: Auf Immerwiedersehen. Wie Anm. 18, S. 35 ff.
27 Braun, Lily: Memoiren. Wie Anm. 22, S. 274
28 Vgl. Weber-Kellermann, Ingeborg: Die Kindheit. Frankfurt a. M. 1979, S. 126 ff.
29 Nach Kuczynski, Jürgen: Geschichte des Alltags des deutschen Volkes. Köln 1982, Bd. 4, S. 57 ff.
30 Höcker, Karla: Ein Kind. Wie Anm. 16, S. 23
31 Huch, Ricarda: Erinnerungen an das eigene Leben. Frankfurt a. M./Berlin 1982, S. 335 f.
32 Stockhausen, Juliana von: Auf Immerwiedersehen. Wie Anm. 18, S. 7

33 Ebd., S. 222
34 Nienhaus, Ursula: Von Töchtern und Schwestern. Wie Anm. 13, S. 322 ff., 324 f.
35 Conzett, Verena; In: Arbeiterinnen kämpfen um ihr Recht. Wuppertal o. J., S. 212 f.
36 Schriften des Vereins für Sozialpolitik Bd. 135, S. 72 f. – Zitiert nach Kuczynski, Jürgen: Geschichte des Alltags des deutschen Volkes. Köln 1982, Bd. 4, S. 440
37 Schirmbeck, Peter (Hg.): Meine Kindheit. Lebenserinnerungen der Tochter eines Opel-Arbeiters von Charlotte V. Marburg 1981, S. 13 f.
38 Ebd., S. 22
39 Zetkin, Clara: In: Arbeiterinnen kämpfen um ihr Recht. Wuppertal o. J., S. 277
40 Zietz, Luise: In: Arbeiterinnen kämpfen um ihr Recht. Wuppertal o. J., S. 284

## V. Beschluß

1 Riehl, Wilhelm Heinrich: Die Familie. Stuttgart 1855; ¹²1904
2 Weber-Kellermann, Ingeborg: Deutsche Volkskunde zwischen Germanistik und Sozialwissenschaften. Stuttgart 1969, S. 29 ff.; dies.: Die deutsche Familie. Frankfurt a. M. ⁷1982, S. 87 ff. u. a.
3 Dies.: Die Kindheit. Kleidung und Wohnen, Arbeit und Spiel. Eine Kulturgeschichte. Frankfurt a. M. 1979, S. 14 ff. u. a.

# *Literaturverzeichnis*

Alt, Robert: Bilderatlas zur Schul- und Erziehungsgeschichte. Berlin 1965
Arbeiterinnen kämpfen um ihr Recht. Autobiographische Texte rechtloser und entrechteter «Frauenspersonen» in Deutschland, Österreich und der Schweiz des 19. und 20. Jahrhunderts. Wuppertal o. J.
Arnim, Achim von und Brentano, Clemens: Des Knaben Wunderhorn. Alte deutsche Lieder. Frankfurt a. M. 1806; zitiert nach der Hundert-Jahres-Jubel-Ausgabe Leipzig 1906
Arnim, Bettina von: Dies Buch gehört dem König! In: Werke und Briefe, Bd. 3 Hg. von Gustav Konrad. Frechen b. Köln 1963
Aspekte der Gründerzeit. Ausstellungskatalog Akademie der Künste. Berlin 1974
Atlas der deutschen Volkskunde, Frage 16 und 17; vgl. Zender, Matthias: AdV, NF, Marburg 1959–1964

Baader, Ottilie: Ein steiniger Weg. Lebenserinnerungen einer Sozialistin. ³Berlin–Bonn 1979
Baum, Vicki: Es war alles ganz anders. Berlin, Wien 1962
Bachmann, Manfred und Claus Hansmann: Das große Puppenbuch. Leipzig–Tübingen 1971
Bäumer, Gertrud: Gestalt und Wandel. Berlin 1939
Bäumer, Gertrud: Im Licht der Erinnerung. Tübingen 1953
Barleben, Ilse: Kleine Kulturgeschichte der Wäschepflege. Düsseldorf 1955
Barth, Paul: Die Geschichte der Erziehung in soziologischer und geistesgeschichtlicher Beleuchtung. (ND) Darmstadt 1967
Beauvoir, Simone de: Memoiren einer Tochter aus gutem Hause. Reinbek bei Hbg. 1976
Bebel, August: Die Frau und der Sozialismus. (1883), ²⁶Stuttgart 1896
Beitl, Klaus: Liebesgaben. Zeugnisse alter Brauchkunst. Salzburg 1974
Berend, Alice: Die gute alte Zeit. Hamburg 1962
Berend-Corinth, Charlotte: Als ich ein Kind war. Hamburg-Bergedorf 1950
Bernstorff, Elise von: Aufzeichnungen. Ein Bild aus der Zeit von 1789–1835. Berlin 1897
Berthold, Luise: Eine Festschrift zum 90. Geburtstag. Marburg 1981
Beyschlag, Willibald: Aus meinem Leben. Halle 1896
Blank, R. (Hg.): Das häusliche Glück. Vollständiger Haushaltungsunterricht nebst Anleitung zum Kochen für Arbeiterfrauen (1882). Mit Interviews aus Arbeiterfamilien. München 1975
Bloch, Ernst: Das Prinzip Hoffnung. stw 3. Frankfurt a. M. 1973
Bluntschli, J. C.: Denkwürdigkeiten aus meinem Leben. Nördlingen 1884
Bosse, Robert: Aus der Jugendzeit. Leipzig 1904
Boveri, Margret: Verzweigungen. Eine Autobiographie. München 1977
Brackel, Ferdinande von: Mein Leben. Köln o. J.
Braun, Lily: Frauenarbeit und Hauswirtschaft. Berlin 1901
Braun, Lily: Memoiren einer Sozialistin. Bd. I u. II, München 1909
Brednich, Rolf Wilhelm: Ein Beitrag zur volkskundlichen Interpretation ikonographischer Quellen: Der Saugbeutel. In: Kontakte und Grenzen. Göttingen 1969, S. 299 ff.
Bringemeier, Martha: Mode und Tracht. Münster 1980
Bringemeier, Martha: Ein Modejournalist erlebt die Französische Revolution. Münster 1981

Bröger, Karl: Der Held im Schatten. Jena 1920
Bromme, Moritz W. Th.: Lebensgeschichte eines modernen Fabrikarbeiters. Jena 1905
Brückner, Wolfgang: Elfenreigen – Hochzeitstraum. Die Öldruckfabrikation 1880–1940. dumont kunst tb, Köln 1974
Büchsel, Carl: Erinnerungen aus dem Leben eines Landgeistlichen. Konstanz 1966

Chézy, Helmina von: Unvergessenes. Denkwürdigkeiten aus dem Leben von H. v. Chézy. Von ihr selbst erzählt. Bd. I u. II, Leipzig 1858
Christ, Lena: Erinnerungen einer Überflüssigen. München 1970
Conze, Werner: Sozialgeschichte. In: Moderne deutsche Sozialgeschichte. Hg. von H. U. Wehler, Köln [5]1976
Conzett, Verena: Erstrebtes und Erlebtes. Zürich 1929
Corvin, Otto von: Erinnerungen aus meinem Leben. Bd. I u. II, Leipzig [3]1880
Dahn, Felix: Erinnerungen. Leipzig 1890
Dalton, Hermann: Lebenserinnerungen. 2 Bde., Berlin 1906
Damaschke, Adolf: Zeitwende. Aus meinem Leben. Bd. I u. II, Leipzig–Zürich 1924
Davidis, Henriette: Die Hausfrau. Leipzig 1876
Deneke, Bernward: Hochzeit. München 1971
Deussen, Paul: Mein Leben. Leipzig 1922

Ebers, Georg: Die Geschichte meines Lebens. Berlin 1893
Ebner-Eschenbach, Marie von: Božena. Berlin 1950
Ebrard, August: Lebensführungen. Gütersloh 1888
Eicke, Dagmar-Renate: «Teenager» zu Kaisers Zeiten. Diss. Marburg 1980
Eilers, Gerd: Meine Wanderung durchs Leben. Leipzig 1856
Elias, Norbert: Über den Prozeß der Zivilisation. stw 159. Frankfurt a. M. [2]1977
Emmerich, Wolfgang (Hg.): Proletarische Lebensläufe. Reinbek Bd. I, II, 1974
Escherich, F.: An unserer Seite geht Erinnerung. Berlin 1930

Fallada, Hans: Damals bei uns daheim. Reinbek b. Hamburg 1978
Fischer, Franz Louis: In: Arbeiterschicksale. Hg. Friedrich Naumann. Berlin 1906, S. 3–14
Fischer, Friedrich: Über die Probenächte der deutschen Bauernmädchen. Berlin und Leipzig 1780
Fontane, Theodor: Werke in 5 Bänden. München 1974
Frauenalltag und Frauenbewegung im 20. Jahrhundert. Frankfurt a. M. 1980
Freud, Sigmund: Abriß der Psychoanalyse. Frankfurt a. M. 1953
Freytag, Gustav: Erinnerungen aus meinem Leben. Leipzig o. J.
Fritz, Helmut: Die erotische Rebellion. Das Leben der Franziska Gräfin zu Reventlow. Frankfurt a. M. 1980
Fromm, Erich: Haben oder Sein. Die seelischen Grundlagen einer neuen Gesellschaft. Stuttgart 1976
Frommel, Emil: Aus der Familienchronik eines geistlichen Herrn. Berlin o. J.

Gallison, Marie: Aus meinem Leben. Kaiserswerth 1929
Gerhard, Ute: Verhältnisse und Verhinderungen. Frauenarbeit, Familie und Rechte der Frauen im 19. Jahrhundert. es 933. Frankfurt a. M. 1978
Gervinus, Georg Gottfried: G. G. / G.'s Leben von ihm selbst. Leipzig 1893

Göhre, Paul (Hg.): Lebensgeschichte eines modernen Fabrikarbeiters. Jena und Leipzig 1905
Götz, Karl: Heitere schwäbische Kindheit. Freiburg 1979
Goltz, Bogumil: Buch der Kindheit. Berlin [3]1869
Goltz, Theodor Frhr. von der: Die Lage der ländlichen Arbeiter im Deutschen Reich. Berlin 1875
Goos, Berend: Erinnerungen aus meiner Jugend. 2 Bde., Hamburg 1896
Gordon, Emy: Die Pflichten eines Dienstmädchens, oder: das ABC des Haushaltes. [5]Donauwörth 1900
Gotthelf, Jeremias: Die schwarze Spinne. Saarlautern 1936
Green, Martin: Else und Frieda, die Richthofen-Schwestern. München 1980
Grimm, Wilhelm: Kleinere Schriften. Bd. I, Berlin 1881
Gubalke, Wolfgang: Die Hebamme im Wandel der Zeiten. Hannover 1964
Gutzkow, Karl: Aus der Knabenzeit. Frankfurt a. M. 1852

Hamann, Richard und Jost Hermand: Gründerzeit. München 1971
Hammes, Martin: Hexenwahn und Hexenprozesse. Frankfurt/M. 1977
Handwörterbuch des deutschen Aberglaubens. Berlin und Leipzig 1936/37, Bd. VII
Hansjakob, Heinrich: Aus meiner Jugendzeit. Kassel [6]1903
Harms, Claus: Lebensbeschreibung. Kiel 1851
Hase, Karl: Ideale und Irrtümer. Leipzig 1872
Hausen, Karin: Technischer Fortschritt und Frauenarbeit im 19. Jahrhundert. Zur Sozialgeschichte der Nähmaschine. In: Geschichte und Gesellschaft IV (1978), S. 157 ff.
Hermand, Jost (Hg.): Jugendstil. Darmstadt 1971
Hermann, Georg: Das Biedermeier im Spiegel seiner Zeit. Neuausgabe Oldenburg und Hamburg 1965
Hermann, Georg: Kubinke. Berlin o. J.
Hexen. Katalog zur Ausstellung im Hamburgischen Museum für Völkerkunde. 1981
Heyl, Hedwig: Aus meinem Leben. Berlin 1925
Hippel, Theodor Gottlieb von: Über die bürgerliche Verbesserung der Weiber. (1793) Frankfurt a. M. 1977
Höcker, Karla: Ein Kind von damals. Berlin 1977
Hoffmann, Julius: Die «Hausväterliteratur» und die «Predigten über den christlichen Hausstand». Diss. Göttingen 1954
Hofmann, Ernst: Volkskundliche Betrachtungen zur proletarischen Familie in Chemnitz um 1900. In: Wiss. Zs. d. Humboldt-Universität zu Berlin. XX (1971), S. 74 ff.
Holst, Amalie, zitiert nach: Die Frau ist frei geboren. Texte zur Frauenemanzipation. Bd. I: 1789–1870. München 1979
Holtei, Karl von: Vierzig Jahre. Bd. I u. II, Schweidnitz 1898
Huch, Ricarda: Jugenderinnerungen. Zürich 1938
Huch, Ricarda: Erinnerungen an das eigene Leben. Frankfurt a. M./Berlin 1982
Hülsenbeck, Annette: Schneiderin und Nähen – Entwicklungsgeschichte der Bekleidungsherstellung. In: Schütte, Ilse (Hg.): Technikgeschichte als Geschichte der Arbeit. Bad Salzdetfurth 1981. S. 254 ff.

Journal des Luxus und der Moden. Weimar 1786 ff.
Juden in Preußen. Dortmund 1981 (Katalog)
Julius, Cornelia: Lebensbericht der Babette W. Nürnberg, um 1910. Nürnberg 1981 (Hg.: Kunstpädagogisches Zentrum im Germanischen Nationalmuseum)

Kästner, Erich: Als ich ein kleiner Junge war. Berlin 1975
Kempowski, Walter: Aus großer Zeit. Gauting b. München 1980
Kerbs u. a.: Das Ende der Höflichkeit. Für eine Revision der Anstandserziehung. München 1970
Knigge, Adolph Freiherr von: Über den Umgang mit Menschen. (1788) Neudruck it 273. Frankfurt/M. 1977
Kollwitz, Käthe: Aus meinem Leben. München 1957
Kramer, Karl-S.: Grundriß einer rechtlichen Volkskunde. Göttingen 1974
Kronoff, Frieda von: Lebensart. Ein Wegweiser des feinen Taktes. 1910
Kuczynski, Jürgen: Darstellung der Lage der Arbeiter in Deutschland von 1786–1849. Berlin 1961
Kuczynski, Jürgen: Geschichte des Alltags des deutschen Volkes. Bd. 3: 1810–1870. Köln 1981; Bd. 4: 1871–1918. Köln 1982

Lahnstein, P. (Hg.): Report einer guten alten Zeit. Stuttgart 1970
Lange, Helene: Lebenserinnerungen. Berlin 1925
Langer-El Sayed, Ingrid: Familienpolitik: Tendenzen, Chancen, Notwendigkeiten. Ftb 4219. Frankfurt/M. 1980
La Roche, Sophie von: Geschichte des Fräuleins von Sternheim. (1771) Hg. von F. Brüggemann. Darmstadt 1964
Leinburg, Gottfried von: Das Paradies meiner Kindheit. 1825–1840. Lübeck 1909
Lenk, Margarete: Aus meiner Kindheit. Zwickau ³1911
Lessing, Theodor: Einmal und nie wieder. Gütersloh o. J.
Levenstein, Adolf (Hg.): Proletariers Jugendjahre. Berlin o. J.
Lewald, Fanny: Meine Lebensgeschichte. Bd. I u. II, Berlin 1861
Lorinser, Carl Ignatius: Eine Selbstbiographie. Regensburg 1864
Lübke, Peter: Aus dem Leben eines Volksschullehrers. In: Wilhelm Lübke: Lebenserinnerungen. Berlin 1891, S. 1 ff.
Lüthi, Max: Märchen. Stuttgart ⁶1976

Mann, Thomas: Buddenbrooks. Berlin 1909
Marlitt, Eugenie: Goldelse. Stuttgart/Berlin/Leipzig o. J.
Martius, Ernst Wilhelm: Erinnerungen aus meinem neunzigjährigen Leben. Leipzig 1847
Marx, Adolf Bernhard: Erinnerungen. Bd. I u. II, Berlin 1865
Maupassant, Guy de: Ein Frauenleben. Klagenfurt o. J.
Meinardus, Ludwig: Ein Jugendleben. Bd. I/II, Gotha 1874
Mentzel, Elise: Wickers Henner am Scheideweg. Marburg 1894
Meysenbug, Malvida von: Memoiren einer Idealistin. 2 ·de., ³Berlin 1882
Militzer-Schwenger, Lisgret: Armenerziehung durch Arbeit. Tübingen 1979
Möller, Helmut: Die kleinbürgerliche Familie im 18. Jahrhundert. Berlin 1969
Mohl, Robert von: Lebenserinnerungen 1799–1875. 2 Bde., Stuttgart–Leipzig 1902
Moritz, Cordula: Die Kleider der Berlinerin. Berlin 1971
Müller, Heidi: Dienstbare Geister. Leben und Arbeitsweise städtischer Dienstboten. Katalog zu einer Ausstellung im Museum für Deutsche Volkskunde Berlin 1981 (= Schriften des Museums für Deutsche Volkskunde Bd. 6)

Nienhaus, Ursula: Von Töchtern und Schwestern. Zur vergessenen Geschichte der weiblichen Angestellten im deutschen Kaiserreich. In: Kocka, Jürgen (Hg.): Angestellte im europäischen Vergleich. Göttingen 1981
Nienhold, Eva und Wagner-Neumann, Gretel: Katalog der Lipperheideschen Kostümbibliothek. Berlin 1965
Nieritz, Gustav: Selbstbiographie. Leipzig 1872
Niggemann, Heinz: Emanzipation zwischen Sozialismus und Feminismus. Die sozialdemokratische Frauenbewegung im Kaiserreich. Wuppertal 1981

Ottmüller, Uta: Die Dienstbotenfrage. Münster 1978
Otto-Peters, Louise: Frauenleben im Deutschen Reich. Leipzig 1876
Otto-Peters, Louise: Das erste Vierteljahrhundert des Allgemeinen deutschen Frauenvereins, gegründet am 18.10.1865 in Leipzig. Auf Grund der Protokolle mitgeteilt. Leipzig 1890

Pantenius, Louise: Jugenderinnerungen aus dem alten Riga. Hannover 1959
Parthey, Gustav: Jugenderinnerungen. Berlin 1907
Perthes, Clemens Theodor: Das deutsche Staatsleben vor der Revolution. Hamburg und Gotha 1845
Pichler, Caroline: Denkwürdigkeiten aus meinem Leben. 2 Bde. München 1914
Pieske, Christa: Wandschmuck im bürgerlichen Heim um 1870. In: Wohnen im Wandel. Wuppertal 1979, S. 252–270
Popp, Adelheid: Jugend einer Arbeiterin. Berlin–Bonn 1977
Putlitz, Gustav Heinrich G. E. zu: Mein Heim. Erinnerungen aus Kindheit und Jugend. Berlin 1885

Recke, Elisa von der: Aufzeichnungen und Briefe aus ihren Jugendtagen. Leipzig 1900
Reventlow, Franziska Gräfin zu: Herrn Dames Aufzeichnungen. Von Paul zu Pedro. Der Geldkomplex. U. a. = Romane, hg. von Else Reventlow. München 1976
Riehl, Wilhelm Heinrich: Die Familie. Stuttgart 1855
Rodenberg, Julius: Aus der Kinderzeit. Erinnerungsblätter. Berlin 1907
Rosegger, Peter: Waldheimat – Kinderjahre. Graz 1877
Rosenbaum, Heidi: Formen der Familie. Frankfurt a. M. 1982
Rühle, Otto: Das proletarische Kind. Berlin 1911
Rühle, Otto: Illustrierte Kultur- und Sittengeschichte des Proletariats. (1930), Frankfurt/M. 1971
Russel, Bertrand: Erziehung – vornehmlich in frühester Kindheit. Düsseldorf 1948

Sackville-West, Vita: Erloschenes Feuer. (1931) Frankfurt–Berlin–Wien 1980
Sand, George: Geschichte meines Lebens. itb 313, Frankfurt a. M. ⁴1981
Sax, Emanuel: Die Hausindustrie in Thüringen. 1. Teil, Jena 1882
Schier, Bruno: Die Kunstblume von der Antike bis zur Gegenwart. Berlin 1957
Schnitzler, Arthur: Jugend in Wien. Eine Autobiographie. Fischer Tb. 1981
Schirmbeck, Peter (Hg.): Meine Kindheit. Lebenserinnerungen der Tochter eines Opel-Arbeiters von Charlotte V. Marburg 1981
Schöck, Inge: Hexenglaube in der Gegenwart. Tübingen 1978
Scholl, Carl: Lebenserinnerungen eines alten Handwerkers aus Memel. (1881), Stuttgart–Gotha 1922

Schopenhauer, Johanna: Ihr glücklichen Augen. Jugenderinnerungen. Berlin 1978
Schücking, Levin: Lebenserinnerungen. Breslau 1886
Schumacher, Tony: Was ich als Kind erlebt. Stuttgart und Leipzig 1901
Seidel, Heinrich: Berliner Skizzen. Leipzig 1894
Seidler, Louise: Erinnerungen und Leben der Malerin Louise Seidler. Berlin 1974
Spamer, Adolf: Hessische Volkskunst. Jena 1939
Spamer, Adolf: Der Bilderbogen von der Geistlichen Hausmagd. Göttingen 1970
Stadelmann, Rudolf: Soziale Ursachen der Revolution von 1848. In: Moderne deutsche Sozialgeschichte. Hg. von H. U. Wehler. Köln [5]1976, S. 137–158
Stephan, G.: Die häusliche Erziehung in Deutschland während des 18. Jahrhunderts. Wiesbaden 1891
Stille, Eva und Pfistermeister, Ursula: Froh erfülle deine Pflicht. Gestickte Sprüche für Haus und Küche. Frankfurt a. M. 1979
Stillich, Oscar: Die Lage der weiblichen Dienstboten in Berlin. Berlin 1902
Stinde, Julius: Die Familie Buchholz. Berlin [89]1910
Stockhausen, Juliane von: Auf Immerwiedersehen. Stuttgart 1977
Sudermann, Hermann: Das Bilderbuch meiner Jugend. Stuttgart, Berlin 1922
Sullerot, Evelyne: Die emanzipierte Sklavin. Geschichte und Soziologie der Frauenarbeit. Wien–Köln–Graz 1972

Teuteberg, Hans J./Wiegelmann, Günter: Der Wandel der Nahrungsgewohnheiten unter dem Einfluß der Industrialisierung. Göttingen 1972
Thoma, Ludwig: Der Wittiber. München 1911
Tiburtius, Franziska: Erinnerungen einer Achtzigjährigen. Berlin 1925
Twellmann, Margrit: Die deutsche Frauenbewegung. Kronberg 1976

Uhlig, Günther: Zur Geschichte des Einküchenhauses. In: Wohnen im Wandel. Wuppertal 1979, S. 158 ff.

Vanja, Konrad: Dörflicher Strukturwandel zwischen Überbevölkerung und Auswanderung. Diss. Marburg 1978
Vischer, Friedrich Theodor: Vernünftige Gedanken über die jetzige Mode. Tübinger Morgenblatt 1859
Vogel, Bruno: Alf. Lollar 1977

Weber, Marianne: Die Frauen und die Liebe. Leipzig 1936
Weber, Marianne: Lebenserinnerungen. Bremen 1948
Weber-Kellermann, Ingeborg: Ludolf Parisius und seine altmärkischen Volkslieder. Berlin 1957
Weber-Kellermann, Ingeborg: Erntebrauch in der ländlichen Arbeitswelt des 19. Jahrhunderts. Marburg 1965
Weber-Kellermann, Ingeborg: Die deutsche Familie. Frankfurt a. M. (1974) [7]1982
Weber-Kellermann, Ingeborg: Die Familie. Frankfurt a. M. [2]1978
Weber-Kellermann, Ingeborg: Das Weihnachtsfest. Luzern 1978
Weber-Kellermann, Ingeborg: Der Geist des Flachses. In: Brauch. Familie. Arbeitsleben. Marburg 1978, S. 77–92
Weber-Kellermann, Ingeborg: Die Kindheit. Frankfurt/M. 1979
Weber-Kellermann, Ingeborg (Hg.): Eine preußische Königstochter. Glanz und Elend am Hofe des Soldatenkönigs in den Memoiren der Markgräfin Wilhelmine von Bayreuth. Frankfurt a. M. 1981
Weiß, Richard: Nordsüdliche Kulturströmungen. In: Schweizer Volkskunde 25 (1935), H. 4, S. 27
Willbrandt, Adolf: Aus meiner Werdezeit. Stuttgart und Berlin 1907
Winter, Max: Ich suche meine Mutter. München 1910

Zobeltitz, Fedor von: Ich hab so gern gelebt. Berlin 1934
Zuckmayer, Carl: Als wär's ein Stück von mir. Frankfurt a. M. 1969
Zweig, Arnold: Junge Frau von 1914. Frankfurt a. M. 1980
Zweig, Stefan: Die Welt von gestern. Erinnerungen eines Europäers. Stockholm 1960

## Bildquellenverzeichnis

*Berlin*
Berlin-Museum: S. 189
Bildarchiv Preußischer Kulturbesitz: S. 16, 17, 23, 39, 41, 42, 46, 52, 54, 55, 59, 95, 98, 117, 118, 125, 132, 139, 149, 157
Museum für Deutsche Volkskunde: S. 45, 53, 57, 113, 118, 131
Verwaltung Staatliche Schlösser und Gärten: S. 17

*Bremen*
Kunsthalle: S. 25, 101

*Budapest*
Galerie Nationale Hongroise: S. 109

*Darmstadt*
Hessisches Landesmuseum: S. 82

*Dortmund*
Museum für Kunst und Kulturgeschichte: S. 125

*Essen*
Historisches Archiv der Friedrich Krupp GmbH.: S. 97

*Frankfurt/M.*
Städelsches Kunstinstitut: S. 77
Bundespostmuseum Frankfurt/M.: S. 119

*Hamburg*
Kunsthalle: S. 34, 44, 48, 49, 60

*Hannover*
Fackelträger-Verlag: S. 178, 179

*Kassel*
Brüder Grimm-Museum: S. 36
Staatl. Kunstsammlungen: S. 27

*London*
National Gallery: S. 133

*Marburg*
Foto Marburg: S. 5, 10, 14, 15, 20, 22, 31, 42, 44, 46, 48, 51, 62, 64, 79, 81, 83, 87, 88, 91, 93, 100, 129, 130, 140, 147, 148, 159, 173, 182, 184, 190, 197, 198, 203, 204, 205, 206, 214, 217, 218, 231
Bildarchiv Weber-Kellermann: S. 11, 13, 18, 19, 28, 30, 35, 43, 45, 63, 65, 69, 72, 73, 74, 75, 78, 84, 85, 89, 90, 92, 94, 102, 103, 104, 105, 106, 107, 111, 112, 113, 115, 116, 117, 120, 121, 122, 123, 127, 134, 135, 136, 137, 138, 143, 144, 145, 150, 152, 153, 154, 156, 158, 160, 161, 162, 165, 169, 176, 177, 180, 183, 186, 187, 189, 191, 194, 195, 199, 200, 202, 207, 208, 211, 212, 213, 216, 219, 220, 221, 222, 223, 224, 228, 229

*München*
Bayerische Staatsgemäldesammlung: S. 76
Bildarchiv Süddeutscher Verlag: S. 201
Nationalmuseum: S. 38
Stadtmuseum: S. 14

*Münster*
Westfälisches Landesmuseum: S. 52

*Obbach*
Sammlung Georg Schäfer: S. 99

*Rüsselsheim*
Stadtmuseum: S. 225

*Stuttgart*
Staatsgalerie: S. 33, 98

*Wien*
Österreichische Galerie: S. 47

## Personenregister

Adam, Albrecht: 59
Ahrbeck, Christian: 30
Alberts, Jacob: 83
Allers, Christian Wilhelm: 157
Altheim, Wilhelm: 88
Ancher, Anna: 89
Andreas-Salomé, Lou: 205
Arnim, Bettina von: 35, 73
Auberlen, Wilhelm: 149
Augusta (Kaiserin): 221

Baader, Ottilie: 164, 182
Bäumer, Gertrud: 147
Baluschek, Hans: 165, 177, 224
Bamberger, Fritz: 64
Bantzer, Carl: 82
Bastiné, Johann Baptist: 54
Baum, Vicki: 106 ff., 208, 214
Beauvoir, Simone de: 184
Bebel, August: 163, 171 f., 174, 188, 192, 224
Bega, Cornelis: 91
Bernstorff, Elise von: 14
Berend-Corinth, Charlotte: 108
Berthold, Luise: 146
Bertuch, Friedrich Justin: 27
Beyschlag, Willibald: 60, 63, 142
Bismarck, Otto von: 188
Blank, Richard: 192
Bloch, Ernst: 57 f.
Blom, Gustav Vilhelm: 197 f.
Bluntschli, J. C.: 52
Boehle, Fritz: 15
Boilly, Louis-Leopold: 22
Boveri, Margret: 129, 210, 214
Brackel, Ferdinande Freiin von: 67
Braun, Lily: 136 f., 139, 145 f., 192, 194, 214
Brentano, Clemens: 37
Bröger, Karl: 174
Bromme, Moritz Theodor W.: 169 f.
Büchner, Georg: 130
Büchner, Louise: 94
Bülow, Cosima von: 142
Busch, Wilhelm: 100, 136, 151

Calas, Jean: 26
Carlowitz, Fräulein von: 48
Chezy, Helmina von: 26 f.
Chodowiecki, Daniel: 11, 13, 23, 26 f.
Christ, Lena: 81 ff.
Conzett, Verena: 189
Corinth, Lovis: 140, 202

Dahms, Anna: 145
Dahn, Felix: 67
Damaschke, Adolf: 138, 185, 188, 199
Danhauser, Josef: 46
Daumier, Honoré: 135 f.
Davidis, Henriette: 119
Debat-Ponsan, Edouard: 110 f.
Defregger, Franz von: 203
Dix, Otto: 199
Dunant, Henri: 220
Duncan, Isadora: 205

Eckersberg, Christoffer Wilhelm: 8
Ekwall, Knut: 102
Engert, Erasmus: 51
Enhuber, Karl von: 78
Eugenie (Kaiserin): 105, 135

Fallada, Hans: 130, 132 ff.
Fendi, Peter: 55, 66
Fischer, Franz Louis: 176 ff.
Fleischmann, Friedrich: 46
Fontane, Theodor: 94, 96, 100, 121 f., 124 ff., 139, 143, 219, 228
Freiligrath, Ferdinand: 183
Freud, Sigmund: 98
Freytag, Gustav: 67
Friedrich der Große: 84
Friedrich Wilhelm I.: 11
Friedrich Wilhelm III.: 16
Friedrich, Woldemar: 18
Fromm, Erich: 13

Gervinus, Georg G.: 53
George, Stephan: 205
Giebel, Heinrich: 88
Glatz, Oskar: 87
Gnutzmann & Sebelin: 218
Goethe, Johann Wolfgang: 27, 35, 43, 45, 128, 140, 148
Götz, Karl: 190, 196
Goltz, Bogumil: 68
Goltz, Theodor Frhr. von der: 93
Goos, Berend: 48
Gordon, Emy: 95
Gräf, Oskar: 129
Graenicher, Samuel: 43
Grassi, Josef: 16 f.
Grimm, Herman: 35
Grimm, Jacob u. Wilhelm: 9, 84, 100
Grimm, Ludwig Emil: 36
Gröger, Friedrich C.: 34
Grün, Julius: 97
Günderode, Karoline von: 35
Gumpert, Thekla von: 116
Gutzkow, Karl: 29

## Personenregister

Händler, Hugo: 130
Hansen, Constantin: 30
Hansjakob, Heinrich: 89
Hantzsch, Johann Gottlieb: 85
Hartmann, C. A. (Firma): 213
Hase, Karl August von: 57, 66
Heilemann, Ernst: 98
Heine, Heinrich: 183
Heine, Thomas Theodor: 204, 206
Helm, Clementine: 116
Hermand, Jost: 204
Hermann, Georg: 63
Herter, Wilhelm Friedrich: 98
Herz, Henriette: 36 f.
Hicks, W.: 41
Hippel, Theodor Gottlieb von: 31
Hippius, Gustav Adolf: 52 f.
Hodler, Ferdinand: 205
Holst, Amalie: 37
Holtei, Karl von: 40
Hopfgarten, August Ferdinand: 58
Horkheimer, Max: 204
Hosemann, Theodor: 63
Huch, Ricarda: 146, 207, 219
Hufeland, Christoph Wilhelm: 16

Ibsen, Henrik: 215

Jaffe, Edgar: 206
Juel, Jens: 21
Julius, Cornelia: 94

Kästner, Erich: 157
Kalckreuth, Leopold von: 93
Kauffmann, Angelika: 10
Keller, Gottfried: 58 ff.
Kempowski, Walter: 121
Kiesel, Conrad: 139
Klages, Ludwig: 205
Klinger, Max: 204
Knigge, Adolph Freiherr von: 23
König, Herbert: 72
Koch, Carl: 186, 192
Kollwitz, Käthe: 107, 166 f., 168, 227
Krauskopf, Justus: 27
Kretschmer, Albert: 78
Kronoff, Frieda von: 131
Krøyer, P. S.: 171
Krupp, Alfred u. Bertha: 96, 97, 218
Kuczynski, Jürgen: 45, 162, 164
Kühn, Gustav: 53, 104, 111, 113

Lange, Helene: 146 ff.
La Roche, Sophie: 29 f.
La Roche, Maximiliane: 35
Leiber, Fridolin: 71, 148
Leibl, Wilhelm: 5, 76 f.
Leinburg, Gottfried von: 67
Lenk, Margarete: 53
Lessing, Theodor: 97
Levin, Rahel: 36 f.
Lewald, Fanny: 32 ff., 37, 39 ff., 44, 49 ff., 55, 58, 61
Liebermann, Max: 79, 101, 190, 197
Liebknecht, Karl: 188
Lipperheide, Josef Freiherr von: 217
Loose, Basile de: 45
Lübke, Peter: 40
Luise (Königin): 16 ff.
Luxemburg, Rosa: 201

Mahler, Alma: 205
Makart, Hans: 135
Mann, Thomas: 105
Margitay, Tihamér: 103
Marlitt, Eugenie: 139 ff., 155
Martius, Ernst Wilhelm: 14
Marx, Adolf Bernhard: 56
Marx, Karl: 188
May (Bilderbogenfirma): 69 ff., 148
Meinardus, Ludwig: 60
Menzel, Adolph von: 62, 96, 99, 109, 137
Meysenbug, Malvida von: 21, 26
Millet, Jean-Francois: 42
Mörike, Eduard: 44
Moltke, Helmuth von: 188
Müller, Auguste: 196
Müller, Carl (Hoflieferant): 121
Munkácsy, Mihály von: 109
Myrbach-Rheinfeld, Felician Freiherr von: 131

Napoléon: 16
Neder, Michael: 68, 70
Nicolai, Friedrich: 38
Nieritz, Gustav: 40

Oehmigke & Riemschneider: 45, 57
Oldach, Julius: 48, 60
Otto, Ernst: 48
Otto-Peters, Louise: 61, 67, 74, 103, 111, 143

Pantenius, Louise: 114
Pflug, Johann Baptist: 75
Philippi, Peter: 100, 160
Popp, Adelheid: 95, 174, 182, 186, 195, 199, 203

Raabe, Josef Karl: 52
Recke, Elisa von der: 23 ff., 26, 29 f.
Rehder, Julius: 200
Reinhart, Josef: 15, 31
Reinicke, René: 119
Renoir, Auguste: 133 f.
Rentzell, August von: 71
Reuter, Fritz: 70
Reventlow, Franziska Gräfin zu: 205
Richter, Ludwig: 80, 155
Richthofen, Else u. Frieda von: 205
Riedel, Conrad: 14
Riehl, Wilhelm Heinrich: 15, 49, 87 f., 93, 140, 229
Roethe, Gustav: 146
Romako, Anton: 134 f.
Rosegger, Peter: 89
Roth, Aurelia: 172 f.

Sand, George: 140 f.
Schelling, Friedrich Wilhelm: 35
Schiller, Friedrich: 128, 146
Schlegel, August: 35
Schlegel, Caroline: 35 f.
Schlegel, Friedrich: 35
Schlözer, Dorothea: 36
Schmidt, Erich: 146
Schnitzler, Arthur: 150 ff.
Schopenhauer, Johanna: 31 f.
Scholl, Karl: 72
Schuback, Emil: 42
Schulz-Briesen, Eduard: 129
Schumacher, Tony: 128
Seele, Johann Baptist: 33
Seidel, Heinrich: 149, 153
Seidler, Louise: 68
Skarbina, Franz: 218
Spangenberg, Paul: 152
Steiff, Margarethe: 190, 196
Stieler, Karl: 56
Stillich, Oscar: 122 f.
Stockhausen, Juliana von: 202, 221
Storch, Karl: 228
Stuck, Franz: 122
Stuhlmann, Anna Katharina: 90 ff.
Sudermann, Hermann: 103
Syberg, Fritz: 86

Thöny, Eduard: 128
Tiburtius, Franziska: 57
Tietz, Leonhard: 158
Tirpitz, Alfred von (Admiral): 218
Tischbein, Johann Friedrich August: 14, 20, 35

Ubbelohde, Otto: 81, 84
Uhde, Fritz von: 159, 198

Varnhagen von Ense, K. A.: 36
Velde, Henri van de: 216 f.
Viehmann, Dorothea: 84, 100
Vischer, Friedrich Theodor: 136
Voltz, Johann Michael: 55, 65, 67
Vulpius, Christiane: 27

Wächter, Lili: 34 f.
Wagner, Erdmann: 114
Wagner, Richard: 143
Waldmüller, Ferdinand Georg: 47, 64, 76, 135
Wasmann, Friedrich: 44, 49, 64
Weber, Max: 206
Weidenheim, Johannes: 203
Werner, Anton von: 119, 125
Wilhelm I.: 96, 99, 188
Wilhelm II.: 218
Wilhelmine von Bayreuth: 11
Willbrandt, Adolf: 49
Winter, Max: 108
Wittmann, Georg Michael: 55
Wolfskehl, Karl: 205

Zemplénye, Theodor: 93
Zehme, Werner: 117
Zetkin, Clara: 166, 225
Zietz, Luise: 226
Zille, Heinrich: 169, 172, 175, 178, 179, 184, 188 f.
Zimmermann, Karl Friedrich: 25
Zobeltitz, Fedor von: 152
Zuckmayer, Carl: 123, 130 f.
Zweig, Arnold: 206

# Sachregister

Abendgesellschaft 26, 121 f., 132, 214
Abtreibung 86, 107, 151, 159, 206
Alkoholismus 166, 170 f., 172, 180, 199
Alimente 118
Alleinstehende 29 f., 63 f., 77 f., 86 f., 140, 142, 147 f., 198, 223
altdeutsch 116 f., 120 f., 159
Alter s. Inhaltsverzeichnis
Altersheim 197 f.
Amme 26, 39, 43, 49, 111, 179
Andenken 32, 56, 179, 215, 220
Angestellte 208 ff., 221
Anstandsunterricht, -regeln 116 ff., 126, 131, 214 f.
Antisemitismus 37, 205
Anziehpuppe 111, 113
Arbeit s. Inhaltsverzeichnis
Arbeiterin s. Inhaltsverzeichnis
Arbeiterinnen-Bildungsverein 192
Arbeiterkultur 174, 181 ff.
Arbeitsunfall 174 f.
Arbeitszeit 164 ff., 174, 182, 190, 225
Armenhaus 93
Armut 43, 68, 71, 73, 83, 87, 92 f., 118, 177, 194, 200
Atlas der deutschen Volkskunde 109
Aufwärterin 199
Aussteuer 61, 75, 79 f., 81, 103, 105, 212 f.

Backen 61, 79
Backfisch 114, 116 f.
Bärenschneiden 196 f.
Bauernbefreiung 41
Bauernromantik 80, 85, 87
Beamtenhaushalt 126, 216
Begräbnis 84, 87, 175, 177
Beistände (Hochzeit) 19, 80
Benimmbücher s. Anstandsregeln
Berliner Salons 36 f.
Berufslosigkeit 100, 123, 200, 207, 208
Bett s. Schlafzimmer
Bilderbogen 45, 53, 57, 69, 71, 87, 92, 104, 111, 113, 148, 155 f., 222
Blaustrumpf 146 f. (von engl. blue-stocking = gelehrtes Frauenzimmer)
Bourgeois, Bourgeoise 94, 96
Brandmalerei 215

Brauchweiber 84
Brautgeschenke 20, 76
Brautkleid, -kranz 31 f., 56 f., 82, 105, 106, 116, 152, 154 ff., 169, 176, 206
Briefvermittlung 40
Buchhalterin 208
Bürgerrecht 42
Bußbuch 92

Chemisenkleid 16, 27, 137, 216
Cook's Reisebüro 96
Cul de Paris 137 f.

Decolleté 48, 52, 62, 137
Diakonissenanstalt 208
Dienstboten 23, 26, 29, 38 ff., 50, 61 f., 65 ff., 87 f., 117 ff., 122 ff., 210, 225
Dienstmädchenkleidung 131, 225
Dienstmädchentruhe 65, 68, 131
Dorfgesellschaft s. Inhaltsverzeichnis u. 168 f.
Dreiklassenwahlrecht 122

Eherecht, -konsens 142, 171, 210
Einküchenhaus 192
Entbindungsanstalt 90 f., 107 f., 155
Ernährung s. Inhaltsverzeichnis
erotische Rebellion 205 f.
Erste Mai 181 f., 225
Erwerbsarbeit 56, 61, 72, 123, 142 ff., 147, 149, 159, 208 ff., 223
Essentragen 73, 165, 189 f.
Etikette 11, 23, 118, 213

Fabrikanten 46, 121, 163 f., 182
Familienhaus 73
Firmung 195
Flachs 75
Fräulein-Frau 56, 100
Französische Revolution 27 ff., 30, 84, 142, 181
Frauenbewegung 100, 132, 142 ff., 147, 166, 192, 217, 225 f.
Frauenromane 139 ff., 214
Frauenstudium 144 ff., 207
Frauenzimmer-Lexikon 22
Freiheitsbaum 181 f.
Friedensbewegung 168
Gartenlaube 105, 114, 139, 141
Geburt 90 f., 108 ff., 124, 155, 174, 179

Geburtstag 32, 61
Geistliche Hausmagd 91 f.
Gesellschafterin 139
Gesindeordnung, -bücher 67 f., 92 f., 124, 126, 127, 134
Gouvernante 21, 34, 37, 114 f., 139
Großeltern 22, 30, 64, 108 f., 114, 118, 128, 129 f., 144, 148, 157, 196, 197, 205 f.
Gutswirtschaft 23 f., 29

Hängeboden 124
Handarbeiten 34, 40, 49, 55 f., 61 f., 116 f., 148 f., 155, 157, 159 f., 180, 206, 215, 220
Handwerkerfrau 40 f., 48 f., 68 ff., 153
Harfenistin 139, 208
Hausarme 61
hausbacken 49
Hausbesitzer 153 f.
Hauschronik 32
Hausdame 103
Hausfrau 45, 49 ff., 61 f., 107, 112, 118 f., 121 f., 149 ff., 159, 164, 190 f., 206, 215 f.
Haushaltsfamilie 10, 12, 39, 42 f., 45, 48 f., 49 ff., 61, 67, 69, 75, 84, 87 f., 123 f.
Haus-Schüler 62
Hebamme 86, 155, 174, 176
Heimarbeit 45, 72 f., 111, 149, 157 ff., 162, 164, 166, 172 f., 180, 186 ff., 189, 190 f., 196 f., 217
Heiratsantrag 102, 103, 105 f., 168, 210 f.
Heuarbeit 77
Hexe 84, 86 f.
Hierarchie 76, 78 f., 87, 131, 169, 209, 214, 219
Hintertreppe 122, 129
Historismus 96, 204
Hochzeit s. Inhaltsverzeichnis
Hochzeitsnacht 106 f., 206
Hochzeits-Spiel 19 f.
Hofmeister 21
Hofknicks 114

Jahrmarkt 20, 76
Journal des Luxus und der Moden 16 f., 27 f.
Jubiläum 38
Jugendbünde, -bewegung 184, 215, 217
Juden 36 f., 40
Junggeselle 142

Kaffeeklatsch 155, 157
Kammerwagen 79 ff., 169
Kernfamilie 61, 197
Keulenärmel 138
Kindbettfieber 179
Kinderarbeit 74, 111, 162 f., 166, 172 f., 180, 194, 196
Kindereinladung 29
Kindererziehung s. Inhaltsverzeichnis
Kindergärtnerin 207
Kinderkrippe 165, 172, 228
Kindermädchen 67, 90 f., 110 f., 114, 119, 128, 131
Kindersterblichkeit 155 f., 166, 175, 176 f., 178 f.
Kinderwagen 111
Kinderzimmer 121
Kindestötung 90, 107
Kirche 92, 110, 168 f., 174, 177, 191, 200
Kirchenrock 178
Klapperstorch 108 ff.
Klavierspiel 21 f., 34, 60 f., 115 f., 122, 139, 157, 206, 215
Kleidung s. Inhaltsverzeichnis
Kleinbürger s. Inhaltsverzeichnis
Klöppeln 45, 197
Kochbuch 107, 191
Körperangst 136 f.
Kokarde 28
Konfektion 164, 196, 217 f.
Konfirmation 22, 34, 72, 169, 176 f., 188
Konservenarbeiterinnen 171
Konsumgesellschaft 49, 121, 124
Kontoristin 208 f.
Konzert-Café 155
Korsett 27, 62, 196, 216
Kosmikerkreis 205
Kotillonorden 114 f.
Kränzchen 36, 60, 114, 117, 125, 150
Krankenschwester 146, 208, 221
Krankheit 34, 53 f., 72 f., 81 ff., 84, 110, 166, 172 f., 176 f., 178 f., 186 f.
Kranzjungfrau 19, 105, 210
Kriegspostkarten 220 f.
Krinoline 135 f.
Küche 38, 39, 50, 65, 67, 124 ff., 159 ff., 224
Kuß 29, 53, 151

Landesmutter 16 ff.
Landflucht 134, 168
Ledige s. Alleinstehende
Lehrerin 55, 71, 139, 143 ff., 147, 207

# Sachregister

Leibeigenschaft 41
Lektüre 22, 36, 49, 58, 139ff., 155, 195, 214
Lesekränzchen 36, 114
Lette-Verein 142, 208
Löhne 93, 134, 163f., 177, 179, 190, 200

Mädchenschule 34, 54, 73, 143f., 147f., 166, 172
Mädchenzimmer 124ff., 131
Märchenerzählen, Geschichten 54, 60, 67, 84, 126, 175, 198
Mätressen 24
Magie 86
Malen 22, 26f., 115f., 206, 215
Mann u. Familie 166, 170, 173, 176f., 180f., 199f.
Manufakturen 40, 73
Marseillaise 29, 183
Matrosenanzug 119f., 218f.
Mietskaserne 73, 184f., 224
Militarismus 218ff.
Minnegaben 76
Mittagspause 180, 190
Mode s. Inhaltsverzeichnis
Möbelstil 57f., 119ff., 215f.
Mutterschutz 166, 200, 223

Näherin s. Schneiderin
Nähmaschine 105, 137, 157, 159, 161, 164f., 197, 217
Naturrecht 24, 30

Oblatenbild 115
Opel/Rüsselsheim 224f.
Osterhase 108

Parvenü 96, 114
Paten 174, 176, 178, 195
Patenbrief 174
Patrimonialgerichtsbarkeit 41
Pestalozzi-Fröbelhaus 207
Pietismus 21
Polterabend 57, 61, 105, 174
Probiermamsell 196
Prostitution 174, 181, 188, 205
Prüderie 113f.
Pubertät 107, 110, 210
Puppen 111ff., 180
Puppenstube 54, 111f., 123
Putzmachen 22
Putzstube 58

Reformbewegung 217
Repräsentation 96, 115, 118ff., 124, 137, 206
Rotes Kreuz 220f.

Sansculottes 27
Saugbeutel 179
Schadenzauber 84
Scheidung 24ff., 35, 83, 100, 127, 142, 172, 214
Schlafburschen, -stellen 180, 185, 188f., 224
Schlafzimmer, schlafen 120, 158, 184ff., 224f.
Schlichte 41
Schneiderin 40, 69, 70ff., 137f., 164f., 170, 180f., 187, 195f., 197f., 200, 217f., 224
Schnürleib s. Korsett
Schreibmaschine 208f.
Schriftstellerin 61, 214
Schwangerschaft 60, 90, 97, 107f., 110, 174f., 178
Schwefelhölzchen 67
Seifensieder, -fabrik 61, 213
Sekretärin 208ff., 211
Selbstmord 171
Selbstversorgung 43, 49f., 61f.
Sexualaufklärung 106f., 108ff., 180f., 206, 210
Sexuelle Beziehungen 24f., 100, 123, 129, 131, 137, 152, 169f., 171f., 205ff.
Singen 39, 84, 115, 130, 139, 183
Skeleton 20
Soldat in der Küche 129f., 214
Spielzeugmacher 112f., 196
Spinett 21
Spinnen 41, 75f., 84, 116f., 162
Spinnstube 75f., 169
Sportkleidung 136, 217
Stammhalter 9, 100, 178
Standesuniform 213
Stiftsdamen 20, 29f.
Stillen 110f., 166, 178f.
Storchentüte 109
Student in Wichs 213

Tagebuch 116, 205
Tanten 26, 34, 40, 49, 63f., 116f., 140, 147f.
Tanzstunde, -fest 60, 114f., 210
Tapeten 26
Taufe 77f., 80, 84, 108, 119, 174, 178
Theatermitglieder 26, 67, 152
Tod u. Trauer 86, 156, 173, 175, 177, 178f., 184, 187, 204, 205
Tournure 136
Trachten 78f., 83, 111

Trauungsbuch 153
Trinkgeld 132f., 214
Trockenwohner 188
Tücherknüpfen 197

Über-Ich 98
Umgangsformen 32, 117f.
Undinenzauber 204
uneheliche Geburt 35f., 43, 89ff., 107f., 118, 123f., 171, 174, 178, 195, 205
Untermiete 157, 181, 188

Verkäuferin 208
Verlegerwesen 73, 111, 196f.
Verlobung s. Inhaltsverzeichnis
Vielliebchen 56
Volksmedizin 86
Vorstadtball 150f.

Wäsche 42, 61, 125, 162, 214
Wandschmuck 71, 121, 148, 155, 188, 224
Wasserholen 131
Weberei 41, 73, 168, 170
Weihnachten, Weihnachtsmann 108, 132, 172, 175, 181
Wiege 16ff.
Wirtschaftsbuch 216
Witwe 29, 40, 57, 64, 66, 124f., 140, 171, 186, 196, 197
Wochenbett 53f., 81ff., 95, 109
Wohnen s. Inhaltsverzeichnis
Wohnzimmer 25, 26, 36, 57f., 60, 64, 69f., 119, 147f., 157, 160, 161, 186, 224

Zeichensprache 78f., 230
Zunftordnung 40, 46, 69ff.
Zwischenmeisterbetrieb 164, 196f.

# Bücher zur Sozialgeschichte und zur Geschichte der Frau im 19. Jahrhundert

**Deutsche Sozialgeschichte 1815–1870**
*Dokumente und Skizzen*
Herausgegeben von Werner Pöls
3., unveränderte Auflage. 1979. XVII, 398 Seiten. Leinen
(Beck'sche Sonderausgaben)

**Deutsche Sozialgeschichte 1870–1914**
*Dokumente und Skizzen*
Herausgegeben von Gerhard A. Ritter und Jürgen Kocka. 3., durchgesehene Auflage. 1982. X, 458 Seiten. Leinen (Beck'sche Sonderausgaben)

«Den Herausgebern ist es vorzüglich gelungen, die unvermeidliche Subjektivität der Einzelzeugnisse durch eine knappe Einleitung in die einzelnen Abschnitte jeweils in einen größeren Bezugsrahmen zu stellen, so daß dem Leser die Verbindung mit den allgemeinen Problemen bewußt bleibt und ihm sinnvolle Hilfen zur Einordnung des Materials gegeben werden.»
*Die Neue Gesellschaft*

Hermann Glaser und Walther Pützstück (Hrsg.)
**Ein deutsches Bilderbuch 1870–1918**
*Die Gesellschaft einer Epoche in alten Photographien*
1982. 320 Seiten mit 425 Abbildungen. Format 23 × 33 cm. Leinen

«Die überwiegend von Amateuren gemachten Bilder, hervorragend reproduziert zu einem wirklichen ‹Bilderbuch›, spiegeln den Alltag jener Zeit ebenso wie das Bewußtsein der Menschen ... Insgesamt präsentiert der Band eine Zeit in ihrer ganzen Vielfalt.»
*Dirk Klose, Süddeutsche Zeitung*

Hannelore Schröder (Hrsg.)
**Die Frau ist frei geboren**
*Texte zur Frauenemanzipation*
Band 1: 1789–1870. 1979. 256 Seiten. Paperback
(Beck'sche Schwarze Reihe 201)
Band 2: 1870–1918. 1981. 317 Seiten. Paperback
(Beck'sche Schwarze Reihe 231)

Dies ist die erste systematische Textdokumentation, die sich mit der Geschichte der Frauenemanzipation in Frankreich, den USA, England, den Niederlanden und Deutschland befaßt. Die beiden Bände umfassen Texte des Zeitraums von 1789 bis 1918, jeweils eingeleitet und kommentiert aus der Sicht einer engagierten Wissenschaftlerin.

Herrad Schenk
**Die feministische Herausforderung**
*150 Jahre Frauenbewegung in Deutschland*
3., unveränderte Auflage. 1983. 246 Seiten. Paperback
(Beck'sche Schwarze Reihe 213)

Wer die in der Bundesrepublik scheinbar spontan entstandene ‹neue› Frauenbewegung begreifen will, muß sie in ihren historischen Zusammenhängen sehen. Die Autorin, feministisch engagiert, stellt zunächst die Geschichte der Frauenbewegung in Deutschland dar, vergleicht dann die Ideen der alten und neuen Frauenbewegung und entwickelt schließlich Ansätze zu einer allgemeinen Theorie des Feminismus.

Verlag C. H. Beck München